해방 후 한인귀환의 역사적 과제

한인귀환학술총서 3

해방 후 한인 귀환의 역사적 과제

장석흥 외 지음

역사공간

머 리 말

 2001년 몽골에 갔을 때였다. 학술회의를 마치고 이태준 의사를 참배하기 위해 울란바토르 교외의 공동묘지를 찾았는데, 우연히 일본 학자들을 만났다. 그들은 1945년 패전 당시 중국 화북지역에서 끌려온 1만 3천여 명의 일본인 가운데 현지에서 희생한 사람들의 유해를 발굴 조사하는 중이었다. 패전국 일본은 미국을 통해 소련·몽골과 꾸준히 외교를 벌여 1947년 1만 1천여 명의 일본인들을 자국으로 송환할 수 있었는데, 현지에서 희생한 일본인의 유해를 찾는다는 것이었다. 놀라운 것은 송환하지 못한 2천여 명 가운데 상당수의 한인이 포함되어 있었고, 그들은 일본인이 송환될 때 일본인이 아니라는 이유로 현지에 억류된 채 생을 마감해야 했다는 것이다. 끌려갈 때는 일본인으로 갔으나 돌아올 때는 한인이라 버림받은 그들의 비극적 사연을 듣고 필자의 충격은 이루 말할 수 없었다. 나중에 확인한 일이지만, 그때 한인 가운데 일본으로 돌아온 사람은 단 한 명 뿐이었다.

 1,000여 명으로 추정되는 한인들은 어떠한 사람들이었을까. 울란바토르로 끌려와 강제노역으로 힘든 생활을 보내다가 버림 받은 채 고향으로 돌아갈 수 없는 절망적 상황을 어떻게 받아들였을까. 울란바토르 도시 건설공사에 부

역하던 한인들은 끝내 그곳에서 노예같은 생을 보내야 했고, 60여 년이 지난 뒤 그들의 흔적은 어디에도 남아 있지 않았다. 일본 정부가 지금까지 학자들을 지원하며 희생한 일본인의 유해를 찾기 위해 그토록 노력하는 것을 보면서 만감이 교차했다. 비록 침략전쟁을 일으키며 죄악을 저지른 일본이지만, 우리와 비교할 때 부러운 마음까지 들었던 것이 사실이다. 나라를 빼앗기고 고향을 등져야 했던 힘없고 불쌍한 민초들이 그것도 모자라 일제가 저지른 침략전쟁의 덧없는 희생물이 되었던 것을 생각하니 가슴이 아리고 쓰라렸다. 그것을 모르는 듯 늦여름의 몽골 하늘은 태초의 원색을 간직한 채 더없이 맑고 푸르렀다.

몽골에서 돌아오자마자 그들의 자취를 수소문해 보았으나 찾을 길이 없었다. 그런 일이 있었는지조차 아는 이가 없었다. 반면에 일본 정부는 그때의 일을 그들의 송환역사에 남겼고 일본인들은 수기를 통해 그 사실을 세상에 알렸다.

이것이 국민대 한국학연구소에 귀환문제 연구팀이 만들어지게 되는 배경이자 동기가 되었다.

해방 당시 해외 한인은 500만 명에 달했다. 중국에 230만 명, 일본에 220만 명, 구소련에 20여만 명, 동남아에 10여만 명, 사할린에 5만 명이 흩어져 있었다. 그뿐이 아니었다. 해외 곳곳에서 희생당한 한인들도 100만 명이 넘었다. 이들 한인은 일본 식민지 지배에 견디지 못하여 해외로 이주하거나, 일제 침략전쟁에 강제동원된 경우가 대부분이었다. 그 가운데 250여만 명이 귀환할 수 있었고 250여만 명은 억류되거나 잔류한 채 현지에서 정착해야만 했다. 그야말로 민족의 비극사가 아닐 수 없었다.

그럼에도 당시 귀환문제에 대한 관심과 연구는 거의 공백지대나 다름없었다. 몇몇 연구자들에 의해 연구가 이루어져 있었으나 방대한 귀환문제를 다루기에는 역부족이었다.

다행히 국민대 한국학연구소는 2002년 학술진흥재단(현 한국연구재단)으로부터 6년간 지원을 받으며 귀환문제의 조사·연구를 진행해 갔다. 전임연구원, 공동연구원, 보조연구원 등 30여 명으로 구성된 연구팀은 중국, 일본, 미국, 러시아, 사할린, 대만, 동남아 등지에 산재한 귀환 관련 자료를 수집하고, 그 자료를 바탕으로 귀환문제를 조금씩 풀어 나갔다. 1단계로 수집한 자료들을 묶어 2004년과 2005년에 걸쳐 10권의 '귀환문제자료집'을 낼 수 있었고, 3년에 걸쳐 50여 편의 연구 논문을 학계에 제출할 수 있었다.

그러한 연구를 바탕으로 해방 전후 국제정세, 중국지역 귀환, 귀환문제의 역사적 과제 등에 관한 3권의 학술서로 구성해 보았다. 계획 연구에 의해 이루어졌기 때문에 어느 정도 주제의 연관성, 체계성을 담보할 수 있었지만 막상 책으로 내기에는 부족함을 느끼지 않을 수 없었다. 그러다 보니 수년의 시간이 흐르고 말았다.

귀환문제 연구는 아직 기초연구를 벗어나지 못하고 있다. 이러한 연구를 바탕으로 귀환문제 연구가 더욱 발전해 나가길 기원해 본다.

여기에는 연구팀에서 함께 연구를 진행한 18명 연구자들의 글이 실려 있다. 김승일, 여성구, 이평래, 채영국, 최계수 선생을 비롯하여, 공동연구원으로 참가한 한시준, 박민영, 김도형, 최기영, 김인덕, 이현주, 남윤삼, 김영택, 윤선자 선생과 중국 학자 서행, 김춘선 교수의 소중한 원고들이 담겨져 있다. 그리고 대학원생으로 참가해 귀환주제로 박사학위논문을 제출한 손염홍 교수, 귀환문제 전문연구자로 성장한 황선익 박사의 글도 포함되어 있다.

보조연구원으로 참여한 대학원생들에게도 고마움을 전하고 싶다. 그리고 이 책이 나오기까지 교열 교정에 힘써주신 강영심 선생, 황선익 박사에게 감사의 뜻을 전한다. 편집 과정에서 수없이 체제를 뒤바꾸는 번다함에도 수고를 아끼지 않았던 역사공간에도 깊은 감사를 드린다.

                            열정을 쏟으며 동고동락한 귀환연구팀을 대표하여

                                                장 석 홍

차 례

머리말 _4

1부 한인 귀환의 과제

해외 이주의 강제성과 귀환 문제 _15

    한인 해외 이주의 강제성 _16
    해방과 해외 한인의 귀환 _23
    해외 한인의 미귀환과 과제 _30

귀환 연구의 성과와 과제 _43

    귀환 연구의 범주와 역사성 _44
    귀환 연구의 성과와 검토 _51
    귀환 연구의 과제와 전망 _56

해방 후 재일 한인의 지위와 귀환 _69

    해방 후 재일 한인의 지위 _70
    재일 한인의 귀환 _79

재외동포법과 재중 한인의 법적 지위 _97
재중한인의 이주사와 중국 국적 취득과정 _99
재외동포법의 제정과 주요 내용 _106
재외동포법과 향후 대책 _114

사할린 억류한인의 국적귀속과 법적 제 문제 _125
사할린 거주 일본인의 귀환 _127
사할린 한인의 국적문제 _130
사할린 한인의 법적 제 문제 _140

한인 포로감시원의 BC급 전범 처리와 문제점 _157
포로감시원이 된 과정과 역할 _159
태평양전쟁 종결과 전범재판 _170

2부 강제동원과 귀환의 실상

강제동원 한인노무자들의 '노예노동' _195
— 차별·혹사·굶주림 속에 보낸 청춘

    강제동원의 역사적·사회적 배경 _197

    강제동원의 실상 _200

전남지역 한인의 강제동원과 귀환 _229

    구술조사 과정 _230

    조사 내용 _232

    귀환 과정 _251

전남지역으로 귀환한 해외한인의 실상 _265

    전남에서의 해외이주 _267

    전남의 군별 귀환 실태 _276

    귀환자 정착을 위한 활동 _294

귀환 생존자의 구술 사례 _311
- 전남 함평·장성 지역을 중심으로
조사 과정 및 내용 _313
구술자료의 활용 _319
귀환 사례 _327

인천지역의 '전재동포' 구호활동 _345
-『대중일보』기사를 중심으로
전재동포의 인천 귀환 _346
귀환 전재동포에 대한 구호 _349
귀환 전재동포 단체의 등장과 활동 _359

찾아보기 _438

1부

한인 귀환의 과제

해외 이주의 강제성과 귀환 문제

과거사 청산에 대한 사회적 분위기가 근래 어느 때보다 고조되고 있다. 그 가운데서도 식민적 잔재의 청산은 해방 60주년을 맞이한 오늘날에도 민족사의 숙원 과제로 남아 있다. 해방 당시 해외 한인의 '귀환'과 '미귀환'의 문제는 친일파 청산, 강제동원의 피해 및 희생 등과 함께 해결해야 할 주요한 역사적 과제이다.

해방 당시 해외 한인은 500여만 명에 달한 것으로 알려져 있다. 그리고 이들 중 절반인 250여만 명이 귀환하고, 나머지는 해외 각처에 억류되거나 정착하였다. 일제 식민지 지배의 모순으로 발생한 귀환 문제는 인도주의적 관점에서도 소홀히 할 수 없는 것이었으나 오랫동안 방치되어 왔다. 이 분야 연구는 해외 이주사 내지 해외 한인사회의 형성이라는 측면에서 부분적으로 다뤄지다가 1990년대 들어와서야 몇몇 연구가 발표된 뒤[1] 2002년 8월 국민대학교 한국학연구소가 한국학술진흥재단 연구과제를 수행하면서 본격화되었다.

그동안 한국학연구소 귀환문제연구팀은 3년여 동안 관련 자료의 수집 및 구술 조사 등과 함께 40여 편의 연구논문을 발표하였다.[2] 이를 통해 '귀환'

문제의 연구 기반이 나름대로 조성되었다고 할 수 있으나, '귀환' 문제를 전반적으로 점검하고 해명하기에는 아직도 부족한 실정이다.

여기에서는 귀환 문제 연구의 시각을 넓히기 위한 문제 제기의 차원에서 다음과 같은 점에 유의하였다. 우선 귀환의 전제로서, 일제강점기 500만 명이 넘는 한인이 어떻게 해외로 나가게 되었는가를 살필 필요가 있다는 점이다. 한인이 해외로 나간 것에 대해 주로 해외 이주나 강제동원과 관련하여 다루고 있으나, 만족할 만한 수준은 아니다. 예컨대 1930년대 후반 이후 급증한 중국 동북지역으로의 한인 이주 현상을 해명하지 못한 것이 그 대표적 사례라 하겠다. 다음으로 해외 한인의 귀환 실상도 그렇지만 이를 규정하거나 강제한 국제정세의 기본축이나 그로 인한 해외 한인의 처지가 어떠했는가를 짚어볼 필요가 있다는 점이다. 이와 관련해서는 해외 한인이 가장 많이 살았던 중국 동북지역에 대한 미국의 정책이 어떻게 수립되고 있었는가를 살펴보아야 한다. 이는 해외 한인의 귀환이 어떠한 국제환경에서 결정되었는가를 잘 보여줄 것이기 때문이다. 그리고 귀환 문제와 불가분의 관계인 미귀환 문제도 국제정세의 틀 속에서 살피고, 지역에 따라 다양했던 미귀환의 원인들을 추적할 필요가 있다.

한인 해외 이주의 강제성

일제강점기 해외로 나간 한인의 수는 적어도 500여만 명에 달하는 것으로 추정된다. 그 가운데 일제의 강제에 의해 해외로 나간 한인의 수는 얼마나 될까? 안타깝게도 우리 학계는 아직 이 물음에 명쾌한 답을 제시하지 못하고 있다.

　일제의 강제성과 직결된 것으로는 무엇보다 강제동원을 들 수 있다. 주지하듯이, 일제는 침략전쟁 과정에서 이른바 징용, 징병, 군속, 정신근로대, 일본군 성폭력 피해자(일본군 '위안부')[3], 노무자 등 다양한 형태로 한인을 강제동원하였다. 강제동원은 국내외에 걸쳐 이뤄졌지만 그 중 해외로 강제동원된 한인의 수는 기록에 따라 큰 편차를 보이고 있다. 이는 일제의 은폐·왜곡 등에 의한 것으로, 혼란스러울 정도이다.

　근래 새로운 자료 발굴 및 연구가 진전되면서, 강제동원된 사람이 120만~160여만 명에 달하는 것으로 알려지고 있다.[4] 그러나 이러한 수치는 일본과 동남아 등지로 끌려간 사람들을 주 대상으로 삼은 것으로, 중국 동북지역으로 끌려간 사람들은 포함되지 않았다는 점에 주목할 필요가 있다. 그동안 학계는 1939년 강제동원의 시작과 함께 한인의 중국지역 이주가 줄고 일본지역으로의 이주 내지 강제동원이 급증했음을 주목해 왔다.[5] 그러나 이 시기에도 중국 동북지역 한인의 수는 오히려 일본지역 못지 않게 폭증하고 있었음을 확인할 수 있다. 중국 동북지역 한인의 수는 자료에 따라 차이를 보이지만, 1930년 전후 60여만 명의 한인이 동북지역에 거주하고 있었으며, 1932년 괴뢰 만주국 건립 이래 매년 7만~8만 명 증가하였고 1937년 중일전쟁 이후에는 매년 15만 명의 증가세를 보여 1940년에는 145만 명, 1945년에는 216만여 명으로 급증하였다.[6] 이는 강제동원으로 인해 급증세를 보인 일본지역과 비슷한 수치다.

　일본지역 한인은 1920년대 중반까지 10만여 명에 불과했으나, 점차 증가하여 1930년쯤 30만 명을 넘어서고 매년 5만~10만여 명이 늘어 강제동원이 시작되기 직전인 1938년에 80여만 명이었다. 그러다가 강제동원이 시작되면서 1940년 120만 명으로 급증했고, 이후 매년 20만여 명이 증가하여 1944년에는 194만여 명 그리고 패전 직전인 1945년 5월쯤에는 210만 명으로 추정될 만큼 한인의 수가 급증했다. 불과 5년 만에 100만 명 이상이 증가했는데, 이는 강제동원에 의한 것이었다. 당시 재일 한인의 수는 총 해외 한인의 40%에 달하였다.[7]

중국 동북지역의 경우도 1937년 중일전쟁 이후 8년여 동안 한인이 120만 명 증가하였다. 그런데 이 점에 대해서는 그동안 관심을 보이지 않았다. 단지, 이들의 이주를 일본지역 강제동원과 비교하여 '자발적'인 이주, 단순 이주 등으로 보는 시각이 많았다. 하지만 이주 시기나 규모로 볼 때 한인의 중국 동북지역 이주 역시 일제의 '강제성'에 의한 것으로 보아야 할 것이다.

일제는 만주국 건립 이후 만주지역 지배를 위해 한인을 동원하였다. 조선총독부는 1931년 만선농사회사滿鮮農事會社를 설립하고 매년 2만 호 10만 명씩 15년 동안 30만 호 150만 명을 이주시킨다는 계획을 세웠다. 물론 계획대로 실행되지 못하였지만, 한인의 만주 이주는 일제의 계획된 강제성에 의해 이루어져 나갔다. 1934년 10월 일제가 각료회의에서 한인의 일본 이주 제한을 강화하는 대신 만주 이주를 확대한다는 방침을 세웠다. 이는 일제의 통제성을 잘 보여주는 것이다.

1930년대 전반기 일제의 만주지역 강제이주는 이른바 '안전농촌'과 '집단부락'을 통해서도 잘 나타난다. 일제의 만주 침공 이후 조선총독부는 1932년부터 1935년까지 한인들을 이주시켜 만주 일대에 안전농촌을 건설하였다.[8] 이와 함께 일제는 만주 조선인민회를 앞세워 1933년 연길延吉과 화룡和龍 일대에, 1934년 왕청汪淸 일대에, 1935년 연길과 왕청에 '집단부락'을 건설하였다. 집단부락은 대부분 자위력을 갖지 않으면 농경을 할 수 없는 외지에 설치되었다. 집단부락의 건설은 첫째 사회주의운동 세력의 세력권 탈환, 둘째 토벌의 발판 마련, 셋째 교통 정비 등을 목표로 추진되었다. 마치 군사요새처럼 형성된 집단부락은 만주국의 '치안'을 위해 항일무장세력을 토벌하는 전초기지였던 셈이다.[9] 때문에 자위단이나 일경의 검문을 받으며 살아야 했던 한인들의 집단부락은 강제수용소나 다름없었다. 안전농촌이나 집단부락은 일제가 만주침공 이후 재만 한인들을 통제하기 위해 만들었다는 공통점을 지닌다.

1930년대 후반기에도 사정은 마찬가지였다. 조선총독부는 한인의 만주 이민을 촉진하기 위해 제8회 제국의회의 결의에 따라 1936년 9월 '만선척식주식회사滿鮮拓植株式會社'를 서울에 설치하고, 한편 중국의 신경新京 장춘長春에도 '만선척식고유한공사滿鮮拓植股有公司'를 세웠다. 이 국책회사는 남한지역의 자작농 11만여 호를 포함한 총 15만 호의 만주 이주계획을 세웠으며, 이후 3년 동안 1만 4000여 호, 6만 5000여 명의 한인을 만주로 이주시켰다.[10]

최근 발굴된 미국 정보문서에서도 1937~1939년 집단이주자에 비해 자유이주자가 극히 적었던 사실[11]을 확인할 수 있다. 이는 당시 한인 이주가 일제의 강제에 의해 이루어졌음을 단적으로 보여주는 것이다. 집단이주자는 조선총독부나 일제에 의해 이주가 이루어진 경우였다.

또한 이 문서는 '1943년 10월 29일자 일본의 한 방송에 따르면, 만주국과 조선총독부는 중국 동북지역에 5만 가구, 약 25만 명의 한인을 이주시킬 제2차 5개년 이주계획을 채택했다'고 밝혀 중요한 사실도 알려주고 있다. 또한 미국 문서는 중국 동북지역 한인 중 일제의 강제에 의해 이주한 사람이 절반 정도인 것으로 파악하고 있다.

이상의 몇 가지 사실을 통해서도 한인의 중국 동북지역 이주는 일제의 '강제성'에 의해 일제 패망 때까지 계속되었음을 확인할 수 있다. 즉 강제동원 실시 이후 한인의 해외 이주의 중심이 중국에서 일본으로 넘어갔다고 하는 주장은 사실과 다름을 알 수 있다. 다시 말하면 일본으로의 한인 유출이 급증하던 시기에 한인의 중국 동북지역 이주 역시 그와 비슷한 규모로 이루어졌던 것이다. 그리고 이러한 이주는 강제이주 또는 강제동원의 차원에서 이뤄진 것으로 보아야 할 것이다. 그런 점으로 미루어 볼 때, 해외로 끌려간 한인은 120만~160만 명이 아니라, 적어도 200만 명 이상이었다고 보아야 할 것이다.[12]

다음으로, 한인 해외 이주의 강제성은 강제동원뿐 아니라 일반 한인의 이주에서도 찾을 수 있다는 점이다. 그것은 기본적으로 일제의 수탈과 탄압에 의한 것이지만 한인이 거주하던 해당 국가의 횡포가 극심하였다는 점이다. 그런 점에서 해외 한인은 이중의 고통과 시련을 겪어야 했다.

1910년대 이른바 토지조사사업을 거치며 한국 농촌사회는 일제의 토지약탈 및 일본인 지주의 토지침탈을 통해 대부분 붕괴되었다. 한국 농민의 80% 이상이 소작농으로 전락했고, 토지에서 제외된 농민은 산지로 도망하여 화전을 일구거나 해외로 떠날 수밖에 없었다. 수탈이 가중되는 식민지 조건에서 농촌사회는 해마다 피폐해졌으며, 이로 인해 한인의 해외 이주가 증가하였다. 1930년대 초에 불어닥친 경제공황은 한국 농민의 생활을 더욱 파탄시켰으며 기아적 농민의 격증, 실업자의 속출 등으로 고향을 떠나는 인구가 급증하였다. 고향을 떠나 중국·일본 등지로 나간 사람은 1925년부터 1930년 사이 25만 명이었으며, 1930년대 전반기에 63만여 명, 1930년대 후반기에 70만 명이었고, 1940년대 전반기에는 무려 200여만 명으로 급증하였다. 15년 동안 고향을 등지고 중국 동북지역과 일본 등지로 떠난 사람은 340여만 명에 달했다.[13] 이 가운데는 강제동원된 사람들도 있다. 그렇지 않은 경우라도 날품팔이나 소작농으로서 최저층의 비참한 생활을 꾸려나가야 했다.[14]

1931년 만주 침공과 함께 일제는 대륙 침략을 위해 한국을 '병참기지화' 했으며, 장기간에 걸친 침략전쟁 과정에서 한인의 노동력·경제력에 대한 강제동원을 확대시켜 나갔다. 1937년 중일전쟁에 이어 1941년 태평양전쟁을 도발한 일제는 한인의 모든 노동력을 그들의 전선戰線으로 내몰았고 물적 자원을 가능한 한 최대한 군수軍需로 수탈하였다. 말 그대로 한반도의 인적·물적 자원을 '총동원'하여 침략전쟁의 도구로 희생시켰던 것이다.

한편 러시아 지역으로 이주한 한인의 상황은, 해외 한인이 겪어야 했던 이중적 수난을 잘 보여 준다. 러시아 지역 한인은 그 성격상 1860년대부터 연해주 일대에 이주한 사람들과 1940년대 일제의 강제동원에 의해 사할린 지역으로 간 사람들로 크게 구분해 볼 수 있다.

러시아 지역 한인은 1863년 이래 연해주로 진출하면서 1910년 쯤 10만 명에 이르렀다. 그리하여 연해주 지역은 한인이 해외에서 전개한 독립운동의 중심지로 부상하였다. 1차 세계대전 발발과 함께 독립운동세력은 크게 약화되었으나, 1919년 당시 연해주 일대에는 약 20만 명에 달하는 한인이 이주하면서 한인사회가 크게 팽창하였다.[15]

이들 한인은 러시아 볼셰비키 혁명에 열렬한 지지를 보내고, 파르티잔 활동도 열심히 하면서 연해주 소비에트 건설에 앞장섰다. 그러나 1932년 일제가 만주국을 세우고 극동지역으로 세력을 팽창해 나가자 이를 두려워한 구소련은 일제의 진출을 차단하기 위한 조처의 하나로, 연해주 일대의 한인들을 1937년 9월 강제로 중앙아시아로 이주시켰다. 20여만 명에 달하는 한인의 강제 이주는 한인의 동의 없이 불법적으로 이루어진 정치적 탄압이자, 인권유린이었다. 이 조치는 1936년 12월 소련 헌법이 명시한 민족정책의 기본을 무시한 것이기도 했다.[16]

한인들은 전혀 낯선 곳에 집단적으로 배치되었다. 이들은 1937년 겨울을 토굴과 창고, 마구간 등에서 힘들게 지내야 했다. 이들은 자유롭게 이동할 권리도 박탈당한 채 타슈켄트와 우즈베키스탄 지역에서 오랫동안 거주해야 했다. 이들 특별이주민은 오랫동안 소련 국민으로서 누려야 할 어떠한 법적 권리도 부여받지 못했다.[17] 이들은 2차 세계대전이 끝난 뒤에도 조국으로의 귀환은 꿈도 꾸지 못한 채 중앙아시아 지역에 묶여 있어야 했다. 한인의 거주 제한 규정은 1953년 7월 스탈린 사망 후에야 폐지되었다. 하지만 일부만 연해주 일대로 돌아올 수 있었다.

사할린 지역 한인의 대부분은 1939년 강제동원된 사람이었다. 탄광 노동자로 강제동원된 한인들은 홋카이도北海道를 거쳐 사할린에 들어갔으며 일제 패전 당시 4만 3000여 명에 달했다.[18] 이들 대부분은 남한 출신이었다. 당시 사할린에는 25만여 명의 일본인이 있었다. 패전 후 일본인들이 자국으로 귀환했으나 한인들은 무국적으로 국제미아가 되었다. 끌려갈 때는 '일본인'이었으나, 패전 후 일본에 의해 '일본인' 자격을 상실한 이들은 소련의 사할린 개발을 위한 강제노동정책에 의해 돌아올 수 없었다.

해방과 해외 한인의 귀환

　한인의 해외 이주가 일제의 강제성에 의한 것이었으므로, 이들의 귀환은 일제 식민지통치의 종결과 함께 이뤄졌어야 한다. 그러나 이들이 해외에 머물게 되었던 배경이 달랐던 것처럼, 돌아오는 것도 해당 국가의 정책에 따라 각기 달랐다. 즉 이주했든 끌려갔든 가해 당사자인 일본과 관계없이 소련·중국 등 해당 국가의 정책 및 이익에 의해 강제 억류되거나 속박되어야 했다. 강제동원의 경우 일제가 침략전쟁을 위해 일방적으로 한 것이었던 데 비해, 귀환은 해외 한인과 관련된 해당 국가의 이해에 따라 향방이 결정되었던 것이다.

　일제의 패전과 더불어 해방되었다고 하지만 당시 한반도에는 국가가 성립되지 못하였다. 독립국가가 건설되지 않아 해외 한인의 귀환 문제는 한반도의 실질적 지배권을 장악한 미군정과 연합군총사령부의 정책에 의해 결정되었다. 더욱이 해방 후 남북 분단과 냉전체제가 이들의 귀환을 더욱 어렵게 만드는 요인으로 작용하였다.

　전후 동아시아 질서 재편을 주도한 나라는 미국이었다. 태평양전쟁이 일어나면서, 미국은 일찍부터 동아시아에 대한 커다란 구도를 구상하고 있었다. 당시 미국은 중국을 동북아시아 지역의 중심축으로 삼고자 하였다. 이와 함께 미국이 전후 동북아시아 정책 수립에서 가장 중요시했던 곳은 만주 지역이었다. 당시 미국은 한국의 전후 처리를 만주에 종속시켜 파악할 정도로 만주를 중시하고 있었다. 이러한 미국의 정책은 해당 지역의 전후 정세 변화, 강대국 사이의 관계 및 미국의 이해관계 등을 종합적으로 반영하면서, 중국 동북지역(만주)은 중국에 귀속시키고 한국은 국제적 보호와 감독

두는 방향으로 선회하였다. 이때 미국은 대륙은 물론 만주·대만 등지도 중국에 귀속시키면서 만주지역을 러시아 견제의 전략적 요충지로 주목하였다. 그리고 한국은 미국 주도하에 안보체계를 마련하는 것이 필요하다는 입장을 지니고 있었다.[19]

　미국은 태평양전쟁에서 확실하게 승기를 잡으면서 1945년부터 한국 처리 문제에 대한 정책을 밀도 있게 수립해 갔다. 해외 한인의 처리 문제도 주요 안건 중의 하나였다. 특히 한인이 가장 많던 만주지역 한인에 대한 처리를 놓고 다각도로 궁리했다. 극동지역분과조정위원회 한국소위원회가 1945년 3월과 6월 두 차례에 걸쳐 준비하고 검토한 정책의 문건을 보면, 한인의 귀환과 현지 정착에 대해 미리부터 구상하고 있음이 확인된다.[20]

　이 무렵 미국은 만주지역 한인의 전원 귀환에 대해 부정적 입장을 가지고 있었다. 그것은 두 가지 이유에서였다. 하나는 만주지역의 한인 중 기술자나 관리 출신들을 그 지역의 발전과 지배에 활용해야 한다는 것이고, 다른 하나는 대규모의 한인이 귀환할 경우 미국이 장악한 한국의 지배 질서가 혼돈에 빠진다는 점이었다.

　미국은 당시 만주지역에 대한 지배력을 중국 국민당이 차지할 것으로 전망하면서 이 지역 한인 가운데 중국의 만주지역 통치에 필요한 사람은 현지에 정착시켜야 한다는 입장을 강하게 내보였다. 일제가 패망한 뒤 약 7만 5000여 명의 일본인 기술자들이 자국으로 돌아가면 기술적으로 훈련받은 한인의 역할이 중요하다고 판단한 것이다. 또한 만주국에서 일하던 한인 관리들을 새로운 중국 행정부에 이용하는 것이 좋다는 견해를 가지고 있었다.[21] 그리고 연합국이 만주지역을 군사 점령할 경우에 대비하여, 중국 국민 정부로 하여금 만주지역의 통제권이 이양되기까지 짧은 기간이라도 한인들의 동화에 주력해 주도록 권해야 한다는 입장이었다. 미국은 이와 함께 친일·반중 한인을 제외하고는 현지 잔류가 허용되고 귀화 권리가 부여되는 것이 좋다는 입장을 가지고 있었다.

　반면에 만주지역 한인 중 민족주의적이거나, 중국 생활을 혐오하는 한인에 대해서는 그곳에서 심각한 문제를 제기할 가능성이 있기 때문에 한국으로 송환해야 한다고 판단하고 있었다. 또한 미국은 북간도지역과 그 외 지역을 구분하고 한인의 수가 중국인에 비해 우세한 북간도에서는 민족별 인구의 불균형을 해소하기 위해 상당수가 귀환할 수도 있을 것으로 예상하면서 만약 북간도지역에서 25만 명 정도의 한인들이 한국으로 돌아온다면 한국을 통치하는 데 큰 경제적 어려움이 있을 것으로 내다보았다. 심지어 귀환자들의 재정착이 오랫동안 '불가능'할 것으로 전망하기도 했다. 때문에 북간도지역 이외의 만주지역 한인들은 가급적 잔류토록 유도해야 한다는 입장이었다. 잔류 대상은 주로 기술자 및 농민들이었다.[22] 그 밖에도 한인의 귀환·현지 정착과 관련하여 상당히 구체적 문제까지 상정하고 있음이 확인된다.[23]

　중국 동북지역 한인의 귀환 여부는 자신의 의지와 상관없이 한반도에 막강한 영향력을 행사하려는 미국 측에 의해 좌우되고 있었다. 그러나 해방 후 중국 동북지역은 미국이 전망하던 대로 국민당이 장악하지 못하고 국민당·공산당의 관할 구역으로 양분되었다. 이에 따라 미국의 의도대로 한인의 현지 정착이 이뤄지지 않았지만 귀환 과정에서 미국의 영향력은 절대적이었다.

　중국 국민당 관할 구역의 한인은 대부분 귀환을 희망하였다. 그 규모는 정확히 알 수 없지만 이들 중 상당수는 북한 접경 지역을 통과하여 귀환하

일본과 중국의 해외한인들이 귀환했던 군산항

거나, 그렇지 못한 지역의 한인 귀환은 주로 미국과 국민당 당국의 협의 아래 이루어졌다. 즉 중국 국민당 당국은 중국 내 한인의 집결과 수송을 담당하고, 미국은 귀환에 필요한 선박을 제공하는 형태로 추진되었다.[24]

동북지역 한인들의 귀환은 일본이나 중국 관내지역 한인들의 귀환이 어느 정도 완료되는 1946년 12월에야 시작될 수 있었다. 이는 해방된 지 1년 4개월이 지난 시점이었다. 일본지역의 경우, 해방 직후부터 한인의 귀환이 이뤄져 이 무렵에는 귀환이 거의 마무리되던 상황이었다. 중국지역, 특히 동북지역 한인의 귀환이 늦어진 원인은 여러 가지지만 국민당과 공산당이 대립하던 중국 내 정세와 더불어 한인 귀환의 결정권을 쥐고 있던 미국 당국의 방침에서 비롯되었던 것으로 보인다. 당시 미국은 종전 후 동북아 정

군산항은 식민지시기에는 한국에서 수탈된 물자가 일본으로 반출되었고, 해방 후에는 한인들이 귀환하는 항구였다.

세의 향방을 예측하면서 일본에서는 안정을 유지하고 중국에서는 국민당을 지원하여 자유주의 진영의 우위를 지켜가고자 했다. 해외 한인의 귀환 역시 이와 같은 구도에서 진행되었던 것으로 파악된다. 일본에서는 일본내 치안 및 안정을 위해 한인의 귀환을 1945년 11월부터 정식으로 진행시켰지만, 중국에서는 국·공내전이 재개되는 상황이어서 국민당 점령지역의 확대에 주력하고, 한인의 귀환은 그 다음 문제로 처리되었던 것으로 보인다.[25]

중국 관내지역에는 10여만 명의 한인이 있었던 것으로 알려지고 있다. 관내지역의 한인은 대부분 국민당 관할구역에 있었다. 때문에 국민당 방침에 의해 귀환할 수 있었는데 여기에서 주목할 것은 한인들을 '적국민'인 일본인과 크게 구별하지 않은 채 처리했다는 점이다. 즉 각처의 한인들이 일본인과 같이 취급되면서 재산을 몰수당하거나, 강제로 수용되는 일이 적지 않았다. 중국 국민당과 우호적인 관계를 유지하던 대한민국임시정부의 노력으로 한인에 대한 처우가 다소 개선되기는 했으나,[26] 한인은 귀환 과정에서 어려움을 겪어야 했다. 한인들은 1946년 초부터 중국 동해변의 당고塘沽·청도靑島·상해上海 등 항구로 집결하여 대부분 미군 선박을 이용하여 인천과 부산으로 귀환하였다.[27]

200만 명에 달한 일본지역 한인의 경우도 크게 다르지 않았다. 일제 패망과 더불어 해방을 맞이했으나, 이들 재일 한인은 '해방국민'으로서 지위를 보장받지 못하였다. 그리고 불안정한 한인의 지위는 귀환에 직접적 영향을 미쳤다. 재일 한인의 지위를 규정한 주체는 일본 정부가 아니라 일본 열도를 지배하고 있던 연합군총사령부(GHQ/SCAP)였다. 당시 미국은 재일 한인을 '일본 국적을 가진 비일본계인'으로 특수한 역사적 배경을 지닌 집단으로 인식하고 있었다.[28] 또한 미국은 재일 한인을 일본인이 아닌 '해방민족'으로 취급하면서도, '일본인'과 같은 '적국민'으로 취급하는 등 이중 잣대를 적용하였다.[29] 이 같은 입장은 1946년 6월 5일 극동위원회 정책 결정에서도 그대로 반영되어 연합국의 일본 점령기간 내내 재일 한인에 대한 연합군사령부의 기본시각으로 작용하였다.[30]

연합군총사령부는 일본 통치에 직접 나서지 않고 일본 정부를 세워 간접적으로 통치하였다. 물론 일본 정부는 기본적으로 연합군총사령부의 지시를 받아 국정을 운영해야 했지만, 간접통치의 성격상 재일 한인이 일본 정부의 통제를 받았다는 점에서는 일본 패망 이전과 크게 달라진 게 없었다. 또한 연합군총사령부는 재일 한인을 '해방국민'으로 규정했다가, 경우에 따라 '일본인'과 같은 '적국민'으로 취급하는 등 일관성을 결여하였다. 뿐만 아니라 일본 정부가 한인을 '외국인'으로 취급하는 것에 대하여 묵인하는 입장을 보였다. 미국의 이 같은 정책은 동서 냉전체제를 예상하고, 일본을 동북아시아의 거점으로 확보하려는 미국의 전략적 구도에서 비롯되었다.

당시 일본 정부는 '외국인'인 재일 한인의 귀환보다는 일본 내 치안 및 질서 차원에서 한인들을 통제하고 관리하는 데 주안점을 두었다.[31] 일본 정부가 한인의 귀환 순위에서 경제 복구를 위해 필요한 한인 석탄노무자들을 최후 순위로 정했던 사실에서, 일본 정부의 한인 귀환에 대한 방침이 잘 드러나고 있다.[32] 일본 정부와 연합군총사령부의 이 같은 태도는 조속한 귀환을 열망하는 한인의 뜻에 배치되는 것이었다.[33] 때문에 많은 한인은 연합군총사령부나 일본 정부의 방침을 기다리지 않고 독자적으로 귀환을 서둘렀다. 이렇게 귀환한 한인의 수가 40만 명에 달했다.

일본 패전과 미군정 실시라는 변화에도 불구하고, 재일 한인들은 민족적 차별과 억압을 계속 받아야 했다. 주일 미군정 당국은 일본 정부기구나 관료제도의 기본틀을 유지하면서 간접통치를 실시했다. 따라서 패전국 일본의 국가권력은 구조적으로는 미국 점령권력에 종속되면서도 기능적으로는 독립성을 유지하면서 점령행정을 거의 전면적으로 대행할 수 있었다.[34] 그리고 연합군총사령부는 '말썽의 소지가 있는' 재일 외국인, 특히 재일 한인을 가능한 한 빨리 한반도로 송환시킨다는 기본 방침을 세웠다. 연합군총사령부가 재일 한인에 대하여 가장 중점적인 사업으로 추진하였던 것이 바로 한인들을 한국으로 귀환시키는 일이었다.[35]

여기에서 짚고 넘어갈 것은 자발적인 귀환 과정에서 많은 한인이 희생되었다는 점이다. 일본 정부의 늑장으로 귀환이 지체되는 가운데 소규모의 선박을 이용하여 귀환하다가 태풍에 휩쓸려 희생당한 한인의 수가 적지 않았다. 귀환 도중 1000여 명의 한인이 일본 군함에서 폭사한 '우키시마마루浮島丸 사건'은 그것이 고의였는지, 자연 사고였는지 아직도 풀리지 않은 채 귀환의 '비극'을 상징하고 있다.[36] 재일 한인의 귀환 과정에서 나타나는 이와 같은 참혹함은 패전국 일본 국민이 한국에서 일본으로 안전하게 귀환했던 사실과 크게 대조를 이룬다.

해외 한인의 미귀환과 과제

미귀환이란 일제강점기에 해외에 나가 있던 한인이 해방 후 국내로 돌아오지 못하거나 들어오지 않은 것을 말한다. 해방 당시 500만 명의 해외 한인 가운데 절반에 해당하는 250여만 명만이 귀환했을 뿐 나머지는 해외에 그대로 머물렀다.

해방 후 해외 한인의 귀환 문제가 '마땅히 돌아와야 한다'는 시각에서 접근한 것이라면, 미귀환 문제는 단순히 돌아오지 못한 것에 그치지 않는 의미를 지니고 있다. 즉 돌아오지 못했다면 '왜 돌아오지 못했는가, 또는 '왜 돌아오지 않았던가' 하는 문제까지 포함하여 규명해야 할 문제인 것이다.

미귀환 한인 가운데는 '돌아오지 못한' 사람뿐 아니라 '돌아오지 않은' 사람도 적지 않은 것으로 파악된다. 그리고 미귀환의 원인도 지역에 따라, 이주시기에 따라, 세대별에 따라 각기 다르다. 강제 억류된 소련을 제외하고는 중국이나 일본처럼 한인사회가 발달한 곳에서 '돌아오지 않은' 사람들이 많았다. 예컨대, 중국지역에서는 토지분배를 받은 한인들 가운데 귀환하지 않고 현지에 정착하는 사례가 적지 않았다.[37] 또한 이들 가운데 상당수는 분단 및 냉전체제의 고착이라는 국내외 정세를 예측하지 못한 채 조국은 언제나 돌아갈 수 있는 곳으로 여겨 귀환을 미루다가 오지 못한 사례에 속한다. 그런가 하면 일본에서는 귀환할 때 일정액의 지참금만을 허용한 관계로 현지의 경제적 기반을 버리고 떠날 수 없어 주저 앉은 사람도 적지 않았다.[38] 이밖에도 미귀환 사례는 일일이 지적하기 어려울 만큼 다양하다. 때문에 미귀환의 원인과 배경을 이해하기 위해서는 연구 시각의 외연적 확대뿐 아니라 심화된 문제의식이 필요하다. 미귀환은 동전의 양면처럼 귀환과 불가분의 관계를 이루고 있다. 그리고 미귀환은 귀환 문제의 후속 연구라 할 수 있다. 그러나 한인의 미귀환 문제는 역사적으로나 민족적으로나 국제적으로나 아직 해결되지 않았다는 점에서, 더욱 절실히 제기되는 과제라 할 수 있다.

당시 한인은 일제 패망으로 해방을 맞이했으나, 조국이 독립국가를 건설하지 못해 무국적 상태에 놓여 있었다. 때문에 해외 한인의 지위는 국제적 미아나 다름없었다. 그리고 250여만 명 미귀환 한인의 처지는 중국·일본·구소련 등 해당국에 따라 각기 달랐다.

사할린 거주 한인은 거의가 일제에 의해 강제동원된 사람들이었다. 1945년 일제 패망시 사할린에는 35만여 명의 일본 국적 보유자가 있었다. 1946년 12월 19일 '소련지구 일본인 귀환에 관한 미·소협정'에 의해 이들의 귀환 작업이 행해졌다. 그러나 4만 3000여 명의 한인은 귀환이 거부되었다. 그 이유는 귀환협정에 의한 귀환 대상자가 '일본인 포로 및 일반 일본인'이었기 때문이다. 당시 일본 정부가 한인의 귀환을 위해 아무런 수단을 강구하지 않은 것은 일본 국적 보유자로서 귀환을 희망한 한인에 대하여 귀환상의 민족적 차별을 행한 비인도적 처사에 다름아니다.[39]

1956년 일·소공동선언에 의해 1957년부터 1959년까지 나머지 8만여 명의 일본인이 일본으로 귀환할 때에도 한인은 제외되었다. 단지 일부의 자격을 충족하는 한인만이 귀환의 대상이 되었다. 일본 여성과 결혼한 한인과 그 가족들로, 일본인 여성과 결혼한 한인 가족 1541명이 귀환했을 뿐이다.

사할린 한인은 1948년 9월 북한 정권 수립 후 소련 당국으로부터 소련 국적 또는 북한 국적의 취득을 강요받았지만 남한으로의 귀환을 희망하는 사람들은 소련·북한 국적을 취득할 경우 돌아오지 못할 것을 우려하여 국적 취득을 거부하였다. 소련 정부가 1965년 쯤 사할린 잔류 한인에 대한 출국허가의 뜻을 내비치자, 사할린 귀환재일한인회는 1966년 6월 6924명의 귀환 희망자 명부를 작성하여 대한민국 정부에 제출하고, 한국 정부는 일본 정부에 귀환 촉진 요청을 한 바 있다. 그런데 일본 정부는 최종 거주지로서 대한민국을 희망하는 자에 한하여 소련 정부와 교섭하겠다며 일본으로의 귀환을 거부했다. 일본 정부는 1952년 샌프란시스코 강화조약에 의해 사할린 한인이 일본 국적을 상실했다고 강변한다. 그러나 강화조약에는 한국인의 국적 처리에 관한 규정이 없으며, 또한 한국이 조약 당사자로서 참가하지 않은 점이나 한인에게 국적 선택의 기회가 주어지지 않았던 점에서 일본 정부의 해석은 자의적인 것에 불과할 뿐이다. 인도주의적 기준에도 크게 어긋난 것이 아닐 수 없다. 일본 정부는 과거 제국주의를 반성한다는 의미에서도, '일본인'의 자격으로 강제동원됐던 한인들을 당초대로 그들의 조국인 한국으로 귀환시켜야 마땅한 일이다.

미귀환 문제는 다른 한편으로 볼 때 오늘날 해외 한인사회를 형성하는 원류가 되었다. 그 중에도 중국·일본·러시아 등지의 한인사회가 대표적이다. 해외 한인사회는 그 지역의 성격에 따라 형성 시기와 사회적 조건이 각기 달랐다. 따라서 해외 한인사회는 해방 직후 귀환·미귀환 등으로 인하여 격동을 겪어야 했다. 그것은 단지 인구 이동의 문제에 그치지 않았다. 그리고 현지에 정착하는 과정에서 해외 한인사회의 성격도 크게 변화되어 갔다. 예컨대 중국의 경우, 식민지시기 '한인'에서 해방 후 '중국인 조선족'으로 살아가야 했던 것이 그러한 사실을 단적으로 말해준다. 때문에 오늘날 한인사회의 역사적 성격을 밝히기 위해서도 해방 후 미귀환 문제는 선결되어야 할 과제이다.

미귀환 문제는 살아있는 사람만으로 그치지 않는다. 태평양전쟁기를 전후하여 해외로 끌려갔다가 희생당해 돌아오지 못한 사람들이 많다. 때문에 한인 중 산 사람 못지않게 해명되어야 할 과제가 죽어서 돌아오지 못한 희생자에 대한 구체적·실증적 조사이다. 우리는 안타깝게도 아직까지 해외 한인 가운데 얼마가 희생되었는지 정확히 알지 못하고 있다. 해방 직후 일본군에서 작성했다는 '유수명부'를 보면 20만 명 이상의 한인이 '행방불명'으로 처리되었다. 이는 한인이 희생당한 사례의 일부에 불과할 뿐 해외 한인의 희생은 70만~80만 명 정도로 추정되고 있다.[40] 해방 후 미귀환 자는 살아있는 사람과 희생당한 사람까지 포함 대략 320만~330만 명에 달한다고 보아야 할 것이다. 그것은 근본적으로 일본 측의 철저한 사실 은폐·왜곡에서 비롯된 일이지만, 그동안 희생의 실상을 밝히려는 우리의 관심이 소홀했던 것도 인정하지 않을 수 없다.[41] 학계와 관련 단체 및 기념 사업회 등에서 희생자 사례를 몇 차례 조사한 바 있지만, 그것만으로 민족의 엄청난 수난사가 해결될 수 있는 것은 아니다. 이러한 민족사의 비극을 해명하기 위해서는 국가적 차원의 장기적인 노력과 투자가 있어야 한다.

1931년 일제가 만주를 침공한 이래 해방될 때까지 15년 동안 고향을 등지고 중국 동북지역과 일본 등지로 떠난 사람은 무려 340여만 명에 달한다. 이 가운데는 강제동원된 사람들이 포함되지만, 그렇지 않은 경우라도 날품팔이나 소작농으로서 최저층의 비참한 생활을 꾸려나가야 했다. 그만큼 일제강점기 한인의 해외 이주는 군국주의적 식민통치로 인한 민족의 수난이었다.

한인의 해외 이주는 특히 중일전쟁 이후 급증하였다. 그것에는 일본이나 동남아 등지의 강제동원 뿐만 아니라 중국 동북지역으로의 강제이주나 강제동원도 커다란 비중을 차지한다. 중국 동북지역에는 1937년 중일전쟁 이후 8년 동안 120만 명의 한인이 증가하였다. 그동안 이들의 해외 이주가 크게 주목받지 못하였지만, 일본지역 강제동원과 비교하여 '자발적' 이주 또는 단순 이주 등으로 오해된 경우가 없지 않았다. 그러나 일제는 만주 침공 이후 중국 동북지역에서도 1930년대 초반부터 1940년대까지 지속적으로 강제성을 띤 한인 이주 및 연행을 자행하였다. 이렇게 해외로 끌려간 한인은 일본·동남아 지역과 함께 중국 동북지역을 포함할 때, 적어도 200만 명 이상이었던 것으로 보인다.

해방 당시 해외 한인의 귀환 문제는 일제 침략전쟁과 식민지 지배의 산물이었다. 그러나 일제가 패망한 뒤에도 이들은 조국으로 돌아올 수 없었다. 전후 새롭게 형성된 국제정세 속에서 이들은 해당 국가의 이해에 따라 다시 예속되어야 했다. 돌아오지 못하는 원인은 다양했다. 이들이 해외에 머물게 되었던 배경이 달랐던 것처럼, 돌아올 때도 해당 국가의 정책에 따라 각기 달랐다. 즉 이주했든 끌려갔든 가해 당사자인 일본과 관계 없이 소련·중국 등 해당 국가의 정책 및 이익에 의해 강제 억류되거나 속박되어야 했다.

전후 동아시아 질서의 재편을 강력하게 추구하던 미국은 만주지역 한인의 전원 귀환에 대해 부정적이었다. 그것은 만주지역의 한인 중 기술자나 관리 출신들을 그 지역의 발전과 지배에 활용해야 한다는 점과 대규모의 한인이 귀환할 경우 미국에 의한 한국의 지배 질서가 혼돈에 빠진다는 점 때문이었다. 한인의 권리나 의지와 관계없이 귀환 문제 역시 한반도에 영향력을 행사하려는 미국 측에 의해 좌우되었다.

중국의 경우에는 국민당과 공산당의 정책에 따라 한인의 귀환이 달라졌다. 때문에 국민당 관할지역의 한인이 대부분 귀환했으나, 자의든 타의든 공산당 관할지역의 한인은 귀환을 멀리한 채 현지 정착의 길을 찾아야 했다. 소련에서는 1937년 중앙아시아로 강제이주 당하여 귀환과는 거리가 멀었고, 사할린의 경우에는 강제 억류되어야 했다. 이렇듯 미귀환의 역사적 배경에는 일제 식민지 지배, 전후 동북아시아 질서의 재편, 구소련·중국·일본·미국 등 해당국의 정책과 해외 한인의 사회·경제적 처지 등이 복잡하게 맞물려 있었다.

미귀환 문제는 한걸음 더 나아가 희생당해 돌아오지 못한 사람도 포함시켜 보아야 한다. 해외 한인 가운데 희생자를 정확히 파악하기 어려우나, 적어도 70만~80만 명에 이를 것으로 생각된다. 그렇게 볼 때 미귀환 대상은 희생한 사람까지 포함하여 대략 320만~330만 명에 달한다고 할 수 있다. 이들의 희생은 한국근현대사에서 겪어야 했던 수난 중에서 가장 뼈아픈 민족의 상흔이다.

— 장석흥 (국민대학교 국사학과 교수)

■ 주

1. 장석흥, 「해방 후 귀환문제 연구의 성과와 과제」, 『한국근현대사연구』 25, 한국근현대사학회, 2003.
2. 그동안의 연구 성과는 『한국근현대사연구』(25집, 2003년 여름호 ; 28집, 2004년 봄호 ; 29집 2004년 여름호, 한국근현대사학회), 『한국독립운동사연구』(20집, 2003년 8월 ; 22집 2004년 8월 한국독립운동사연구소), 『Korea Journal』 Vol.44 No.4 Winter 2004(Korean National Commission for UNESCO) 등에서 특집 및 기획주제로 발표된 바 있다.
3. 일제에 의해 강제로 끌려가 일본군의 '성노예'로 치욕과 고통을 당했던 여성들을 세칭 일본군 '위안부'라 명명하는 것은 사실에 대한 왜곡이며, 모욕이다. 그들을 어떻게 '위안부'라 부를 수 있는가. 그것은 일본군의 만행적 구호일 뿐이다. 필자는 역사적 실상에 따라 그들을 '일본군 성폭력 피해자'로 지칭하는 것이 타당하다고 생각한다. 그러나 워낙 일본군 '위안부'라는 용어가 일반적으로 사용되기 때문에 이해 편의를 위해 병기하도록 한다.
4. 박경식, 『일본제국주의의 조선지배』, 청아출판사, 1986, 359~360쪽.
5. 이 같은 주장은 한인의 해외 이주나 강제동원을 다룬 대부분의 글들에서 공통적으로 찾아볼 수 있다.
6. 高岐宗司, 『中國朝鮮族』, 明石書店, 東京, 1996, 16쪽.
7. 강재언·김동훈 공저, 『재일 한국, 조선인 – 역사와 전망』, 2000, 31쪽.
8. 洪鐘泌, 「滿洲事變이후 朝鮮總督府가 間島地方에 건설한 朝鮮人 集團部落에 대하여」, 『明知史論』 7, 1995 ; 조선족략사편찬조, 『조선족략사』, 1989, 118~122쪽.
9. 김태국, 「滿洲地域 '朝鮮人 民會' 硏究」, 국민대학교 박사학위논문, 2001, 229~230쪽.
10. 강재언·김동훈 공저, 『재일 한국, 조선인-역사와 전망』, 50쪽.
11. 극동지역분과조정위원회 내 한국소위원회(The Korean Sub-Committee of

the Inter-Divisional Area Committee on the Far East), 'Korea : Koreans Outside Korea ; Disposition of Koreans in Manchuria'(K-12 Preliminary a, June 27, 1945). 이 문서에는 1937년 집단이주자 1만 1,840명 자유이주자 208명, 1938년 집단이주자 9364명 자유이주자 0명, 1939년 집단이주자 5752명 자유이주자 114명으로 나타나 있다. 자유이주자는 1%가 겨우 넘는 정도이다.

12. 강제동원된 한인 수는 이 방면 연구가 진척되면서 더욱 늘어나고 있다. 일본 지역으로 강제동원된 한인 노무자는 약 73만 명(大藏省管理局, 『日本人の海外活動に關する歷史的調查』9, 1947, 68쪽), '군속'은 자료에 따라 다소 편차가 있으나 약 15만 명(大藏省管理局, 『日本人の海外活動に關する歷史的調查』9, 71쪽 ; 「第3節 志願兵制度と徵兵制による渡來」, 『在日朝鮮人の槪況』), '군인'은 24만 4,000명(日本 厚生省, 『援護50年史』, 23쪽)으로 추산되고 있다. 이 외 동남아 지역으로 강제동원된 한인 10만 명, 거기에 중국 지역에 대거 이주당한 한인의 수까지 포함하면, 200만 명이란 숫자가 결코 과장된 것이 아님을 알 수 있다. 1930년대 후반 이후 100만 명이 넘었던 중국지역 한인 이주의 실상 규명은 계속 강구되어야 할 과제로 남아 있다.

13. 한국정신문화연구원 편, 『1995년도 해외 희생자 유해 현황 조사 사업 보고서』, 1995. 12, 16쪽 ; 高岐宗司, 『中國朝鮮族』, 明石書店, 東京, 1996, 16쪽.

14. 박경식, 『일본제국주의의 조선지배』, 356~357쪽.

15. 1927년 현재 이들의 지역별 분포를 보면, 블라디보스토크를 중심으로 약 4만 8,000여 명, 니콜리스크·우수리스크를 중심으로 5만 2,000여 명, 남부 우수리 기타에 5만 명, 연해주 이외 시베리아 전체에 5만여 명 등이다.

16. 한인의 강제 이주를 결의한 「소비에트 사회주의 연방공화국 인민위원회와 전 소연방 공산당 중앙위원회의 결의안」(No. 1428~326cc)은 '일본 정보원이 침투하는 것을 차단할 목적'임을 빙자하여 '이른 시일 내에', '모든 조선인'을 강제 이주시킬 것을 결정하였다. 이 결의안에는 한인의 가사도구, 농기구는 물론 동물까지도 소지할 수 있다고 규정하였으나, 차량조차 부족한 상황에서 이런 사항이 지켜질 리 만무했다. 인권을 유린당한 채 강행된 강제이주 과정에서 수천 명의 한인들이 전염병과 열차사고로 죽어갔으나, 그 진상은 아직도 밝혀지지 않고 있다 (김 블라지미르 표도로비치·김 에브게니 예브게니예비치 편저, 김명호 역, 『스탈린체제의 한인 강제이주』, 건국대학교출판부, 1994, 97~99쪽).

17. 박 드미트리 니콜라예비치(Park Dmitrii Nikolavich), 「재소 한인의 강제이주 약사」, 『한민족독립운동사논총』, 1992, 1274~1275쪽. 한인 특별이주민들은 1937년 10월 소련 최고회의 선거 때 유죄판결을 받거나 심리 중인 사람과 동일하게 취급받아 선거권을 행사할 수 없었다. 또한 이들은 국민으로서의 기본 권리, 즉 노동권·교육권·휴식권 및 의료서비스를 받을 권리, 사회·정치조직 및 그 밖의 조직에 가입할 권리가 유보되었다.
18. 사할린으로 강제동원된 한인 중 2/3가량은 석탄 산업에 투입되었다. 전황이 긴박해지는 가운데 일제는 1944년부터 사할린 광부를 일본 본토로 재투입시키기 시작하였다. 1944년 7월 무렵 조사에 따르면, 일본인의 비율은 감소하는 반면 한인은 가행탄광 26개소 가운데 25개소에서 종사하고 있으며 광부의 절반 이상이 한인인 탄광도 있었다(김민영, 「사할린 한인의 이주와 노동, 1939~1945」, 『국제지역연구』 제4권 제1호, 2000, 46~48쪽 ; 장석흥, 「사할린 한인 이중징용의 배경과 강제성」, 『한국학논총』, 29, 국민대 한국학연구소, 2007, 479~483쪽).
19. 정용욱, 『해방 전후 미국의 대한정책』, 서울대학교 출판부, 2003, 31~33쪽.
20. 두 개의 문건은 다음과 같다. 'Korea : Political Problem ; Koreans Outside Korea'(K-3 Preliminary, March 28, 1945)와 'Korea : Koreans Outside Korea ; Disposition of Koreans in Manchuria'(K-12 Preliminary a, June 27, 1945).
21. 일제의 식민지였던 대만에서는 패전 후에도 총독부 관리 및 기술자들을 일본으로 귀환시키지 않고, 현지 관리로 채용하였다(황선익, 「韓人의 臺灣지역 强制連行과 歸還」, 국민대학교 석사학위논문, 2004, 30~35쪽).
22. 이때 미국의 입장은 다음과 같았다. "일본에 의한 만주의 산업화가 기술적으로 훈련된 많은 한인들을 만들어 냈으며, 이들 대부분은 반일적이지만 편의와 자기보존을 위해 일본인을 위해 일할 수밖에 없던 사람들이다. 일본인이 만주에서 나가버리면 이 한인들이 크게 필요할 것이다. 친일적 선동가들이 아니라고 간주되는 한인들은, 비록 한국에 돌아가기를 많이 원하고 또 거기에서 더 필요로 할지 모르지만, 잔류하여 새 중국 행정부를 위해 일하도록 권장될 수 있다. 또한 50여만 명으로 추산되는 한인 농업 인구는 거의 반일적이고 새로운 중국 행정부에 매우 우호적일 것으로 보인다. 이들은 한국으로의 귀환을 원하지 않을 것이며 이들 중 많은 사람들은 중국으로 귀화하는 것을 선호할 것이다. 평상적인 중국시민들

과 같은 권리를 부여받는다면 이들은 만족할 것이고, 만주의 소수집단으로서 특별한 문제를 야기하지는 않을 것이다."
23. 1931년 만주 침공 전까지 중국 시민이 아니었던 북간도 지역 외의 한인 이주자들에 대해서는 귀환할 수 있다고 전망하면서, 1931년 이전에 중국 시민권을 취득한 15만 명의 한인 자녀에게는 국내 귀환이나 중국 시민권 획득 후 현지 정착 결정권을 부여할 수가 있다는 해석을 내리고 있었다.
24. 국민대학교 한국학연구소,「東北韓僑遣送槪況」,『중국지역 한인 귀환과 정책』 3권, 역사공간, 141~146쪽.
25. 장석흥,「해방 직후 상해지역의 한인사회와 귀환」,『한국근현대사연구』, 한국근현대사학회, 2004년 여름호, 281~282쪽.
26. 김정인,「임정 주화대표단의 조직과 활동」,『역사와 현실』 24, 1997 ; 정병준, 「1945~48년 대한민국 임시정부의 중국내 조직과 활동」,『史學硏究』 55·56합집, 1998.
27. 장석흥,「해방 직후 상해지역의 한인사회와 귀환」; 서행,「전후 화북지구 韓僑의 안치와 송환」.
28. 정인섭,「재일교포의 전후처우」,『근현대사강좌』 7, 한국현대사연구회, 1995, 134쪽.
29. 미국 정부가 1945년 11월 1일 연합군 최고사령관에게 내린「일본 점령 및 관리를 위한 연합군 최고사령관에 대한 항복 후 초기 기본지령」에 의하면 "귀관은 대만계 중국인 및 한인을 군사상 안전이 허용하는 한 해방민족으로 취급할 것. 그들은 본 지령에서 사용되는 '일본인'이라는 용어에는 포함되지 않으나, 한편으로 그들을 적국민으로 처우하여도 좋다"고 되어 있다.
30. 정인섭,「재일교포의 전후처우」, 134~135쪽.
31. 일본 정부는 1945년 11월부터 "9월 2일 공식적 항복 이후 조선, 대만에 대한 통치권이 상실됐으므로 더 이상 국민이 아니다"라며 재일 한인의 참정권을 박탈하는 수순을 밟았다. 당시 기요세 이치로[淸瀨一郎]는 "조선인·대만인의 선거권·피선거권을 온존시키면 그들 중 10명 정도가 당선될 것인데, 이는 민족의 분열을 뜻하는 것으로 그들은 천황제의 철폐를 주장할 것"이라며 이를 주도했다(洪仁淑,「第2次 世界大戰 直後 GHQ의 在日朝鮮人政策」,『한일민족문제연구』 창간호, 2001, 146~149쪽).

32. 「朝鮮人集團移入勞務者等ノ緊急措置ノ件」, 『戰後補償問題資料集』第9集, 18 ~20쪽.
33. 미국 정부가 1945년 6월에 작성한 「민정가이드·재일외국인」에 따르면 "연합군이 석탄이 필요하다면 탄광지대나 건설현장 등에 재일 한인을 체류시켜 고용케 하는 것이 바람직하다"며 벌써부터 재일 한인을 노무자로 활용할 계획을 세워두고 있었다(洪仁淑, 「第2次 世界大戰 直後 GHQ의 在日朝鮮人政策」, 42쪽).
34. 역사문제연구소, 『해방 3년사 연구입문』, 까치, 1989, 44쪽 ; 아키라 이리에, 「얄타체제의 붕괴와 냉전의 출현」, 『분단전후의 현대사』, 일월서각, 1983, 93쪽.
35. 강인철, 「미군정기의 인구이동과 정치변동」, 『한신논문집』 15집 2권, 한신대학교, 1998, 567~570쪽.
36. 일본 해군 특별수송선이던 우키시마호는 1945년 8월 24일 동북지역의 오미나토 항에서 강제동원 한인 2838명, 일반 한인 897명을 태우고 부산을 향해 출발했으나, 도중에 교토[京都]의 마이즈루[舞鶴]로 회항하다가 갑자기 폭발 침몰해 1000여 명의 한인이 희생당하였다.
37. 金春善, 「광복 후 중국 동북지역 한인들의 정착과 국내귀환」, 『한국근현대사연구』 28, 2004, 217~218쪽.
38. 채영국, 「해방 후 재일 한인의 지위와 귀환」, 『한국근현대사연구』 25, 2003 참조.
39. 鄭浣, 「사할린僑胞의 현황과 法的 地位」, 『法務資料』第72輯, 1986, 8쪽.
40. 해외 한인 희생자의 통계를 내기란 사실상 불가능하다. 1995년도의 한 연구는 일본지역 5만여 명, 일본지역 전시동원으로 인한 희생자 26만 7,000여 명, 러시아 지역 2만 5,000여 명, 중국지역 8만 6,000여 명 등 대략 43만 명으로 추정하고 있다(한국정신문화연구원 편, 『1995년도 해외 희생자 유해 현황 조사 사업 보고서』, 207~211쪽). 여기에서 제시한 수치는 자료에 따라 커다란 편차를 보일 때, 중간 수치를 취하고 있다. 예컨대 강제동원 희생자가 최소 17만 2,000명에서 최대 36만 3,000명이라 할 때 그 중간 수치인 26만 7,000여 명을 취한 것이다. 그런데 근래 자료 발굴과 함께 강제동원의 수가 더욱 늘어나고 있으며, 이 글에서 밝히고 있는 중국 동북지역 한인의 문제까지 감안할 때 한인의 희생자 규모는 그보다 크게 보아야 할 것이다. 그리고 본문에서 제시한 '유수명부'에서 행방불

명 처리된 숫자를 보더라도 희생자의 수치는 적어도 70만~80만 명으로 잡아야 할 것으로 파악된다.

41. 우리의 실정은 일본 정부의 희생자 처리와 비교할 때 부끄러운 수준을 면할 수 없다. 일본 정부는 1951년부터 유골 송환 작업을 벌여, 현재까지 약 123만 명의 유골을 발굴·송환했다고 한다. 1999년부터는 송환한 유골의 DNA 감정을 실시하면서 '일본인' 희생 추모 사업을 적극적으로 추진하고 있다. 일본 정부가 이 사업에 투자한 금액만도 600억 달러가 넘는다고 하니 우리와 너무 대조적이다. 그뿐 아니라, 오늘날에도 패전시 부모와 헤어져 중국에 고아로 남아 성장한 일본인을 찾기 위해 중국 당국과 지속적으로 협의하고 있다고 한다. 일본인으로 확인된 중국 내 일본인 고아 출신은 자신의 의사에 의해 일본으로 귀환할 수 있도록 중국과 협의가 끝났으며 지금도 매년 수명씩 중국에서 '귀환'하고 있다.

귀환 연구의 성과와 과제

　한국 근현대사에서 한인의 해외 이주와 귀환은 미증유의 민족수난사였다. 1860년대 이래 만주·연해주지역으로의 이주와 1902년 이후 미주지역으로의 이주는 기아와 빈곤에서 탈출하기 위한 시도였고, 1910년 망국 이후 한인의 해외 이주는 생활 문제뿐 아니라 정치적 망명 또는 일제의 강제동원 등이 겹치면서 복잡한 형태로 전개되었다. 특히 강제동원의 경우, 일본을 비롯하여 중국·만주·시베리아·몽골·대만·동남아시아 각처에 군인·군속·일본군 '위안부'·노무자 등으로 일본의 침략전선이면 어디든 끌려가 혹독한 시련을 겪어야 했다.
　1945년 일제 패망 당시 해외 한인의 수는 대략 500만 명에 달했다. 이는 당시 한인의 20%에 해당하는 규모였다. 제국주의 침략전쟁의 희생자였던 이들 해외 한인은, 포츠담선언의 제9항에 명시된 것처럼 인도주의 원칙에 따라 조국으로 귀환되어야 마땅했다. 그러나 현실은 달랐다. 전후 처리과정에서 해당국가의 이해에 따라 인도주의가 망실된 채, 해외 한인은 또 다시 유린당해야 했다. 한인의 수가 200만 명이 넘었던 일본에서는 연합군 최고사령부와 일본의 무책임한 처리로 인해 한인들이 '해방국민'의 대우를 받지 못했으며, 무계획한 귀환 과정에서 많은 희생을 치러야 했다.[1] 230만 명에 달했던 중국에서는 많은 한인들이 재산을 몰수당한 채 강제추방되는 등 해당 국가의 횡포가 극심했다. 소련군 점령지역인 사할린에서는 한인의 귀환이 원천봉쇄되었으며, 일제의 침략전선에 강제 배치되었던 한인들은 연합국 점령군의 포로나 '전범'으로 취급받으며 더욱 가혹한 고난과 시련을 겪어야 했다.

우리는 해방 50여 년이 지나도록 이같은 민족수난사를 방치해 두었다. 해방 후 빈곤과 분단의 질곡에서 현실생존이 우선일 수밖에 없었다 하더라도, 그것은 인간존중의 정신을 상실했던 역사의 상흔이 아닐 수 없다. 해외한인의 귀환 문제는 한국 근현대사에서 반드시 풀어야 할 민족적 과제이다. 또한 인도주의적 차원에서나 일제 식민지배의 청산을 위해서도 해결하지 않으면 안 될 역사적 과제이다. 그리고 오늘날 해외 한인사회의 역사성을 규명하기 위해서도 선행되어야 할 연구 과제이다.

귀환 연구의 범주와 역사성

해방 후 귀환 문제의 1차적 과제는 해외 한인이 조국에 돌아오는 것을 밝히는 것이다. 해방 당시 500만 명에 달했던 해외 한인 중 돌아온 사람은 250만 명 정도였고 돌아오지 않거나 돌아오지 못한 사람이 250만 명에 이르렀다. 자료에 따라 편차가 있지만, 해방 이후 일본에서 귀환한 사람이 대략 140만 명,[2] 만주에서 80여만 명, 중국 대륙에서 10여만 명, 하와이·대만·오키나와·남태평양군도 등에서 10만여 명이 귀환하였다. 그밖의 지역

일제 수뇌부들의 전쟁 지도 회의(1944. 12. 27)

은 귀환 자체가 밝혀져 있지도 않은 실정이다. 북한으로 귀환한 경우는 실체를 확인하기 어려운 형편이다.

그런데 이들이 해외에 머물게 되었던 배경이 달랐던 것처럼 돌아오는 것도 각기 달랐다. 일제 침략전선에 강제로 끌려간 사람들은 세계 각처에 배치되어 있었다. 때문에 이들의 귀환 역시 다양한 지역에서 이루어졌고, 그곳의 사정에 따라 귀환의 양상도 달랐다. 그리고 본인의 의지와 다르게 돌아올 수 없는 경우도 많았다.

한국 근현대사에서 '귀환'은 단순히 외국에 이주했던 사람이 조국으로 돌아오는 것을 뜻하지 않는다. '귀환'은 일제 식민통치의 강제와 모순에서 비롯된 해외 이주 및 강제동원으로 해외에 나가 있던 한인이 해방과 함께 조국으로 돌아오는 것을 의미한다. 일제의 강제에 의해 해외로 나간 이들의 귀환은 일제 패망과 함께 마땅히 이뤄져야 했다.

식민지 시기에 폭넓게 형성된 해외 한인사회는 다양한 성격을 지니고 있었다. 강제동원으로 끌려간 경우뿐 아니라 민족독립을 위해 해외에서 활동하던 독립운동세력이 세계 각처에 포진하고 있었고, 오랜 이주의 역사를 바탕으로 중국 동북지역이나 미주지역, 소련의 중앙아시아 등지에 한인사회를 형성하고 있었다. 이들 가운데는 그곳에서 정착의 뿌리를 내린 경우도 있었지만, 대부분은 해방되자 귀환을 희망했다.

때문에 귀환 연구는 500만 명에 달하는 해외 한인들을 대상으로 진행되어야 한다. 즉 귀환뿐 아니라 미귀환의 문제도 함께 다뤄야 할 것이다. 그러기 위해서는 해외 한인사회를 전반적으로 조망하는 시각에서 접근해야 하며 귀환의 전사前史로서, 해외 이주 및 강제동원 등이 함께 연구되어야 할 것이다.

귀환은 40여 년 가까이 전개된 '독립운동의 결산'이라는 점에서도 주목되어야 할 과제이다. 독립운동의 결실로 맞이한 '해방'이었건만 독립운동가들은 해방된 조국에 자유롭게 돌아올 수 없었다. 임시정부가 미군정의 거부로 끝내 임시정부의 간판을 들고 들어올 수 없었던 일이나, 조선의용군이 소련군의 방해로 북한지역으로의 입국이 좌절되었던 사실도 귀환과 관련하여 규명해야 할 과제이다.

미귀환의 대표적 사례가 사할린에 억류된 한인의 문제이다.[3] 사할린 거주 한인의 대부분은 일제가 강제로 동원한 사람들이었다. 일본이 패전한 직후 30만 명의 일본인이 자국으로 귀환할 때, 4만 3천 명의 한인이 일본인이 아니라는 이유로 귀환이 거부되었던 뼈아픈 역사도 귀환 연구에서 다루어야 할 과제이다.[4] 그동안 알려지지 않았던 사실이지만, 일본군에 포함되어

몽골에 강제 억류되었던 한인의 문제도 귀환사에 포함시켜 보아야 할 것이다.[5]

일제강점기 식민통치의 모순에서 비롯된 한인의 해외 이주는 오늘날 해외 한인사회의 원형이 되었으며 이로 인해 우리는 현재 세계 제5위 이민국이 되었다. 때문에 귀환과 미귀환 문제는 과거의 일로 끝난 것이 아니라, 오늘날 해결해야 할 현실적 과제로 남아 있다.

아울러 귀환의 역사는 돌아오는 것에 그치지 않고 돌아온 후 한국사회에 적응해가는 과정과 그로 인해 발생되는 사회 문제 역시 귀환 문제의 연장선상에서 다루어야 한다. 해방 당시 남한의 인구는 1,600만~1,700만 명이었는데 300만 명 가까운 인구가 새롭게 편입되면서 남한사회는 생활난에 직면하였고 이들에 대한 구호가 해방정국에서 가장 시급한 사회 문제로 대두되었다. 특히 토지 기반을 갖지 못했던 이들이 대도시로 집중되면서 사회 문제는 더욱 심각해졌다. 미군정 당국과 사회단체의 구호사업이 펼쳐졌지만, 문제해결에는 근본적으로 한계가 있었다. 귀환자의 사회 문제는 결국 일제의 식민통치가 남긴 상처로, 돌아온 것으로 그칠 수 없는 귀환의 역사성을 말해준다.

한인의 해외 이주 및 거주는 일제 식민통치의 모순에서 발생한 것이지만, 돌아올 때는 사정이 달랐다. 즉 이주했거나 끌려갔거나 이들은 가해자인 일본과 관계없이 소련·중국 등 해당국의 정책과 이익에 의해 강제 억류되거나 속박되어야 했다. 강제동원의 경우 일제가 침략전쟁을 위해 일방적으로 한 것이었고 귀환은 해외 한인과 관련된 해당국의 이해에 따라 향방이 결정되었다.

일제의 패전으로 해방되었다고 하지만 국가가 성립된 것은 아니었다. 독

해방 직후 귀환선을 기다리고 있는 재일 한인들

립국가를 건설하지 못한 기간에 해외 한인의 귀환 문제는 우리의 의지와 달리 주변 열강의 이해에 따라 처리되었다. 더욱이 해방 후 남북분단과 냉전체제의 현실은 귀환을 더욱 어렵게 만드는 요인으로 작용하였다. 소련이나 중국 공산당의 지배지역과 같은 공산권에서의 귀환은 원천적으로 봉쇄되거나 제한적으로 이뤄질 수밖에 없었다. 이렇듯 귀환 문제는 제2차 세계대전 종전 후 국제사회의 환경에서 결정되었다는 점에서, 당시 한국을 둘러싼 국제정세의 기류에서 종합적으로 이해되고 규명되어야 하는 과제이다.

재일 한인 귀환의 경우, 일본을 통치하고 있던 연합군총사령부(GHQ/SCAP)은 물론 미국 정부의 대일점령정책의 구조 속에서 이루어졌다. 미국 정부의 이같은 정책기조는 전후 재일 한인 문제의 행방을 좌우하였다.[6] 미국은 제2차 세계대전 종전 직전에 "한인은 일본 신민이다. 그러나 1923년 지진 때 한인에 대한 대규모 탄압이 가해졌다. 특히 그들은 독립이 약속되어 있으므로 일본의 항복 이후에도 동일한 적의에 직면할 위험이 있다. 군 당국은 그같은 사태에 대한 대비를 하여야 한다"고 하였으며,[7] 재일 한인을 '일본 국적을 가진 비일본계인'으로 특수한 역사적 배경을 지닌 집단으로 인식하고 있었다.[8] 또한 미국은 재일 한인을 일본인이 아닌 '해방민족'으로 인식하면서도, '일본인'과 같은 '적국민'으로 취급하는 등 이중잣대를 적용하였다.[9] 이같은 입장은 1946년 6월 5일 극동위원회 정책 결정에서도 그대로 채택되어 연합국의 일본 점령기간 내내 재일 한인에 대한 연합군총사령부 당국의 기본 시각으로 작용하였다.[10] 미국의 이같은 정책은 동서 냉전체제를 예상하면서, 일본을 동북아시아의 거점으로 확보하기 위한 전략적 구도에서 비롯되었다.

중국 내 한인의 경우는 적어도 고국으로 돌아오는 것이 일본보다 더 어려운 상황이었다. 한인이 가장 많이 살았던 중국 동북지역은 1945년 8월부터 1946년 봄까지 소련이 점령하였고, 그후 국민당군과 중공군에 의해 차례로 장악되는 등 복잡한 정세에 휘말려 한인의 귀환이 쉽지 않았다. 미군정과 국민당 당국에 의한 동북지역 한인들의 귀환은 일본이나 중국 내 한인들의 귀환이 어느 정도 완료되는 1946년 12월에야 시작될 수 있었다.[11]

해외 한인 중 귀환하지 않고 현지에 정착한 수가 가장 많은 곳은 중국 동북지역이었다. 미귀환한 동북지역 한인은 140여만 명에 달했다. 이들의 대부분은 토지에 기반을 둔 농민이었으며 북한지역 출신이 많았다. 그리고 국민당의 세력권인 '수복구'의 한인보다는 토지분배의 혜택을 받았던 중국 공산당의 '해방구'에 살던 사람들이 많았으며 이들의 대부분은 귀환하지 않은

채 현지에 정착한 것으로 알려져 있다.[12]

한인의 귀환은 복잡한 국제정세와 다양한 경로 속에서 이뤄졌다. 즉, 한인의 귀환 문제는 해당국의 정책과 이해에 맞물려 있었으므로 그 성격을 규명하기 위해서는 해외 한인의 주관적 조건뿐 아니라 객관적 환경도 함께 다뤄야 한다. 또한 한인의 귀환 문제는 패전 직후 일본인의 자국내 송환 내지는 제2차 세계대전 직후 독일인의 귀환 정책 및 나치독일에 끌려갔던 폴란드인들의 귀환과도 연관시켜 볼 필요가 있다.

이웃 일본은 패전 직후부터 해외 일본인의 귀환에 착수하여 50여 년의 역사를 축적해왔다. 한인의 강제동원이 일본뿐 아니라 일본군이 주둔한 지역이면 어느 곳에나 행해졌으므로, 일본인의 귀환은 우리의 귀환과 밀접한 관련성을 지니고 있다. 때문에 한인의 귀환 문제를 규명하기 위해서는 반드시 일본인의 그것을 함께 살필 필요가 있다. 일본의 귀환사를 종합한 것이 『원호援護 50년사』[13]이다. 일본의 귀환사는 우리에게 시사하는 바가 매우 크다. 일본은 일찍부터 일본인이 있는 곳이면 어느 곳이든 조사·발굴에 힘을 쏟아 귀환시키고, 생존자는 물론 유해까지 발굴하여 귀환시키고 있다.

제2차 세계대전 직후 독일지역 밖에 거주한 독일인은 1,800만 명에 달했다. 이 중 210만 명이 추방 과정이나 보복에 의해 사망했고, 제2차 세계대전 이후 1992년까지 1,200만 명 정도가 현재의 독일지역으로 돌아왔다.[14] 서독 정부의 자국인 귀환사업은 계획적이고 지속적으로 추진되었다. 1975년에는 12만 명의 폴란드 거주 독일인들의 출국허가를 얻기 위해 폴란드 정부와 23억 마르크 상당의 경제원조를 약속하는 협정을 체결한 바 있다. 독일은 동포들의 이주 문제를 해결하기 위해 막대한 돈을 투자했다. 사회 적응을 위한 원조의 형태로 지출한 금액만도 1,500억 마르크에 이르는 것으로 알려져 있다.[15] 또한 800만 명에 달하는 강제동원 폴란드인에 대한 보상 문제는 오늘날까지 독일과 폴란드 양국 간에 활발하게 논의되고 있다.[16]

일제 식민통치의 모순에서 발생한 해외 한인의 귀환 문제는 제국주의의 반인류적 과오를 반성하지 못한 일본뿐만 아니라, 전후 동아시아지역에서 지배력을 강화하기 위한 미국, 소련이나 중국 당국 등의 자국 이해가 덧붙여지면서 복잡한 구조로 얽혀 있다. 따라서 해외 한인의 귀환 문제는 이와 같은 국제정세에 대한 해명이 전제되어야 할 것이고 어떠한 경우라도 인도주의적 기준에 의해 연구되고 해결해야 될 것이다.

귀환 연구의 성과와 검토

우리 학계가 귀환 문제에 주목하기 시작한 것은 해방된 지 반세기 가까이 지난 1990년대에 이르러서이다. 귀환 문제는 강제동원과 관련하여 조망되었다. 민주화운동이 고조되는 것과 함께 일본군 성폭력 피해자(일본군 '위안부')문제를 시작으로 강제동원의 연구가 활성화되었다. 이를 통해 여러 종의 증언집과 저술, 논문들이 발표되면서 10년 동안 적지 않은 성과가 축적되기에 이르렀다. 1990년대 이후 강제동원과 관련해 매년 10편 정도의 연구결과가 발표되었으며, 2001년 5월 제44회 전국역사학대회에서는 강제동원 문제가 '끝나지 않은 일제와의 전쟁'이라는 학술토론회로 개최되어 역사학계의 관심을 제고시켰다.

그러나 강제동원의 연구가 만족할 만한 수준에 이르지는 못하고 있다. 국내의 이 분야 전문연구자가 10명을 밑돌고 있다는 점이 연구기반의 취약성을 단적으로 말해준다. 더욱이 강제동원에 대한 한·일 양국의 학술적 성과 및 기반을 비교할 때 한국 내 연구는 빈약하기 그지없다. 일본에서는 매년 100편이 넘는 연구논문이 쏟아져 나오고 있으며 강제동원과 관련된 연구단체 및 모임만도 200개에 달한다. 뿐만 아니라 강제동원 관련 연구단체 및 연구자들이 매년 한자리에 모여 그동안의 연구 성과를 교류하고 수집 자료를 공유하면서 강제동원에 관한 연구를 활발하게 진행해가고 있다. 또한 학술논문뿐만 아니라 자료집·증언집 등의 연구 성과도 포함하여 비교하면 양국 사이의 편차는 더욱 크다.[17]

1990년대 초반부터 국내에서도 구술자료 수집이 주로 일본군 성폭력 피해자(일본군 '위안부')를 대상으로 집중적으로 이루어져 강제동원된 사람을 포함해 약 300명의 구술자료가 수집 및 발간되었다.[18] 그런데 이들 자료는 일본군 '위안부' 내지 강제동원 등에 편중되어 해외 한인의 다양한 성격을 규명하기에는 미흡하다. 또한 귀환과 관련한 사실들도 소략하게 다루어져 귀환과 관련된 구술자료의 수집이 시급하다.

귀환 문제에 대한 학술연구는 아주 일천한 실정이다. 국민대 한국학연구소가 2002년 귀환문제를 다루기 전까지 귀환을 독립 주제로 발표한 연구는 채 10편이 되지 않는다. 사회학적 입장에서 귀환자의 사회적 문제를 다루거나, 귀환과 관련한 미군정의 정책과 재일 한인의 북송을 다룬 몇 편의 연구가 학계 성과의 전부일 정도로 미약하기 그지없다. 귀환과 관련한 초기 연구는 대체로 해외 한인의 이주사 또는 재일 한인의 역사를 다룬 것이 많았다.[19] 국내에서 귀환을 주제로 한 연구는 주로 한인의 귀환 후 미군정의 구호정책에 대한 것이거나 재일 한인 귀환과 관련된 것이었다. 최근에는 중국과 자바 등지의 한인 귀환 연구가 발표되기에 이르렀다.[20] 그리고 독립운동

세력의 귀환과 관련한 연구도 발표되었다.[21] 이들 연구 성과를 정리하면 다음과 같다.

재일한인사와 관련하여 귀환 문제를 다룬 것으로는 와그너Edward W. Wagner와 모리타 요시오森田芳夫의 연구가 대표적이다. 미군정 자료를 활용한 와그너의 연구[22]와 일본 측 자료를 중심으로 정리한 모리타의 연구는 풍부한 자료를 바탕으로 이 방면 연구의 기본틀을 제시하였다.

와그너는 재일 한인의 귀환 실태에 관한 구체적 사실뿐 아니라 동아시아 정세 속에서 미국·일본 등의 입장도 반영하는 관점에서 재일 한인의 귀환 문제를 다루었다. 일본 자료뿐 아니라 GHQ 문서까지 섭렵한 모리타는 방대한 통계와 자료를 바탕으로 재일 한인의 귀환, 법적 지위, 외국인등록령, 불법입국문제 등을 다루었다.[23] 그러나 모리타의 연구에서 주의할 것은 일본이 한인의 귀환에 열의를 다한 것처럼 서술한 대목이 적지 않게 발견되고 있다는 점이다.[24] 그는 140만 명의 한인이 단기간 내에 귀환할 수 있었던 데에는 '일본 정부의 열렬한 노력'이 뒷받침되었기 때문에 가능했던 것으로 파악하였다.

한국 측의 연구는 다음과 같다.

현규환은 해외 한인의 이주사를 연구하면서 귀환 문제를 다뤘다. 이후 사회복지정책의 측면에서 1990년대 초 귀환한 한인에 대한 연구가 발표되었다. 미군정의 구호정책을 분석한 이영환의 연구는 귀환 한인의 문제를 주제로 한 최초의 연구였다. 그는 이 연구를 통해 미군정의 구호정책이 귀환 한인들의 근본적 생활향상을 도모한 것이 아니라 미군의 안정적인 한국 지배를 위한 의도에서 시도된 억압적이고 일방적인 사회통제정책의 일환이었다고 주장했다.

재일 한인의 귀환을 최초로 다룬 최영호는 해방 전후의 재일 한인사회의 형성사를 조망하는 가운데 한인의 귀환, 원호 정책과 재일 한인단체의 대응을 개관하였다. 김태기는 일본 정부와 GHQ의 초기 한인 귀환정책에 주목한 연구성과를 발표하였다. 그는 일본 정부의 초기 귀환정책을 규명하여 그것의 한계를 밝혀내고 그와 같은 일본의 정책이 GHQ의 재일 한인 정책에 결정적 영향을 미쳤음을 밝혀냈다.

이연식은 귀환 동포에 대한 미군정의 구호정책이 사회단체 및 귀환 당사자와 어떠한 관계에 있었는가를 고찰하였다. 종래 재일 귀환동포에게만 관심을 두던 것에서 그는 재만 동포와 북송 문제로 외연의 폭을 확대시켜 해외 한인의 귀환을 밝히고자 했다. 또한 해방 직후 서울지역의 주택부족 문제를 해외 한인의 귀환 및 월남인 등의 유입과 관련하여 살펴보았다. 그는 이를 통해 당시 주택부족 문제의 본질이 식민지 시기 잘못된 도시화정책과 미군정의 토지점유, 인구분산정책의 실패 등에 있음을 규명하였다.

강만길·안자코 유카의 연구는 귀환의 시기 구분이 일본 정부와 GHQ의 '통제'를 기준으로 이루어져 1946년 3월 이전을 무계획한 귀환기로 규정하고 있음에 문제를 제기하고, 강제동원된 노동자의 초기 귀환 실태를 구체적으로 추적하였다. 두 사람은 논문에서 1945년 8월부터 12월 사이에 귀환한 수가 일본에서 귀환한 총수의 70%에 달했음을 밝혔다.

중국 내 한인의 귀환과 관련해서는 2002년에 이해연과 손춘일의 연구가 발표되었다. 이들 연구는 새로운 자료와 함께 중국 국민당 관할 구역에서 전개된 한인의 귀환 문제를 다루었다. 100만 명에 달하는 한인이 귀환했던 중국 지역의 상황에 비해 이 분야 연구는 아직 처녀지와 다름없다고 하겠다.

김도형은 귀환 연구의 외연을 확대하며 자바 지역에 강제동원된 한인들

무장해제 당한 후 소지품을 검사받고 있는 일본군들(1945. 9. 9. 서울)

의 실체를 규명하고, 그들의 귀환을 추적하였다. 이 연구는 자바 지역의 한인과 관련하여 귀환과정뿐만 아니라 항일운동, 일본군 '위안부' 문제, 전범 문제, 인도네시아 독립전쟁 참가 등도 다루었다.

독립운동세력의 귀환에 대해서는, 임시정부와 관련된 선행연구들이 발표된 바 있다. 이들 연구에서는 주화대표단의 활동, 미군정과의 관계를 통한 임시정부의 환국과정이 부분적으로 다루어졌다. 임시정부 환국에 대한 전체상 규명은 아직 과제로 남아 있다.

귀환 문제 연구는 지극히 제한된 지역과 범위에서 다뤄지고 있었다. 그나마 연구가 집중된 재일 한인의 귀환의 경우 와그너나 모리타의 연구 수준을 크게 뛰어넘지 못하는 것으로 파악된다. 그것의 주된 원인은 자료의 제약이겠지만, 귀환 연구의 활성화를 위해서는 자료 발굴뿐 아니라 새로운 접근 방법이 요구되고 있다.

귀환 연구의 과제와 전망

해외 한인의 귀환 문제 연구는 그것이 갖는 역사성과 규모에 비해 이제 시작단계에 불과하다. 그동안 귀환 연구는 해외 한인사회사의 일부로 다뤄지거나, 귀환에 대한 연구라도 재일 한인 또는 일부 지역에 한정하여 진행되어 왔다. 따라서 해외 한인 귀환의 역사적 실상과 성격을 밝히기 위해서는 풀어야 할 과제들이 산적해 있다.

향후 귀환 문제 연구의 활성화를 위해 규명되어야 할 과제와 몇 가지 제안을 덧붙이면 다음과 같다.

① 자료 발굴 및 수집에 힘을 쏟아야 할 것이다. 그리고 개인에 의존하던 귀환관련 자료의 수집을 공적 기관에서 주도할 필요가 있다.

귀환과 관련한 자료집이 한국에서 한 권도 발행되지 않았다는 사실은 그동안 귀환 문제에 무관심했던 우리의 실상을 극명하게 말해준다.

와그너와 모리타의 연구가 지닌 장점은 무엇보다 풍부한 자료를 활용하고 있다는 점이다. 그런 점에서 보더라도 귀환 문제를 해명하기 위해 가장 필요한 작업은 관련 자료의 발굴과 수집이다. 그동안 자료 수집은 주로 개인 연구자에 의해 추진되었다. 그러다 보니 경비 및 시간의 제약으로 자료 수집의 성과가 만족할만한 수준에 이를 수 없었다. 이 분야와 관련된 자료는 아직도 미공개된 것이 적지 않다. 또 정부 차원에서 해결해야 될 자료들도 많다.

자료 수집이 담보되지 않은 상황에서 연구 성과의 질적 수준을 높인다는 것은 기대할 수 없는 일이다. 자료 수집은 일회적이나 단시일에 이뤄지는 작업이 아니므로, 지속적이고 조직적인 노력을 기울여야 할 것이다. 그리고 수집 자료의 활용도를 높이기 위해 자료집의 형태로 발간하거나 인터넷에 공개하여 연구자들이 공유토록 해야 할 것이다.

② 생존자의 구술자료 수집에 노력을 기울여야 할 것이다.

근현대사 연구에서 구술조사와 '현지조사'는 불가결한 작업이다. 근현대사 연구에서도 문서자료를 탐색하고 수집해야 하는 것은 물론이지만 구술조사와 '현지조사' 역시 매우 중요하다. 구술조사와 '현지조사'의 상호 교차를 통해 진실을 추구하는 방법은 근현대사 연구에 매우 유용한 방법일 것이다.

구술자료는 피해자의 역사를 복원할 수 있는 중요한 자료로서, 이를 통해 강제동원 및 귀환의 역사가 상당 정도 복원될 수 있을 것이다. 특히 귀환생존자들이 노령화되어 시기를 놓치면 구술자료 수집이 불가능하다. 따라서 구술자료 수집은 그 어느 작업보다 시급하다고 하겠다.

강제동원과 관련되어 수집된 구술자료는 10여 년 동안 300여 명에 불과한 실정이다. 특히 구술자료 수집은 생존자의 연령상 절박한 과제이다. 함평지역의 경우, 1991년 태평양전쟁희생자유족회에 등록된 생존자가 203명이었는데, 2003년 초 현재 대부분 사망하고 30여 명만이 생존해 있다. 이 사실로 보아도, 구술자료 수집의 시급성을 명백히 알 수 있다.

③ 귀환 지역의 범위를 확대해서 일본·중국·만주·대만·러시아·동남아·미주 등지의 귀환 또는 미귀환 한인도 다루어야 할 것이다.

해방 직후 마이즈루[舞鶴] 앞바다에서 폭침된 우카시마마루[浮島丸]의 한인 희생자 추모비

귀환 연구는 선구적 연구 성과에도 불구하고, 이제 첫걸음을 디딘 것이라 해도 과언이 아니다. 그동안의 연구는 주로 일본지역에 치우친 감이 없지 않다. 일본지역에 대한 연구도 개척하는 수준이지만, 해방 당시 세계 각처에 있던 해외 한인을 대상으로 연구가 진행되어야 할 것이다. 사할린 한인의 경우에는 역사학계에서 연구한 것이 전무한 실정이다. 그리고 230만 명에 달했던 중국지역 한인의 귀환 및 미귀환에 대한 연구를 비롯하여 각처의 한인에 대한 실체를 파악하는 작업이 이뤄져야 할 것이다.[25]

④ 한국을 둘러싸고 전개된 국제정세의 기류와 강대국의 정책과 연관하여 귀환 문제를 조망해야 할 것이다.

해외 한인의 귀환 문제는 한인의 의지와 관계없이 해당국의 이해에 따라

결정되었다. 그런 점에서 재일 한인, 재만 한인, 재중 한인, 재소 한인의 경우가 각기 달랐다. 재일 한인의 경우 일본뿐 아니라 미국의 동아시아정책이라는 큰 틀에서 귀환의 향배가 갈렸다.

일본의 경우 패전과 미군정 실시라는 변화에도 불구하고 재일 한인들이 민족적 차별과 억압을 계속 받아야만 했던 상황을 이해하기 위해서는, 미국의 일본점령정책을 비롯한 정책적·국제정치적 요인들을 아울러 살펴보아야 한다. 주일 미군정 당국은 일본 정부기구나 관료제도의 기본틀을 유지하면서 간접통치를 실시했다. 따라서 패전국 일본의 국가권력이 구조적으로는 미국 점령권력에 종속되면서도 기능적으로는 상대적으로 독립성을 유지하면서 점령행정을 거의 전면적으로 대행할 수 있었다.[26] 그리고 연합군 사령부는 '말썽의 소지가 있는' 재일 외국인, 특히 재일 한인을 가능한 한 빨리 한국으로 송환시킨다는 기본방침을 세웠다. 연합군 사령부가 재일 한인에 대하여 가장 중점적인 사업으로 추진하였던 것이 바로 이들을 한국으로 귀환시키는 일이었다.[27]

중국의 경우도 국민당과 공산당의 정책에 따라 한인의 귀환이 달라졌다. 소련에서는 1937년 중앙아시아로 강제이주당하여 귀환과는 거리가 멀었고, 사할린의 경우에는 강제억류되어야 했다. 때문에 한인의 귀환사에서는 객관적 환경으로서 해당국의 정책 및 국제정세를 파악해야 한다.

⑤ 일본의 귀환사를 타산지석으로 삼아 철저하게 검토할 필요가 있다.

그동안 우리 학계나 정부의 대응은 없었다. 이는 일본의 귀환사와 비교할 때 매우 대조적이다. 일본은 패전 직후 650만 명에 달하는 해외 일본인의 귀환작업에 착수하여 1990년대까지 50여 년 동안 추진해왔다.

50여 년에 걸친 일본의 귀환원호사업은 크게 세 단계로 나누어 살필 수 있다. 제1단계는 패전 직후부터 제1차 유골수집 계획이 끝나고 집단귀환이 일단 마무리되어, 마지막 지방귀환원호국인 마이즈루인양원호국舞鶴引揚援護局이 문을 닫은 1958년까지다.[28] 제2단계는 유족 등 원호에 대한 법적 정비와 제2차 유골수집 계획이 종료된 1972년까지이고, 제3단계는 1973년부터 현재까지다.[29]

한국은 해외 한인의 귀환 문제에 대한 별다른 정책을 가지고 있지 않았기 때문에, 귀환 문제에 관한 정책과 대책의 성과가 축적된 바 없다. 반면에 일본은 패전 직후부터 해외 일본인의 귀환을 적극적이고 장기적인 계획 아래 추진하였기 때문에 귀환 문제에 대한 풍부한 연구 성과를 내놓고 있다. 민족사적 과제로 남겨진 귀환 문제의 해결을 위해서, 일본의 귀환정책 및 사업을 타산지석으로 삼아야 할 것이다.

그리고 범위를 확대해서 나치 독일하에 강제동원된 폴란드·러시아인들의 귀환도 비교사적 차원에서 살펴볼 필요가 있다. 이들의 사례는 한인의 귀환 문제뿐 아니라, 오늘날 한·일 양국의 현안인 과거사 청산 문제의 해결에도 중요한 시사점을 제공해줄 것이다.

⑥ 연구를 활성화시키기 위해 신진 연구역량의 육성과 함께 학제간 연대, 그리고 정부 차원의 투자와 지원이 따라야 할 것이다.

국내에서 이 분야를 연구하는 인원은 불과 10명 이내이다. 따라서 이 분야 연구의 취약성은 무엇보다 연구진의 부족에 원인이 있다고 보아야 할 것이다. 이 분야 연구를 활성화시키기 위해서는 신진 연구역량의 육성이 시급하다고 하겠다. 그동안 이 분야 연구자들은 개인적 열의로 자료 수집과 연구를 진행해왔다. 그러나 개인 차원의 노력은 복잡다양한 귀환 문제를 해명하기에는 한계를 지닐 수밖에 없다. 그런 점에서 튼튼한 연구기반을 조성할 필요가 있고, 이를 위해서 정부 차원의 육성 정책이 강구되어야 할 것이다.

귀환 연구는 성격상 역사학뿐만 아니라 법학·정치학·행정학·사회학·국제지역학 등의 인접 학문분야와도 연대해 진행되어야 할 과제이다. 해외 한인의 법적 지위를 비롯하여 사회적 문제와 각 지역의 특수성을 살피기 위해서도 학제간 연대가 절실히 요청되고 있다.

현재 세계 각처에 700만 명에 달하는 해외 한인사회의 역사는 귀환 문제의 연장선상에 놓여 있다. 그런 점에서 귀환 문제 연구는 해외 한인사회의 역사성을 밝히는 작업이기도 하다. 그리고 귀환 문제는 과거사의 규명뿐 아니라 현실과제를 해결하는 데도 크게 공헌할 것으로 기대된다.

일제 침략전쟁의 희생자들인 징병·징용·일본군 성폭력 피해자(일본군 '위안부') 등의 문제는 1965년 한일협정에서 해결되지 못한 채 오늘에 이르고 있다. 일본이 침략전쟁을 진정으로 반성하고, 강제동원되어 희생된 사람들에 대해 보상해야 비로소 과거가 청산될 수 있다. 그동안의 과정에서 확인되듯이, 이들 희생자의 전후보상 문제는 정치·외교논리로 풀 수 있는 성질의 것이 아니다. 그것의 근본적 해결은 학문적 토대 위에서 역사적 실상을 구체적으로 밝힐 때 가능할 것이다.

2002년부터 국민대 한국학연구소에서 '해방 후 해외 한인의 귀환 연구'(2002~2005년), '해방 후 해외 한인의 미귀환 연구'(2005~2008년)를 진행하며 해외 한인의 귀환과 관련한 연구가 질적·양적으로 성장했다. 과거 일본지역에 국한되었던 연구의 지역적 범위는 중국 관내·동북지역, 대만, 동남아시아 등으로 확대되었고 연구의 주제도 상당히 심화되었다. 무엇보다 관련 자료의 체계적인 수집과 활용이 이루어져 연구의 질적 수준을 제고시켰다. 본 귀환총서에는 수록되지 않았지만, 국민대 한국학연구소 연구진에 의해 학계에 발표된 연구성과를 소개하면 아래와 같다.

여성구,「해방 후 재일한인의 미귀환 사례와 성격」,『한국근현대사연구』제38집, 2006. 6

채영국,「해방 직후 재일한인의 민족교육운동」,『한국근현대사연구』제37집, 2006. 3

김승일,「사할린 한인 미귀환 문제의 역사적 접근과 제언」,『한국근현대사연구』제38집, 2006. 6

강영심,「종전 후 중국지역 '군위안부'의 행적과 미귀환」,『한국근현대사연구』제40집, 2006. 12

손염홍,「중국 북경지역 한인 '범죄자' 처리와 미귀환」,『한국근현대사연구』제37집, 2006. 3

최계수,「미귀환 재중 한인의 국적귀속문제」,『한국학논총』제32집, 2009. 8

김승일,「중국 연변지역 전염병 확산과 한인의 미귀환」,『한국근현대사연구』제43집, 2007. 9

김승일,「중국지역 만인갱의 분포상황과 한인의 희생」,『한국학논총』제32집, 2009. 8

장석흥,「사할린 한인 '이중징용'의 배경과 강제성」,『한국학논총』제29집, 2006. 8

채영국,「해방 후 중국 북만주지역 한인의 초기 정착과정 – 목단강시 발행『인민신보』를 중심으로,『한국학논총』제32집, 2009. 8

염인호,「연변조선족자치주의 건립과 자치주 관할 영역 문제」,『한국학논총』제34집, 2010. 8

신주백,「해방 후 일본군 소속 조선인 군인의 歸路」,『한국학논총』제34집, 2010. 8

귀환연구의 심화를 위해 국민대 한국학연구소는 국외 소재 관련 자료 발굴에 힘을 쏟았다. 중국·일본·대만 등지에서 수집한 자료 중 일부는 「일본지역 한인 귀환과 정책」(1·2), 「중국지역 한인 귀환과 정책」(3~8), 「대만지역 한인귀환과 정책」(9·10)으로 2004, 2006년 발간되었다(역사공간). 이외에도 미국 국립문서기록관리청(NARA)에서 수집한 자료 등이 자료소개·해제 형식으로 학계에 공개되었다. 관련한 글을 소개하면 아래와 같다.

박종기, 「연구의 공백지대, 해외 한인의 귀환문제」, 『역사와 현실』 제51호, 2004. 3
조용욱, 「중국 내 한인에 관한 해방 직전 미국무부 자료」, 『한국근현대사연구』 32집, 2005
조용욱, 「일본 내 한인의 '귀환'과 한국 내 일본인의 '송환'에 관한 해방 직전 미국측 자료」, 『한국근현대사연구』 33집, 2005
장석흥, 「사할린지역 한인 귀환」, 『한국근현대사연구』 43집, 2007
조용욱, 「2차대전 직후 연합국 총사령부의 아시아·태평양지역 귀환정책」, 서태평양에서의 대규모 송환에 관한 보고서("Report on Mass Repatriation in the Western Pacific"), 『한국근현대사연구』 45집, 2008

− **장 석 흥** (국민대학교 국사학과 교수)

■ 주

1. 귀환중 1,000여 명이 일본 군함에서 폭사한 '우키시마마루[浮島丸] 사건'이 대표적 사례다. 그리고 '다이헤이마루[大平丸] 사건'의 진상은 지금까지 알려진 귀환 과정의 피해가 '빙산의 일각'이었음을 단적으로 말해주고 있다.
2. 이들 중 약 40만 명은 맥아더사령부가 통치권을 이양받기 전에 개인적으로 귀환하였으며, 나머지 100만여 명은 1945년 9월부터 맥아더사령부에 의하여 공식 송환된 것으로 알려져 있다.
3. 사할린은 1875년 쿠릴섬과의 교환으로 러시아령이 되었다가, 러일전쟁 결과 맺어진 포츠머스조약에 의해 북위 50도 이남 및 부속 도서는 일본 영토가 되었다. 이후, 1945년 8월 15일 일본의 무조건 항복으로 제2차 세계대전이 끝나면서 남부 사할린은 소련의 점령하에 놓여 현재에 이르고 있다.
4. 1956년 일·소 공동성명 이후 약 8만 명의 일본인을 귀환시킬 때 일본인 여자와 결혼한 한인과 자녀들 약 2,000명이 일본인의 동반자로서 귀환하였을 뿐이다.
5. 이평래, 「제2차 대전 후 몽골로 끌려간 일본 포로 연구」, 『한국근현대사 연구』 25, 한국근현대사학회, 2003.
6. 金太基, 『戰後日本政治と在日朝鮮人問題』, 勁草書房, 1997, 12·14쪽.
7. 이 내용은 미 국무부 극동위원회가 작성하여 전후계획위원회의 승인을 받은 CAC-227호 「在日 非日本人 居留民에 대한 정책」(1944. 6. 16)에서 확인된다.
8. 정인섭, 「재일교포의 전후 처우」, 『근현대사강좌』 7, 한국현대사연구회, 1995, 134쪽.
9. 미국 정부가 1945년 11월 1일 연합군 최고사령관에게 내린 「일본 점령 및 관리를 위한 연합군 최고사령관에 대한 항복 후 초기 기본지령」에는 "귀관은 대만계 중국인 및 한인을 군사상 안전이 허용하는 한 해방민족으로 취급할 것. 그들은 본지령에서 사용되는 '일본인'이라는 용어에는 포함되지 않으나, 한편 그들은 적국민으로 처우하여도 좋다"고 되어 있다.
10. 정인섭, 「재일교포의 전후 처우」, 134~135쪽.

11. 『東北韓僑槪況』 연변대학 민족연구원 소장자료.
12. 손춘일, 「해방 직후 재만 한인들의 한국 귀환」, 『해방 직후 인구이동과 서울의 도시문제』(제9회 서울향토사학술대회 발표문), 2002. 11. 15, 서울시립대, 1쪽.
13. 厚生省社會・援護局援護 50年史編集委員會, 『援護 50年史』, ぎょうせい, 1997.
14. 공식적 추산에 따르면 현재 약 350만 명에 이르는 독일인들이 러시아와 남유럽에 살고 있다. 제2차 세계대전 이후에 760만 명에 달하는 추방자들이 구서독으로 돌아왔으며, 370만 명은 구동독에, 50만 명은 오스트리아에 정착하였다.
15. 평화문제연구소, 「특집 사할린동포를 말한다-독일은 어떠했나」, 『통일한국』 196, 2000, 22~24쪽.
16. 1992년 4월 28일 독일 정부와 폴란드 정부는 나치 희생자와 강제동원 피해자에 대한 보상을 실시하기 위해 폴란드에 '화해기금'을 창설하고, 독일 측이 여기에 5억 마르크를 제공한다는 데 합의했다(다나카 히로시 외 지음・이규수 옮김, 『기억과 망각』, 삼인, 2000, 193~194쪽).
17. 강제동원과 관련한 연구 성과로는 다음의 글들이 참고된다. 김민영, 「일제하 한인 '강제동원'문제의 연구쟁점과 전망(1)-전후처리・보상문제를 중심으로」, 『춘계박광순박사화갑기념논문집』, 1993 ; 김인덕, 「일본지역 강제동원 연구」, 『한국민족운동사연구』 17, 1997.
18. 그동안 수집 발간된 구술자료는 다음과 같다. 한국정신대연구소・한국정신대문제대책협의회 엮음, 『강제로 끌려간 조선인 군위안부들 : 증업집』(1-3, 한울, 4-5, 풀빛, 1993~2001) ; 『중국으로 끌려간 조선인 군위안부들』, 한울, 1995 ; 한국태평양전쟁희생자광주유족회 후원회, 『내 生前에 이 恨을』, 나고야 미쓰비시 朝鮮女子勤勞挺身隊 訴訟 제1집, 2000 ; 강제동원생존자증언집편찬위원회 편, 『채인돌-태평양전쟁중 창녕군에서 강제동원당한 생존자증언집』, 창녕박물관, 2000 ; 한국정신대연구소 편, 『2002년 국외거주 일본군 '위안부' 피해자 실태조사』, 여성부 권익기획과, 2002 ; 한국정신대문제대책협의회 편, 『그 말을 어디다 다 할꼬』, 여성부 권익기획과, 2002.
19. 이와 관련한 주요 연구는 다음과 같다. Edward W. Wagner, The Korean Minority in Japan, 1951(『日本における朝鮮少數民族』1904~1950, 淸溪書舍, 東京, 1989, 復刻板) ; 森田芳夫, 『在日朝鮮人處遇の推移と現狀』, 『法務研究』第三號, 1954 ; Richard Hanks Mitchell, The Korean Minority in Japan,

1967(金容權 譯, 『在日朝鮮人の歷史』, 彩流社, 1981); 在日韓國靑年同盟中央本部, 『在日韓國人の歷史と現實』, 洋洋社, 1971; 佐藤勝巳 編, 『在日朝鮮人その差別と處遇の實態』, 同成社, 1974; 현규환, 『韓國流移民史』下, 삼화인쇄, 1976; 深川宗後, 『海に消えた被爆朝鮮人徵用工』, 明石書店, 1992; 金太基, 『戰後日本政治と在日朝鮮人問題』, 勁草書房, 1997; 김태기, 「GHQ/SCAP의 對재일한인정책」, 『國際政治論叢』38권 3집, 1998; 홍인숙, 「제2차 세계대전 직후, GHQ의 재일한인 정책」, 『한일민족문제연구』 창간호, 한일민족문제학회, 2001, 139~184쪽; Takemae Eiji, GHQ TOKYO-The Occupation and Influence on Post-War Japan, History World, 2002; Take-mae · Eiji, Inside GHQ, Continuum Intl Pub Group, 2002.

20. 이들 연구는 다음과 같다. 李榮煥, 「美軍政期戰災民 救護政策의 性格 硏究」, 서울대 사회복지학과 석사학위논문, 1989; 허원구, 『미군정 시대의 복지행정에 관한 연구』, 대구대 박사학위논문, 1991; 張世哲, 『在サハリン韓國人のサハリン及び永住歸國後の韓國における生活實態-老後の問題とその福祉的課題』, 東洋大學 박사학위논문, 1994; 최영호, 『재일한인과 조국광복』, 글모인, 1995; 최영호, 「해방 직후 재일 한인의 본국 귀환, 그 과정과 통제구조」, 『韓日關係史硏究』4, 한일관계사연구회, 1995, 99~135쪽; 김영순, 「해방 후 재일 한인의 귀국과 잔류」, 『한일간의 미청산 과제』, 한국정신대연구회, 아세아문화사, 1997; 이상화, 「일본군 '위안부'의 귀국 후 삶의 경험」, 『일본군 '위안부' 문제의 진상』, 한국정신대문제대책협의회 진상조사연구위원회 엮음, 역사비평사, 1997; 방선주, 「일본군 '위안부'의 귀환」, 『일본군 '위안부' 문제의 진상』, 한국정신대문제대책협의회 진상조사연구위원회 엮음, 역사비평사, 1997; 이혜원 · 이영환 · 정원호, 「한국과 일본의 미군정기 사회복지정책 비교연구」, 『한국사회복지학』36, 1998; 이연식, 「해방 직후 해외동포의 귀환과 미군정의 정책」, 『典農史論』5, 서울시립대 국사학과, 1999; 이연식, 「1950~1960년대 재일한인 북송문제의 재고」, 『전농사론』7집, 2001; 강만길 · 안자코 유카, 「해방 직후 '강제동원'노동자의 귀환 정책과 실태」, 『아세아연구』108, 고려대 아세아문제연구소, 2002; 李海燕, 「第二次世界大戰後における中國東北地區居住朝鮮人の引揚げの實態について」, 『一橋硏究』136, 一橋大學大學院一橋硏究編輯委員會, 2002; 손춘일, 「해방 직후 재만한인들의 한국 귀환」; 김도형, 「해방 전후 자바지역 한인의 동향과 귀환

활동」,『한국근현대사연구』24, 한국근현대사학회, 2003.
21. 다음의 연구가 참조된다. 李延馥,「大韓民國臨時政府 駐華代表團에 대하여 ; 資料紹介를 겸하여」,『朴性鳳敎授回甲紀念論叢』, 경희대사학논총간행위원회, 1987, 813~845쪽 ; 이승억,「해방 직후 대한민국 임시정부의 대중 · 대미관계 임시정부의 귀국과 대미군정 관계(1945.8~1946.2)」,『역사와 현실』24, 한국역사연구회, 1997, 87~120쪽 ; 김정인,「임정 주화대표단의 조직과 활동」,『역사와 현실』24, 한국역사연구회, 1997, 121~152쪽 ; 김정인,「대한민국임시정부의 환국과 정치세력의 대응」,『대한민국임시정부수립80주년기념논문집』, 국가보훈처, 1999, 593~612쪽.
22. 와그너는 1945년 9월부터 2년간 조선 미군정청 외사부에 근무하면서, 재조선 일본인의 귀환업무를 담당한 바 있다.
23. 그는 패전 후 8년간에 걸쳐 일본인 귀환자료를 발굴, 정리하여『朝鮮終戰の記錄』(1964, 1979)을 간행했다.
24. 森田芳夫,『在日朝鮮人處遇の推移と現狀』, 61~68쪽.
25. 참고로 해방 직후 해외 한인의 귀환상황을 보면 다음과 같다. 1946년 8월 기준으로 볼 때, 일본에서 公行 귀국자 88만 8,515명, 일본에서 私行 귀국자 18만 5,156명, 중국에서 귀국자 5만 6,652명, 만주에서 귀국자 67만 7,857명, 남양군도에서 귀국자 2만 5,773명, 북선과 기타 방면에서 귀국자 40만 2,280명으로 223만 6,631명이고, 1946년 11월 현재 각 계수의 2할증으로 계산하면 268만 3,957명이 된다. 그리고 2할증의 실례 일본으로부터 귀국자 수 8월분 88만 8,515명으로 1947년 11월 현재 109만 6,300명이 된다. 그리고 미귀환 인구는 일본 60여만 명, 만주 중앙군 점령지구 내 20만 명, 팔로군 점령지구 내 110만 명 등이다.『동아일보』1947년 1월 11일자 ; 국사편찬위원회,『資料 大韓民國史』4, 1971, 43~45쪽.
26. 역사문제연구소,『해방 3년사 연구입문』, 까치, 1989, 44쪽 ; 아키라 이리예,「얄타체제의 붕괴와 냉전의 출현」,『분단전후의 현대사』, 일월서각, 1983, 93쪽.
27. 강인철,「미군정기의 인구이동과 정치변동」,『한신논문집』15집 2권, 한신대학교, 1998, 567~570쪽.
28. 厚生省社會 · 援護局援護50年史編集委員會,『援護50年史』, 4쪽.
29. 厚生省社會 · 援護局援護50年史編集委員會,『援護50年史』, 294쪽.

해방 후 재일 한인의 지위와 귀환

　일제의 패전으로 한국이 일제의 지배에서 벗어나기는 하였지만, 완전한 독립 주권과 결정권을 갖지 못했다. 미·소의 군정지배가 이루어진 국내에서도 독립된 주권을 찾기 위해 또 다른 투쟁이 이어졌다.
　일본에 거주하던 재일 한인에게는 국내보다도 한층 혼란스러운 지위가 주어졌다. 재일 한인의 지위는 1차적으로 연합군총사령부(GHQ/SCAP, 이하 GHQ)에 의해 규정되었다. 주로 미군의 군사력으로 구성된 GHQ는 패전 이전 일본의 식민지였던 한국이나 대만인들의 지위를 규정하여, 그 규정에 의해 이들 과거 피식민지의 국민들을 처우하도록 일본 정부에 시달하였다. 재일 한인들에게는 이 GHQ의 지위 규정에 의해 일본 재류시의 국적 또는 신분상의 위치가 정해지고 조국으로 귀환할 때의 여러 제한 규정이 정해졌다.
　재일 한인의 귀환은 GHQ와 일본 정부의 주도 아래 비교적 체계적으로 이루어졌다. 하지만 기록에 보이지 않는 많은 재일 한인이 이들의 지원 없이 자발적으로 귀환을 시도하기도 하였다. 또한 GHQ나 일본 정부의 지원을 받은 경우도 긍정적인 면보다는 많은 규제가 주어지는 불이익적인 측면이 많았다.

재일 한인의 지위에 대한 규명은 아직도 일본에서 차별대우를 받고 있는 이들이 정당한 인권을 회복하기 위해서도 필요한 것이다. 또한 해방 후 민족사회의 원류에서 소외되었던 해외동포사회의 일부를 복원하기 위해서 시도해야 할 연구라 판단된다. 아울러 귀환에 대한 연구[1]는 식민지시기 세계 여러 곳으로 흩어졌던 우리 민족이 해방 후 어떤 과정을 통해 조국으로 돌아와 민족의 일체감을 찾았나 하는 면을 규명하기 위한 근본적인 고찰이라 할 수 있다.

해방 후 재일 한인의 지위

GHQ의 지위 규정 해방 후 재일 한인에 대한 지위는 전승자로서 1945년 8월 말 일본에 들어온 GHQ에 의해 최초로 규정되었다. GHQ가 일본에 들어온 지 두 달 후인 1945년 11월 1일 미국정부는 연합군최고사령관에게 다음과 같은 지령을 보내 재일 한인의 지위를 규정토록 하였다.

> 포로·연합국인·중립국인·기타의 사람에 대해 귀관은 군사상의 안전이 허락하는 한, 중국인·대만인·조선인을 해방인민으로 대우해야 한다. 그들은 이 지령에 사용되고 있는 '일본인'이라는 용어에는 포함되지 않는다. 그러나 그들은 지금도 계속 일본 국민이기 때문에 필요한 경우에는 적국인敵國人으로 처리해도 좋다. 그들이 희망한다면, 귀관貴官이 정한 규칙에 따라 송환할 수 있다. 그러나 연합국인의 송환에 우선권이 있다(일본점령 및 관리를 위한 연

합군최고사령관에 대한 항복 후에 있어 초기의 기본적 지령).[2]

이 최초의 규정에서, 재일 한인의 지위는 일본의 식민지하에서 해방된 '해방인민'이지만 지금도 계속 일본 국민이기 때문에 '적국인'이라는 것이다. 그런데 '일본인'도 아니라는 모호한 규정이다.

이와 똑같은 규정이 1946년 5월에 발표된 극동위원회의 정책 결정에도 보인다.[3] 극동위원회의 정책 결정은 위의 지령을 근거로 만들어진 것으로 생각되지만 제5항에 "중국인·대만인·조선인은 적개심을 가진 일본인으로부터 보호되지 않으면 안 된다. 연합군최고사령관은 일본 관헌이 중국인·대만인·조선인이 돌아가기 전까지는 그들을 보살피고, 안전 및 복지를 책임진다는 것에 대해 현실적으로 적당한 준비를 행할 것을 보증해야 한다"라는 항목을 추가하고 있다. 이는 일본 국민 또는 적국인이라는 해석보다는 해방인민으로 인정하여 불안정한 지위를 염려해 이에 대처키 위한 것이다. 즉 극동위원회가 재일 한인에게 해방인민이란 지위를 부여하기는 하였으나 그 지위가 지극히 불안정하고 불명확하다는 점을 인정하고 있는 것이다.

해방인민이라는 불안정한 지위를 부여하기는 하였으나, GHQ는 재일 한인에 대한 일본 정부의 차별정책을 시정하기 위한 일련의 시책을 취했다. 예를 들면 한국인 고용에 대한 차별금지, 한국인 탄갱부에 대한 평등한 급여 지급, 귀국자에 대한 일본 정부의 냉담한 조치 철폐, 경찰의 차별적인 취급이나 소송상의 관행 폐지, 차별적인 물자배급 금지 등이 그것이다.[4] 하지만 이러한 시책은 미점령군용 석탄 확보를 위해 채탄작업에 능한 한인 노동자를 붙들어 놓기 위한 시책이었거나, 시행한다 해도 그 여부를 판별하기 어려운 것들 뿐이다.

그나마 극히 작은 부분에서 해방인민으로 대우하려 했던 이 초기의 정책은 시간이 가면서 재일 한인을 적국인, 즉 일본인으로 취급하는 방향으로 변해갔다. 1946년 11월 재일 한인의 귀국 문제와 관련해 GHQ는 신문에 "고국 귀환을 거부하는 조선인은 일본국적을 보유하는 것으로 간주한다"고 발표하였다. 또 GHQ 섭외국은 "귀국하지 않은 조선인은 일본 법률에 따르도록 한다"[5]는 지령을 내렸다. 이 지령에 대해 재일 조선인연맹과 같은 단체와 재일 한인들은 강경히 항의하였다. GHQ는 이 발표가 오보였다고 변명하였다.[6] 하지만 이러한 변명에도 불구하고 이 발표는 계속 효력을 발휘하다가 재일 한인을 외국인으로 간주해야 될 경우만 예외로 하는 정책을 펴나갔다. 즉 1947년 5월 2일 일본 정부는 '외국인등록령'을 공포하였다. 이 등록령은 재일 한인에게도 적용되어 재일 한인도 외국인등록을 해야 한다는 것이었다. 재일 한인은 일본 국적을 보유한다고 규정했던 GHQ도 이러한 일본 정부의 정책을 승인하였다.

이후 GHQ는 재일 한인의 지위에 대해서 실질적인 자신의 목소리를 내지 않고, 일본인으로 취급하면서 외국인으로 간주하는 일본 정부의 정책을 전반적으로 시인하는 입장을 취하였다.

일본 정부의 처우   GHQ에 의한 일본 통치는 독일의 경우와는 달리 직접통치가 아니라 간접통치 방식이었다. 따라서 GHQ의 지령을 일본 정부가 실시하는 방식이었기 때문에 일본은 패망했어도 일본 정부는 그대로 유지되었으며 이에 따라 재일 한인도 일본 정부의 관리하에 놓이게 되었다.[7]

패전 직후 일본 정부는 점령군인 GHQ의 눈치만 살피는 입장에 있었다. 하지만 일본 정부는 자신들은 패전하였지만, 한국은 여전히 일본의 식민지라는 환상을 갖고 있었다. 따라서 당시 히가시쿠 니노미야東久邇宮 내각은 재일 한인의 신속한 귀환과 구제를 위한 대책보다는 오로지 재일 한인들의 이동을 통제하고 종래의 관리체제를 유지하는 등 관리에만 관심을 보였다.[8] 즉 일본 정부는 1945년 9월 28일 각 지방에 재일 한인 및 대만인 취급 요령을 지시하였다.[9] 그 내용은, 전쟁이 끝나 시국이 변하였으나 한국인·대만인과 더욱 친밀한 관계를 유지하여 영원히 계속될 공영화친共榮和親의 열매를 거두기에 애쓸 것, 그들에게 인심의 불안과 동요를 제거시키고 일시적 감동에 따른 경거망동을 하지 않도록 할 것, 중앙 및 지방흥생회·대만협회 등을 통해 수시로 시국대응협의간담회를 개최할 것, 한국인 및 대만인이 만든 단체를 잘 이용하여 시국대응의 시책에 기여하도록 할 것, 일본에 머물기를 희망하는 자는 잘 대우하고 보호지도에 필요한 조치를 강구할 것 등이다. 이러한 내용을 보아 식민지 조선·식민지 대만이 이후로도 이어질 것이라는 환상에서 나온 공문임이 틀림없다.

일본 정부의 이같은 환상과는 달리 재일조선인연맹在日朝鮮人聯盟과 조선건국촉진청년동맹朝鮮建國促進靑年同盟 등 재일 한인단체들은 재일 한인들에게도 연합국 국민과 똑같은 권리와 특권을 달라고 강경하게 요구하며 해방민족으로서의 권리를 주장하였다.[10] 이들 단체는 귀환하는 동포들의 편의를 위해 애쓰는 한편, 일본에 계속 거주할 한인들의 지위 확보를 위해 일본 정부나 GHQ를 상대로 줄기찬 투쟁을 벌였다.

한편 일본 정부는 위에서 살펴본 바와 같이 GHQ의 재일 한인 지위에 대한 정책이 불명확하다는 것을 인식하게 되었다. 따라서 일본 정부는 1946

년 2월경부터 GHQ의 점령기간, 즉 대일강화조약 발효시까지 재일 한인의 법적 지위를 우선 전통적인 국제법 이론에 입각하여 규정하려 하였다. 즉 강화조약 체결에 의해 그 영역 및 인민의 귀속이 결정된다는 법이론을 가지고 나와 강화 전까지는 한국인의 국적 변경을 인정하지 않고 여전히 일본 국적을 보유하게 한다는 것이었다. 이는 현실을 무시하는 이론이며, 이 논리대로라면 재일 한인은 물론이고 한국에 거주하는 한국인도 강화조약 이전까지는 일본 국적을 갖게 되는 것이다.[11] 그러나 일본 정부의 이 억지 논리는 GHQ의 인정을 받아, 실질적으로 1946년 11월 이후 재일 한인의 지위가 해방인민이 아닌 적국인 즉 일본 국민이 되고 말았다. 이로써 일본 정부는 재일 한인에 대한 사법권 및 형사재판권을 갖게 되었다.

재일 한인의 지위를 일본 국적 보유자라 규정한 일본 정부는 1946년 11월 재산세법을 공포·시행하였다. 그리고 이듬해인 1947년부터 재산세 등록을 시작하였다. 이 등록에 연합국 국민들은 제외되었지만 재일 한인들은 당연하다는 듯 포함되었다. 이에 대해 재일 한인들은 식민지 시기와는 다른 해방인민이기에 연합국 국민들과 같은 대우를 받아야 한다고 주장하며 반대운동을 전개하였다. 하지만 일본 정부는 이를 묵살하였고 GHQ도 일본 정부의 이러한 태도를 승인하여 주었다.[12]

그런데 GHQ가 재일 한인에 대해 일본 정부의 이러한 처우를 묵인하고 승인하게 된 배경에는 그들의 재일 한인에 대한 편견에도 일부 원인이 있다. 물론 이런 편견도 일본 측의 보고에 의해 생긴 것이었다. 즉 GHQ 정치고문은 1946년 9월 미 국무부 장관에게, "대만인과 조선인은 물가·식량배급의 통제상 아주 유해한 영향을 미치고 있는 뒷거래 활동의 80%를 점하고 있다고 추정된다. 대만인 및 조선인은 무법無法인 동시에 호전적이다"라는 편지를 보냈다. GHQ의 이같은 편견을 이미 알고 있던 일본 진보당의 시이쿠마 사부로椎能三郎는 임시의회에서 "제3국인의 방약무인한 행동으로 조선인은 이미 암시장 활동의 중핵이며, 그들의 무법한 행동은 오늘날 일본의 모든 상거래나 사회활동에 영향을 미치고 있다"라고 주장하였다. 마치 전후 일본의 경제적 곤궁이 재일 한인에 의해 생겨나고 있다는 듯한 발언이었다. 또한 그는 "종전 이전까지 일본인으로서 생활해 온 대만인·조선인이 종전과 동시에 마치 전승국민戰勝國民 같은 태도를 보이고 그 특수한 지위와 입장을 악용하여 우리 일본의 법규와 질서를 무시하고 방약무인한 행동을 하는 것은 묵과할 수 없다"라는 발언을 하여 식민지시기에 갖고 있던 사고를 노골적으로 나타냈다.[13]

패전 직후 경제적 혼란에 빠진 일본의 상황은 배급제로는 도저히 생활을 유지할 수 없었다. 그렇기 때문에 많은 암시장이 여기 저기에 생겨났으며, 그것은 이미 없어서는 안 될 제도로서 사실상 공인된 것이었다. 유독 재일 한인이나 대만인만 행한 것은 아니었다. 하지만 GHQ도 일본 측과 마찬가지로 재일 한인이 전후 일본 경제의 복구를 방해하고 있다는 인식을 갖고 있었던 것이다.

이어 일본 정부가 추진한 것은 외국인등록령이었다. 일본 정부는 1947년 5월 2일 '외국인등록령'을 제정하고 "조선인을 당분간 외국인으로 간주한다"고 하였다. 이는 앞에서 말한 "재일 한인을 일본인으로 간주한다"는 방침과는 모순되는 것이며, 재산세 등록시 일본인으로 적용하였던 규정과도 맞지 않는 것이다. 재일 한인은 식민지시기 내선일체라는 명목으로, 그리고 일제가 전시물자 생산을 위한 노동력 동원을 목적하에 강제징용으로 끌고왔던 사람들이었다. 전적으로 그들의 의도에 의해 일본 땅에 살게 된 재일 한인은 이른바 일본에서 재류할 기득권을 가진 특수한 존재였던 것이다. 그와 같은 재일 한인을 외국인으로 분류하여 처우한다는 것은 정당한 처사라 볼 수 없는 것이었다.

이 외국인등록령은 오늘날 일본이 재류외국인에 대해 시행하고 있는 출입국관리법과 외국인등록법을 합쳐놓은 것과 마찬가지로, 외국인의 출입국과 재류외국인의 실태 파악, 위반자의 강제퇴거(국외추방) 등의 단속규정을 갖고 있었다. 이 등록령이 재류외국인 중 다수를 점하고 있는 재일 한인을 대상으로 하여 만들어졌음은 말할 필요도 없다.[14]

외국인등록령에 대해 '해방인민으로서 외국인 신분'을 일관되게 주장해 온 재일 한인은 등록령 제11조에 "대만인 중 내무대신이 정하는 자 및 조선인은 이 칙령의 적용에 있어 당분간 외국인으로 간주한다"는 규정을 문제삼아 강렬하게 항의하였다. 또한 이 등록령의 제10조 "항상 등록증명서를 휴대하여 내무대신이 정하는 관공리(官公吏)의 청구가 있을 때는 이를 제시해야 한다"는 규정은 식민지시기 일제가 재일 한인을 관리하기 위해 만든 협화회(協和會) 수첩을 상기시키는 것이었다. 제도적으로 이같이 활용된다면 일본 경찰이 재일 한인을 단속할 여지는 충분하였던 것이다.[15] 실제 이 외국인등록령은 이후 재일 한인들이 일본인과 다른 차별적 대우를 받는 하나의 증서로 활용되었다.

이번에는 재일 한인을 일본인으로 간주한다는 규정에 의해 또다시 차별이 행해졌다. 일본 정부는 1948년 1월 24일 문부성 학교교육부장 명의로 '조선인 사립학교 취급에 대해서'를 발표하였다. 그 내용은 "조선인은 일본의 법령에 복종해야 한다. 따라서 조선인 자제는 일본인과 마찬가지로 일본의 소·중학교에 취학시켜야 한다", "(조선인학교는) 학교교육법에 정해진 대로 도都·도道·부府·현縣감독청 지사의 인가를 받아야 한다", "조선어 등의 교육을 과외로 행하는 것은 지장 없다", "이를 위반하는 학교는 폐쇄한다"는 것이었다.[16]

해방 후 재일 한인은 교육문화의 복권을 통해 무엇보다도 먼저 민족적 존재를 확인하는 주체성을 찾기 위해 노력하였다. 귀국을 눈앞에 둔 아이들을 가르치는 국어강습소가 곳곳에 생겼다. 만족할 만한 시설이나 교재는 갖추지 못하였지만, 가르치는 교사와 배우는 학생들은 정열을 가지고 있었다. 해방 후 가장 이른 시기 재일 한인들을 이끌어온 재일조선인연맹의 지도 아래 민족교육의 체제는 급속히 정비되어 갔다. 1946년 4월에는 초·중·상급의 3년제 초등학원을, 같은 해 9월에는 통합하여 6년제의 정규학교로 개편되었다. 10월에 도쿄東京, 이어 오사카大阪, 효고兵庫 등에도 중학교가 창립되었다. 해방 후 1년여 만인 1946년 10월 일본 각지에 설립된 민족학교의 수는 초등 525개교, 중학 4개교, 청년학교 10개교였고, 학생 수는 4만 2,000명이었다. 1947년 10월에는 초등학교 541개교, 중학교 7개교, 청년학교 22개교에 학생 수는 6만 명으로 불어났다. 이와 같이 하여 적령기의 아동 거의 60%가 이 민족학교에 다니고 있었던 것이다.[17]

일본 정부는 민족학교에 대해 1948년 신학기가 되면서 폐쇄령을 내리기 시작하였다. 먼저 야마구치山口·효고·오사카 등의 한인학교에 폐쇄령이 내려졌다. 이에 야마구치에서는 1만여 명의 재일 한인이 현청縣廳 앞에서 집회를 갖고 교섭에 들어갔으며, 오카야마岡山에서는 폐쇄령을 거부했다는 이유로 조선인연맹의 위원장이 구속되자 8,000명의 한인이 모여 궐기하였다. 도쿄에서는 4월 20일 14개교에 폐쇄령이 내려지자 한인들은 "교육용어는 한국어로, 교과서는 한국인교과서편찬위원회가 편찬한 것을 사용한다"는 조건을 내걸고 투쟁하였다. 이에 일본 측은 학교장 등을 도쿄지검에 고소하고, 14개교의 학교장과 관계자 등 16명을 체포하였다.[18]

학교 폐쇄령에 반대하는 재일 한인의 투쟁은 오사카·고베神戶 등 관서지방에서 격렬하게 전개되었다. 1948년 4월 3일 오사카에서는 7,000명의 한인이 부청사府廳舍 앞에 모여 항의시위를 하였고, 이 중 100여 명의 한인이 체포되었다. 26일에는 미군 오사카사령부장관이 오사카부 지사에게 "군중을 해산시키라. 만약 응하지 않으면 펌프나 화기를 사용하도록 하라"고 명령하자, 오사카부는 무장경관 2,000명을 동원하여 모여 있던 1만 2,000명의 재일 한인을 향해 호스로 물을 뿌려대고 발포를 시작하였다. 이때 16세였던 소년 김태일이 사살되었다.

고베에서도 4월 초부터 1,000명이 넘는 한인들이 매일같이 모여 데모를 하였고, 이것이 4·24교육투쟁으로 연결되었다. 4월 24일 현청縣廳을 둘러싸고 폐쇄령의 철회를 요구하던 중 220명의 한인이 연행되었다. 다음 날에는 고베지역에 한정적 비상사태가 선포되었다. 이리하여 4월 28일까지 1,667명이 검거되었다. 재일 한인 8명, 일본인 1명이 군사법정에서 중노동 10년에서 15년의 판결을 받았다.[19]

재산세 등록령, 외국인등록령, 교육시행령 등에서 알 수 있듯이 일본 정부는 재일 한인을 때로는 일본인으로, 때로는 외국인으로 간주하고 취급하였다. 이는 식민지시기 한국인들을 그들 마음대로 강제징용하고 징병해 다루던 의식을 그대로 적용한 처사라고밖에 볼 수 없다.

재일 한인의 귀환

귀환자에 대한 GHQ 및 일본 정부의 처우 일본의 패망으로 한국이 해방되자 많은 재일 한인들이 조국으로의 귀환을 위해 시모노세키下關·하카다博多·센자키仙崎 등의 항구로 모여들었다. 그러나 일본 정부는 한국 및 중국으로부터의 자국민 인양에 대해서는 모든 정성과 힘을 쏟았지만 한인의 귀환에 대해서는 대책을 세우지 않았다.

일본 정부는 9월이 되어서야 한인 강제동원자 처리를 시작하였다. 즉 1945년 9월 1일자로 토목·건축 노무자를 제일 먼저 귀환시키고, 석탄 노무자는 최후로 보낼 것, 손으로 들고 갈 수 있는 물품만 소지케 할 것, 부산항까지 사업주 측에서 인솔자를 붙여 부산에서 인도케 할 것 등의 지령을 각 지방장관에게 보냈다.[20] 이외 대부분의 지령은 일본에 재류할 때까지 소요를 일으키지 않도록 지도하라는 것들로 실질적인 귀환대책과는 무관한 것들이다. 또한 석탄 노무자를 제일 나중에 귀환시키라고 한 것은 전쟁이 끝났지만, 전후 일본 경제의 복구를 위해서는 석탄이 계속해서 필요했기 때문이다.

이어 9월 15일 일본 정부는 '반도인 노무자 송환에 관한 건'을 발표하였다.[21] 그것은 9월 1일자의 지령과 거의 대동소이한 것으로 강제동원자 귀환과 관련한 내용이었다. 그러나 이에 앞서 일본 정부는 9월 12일에 운수성運輸省의 내부문서로 센자키~부산 간, 하카다~부산 간의 항로를 일반인 수송은 금지시키고 한국 징병자와 징용자만의 귀환수송에 이용하도록 하는 안을 만들었다.[22] 이 안은 9월 말까지의 수송계획으로 내용은 하카다에서는

9월 15일부터 9월 말까지 3일에 1번씩 덕수환德壽丸을 이용해 귀환시키고, 센자키에서는 9월 17일부터 28일까지 격일제로 흥안환興安丸을 이용해 귀환시킨다는 것이었다.

9월 20일 일본 정부는 해외에 있던 자국민이 물밀듯이 들어오자 시모노세키·모지門司 등의 항구에 인양민사무소를 설치할 것을 차관회의에서 논의하였다.[23] 그 계획은 이 인양민사무소가 일본에서 한국이나 대만으로 귀환할 자들에 대해서도 식량·의료·숙소 제공 등의 업무를 하도록 하는 것이었으나, 실질적으로 해외에서 인양되어 온 일본인에 관한 업무 외에 한국인이나 대만인을 위해서 한 일은 거의 없었다.

9월에 나온 일본 정부의 이와 같은 지령이나 계획은 강제징용자를 귀환시키기 위한 것들이었다. 일반 민간인을 귀환시키기 위한 계획은 11월 1일 GHQ가 지령을 발표하면서부터 시작되었다.[24] 이 지령에 의하면, 일본에 있는 모든 한국인·대만인·유구인琉球人에 대해 일본 정부는 일본의 부담으로 본국으로 돌아가도록 하고, 한국인의 귀환에 대해서는 특히 다음의 네 가지를 지시하고 있다.

① 모지·시모노세키·하카다 지구, 오사카·고베 지구, 기타 지구 등 일본을 크게 세 지역으로 구분하여 이 순서대로 한국인을 귀환시킬 것
② 이들 각 지구에서는 동원군인을 우선적으로 취급하고 이어 강제연행자, 기타의 순으로 송환시킬 것
③ 인양민사무소로 옮기라는 지시가 있을 때까지 재류 일반 한인은 현 주소지에 머무르도록 조치할 것
④ 남아 있는 한인 및 중국인 징용자들은 늦어도 11월 14일까지 매일 1,000

주요 귀환항이었던 하카다[博多]항 '인양 기념물'

귀환 도중 숨진 한인들을 기리기 위해 마련된 오다야마[小田山] 묘지. 일본 기타규슈[北九州] 위치

명씩 출발시킬 것[25]

이와 같은 재일 한인의 귀환에 대한 기본지령을 내리기 이전인 1945년 10월 20일 GHQ는 일본 정부에 '금·은·증권 및 금융상 제증서의 수출입통제'라는 각서를 내려 귀환하는 한인 1인당 휴대할 수 있는 금액을 1,000엔 이내로 제한하고 이를 넘는 금액은 채권증서·재산소유권증서로 교환해주도록 하였다.[26] 그리고 화물에 대해서는 처음에 몸에 지닐 수 있는 휴대품만을 허용했지만 1946년 4월 1일부터는 귀환자 1인당 250파운드까지 허가하였다. 단, 250파운드의 짐은 귀환자 본인이 직접 들 수 있어야 한다고 정하였다.[27] 그러나 1946년 중반을 넘어 한국으로 귀환하려는 재일 한인의 수가 점점 줄어들자 GHQ는 1946년 9월 4일 다시 다음과 같은 지령을 내렸다.

① 필요한 휴대품 및 가재도구류는 각자 휴대할 수 있는 범위 내에서 500파운드를 넘지 않을 것
② 1945년 9월 2일 이전에 저당하지 않은 물건으로 상용 및 일본에서 개인 영업에 사용한 공구 및 경기계 및 상업용 도구로 4,000파운드를 넘지 않는 범위 내에서 지방진주군의 허가를 얻는다면 허용됨
③ 4,000파운드를 넘는 경우에도 GHQ의 허가를 얻는다면 허용됨[28]

휴대품에 대해서는 1949년 12월 1일 더욱 완화된 지령이 나온다.

① 휴대품(수화물·의류·서류·화장용품·자동차 1대·신변장식품·기타 본인이 개인적으로 사용할 것을 목적으로 한 물건)

② 이삿짐(본인 및 그 가족이 주거를 설정하고 유지하기 위해 통상 필요하다고 인정되는 물건)
③ 4,000파운드 이내의 직업용구(일본에서 상업 또는 개인적 업무에 사용하고 질권質權, 기타 법률상의 구속이 없는 것)
④ 4,000파운드가 넘는 직업용구는 수출승인서를 제출하여 통상상업대신의 허가를 얻어야 함[29]

그러나 이 규정은 귀환이 거의 끝난 시기에 나온 것으로 이에 해당하는 자는 극히 일부였을 것으로 생각된다.

재일한인의 귀환 과정과 결과   재일 한인의 귀환은 일본의 패망이 예견되고 또 그러한 정보가 흘러나오기 시작한 1944년 후반부터 시작되었다. 어느 기록에 의하면 1945년 8월 15일 이전에 이미 재일 한인 중 30만 명 이상이 한국으로 돌아갔다.[30] 물론 이 기록은 정확성에 의심이 가는 부분도 있지만, 다른 기록에도 태평양전쟁이 끝나기 이전에 이미 많은 재일 한인들이 귀환을 서둘렀고 1945년 8월 초에는 5,000명 이상이 시모노세키 항에서 귀환할 배를 기다리고 있었다는 내용이 보인다.[31]

이른 시기부터 귀환을 서두른 한인들은 자신들이 직접 배를 구입하거나 빌려 출항하였다. 당시 일본의 연안에는 태평양전쟁 시기 미군과 일본군이 설치해 놓은 기뢰가 있었는데, 이를 모르고 귀환하던 많은 귀환선이 폭파당하였다. 특히 1945년 8월 24일 한국인 노무자 2,838명, 일반 한국인 897명을 태우고 귀환하던 일본의 해군 특별수송선 우키시마마루浮島丸의 침몰은 엄청난 인명피해를 안겨준 사건이었다. 아오모리青森 현의 오미나토大湊 항을 출발해 부산으로 향하던 이 선박은 교토의 마이즈루舞鶴만에서 폭발하여 침몰하고 말았다.³² 또한 이들 초기 귀환자들이 구입하거나 빌린 선박들은 대부분 발동기가 달린 소형의 기선이었기 때문에 바다의 태풍이나 풍랑에 쉽게 침몰할 우려가 있었다. 이로 인해 희생당한 한인들의 유골이 기타규슈北九州의 오다야마小田山 묘지에 안치되어 있는데, 이들은 귀환 도중 마쿠라자키 태풍을 만나 조난 당한 희생자들로 기타규슈의 와카마츠若松항에 밀려온 시신을 재일한인들이 수습하여 이곳에 안치하였다.

이와 같은 개별적 귀환 이외에 1945년 11월 이후부터는 GHQ와 일본 정부의 통제와 지원하에 귀환이 질서있게 이루어졌다. 물론 이후에도 개별적 귀환이 없었던 것은 아니다.

처음 일본 정부는 재일 한인의 귀환항으로 하카다·센자키·사세보佐世保·마이즈루舞鶴·하코다테函館·우라가浦賀·미이케三池·우스노우라臼の浦·모지·시모노세키·하기萩·사카이境·유노츠溫泉津·후시키伏木·나나오七尾·니가타新潟·오타루小樽·무로란室蘭 등을 지정하였다. 이들 중 하카다와 센자키는 부산과 정기여객선이 왕래했던 항구다. 이들 항구에서는 운선환雲仙丸·장백환長白丸·황금환黃金丸·회령환會寧丸·간궁환間宮丸·대우환大隅丸 등의 선박과 해군 함정이 운항되었다.³³

이와 같이 시작된 귀환으로 1946년 3월까지 많은 수의 재일 한인이 조국으로 돌아왔다. 약 5개월 동안 귀환한 재일한인의 수는 약 94만 명이며, 통계에 나타나지 않은 자의 수도 약 40만 명으로 추정된다.³⁴

그런데 앞에서도 언급했다시피 1946년 초가 되면서 귀환 한인의 수는

마이즈루 지방 인양 원호국(1958)

점점 줄어들었다. 이에 GHQ는 귀환 희망자의 등록을 받았으며, 그 등록에 기초해 승선 날짜를 개인별로 통고하여 귀환을 실시하였다. 즉 GHQ는 1946년 2월 17일 '조선인·중국인·유구인 및 대만인의 등록'에 대한 각서를 발표하였다.[35] 이 각서의 내용은, 이들 나라의 사람들은 3월 18일까지 귀환희망을 등록하고, 등록하지 않은 자나 귀환을 희망하지 않는다고 등록한 자는 귀환의 특권을 잃는다는 것이었다.

그 결과 남아 있던 전체 재일 한인 64만 7,006명(이들 중 수형자는 3,595명) 중, 귀환희망자 수는 51만 4,060명(이들 중 수형자 3,373명)이었다. 남아 있던 재일 한인 중 79%가 귀환의사를 표명한 것이었다.[36] 하지만 이 시기 귀환을 희망한다고 등록한 자들도 지정된 날짜에 그다지 많이 출발하지는 않았다.

이 시기 이후부터 재일 한인들이 귀환을 적극적으로 서두르지 않은 것이다. 재일 한인들이 귀환에 대해 보인 이같은 태도를 일본 측은 다음과 같이 분석하였다.

① 재일 한인들이 돌아갈 남한의 사정을 잘 모르고
② 반면 그들이 지금 있는 일본의 사정은 잘 파악하고 있어 살아가는 데 어려움이 없으며
③ 재일조선인연맹이 귀환하려는 한인을 소극적으로 방해하고 있다.37

위와 같은 일본 측의 분석은 일부 설득력 있어 보이지만 본질적인 이유는 아니었다. 1946년 6월부터 남한에서 콜레라가 크게 유행하고, 대홍수가 일어나 상황이 아주 좋지 않았지만 재일 한인들이 귀환을 미루거나 정주定住를 결정하게 된 원인은 매우 복합적인 것이었다. 그 원인을 자세히 살펴보면 다음과 같다.

첫째, 한국은 정말로 독립된 국가가 될 것인가? 결국 소련과 미국의 지배하에 놓이게 될 것은 아닐까 하는 불안과 불신감이다. 이와 관련해 일본 경찰이 올린 다음의 동향 보고는 주목된다.

귀선歸鮮을 희망하는 자는 비교적 적은데, 재주자 약 1만 5,000명 중 20~30% 정도가 귀환을 희망하며 일본에 재주하기를 희망하는 자들은 '조선이 독립했다고 해도 어차피 미·소의 지배하가 될 것이기 때문에 지금 귀선하는 것은 곤란한 점이 많아 현재의 생활이 편안하다'고 생각하고 있다.38

둘째, 일제에 의한 동화정책으로 자신들이 일본 국민이라는 의식을 떨쳐

버리지 못한 것이다. 특히 태평양전쟁 기간 동안 일제에 의해 이루어진 동화정책에 흡수되어 일본에서 살며 친일의식을 가지게 된 한인은 일본을 떠나 조국으로 돌아가는 것을 망설였다.

셋째, 일본에 오랫동안 살며 생활기반을 잡아, 한국에 돌아갈 고향이 없는 경우이다. 특히 일본 여성과 결혼한 자는 더욱 그랬다.

넷째, GHQ에 의해 허용된 지참금 1,000엔이 너무 적다는 것이다. 이 시기의 물가를 감안한다 해도 1,000엔으로는 몇 달을 견디기 힘들었다.

다섯째, 정당한 임금의 지불을 요구하며 벌이는 경영자 측과의 교섭이 늦어지고 있었기 때문이다. 이러한 경우는 물론 강제징용당한 한인들에게 해당되는 일이었지만, 전후의 혼란을 틈타 일반 한인들도 오랜 기간 임금을 지불받지 못한 경우가 많았다.[39]

GHQ는 재일 한인 중 귀환희망자가 점점 줄어들자 귀환 완료일을 1차적으로 1946년 11월 15일까지로 정했다가, 다시 12월 15일까지 연장했다. 그러나 연장 이후에도 귀환은 계속되었다. 1946년 4월부터 12월 말까지 한국인 귀환자 수는 하카다에서 6만 9,107명, 센자키에서 9,917명(센자키는 9월 이후 귀환항에서 제외되었다), 하코다테에서 205명, 사세보에서 286명 등 8만 2,900명이었다. 따라서 3월에 귀환하겠다고 등록한 수의 16% 밖에 되지 않은 수가 귀환하였던 것이다.[40]

한편 귀환이 이루어지는 동안 재일한인단체 중 가장 체계적인 조직을 가지고 있었던 재일조선인연맹은 여러 가지 역할을 했다. 우선 조선인연맹은 1945년 9월 10일 중앙준비위원회가 발족됐을 때부터 귀환지원활동을 시작하였다. 10월 15일 결성할 때는 강령에 '귀국동포의 편의와 질서를 기함'이란 항목을 넣었다. 따라서 연맹은 귀환이 본격적으로 시작되자 각 항구에 연맹원을 파견하여 귀환자의 명부를 만들고, 귀환증명서를 발급하는 업무를 하였다. 그리고 귀환자들이 소지할 수 있는 물품이 제한되었기 때문에 그들이 남겨놓은 재산을 연맹의 이름으로 관리하기도 하고, 본인의 의사에 따라 기부받기도 하여 연맹을 운영하는 자금으로 활용하기도 하였다. 연맹은 귀환자가 제일 많았던 하카다에 귀국동포구원회를, 센자키에 조선인구원회를 만들었다. 이러한 연맹의 활동은 1946년 4월 말까지 이어졌으나 GHQ가 그 활동을 중지시켰다.[41]

1947년 9월 초 GHQ의 지시에 의해 귀환은 일시 정지되었다. 이는 한국에 주둔하고 있는 미군의 요청에 의한 것으로 그 후의 귀환수속은 한국주둔 미군 측이 허가하면 이를 다시 GHQ가 허가하는 형식으로 바뀌었다.

귀환희망자는 주한 미군정청이 발행하는 귀환신청서에 필요사항을 기입하고 시市·정町·촌장村長 또는 경찰서장의 거주증명서를 붙여서 도쿄의 주한미군정 재일본총공관 또는 오사카공관에 제출했다(한국 정부가 수립된 후에는 거류민단 중앙총본부를 통해 주일대표부를 거쳐 GHQ에 허가를 받았다). 이것은 주한미군사령부에 보내졌고 여기서 허가가 떨어진 자는 외무성을 통해 인양원호원引揚援護院과 도都·도道·부府·현縣을 거쳐 시·구·정·촌장에게 통지되어 귀환증명서가 본인에게 교부되었다. 이와 같은 과정으로 1947년 이후부터 1950년 5월 11일까지 귀환한 자는 전부 17만 146명이었다.[42]

재일 한인의 북한 귀환은 다음과 같이 이루어졌다.

소련군이 주둔하고 있던 북한으로의 귀환은 처음에는 적당한 협정이 성립될 때까지 미뤄졌다. 1946년 6월 5일 극동위원회에서는 북위 38도 이북의 사람들도 남한으로의 귀환이 가능하다고 결정하였다.[43] 이 결정은 다시 1946년 12월 19일 미·소 간에 '소련지구 인양에 관한 미·소 협정'이 체결

시모노세키 아리랑 마을. 귀환을 기다리다 눌러 앉게 된 한인들이 형무소와 화장터 근방에서 마을을 이루며 살게 되었다.

되어 북한으로 직접 귀환할 수 있게 되었다. 이 협정의 내용은 "일본으로부터 북한에 인양될 자는 예전에 북위 38도 이북에 거주한 자로 동지역에서 출생한 한국인 1만 명으로 한다"는 것이었다. 따라서 GHQ는 이 협정을 근거로 "일본에 있는 북한 출신 1만 명 이내의 인양은 1947년 3월 9일부터 15일까지 실시한다. 이 1만 명은 북위 38도선 이북의 한국에서 태어난 것을 조건으로 하며, 1946년 3월 18일 전에 귀국희망을 등록한 9,701명의 한국인과 북한에서 태어났으나 그때 등록하지 않은 자, 또는 그 후에 의사를 변경해서 귀국을 희망한 한국인을 포함한다. 신청자수가 1만 명을 넘을 때는 그 넘는 수에 대한 인양교섭을 다시 해야 하기 때문에 1947년 2월 28일까지 GHQ에 통고하라"는 각서를 일본 정부에 보냈다.

이 각서에 근거해 일본 정부는 1947년 1월 말 북한으로의 귀환희망자를 다시 조사했다. 1946년 3월 18일까지 등록한 수는 9,701명이었지만, 이번에는 거기에 훨씬 못 미치는 1,413명뿐이었다. 그리고 이들 중 실제로 귀환한 자는 3월 15일에 233명, 6월 26일에 118명으로 모두 351명뿐이었다. 이들은 모두 사세보에서 출발하여 북한의 흥남으로 갔다.[44]

1950년 6월 26일 마지막 귀환선이 마이즈루에서 627명을 태우고 출발할 예정이었으나 6·25전쟁이 일어나 중지되고 말았다. 8월 16일 GHQ는 이들에게 원래 살던 곳으로 돌아가라는 지시를 내렸고 이후 귀환선은 다시 출발하지 않았다. 1950년 11월 9일 GHQ는 "11월 9일 이후 비일본인의 자발적 인양은 본인의 책임이다"라는 각서를 내보내 일본 정부와 GHQ가 주도한 귀환업무는 종지부를 찍었다.

남한과 북한으로 귀환한 각 항구별 및 연도별 재일 한인 수는 다음의 표 1과 같다.[45]

해방 후 재일 한인은 GHQ에 의해 '해방인민'이라는 지위를 받았다. 그러나 그들은 '비일본인' 또는 '일본인' 및 '적국인'으로도 규정되었다. 물론 재일 한인은 한국인이므로 비일본인이라는 규정은 맞는 것이다. 그렇지만 일본인 및 적국인이라는 규정은 해방인민과 완전히 대립하는 것으로 맞지 않는 모순이다.

한국은 일본의 식민지였다가 일본의 패전으로 해방되었고, 그 한국의 백성도 자연스럽게 해방된 인민이 되었으므로 해방인민은 옳은 표현이라고 할 수 있다. 그러나 어떻게 그들이 일본인이나 적국인이 될 수 있는 것일까? 식민지시기 일선동조日鮮同祖를 외쳤던 일본인들도 실제로는 자신들을 '내지인'이라 부르고 한민족은 '조센진'이라 부르며 서로를 구분했다. 그런

표 1 재일 한인의 남한 귀환자 수

연도 귀환항	1945.8~ 1946.3	1946.4~ 1946년 말	1947	1948	1949	1950	계
사세보	55,306	286	8,392	2,822	3,482	2,294	72,582
하카다	425,713	69,107					494,818
센자키	320,517	9,917					330,434
마이즈루	25,676	3,386					29,061
하코다테	86,271	205					86,476
우라가	2,540						2,540
기타	24,415						24,415
계	940,438	82,900	8,392	2,822	3,482	2,294	1,040,328

표 2 재일 한인의 북한 귀환자 수

연도	항구	귀환자(명)
1947.3	사세보에서 출항	233
1947.6	〃	118
계		351

데 해방을 맞이하고 나서도 일본인으로 분류된다는 것은 한민족의 입장에서는 참으로 납득할 수 없는 일인 것이다.

해방인민이라는 용어 또한 국제사회에서 어떤 정치적·사회적 권리나 위치를 부여받은 것이 아니다. 단지 식민지 상태에서 풀려난 백성이라는 의미일 뿐이다. 해방인민의 지위를 주장해 개인적 또는 단체적 행위가 나올 수 있는 것이 아니었던 것이다. 따라서 해방 후 재일 한인들은 어떤 확정된 지위도 부여받지 못한 셈이었다.

이와 같은 GHQ의 재일 한인에 대한 지위 규정을 일본 정부는 최대한 자신들에게 유리하게 해석하며 활용하였다. 즉 식민지시기 일제의 한민족에 대한 차별은 민족차별이었다. 그러나 전쟁에서 패전한 입장인 일본은 예전과 마찬가지의 민족차별이 불가능하였으므로 GHQ가 내린 비일본인이라는 규정을 악용하여 외국인 차별을 시작하였던 것이다. 그러는 동시에 일본인 또는 적국인이라는 규정을 최대한 활용하여 해방 후 민족적 자립을 확보하려는 재일 한인들을 탄압하였다.

해방 후 재일 한인들에 대해 이같은 지위 규정이 나온 것은 1차적으로는 GHQ의 식민지 국가에 대한 잘못된 인식과 배려 부족 때문이라 생각된다. 거기에 자신들이 지배했던 식민지 국가들을 패전 후에도 여전히 지배하고 있다는 일본 측의 환상과 이후 제기될 한국에 대한 보상 문제 등에서 유리한 입장에 서려는 일본 정부의 교활한 속셈도 함께 있었던 것이다.

이러한 지위를 타율적으로 부여받은 재일 한인들의 귀환은 당연히 불리할 수밖에 없었다. 하지만 그런 가운데서도 강제동원된 한인들뿐만 아니라 일찍부터 일본에 살았던 재일 한인들은 해방된 조국으로의 귀환을 서둘렀다. 일본 정부나 GHQ의 통계에 잡히지 않은 수까지 합한다면 그 수는 150만~160만 명에 이른다고 알려져 있다. 전쟁 종결 이전 220만 명 이상이었던 재일 한인이 귀환작업이 완전히 끝난 1950년 이후 60만 명 정도 남게 되었던 것이다.

5년 정도의 기간에 이같이 많은 인원이 자신의 주거를 목적으로 나라에서 나라로 이동한 경우는 세계 역사상 그다지 흔하지 않다. 이는 식민지시기라는 불행한 역사가 낳은 또다른 수난이었다.

— **채 영 국**(국민대학교 한국학연구소 연구교수)

■ 주

1. 이에 대한 연구로 최근 몇 년간 국내에서 발표된 글로는 다음과 같은 것들이 있다. 최영호, 「해방 직후 재일한국인의 본국 귀환, 그 과정과 통제구조」, 『韓日關係史硏究』 4, 한일관계사연구회, 1995 ; 김영순, 「해방 후 재일 한국인의 귀국과 잔류」, 『한일간의 미청산과제』, 한국정신대연구회, 아시아문화사, 1997 ; 이연식, 「해방 직후 해외동포의 귀환과 미군정의 정책」, 『典農史論』 5, 서울시립대 국사학과, 1999 ; 강만길・안자코 유카, 「해방 직후 '강제동원'노동자의 귀환정책과 실태」, 『아세아연구』 108, 고려대아세아문제연구소, 2002.
2. 「日本占領及び管理のための連合國最高司令官に對する降伏後における初期の基本的指令(1945年 11月 1日)」, 『在日朝鮮人管理重要文書集』(1945~1950년), 現代日本・朝鮮關係史資料 第6輯, 10쪽.
3. 「在日非日本人の引揚等に關する極東委員會政策決定」, 『在日朝鮮人管理重要文書集』, 1945~1950, 11~12쪽.
4. 金日化, 「在日朝鮮人の法的地位」, 『在日朝鮮人問題-その歷史と現狀-』, 關西學院大學, 1982, 82~83쪽.
5. 條崎平治, 「朝鮮人の地位及び取扱に關する總司令部涉外局發表」(1946年 11月 20日), 『在日朝鮮人運動』, 令文社, 1955, 27~28쪽.
6. 김태기, 「GHQ/SCAP의 對재일한국인정책」, 『국제정치논총』 38-3호, 1998, 254쪽.
7. 김태기, 「GHQ/SCAP의 對재일한국인정책」, 249쪽.
8. 김태기, 「GHQ/SCAP의 對재일한국인정책」, 249쪽.
9. 「終戰ニ伴ウ內地在住朝鮮人及臺灣人ノ處遇ニ關スル應急措置ノ件」, 『戰後補償問題資料集』 第9集, 戰後補償問題硏究會, 1994, 31~35쪽.
10. エドワ-ド・W・ワグナ-, 『日本における朝鮮少數民族』, 現代日本・朝鮮關係史資料 第1輯, 湖北社, 1975, 59쪽.
11. 金日化, 「在日朝鮮人の法的地位」, 83~84쪽.

12. 김태기, 「GHQ/SCAP의 對재일한국인정책」, 256쪽. GHQ는 이미 1946년 7월 26일에 '非日本人에 對한 普通稅 附課'라는 각서를 내보내 연합국 국민이 아닌 재일 한인이나 대만인에 대해 재산세와 일본 정부가 부과하는 모든 세를 내도록 하였다.
13. 金昌宣, 「加害と被害の論理」, 『朝鮮と日本そして在日朝鮮人』, 朝鮮靑年社, 1992, 70~71쪽.
14. 金昌宣, 「加害と被害の論理」, 70쪽.
15. 김태기, 「GHQ/SCAP의 對재일한국인정책」, 257~258쪽.
16. 金昌宣, 「加害と被害の論理」, 71쪽.
17. 金仲培, 「在日朝鮮人の民族敎育」, 『在日朝鮮人問題-その歷史と現狀』, 關西學院大學, 1982, 112~113쪽.
18. 金昌宣, 「加害と被害の論理」, 72쪽.
19. 金昌宣, 「加害と被害の論理」, 73쪽.
20. 「朝鮮人集團移入勞務者等ノ緊急措置ノ件」, 『戰後補償問題資料集』 9, 18~20쪽.
21. 「半島人勞務者送還ニ關する件」, 『戰後補償問題資料集』 9, 22~23쪽.
22. 「關釜ニ博釜航路經由旅客輸送ノ件」(1945年 9月 12日), 『戰後補償問題資料集』 9, 35~36쪽.
23. 「引揚民事務所設置ニ關スル件」 次官會議, 1945, 『戰後補償問題資料集』 9, 27~28쪽.
24. 「日本占領及び管理のための連合國最高司令官に對する降伏後における初期の基本的指令」(1945年11月一日), 『在日朝鮮人管理重要文書集』, 1945~1950, 10쪽.
25. エドワード・W・ワグナ一, 『日本における朝鮮少數民族』, 60~61쪽.
26. 「金, 銀, 有價證券及び金融上の諸證書の輸出入統制方に對する追加指令に關する總司令部覺書」, 『在日朝鮮人管理重要文書集』, 1945~1950, 153~154쪽.
27. 森田芳夫, 『在日朝鮮人處遇の推移と現狀』, 『法務硏究』 報告書 43-3, 1955, 60쪽.
28. 森田芳夫, 『在日朝鮮人處遇の推移と現狀』, 71쪽.
29. 森田芳夫, 『在日朝鮮人處遇の推移と現狀』, 72쪽.

30. エドワード・W・ワグナー, 『日本における朝鮮少數民族』, 58쪽.
31. 森田芳夫, 『在日朝鮮人處遇の推移と現狀』, 53쪽.
32. 森田芳夫, 『在日朝鮮人處遇の推移と現狀』, 53~54쪽. 일본 정부는 이 사건으로 사망한 한인의 수가 530여 명이라고 발표했다. 하지만 재일조선인연맹은 자체 조사한 결과 사망자 수는 적어도 1,000명 이상이라고 주장하였다. 이 사건은 아직도 일본의 교토재판소에 그 유가족들에 의해 소송이 걸려 있는 상태이다.
33. 森田芳夫, 『在日朝鮮人處遇の推移と現狀』, 55쪽.
34. 森田芳夫, 『在日朝鮮人處遇の推移と現狀』, 57쪽.
35. 「朝鮮人, 中國人, 琉球人及び臺灣人の登錄に關する總司令部覺書」, 『在日朝鮮人管理重要文書集』, 1945~1950, 19~20쪽.
36. 森田芳夫, 『在日朝鮮人處遇の推移と現狀』, 59쪽.
37. 「朝鮮人歸還促進に關する協議會開催に關する件」(1946年 7月 29日).
38. 「木縣 警察部長, 栃戰爭終結後に於ける各方面の動向に關する件」(1945. 9. 15).
39. 西成田豊, 「在日朝鮮人の世界と帝國國家」, 東京大學出版, 1997, 332~334쪽. 이들 요인은 니시나리다의 분석에 필자가 몇 개의 사항을 덧붙인 것이다.
40. 森田芳夫, 『在日朝鮮人處遇の推移と現狀』, 61쪽.
41. 森田芳夫, 『在日朝鮮人處遇の推移と現狀』, 62쪽.
42. 森田芳夫, 『在日朝鮮人處遇の推移と現狀』, 64~65쪽.
43. 「在日非日本人の引揚等に關する極東委員會政策決定」, 『在日朝鮮人管理重要文書集』, 1945~1950, 11~12쪽.
44. 森田芳夫, 『在日朝鮮人處遇の推移と現狀』, 66쪽.
45. 기타 항구에서 귀환한 재일 한인의 수는 다음과 같다. 오타루 : 1,865, 무로란 : 8,579, 니이가타 : 2,323, 미이케 : 994, 우수노우라 : 1,237, 모지 : 1,000, 시모노세키 : 803, 사카이 : 2,664, 후시키 : 1,499, 하기 : 2,640, 나나오 : 708, 유로츠 : 103, 총계 : 24만 415명.

재외동포법과 재중 한인의 법적 지위

우리 민족은 현대사에 진입하면서 엄청난 시련을 경험하였다. 그 시련 중의 대표적인 것이 빈곤 혹은 일제의 탄압을 피하기 위한 국외 이주이다.

우리나라에서 파악하고 있는 재외한인의 수는 약 550만 명이며, 그 중 중국에 거주하는 한인들이 200만 명 이상이다.[1] 재중한인들은 일제의 강점과 조국의 분단이라는 현대사의 풍랑에 희생된 존재이다. 특히 재중한인은 다른 지역으로 이주한 한인들처럼 잘살기 위해 이주한 것이 아니라 항일독립운동을 하기 위한 망명이민이나 일제에 의한 강제 집단이민이었다. 재중한인들의 일부는 광복 이후 귀환하였으나 귀환하지 못한 재중한인들은 국공내전에 휩싸여 결국 귀환하지 못하다가 1952년 연변조선족자치주가 만들어지면서 함께 중국 국적을 취득하여 현재에 이른 우리의 민족이다.[2]

현행 국적법 제15조 제1항은 "자진하여 외국의 국적을 취득한 자는 자동적으로 국적을 상실한다"고 규정하고 있다(구 국적법 제12조 제4호). 이 규정에 따르면 1949년 중화인민공화국의 수립으로 중국 공민의 일원이 된 재중한인은 중국 국적의 취득과 동시에 대한민국 국적을 상실하게 된다. 그러나 암울했던 우리의 역사적 상황으로 인하여 불가피하게 조국을 떠났던 재중

한인들은 조국을 떠날 때 국적에 관계없이 중화인민공화국의 정치적인 조치로 중국 국적을 취득하였다. 이들은 남북분단과 국제 냉전의 영향으로 한국 정부에 명시적으로 한국 국적을 확인받을 기회조차 얻지 못한 우리의 동포들이다. 더욱이 1992년 한·중수교가 이루어질 때에도 재중한인들의 대한민국 국적취득 문제는 논외로 하였다.[3]

재중한인의 법적 지위와 관련하여 가장 큰 영향을 미치고 있는 법률은 「재외동포의 출입국과 법적 지위에 관한 법률」(이하 재외동포법)이다. 그런데 이 법의 재외동포의 정의조항은 1948년 정부수립 이후 해외로 이주한 자만을 대상으로 하고 있다. 따라서 재중한인들은 대한민국 정부 수립 이전에 국외로 이주하여 대한민국 국적을 명시적으로 확인받을 수 없었고 현지국적을 취득할 수밖에 없었기 때문에 자연 이 법의 적용대상에서 제외되었다. 이에 2001년 11월 29일 헌법재판소는 합리적인 이유 없이 정부 수립 이전의 해외이주 동포를 차별하는 것은 헌법 제11조의 평등원칙에 위배된다고 하여 헌법불합치 결정을 내렸다. 동시에 2003년 12월 31일까지 관련법을 개정할 것을 명하였다.[4] 이어 2004년 2월 9일 재외동포법 개정안이 국회에서 통과되었다.[5] 이 개정안에는 헌법재판소의 헌법불합치 판정을 받아 문제가 되었던 동법 제2조 2호의 재외동포의 정의조항에 "대한민국 정부 수립 이전에 국외로 이주한 동포도 포함한다"는 단서가 추가되어 재중한인들도 재외동포로 인정받기에 이르렀다.

재중한인의 이주사와 중국 국적 취득과정

재중한인의 이주사   조선인들이 중국으로 이주하기 시작한 시기는 17세기였으나 이주민 대부분은 중국의 한족에 동화되었다. 이 동화된 조선인들이 1980년대 중국 조선족의 일부로 편입되어 현재 중국 조선족인구의 0.1%를 차지한다.[6] 조선조 말엽 조선인의 간도지방 이주는 한반도 북부지역에 약 10년에 걸쳐 흉년이 들면서 비롯되었다. 중국 동북부 지역과 중국대륙에 본격적으로 이주한 것은 일제의 한반도 침략이 계기가 되었다.[7]

1910년 이전에 중국으로 이주한 한인은 대부분 자연재해와 국내 사정으로 압록강과 두만강을 건너 중국경내로 들어가기 시작하였다. 이때 조선인들은 주로 세 갈래의 경로를 통하여 중국으로 들어갔다. 첫째는 두만강을 건너 남만주지역으로 들어가는 경로로 점차 만주 전역으로 퍼졌다. 둘째는 두만강을 건너 연변지역에 이주하는 경로로 이주민들은 동만주와 북만주지역으로 점차 확산되었다. 셋째는 러시아 연해주지역으로 이주하는 경로로 이주민들은 다시 흑룡강, 우수리강을 건너 북만주지역으로 이주하였다.[8]

그후 이주자 수는 점차 늘어나 1904년에는 22만 명에 이르게 되었다. 1905년 을사늑약 이후에는 대한제국의 수많은 애국지사들이 중국 동북지역으로 건너가 무력으로 항일운동을 전개하면서 이들과 합류하게 되었다.[9] 1910년 이후에는 일제가 한인 농민들의 토지를 빼앗고 농민들에 대한 착취를 강화해가자, 중국 동북부로 이주하였다. 1919년 3·1운동을 계기로 수많은 애국지사들과 독립군들이 연변지역으로 이주해 갔다.

특히 1919년을 전기로 이주의 흐름은 걷잡을 수가 없었다. 그후 일본의 저지와 탄압으로 항일독립운동은 중국의 관내로 근거지를 옮기고 만주에서의 항일투쟁은 중공과 합동으로 진행한 공산진영에 의하여 지하운동으로 계승되었다.[10] 1910년에서 1931년 사이에 중국으로 이주한 한인의 수는 40만 명 정도였으며, 1931년 중국 동북부의 한인의 수는 약 70만 명에 달하였다.[11] 결과적으로 1905년에서 1919년까지 계속된 이주는 그 성격상 정치적 망명이민이었다.[12]

일제는 중국 동북부를 점령한 후에 만주국을 세우면서 식민통치와 대륙침략을 위하여 한인에 대한 집단이주정책을 실시하였다. 일제는 중국의 동북지방을 공고한 식량기지로 만들기 위하여 한반도에서 해마다 수천 내지 수만 명의 농민들을 이 지역으로 강제로 이주시켰다. 따라서 이 시기는 강제집단이민으로 특징지을 수 있다.[13] 일제가 한국으로부터 농민을 계획적으로 강제이주시킨 결과 1931년 이후 중국 동북부 한인들의 수가 급증하였다. 일제는 이주 한인에게 총독부에서 발급한 이주민증을 소지하게 하였고, 집단부락에 집중적으로 거주하게 하였다. 그리고 일제는 대륙침략전쟁의 수요를 충족시키기 위한 새 농지를 조성하고자 1941년 「만주개척정책기본요강」을 반포하여 한인도 개척단이민으로 북만주와 서만주지역에 강제로 이주시켰다. 일제의 계획적인 이주정책에 따라 1931년에서 1945년 사이에 중국에 이민 온 한인은 약 100만 명에 달하였으며 1945년 재중한인의 수는 170만 명에 달하였다.[14] 이 시기에 중국으로 이민 온 한인들은 일본제국주의의 침략정책에 따른 계획적이고도 조직적인 강제 이주였다고 할 수 있다.

1945년 광복 후 중국 내 한인들, 특히 한반도로 귀환한 동북 3성의 한인들은 그 수가 70여만 명이었고 중국에 정착한 수는 100여만 명이었다. 1953년 중국 제1차 전국인구보편조사 때 한인의 수는 110만 명이었다.[15]

재중한인의 중국 국적 취득과정   근 1세기 동안 중국으로 이주한 한인들 중 일부는 생계유지를 위하여 혹은 중국 당국의 정책적 압박으로 인하여 점차 중국 국적을 취득하였다.

재중한인들이 중국 국적을 취득하기 시작한 것은 이미 청대부터였다. 당시 청은 간도를 청의 영토로 귀속시키기 위하여 이주한인들을 압록강과 두만강 이남으로 추방하고, 이에 응하지 않는 자는 청적에 입적시키려고 하였다. 이에 대하여 조선은 간도가 조선의 영토임을 주장하며 한인의 청적 입적을 허용하지 않았다. 청적에 입적한 한인의 경우는 청의 법에 의하여 청의 신민이면서 동시에 조선의 법에 의하면 조선의 신민이 되어 이중국적자가 되었다. 한인은 청의 탄압과 유도에도 불구하고 일부만이 청적에 입적하였을 뿐 대부분은 조선 신민으로 그대로 남아 있었다. 이러한 사정은 간도 귀속 문제와 직결되어 있었으며 1909년 청·일 간 간도협약이 체결될 때까지 계속되었다. 이때까지 치발역복하지 않은 한인에 대하여 청은 대한제국 신민으로 인정하였다.[16]

간도의 영토분쟁과 간도 한인의 지위에 대한 문제가 양국간에 정식으로 해결되지 않은 채 1910년 조선은 일본에 강제적으로 병합되고 그후 1912년 수립된 중화민국은 청의 국적조례를 이어받은 국적법을 반포하여 한인의 귀화를 유도하였다. 이는 한인이 중국 국적을 취득하면 중국 국민이 되어 일본의 통제에서 벗어난다는 이유에서였다. 1917년 당시 연변 재중한인의 약 10%인 3,542세대가 중국 국적을 취득하였다.[17] 1929년에는 중국 동북 3성 한인의 약 10%에 달하는 11만~12만 명이 중국 국적을 취득하여 갈수록 중국 국적을 취득하는 한인들이 늘어났다.[18] 그러나 일본은 모든 한인을 일본 신민으로 간주하여 중국 국적을 취득한 한인들은 이중국적 상태에 놓이게 되었다.

1932년 이른바 만주국이 수립되자 재중한인은 만주국의 신민이 되었고, 중화민국과의 관계는 모두 단절되었다. 일본은 종래 청과의 관계에서와 마찬가지로 만주국의 한인에 대해서도 일본 신민이라는 입장을 취하여 이들은 법리상 이중국적자가 되었다. 특히 1945년 8월 15일 전까지 한인들은 적게는 15%(약 25만 명)에서 많게는 20%(약 35만 명) 이상이 중국 국적을 취득하였을 것으로 추정된다.[19] 광복 이후의 국민당군과 공산당군이 대립하는 해방전쟁의 소용돌이 속에서 재중한인들은 중국 공산당군을 도와 그 대가로 연변에 자치주를 획득할 수 있었다.[20] 그러나 국공내전으로 알려진 해방전쟁 당시 국민당과 공산당의 한인에 대한 기본정책은 근본적으로 달랐다. 국민당은 점령지역 내의 모든 한인을 '교민', 즉 재중외국인으로 취급하여 한인은 중국 국적 없이 거류권(일시 거주권)만 가지게 되었다. 한인은 토지 소유권을 박탈당하고 소작권만이 허용되었으며, 학교와 병원 등의 재산은 몰수당하였다. 공산당은 1928년 이래 한인을 중국의 소수민족으로 보고 모두 중화민국 공민으로 취급하였다. 한인일지라도 입당해서 관헌이 될 수 있었고 토지 소유권 등을 인정받고 토지개혁에 있어서도 평등하게 대우받았다. 이는 국민당 점령지역 내에 있었던 한인들이 공산당 점령지역 내로 넘어오는 계기가 되었다.[21]

그 결과 1945년 8월부터 1949년 10월 중화인민공화국이 수립될 때까지 대부분의 재중한인들은 실제적으로 중국 국적을 취득하였으며 중국공민의 권리를 누리고 의무를 부담하였다.[22] 재중한인들은 1949년부터 1952년까지는 거민증을 휴대해야 하였으며, 1952년 연변조선족자치주의 창립과 함께 비로소 거민증이 아닌 중국 국적을 취득하였다.[23] 그러나 연변조선족자치주 이외의 조선족들에게는 북한과 중국의 합의에 의하여 북한이나 중국 국적 중 하나의 국적을 선택하게 하였다.[24] 따라서 오늘날 중국의 국적법에 의할 때 재중한인들은 중국 국적자, 북한 국적자 그리고 무국적자로 분류할 수 있다.

재중한인의 국적 문제   대한민국은 1948년 12월 20일 국적법을 제정 공포하였다. 그러나 지금까지 최초의 한국인의 범위에 대해서는 아무런 규정을 두고 있지 않다. 만약 대한민국이 대한제국을 계승한 것이라고 해석한다면 최초의 한국인은 당연히 대한제국민이 된다. 그러나 대한민국이 대한제국을 계승한 것이 아니라면 별개의 국가인 대한민국은 최초의 한국인의 범위를 정해야 한다.[25]

대한민국 헌법은 전문에서 대한민국은 3·1운동으로 건립된 대한민국임시정부의 법통을 계승한다고 선언하고 있다. 재중한인들은 일제식민지 통치하에서 강제이주나 나라와 민족을 위한 항일투쟁과 강제징용, 징병, 일본군 '위안부'로 끌려간 사람들과 그들의 후손이다. 더구나 이들은 분단과 냉전에 의해 돌아오고 싶어도 어쩔 수 없이 현지에 정착한 미귀환 동포들이다. 따라서 정부 수립 이전에 이주한 재중한인들은 광복 후의 미귀환자들이므로 해외한인의 귀환 문제와 관련하여 접근할 필요성이 있다.

우리나라는 재중한인들을 일률적으로 중국 국적을 취득한 외국인으로 정의하고 있다. 그러나 재중한인들을 외국인으로 취급하는 것은 국적법의 해석과 관련하여 문제가 있다. 왜냐하면 대한민국은 전통적으로 국적취득에 있어서 혈통주의를 채택하고 있고, 대한민국 국적을 보유하고 있는지 없는지 전적으로 대한민국 국적법을 근거로 판단하여야 하기 때문이다.

재중한인들의 국적 문제와 관련한 현행 국적법의 규정은 제15조 제1항이다.[26] 즉 외국 국적 취득에 의한 한국 국적 상실에 대한 국적법 제15조 제1항은 "대한민국의 국민으로서 자진하여 외국 국적을 취득한 자는 그 외국 국적을 취득한 때에 대한민국의 국적을 상실한다"고 규정하고 있다. 따라서 외국 국적 취득에 의한 국적 상실의 요건은 자진성과 외국 국적 취득의 경우를 들 수 있다. 그러나 이 규정은 법의 일반원칙에 따라 당연히 한국 국적법이 제정된 1948년 12월 20일 이후에만 적용되기 때문에 1948년 12월 20일 이전에 외국 국적을 취득한 경우에는 적용할 수가 없다. 더욱이 그 이전인 조선시대나 일제강점기에는 국적 이탈이 허용되지 않았기 때문에[27] 1948년 12월 20일 이전에 국적을 이탈하였다 하여도 그 국적 이탈자는 여전히 대한민국 국적을 보유하고 있다고 해석해야 한다.

따라서 재중한인들의 국적 판별 여부는 재중한인들이 중국 국적을 취득한 것과 1948년 12월 20일 대한민국 국적법의 제정 전·후에 따라 그 결과는 달라지게 된다. 만약 재중한인들이 1948년 12월 20일 이후에 중국 국적을 취득하였다면 대한민국의 국적을 상실한 것이 되고, 1948년 12월 20일 이전에 중국 국적을 취득하였다면 국적이탈은 인정되지 않기 때문에 여전히 대한민국의 국적을 보유하고 있다고 보아야 한다.

국적법 제15조 제1항과 관련하여 또 다른 해석방법은 제15조에서 규정하고 있는 국적 상실의 요건은 자진하여 외국 국적을 취득한 경우이므로, 이 자진성을 어떻게 해석하느냐에 따라 재중한인들의 국적 보유 여부를 판단할 수 있다. 즉, 재중한인들이 1949년 중화인민공화국 수립 이후에 그들

스스로 자진해서 중국 국적을 취득한 경우에는 당연히 중국 국적자로 보아야 하지만 만약 재중한인들이 자진해서 중국 국적을 취득한 것이 아닌 경우에는 그들도 여전히 한국 국적을 보유하고 있다고 해석할 수밖에 없다.

중화민국 시절에 중국 공산당 정권은 모든 재중한인들을 중화민족으로 보고 공민으로 취급하였기 때문에 대한민국 국적법 제정 이전에 재중한인들은 중국 국적을 취득한 것이 된다. 또한 국적 상실의 요건인 자진성이 없을 경우에는 재중한인들의 국적은 법리상 중국법에 의해서는 중국 국적을, 한국법에 의하여는 한국 국적을 가지는 이중국적자가 된다.[28]

해석상 대부분의 재중한인들은 한국과 중국의 이중국적자로 볼 수 있기 때문에 국적단일주의라는 국제법의 원칙에 따라 하나의 국적을 선택해야 한다. 중국은 국적법상 이중국적을 인정하지 않고 있으며, 역사적으로 중국은 한족의 문화적 우월성과 중국의 정치적·경제적 실력에 기초하여 이민족을 성공적으로 동화시켜 한족 중심의 국가를 유지해 오고 있다. 중국의 소수민족정책은 한족 중심의 중국이라는 틀 속에서 민족자치를 허용하고 있을 뿐 궁극적으로는 중화문화에 동화시키는 것을 목표로 한다. 중국 정부는 재중한인들을 중국 내 56개 소수민족 중의 한 구성원으로 인식하여 중국 국민으로 인정하고 있다. 따라서 양국은 재중한인들의 이중국적 문제를 해결하기 위한 외교적 노력을 기울여야 하며 우리 정부도 귀환법을 제정하여 전향적인 해결방법을 모색하여야 한다.

재외동포법의 제정과 주요 내용

재외동포법의 제정배경 재외동포의 출입국과 법적지위에 관한 법률(이하 재외동포법)은 주로 미국시민권을 취득한 재미동포들이 1980년대 초부터 이중국적을 허용해 줄 것을 우리 정부에 요청하면서[29] 그 대체안으로서 한국 국적을 소유하지 않은 재외동포에 대하여 국내체류, 취업 및 경제활동과 사회보장 등에 있어서 우대하기 위한 방안으로 제정되었다. 그리하여 1998년 8월 25일 법무부는 '재외동포 법적 지위에 관한 특례법'이란 입법안을 발표하였다.[30]

당시의 입법안은 한국적 재외국민뿐 아니라 한국계 외국인 모두를 적용대상으로 하였다. 그러나 한국계 외국인이라는 용어가 동포라는 개념이 약하다는 지적과 함께 혈통주의에 입각한 법률의 제정은 국제법에 반하고 외교적 마찰의 가능성이 있다는 외교통상부의 주장이 제기되면서 이를 피할 수 있는 방법을 모색하게 되었다. 이에 따라 법무부는 1998년 9월 25일 재외동포특례법안에 대하여 제1차 수정법안을 마련하여 한국계 외국인이라는 표현을 삭제하고 대신 외국 국적동포로 표현하였다.

이어 1998년 9월 29일 '재외동포의 출입국과 법적 지위에 관한 특례법안'을 새로이 입법 예고하였다. 그러나 이 입법예고안이 공고되자 중국 측에서 이의를 제기하였다. 이 과정에서 시안에서 정의하였던 직계존속은 재외동포의 범위에서 삭제하고 이를 대한민국의 국적을 보유하였던 자와 그 직계비속으로서 외국 국적을 취득한 자 중 대통령령으로 정한 자로 변경하였다. 이어 시행령에서는 이를 대한민국 정부수립 후 국외로 이주한 자 중 대한민국의 국적을 상실한 자와 그 직계비속, 그리고 대한민국 정부수립 전

국외로 이주한 자 중 외국 국적 취득 전 명시적으로 대한민국의 국적을 확인받았던 자와 그 직계비속으로 한정하여 결국 재중한인들은 외국 국적동포의 범주에서 제외되었다. 재외동포법이 혈통주의에서 과거국적주의로 그 기준이 변경된 정부안이 마련된 것이다. 이 수정법안은 1998년 12월 17일 국무회의를 거쳐, 1998년 12월 24일 정부최종안이 국회에 제출되었고, 국회 통과 과정에서 다시 한 번 재외동포의 개념정의를 둘러싸고 진통을 겪다 1999년 8월 12일 최종 확정되었다.

재외동포법의 주요 내용 재외동포법은 재외동포들이 국내에서 자유로운 경제활동을 할 수 있도록 출입국이나 외국환 및 금융거래, 부동산 구입 등에 있어서 특례를 인정하고자 제정한 법으로 특례법적 성격을 가지고 있다.

1) 적용대상

재외동포법의 적용대상자는 대한민국 국적을 가진 국민으로서 외국의 영주권을 취득한 자 또는 영주를 목적으로 외국에 거주하고 있는 자인 재외국민과 대한민국 국적을 보유하였던 자 또는 그 직계비속으로서 외국 국적을 취득한 자 중 대통령령이 정하는 자인 외국 국적동포를 그 대상으로 한다(재외동포법 제2조 제1호, 제2호). 여기서 대통령령이 정하는 자라 함은 대한민국 정부수립 이후 국외로 이주한 자 중 대한민국의 국적을 상실한 자와 그 직계비속 그리고 대한민국 정부수립 이전에 국외로 이주한 자중 외국 국적을 취득하기 전에 명시적으로 대한민국 국적을 확인받았던 자로 그 범위를 제한하고 있다.[31] 따라서 1948년 대한민국정부 수립 이전에 국외로 이주하여 해당국의 일방적 정책으로 국적을 취득하고, 국적취득 당시에 명시적으로 대한민국 국적을 확인받을 방법이 없었던 200만 명의 재중한인들과 46만 명으로 추산되는 독립국가연합에 거주하는 동포들은 이 법의 적용대상에서 제외되었다.[32] 모든 재외동포들을 위한 재외동포법이 동포의 범위를 제한함으로써, 특히 조국의 실질적 도움을 필요로 하는 동포들을 동포의 범주에서 제외함으로써 진정으로 재외동포를 위한 법이 되지 못하고 오히려 동포들 사이에서조차 동포차별법이니 제외동포법(除外同胞法)이니 하는 비난을 받게 되었다.

2) 체류기간과 거소신고

재외동포법에 의하여 재외동포의 체류자격을 얻게 되면 우선 2년까지의 체류기간을 부여받고, 또한 체류기간의 연장도 가능하나 이 법의 적용을 받기 위해서는 관할 출입국관리사무소장에게 국내 거소신고를 하여야 한다. 즉 대한민국 내에 거소를 정하여 그 거소를 관할하는 출입국관리사무소장 또는 출입국관리사무소 출장소장에게 국내 거소신고를 할 수 있고, 신고한 국내거소를 이전한 때에는 14일 이내에 그 사실을 사무소장 등에게 신고하도록 하였다(제6조 제1항, 제2항). 이렇게 함으로써 주민등록을 전제요건으로 하는 지역의료 보험에 가입하거나 금융, 부동산 거래 등의 불편을 해소할 수 있게 되었다. 국내거소신고는 의무사항이 아니므로 원칙적으로 신고기간의 제한은 없다. 외국 국적동포가 국내거소신고를 하지 않는 경우에는 입국한 날로부터 90일 이내에 출입국관리법[33]의 규정에 의하여 외국인 등록을 하여야만 한다.[34] 출입국관리사무소장 등은 국내 거소신고를 한 재외동포에 대해서는 국내거소신고 번호를 부여하고, 재외국민에게는 재외국민국내거소 신고증을 발급하며, 외국 국적동포에게는 외국 국적동포국내거소 신고증을 발급한다(재외동포법 제6조, 제7조). 국내거소신고증은 법령에 규정된 각종 절차와 거래관계 등에서 주민등록증 및 외국인등록사실증명을 요하는 경우에 그 대용으로 사용할 수 있다(동법 제9조).

국내거소신고증을 분실하거나 훼손하였을 경우에는 재발급이 가능하고, 국내거소신고 사실증명서를 발급받을 수 있다(제7조). 그러나 만일 재외동포가 국내거소 신고증을 소지할 필요가 없게 된 때에는 그 사유가 발생한 날로부터 14일 이내에 사무소장 등에게 이를 반납하여야 한다(제8조).

외국 국적동포가 대한민국 내의 거소를 신고하거나 이전신고를 한 경우에는 출입국관리법의 규정에 의한 외국인등록과 체류지 변경신고를 한 것으로 간주한다.

3) 취업활동과 부동산거래

재외동포 체류자격을 부여받은 외국 국적동포는 취업 및 경제 활동에 있어서는 사회질서 또는 경제안정을 해하지 아니하는 범위 내에서 자유롭다(제10조 제5항). 그러나 단순 노무행위, 사해행위 등 선량한 풍속 기타 사회질서에 반하는 행위나, 기타 공공의 이익이나 국내 취업질서 등의 유지를 위하여 그 취업을 제한할 필요가 있다고 인정되는 경우에는 취업을 제한받는다. 그리고 국내법상 취업요건에 일정한 자격이 요구될 때에는 그 자격자에 한한다(출입국관리법 시행령 제23조). 별도의 특별법에 의하여 재외동포의 취임이 금지되어 있는 직종에 관해서는 외국 국적동포의 취업이 불가능하며, 유선방송사업자나 정기간행물의 발행인과 편집인, 한국방송공사 이사 등은 외국 국

적동포는 물론 국내에 주소가 없는 재외국민도 종사가 금지되어 있다.[35]

국내거소신고를 한 외국 국적동포는 외국인토지법의 규정에 의한 경우를 제외하고는 대한민국 내에서 부동산의 취득, 보유, 이용 및 처분함에 있어서 대한민국 국민과 동등한 권리를 갖는다(제11조 제1항 본문). 다만 외국 국적동포가 대한민국 내에서 계약에 의해 국내토지를 취득한 때는 60일 이내에 시장, 군수 또는 구청장에게 신고하여야 한다(외국인토지법 제4조 제1항). 상속·경매 등 계약 이외의 원인으로 국내토지를 취득한 때에는 취득일로부터 6개월 이내에(외국인토지법 제5조), 또는 국내에서 토지를 소유하던 자가 외국 국적을 취득하여 외국 국적동포로 신분이 변경된 경우에 그 토지를 계속 보유하고자 할 때에는 외국인으로 변경된 날로부터 6개월 이내에 시장·군수 또는 구청장에게 신고는 하여야 한다(제11조 단서).

그리고 현행법상 외국 국적동포가 군사시설보호구역, 문화재보호법상의 보호구역, 자연환경보전법상의 생태계보전지역에 있는 토지를 취득하고자 하는 경우에는 신고만으로 불충분하고 당해시장, 군수 또는 구청장의 허가를 얻어야 한다(외국인토지법 제4조 제2항 제1호, 재외동포법 제11조 제1항). 따라서 재외동포법 제11조 제1항이 외국 국적동포의 국내토지 취득 등의 편의를 위한 특별규정으로 제정되었어도 실제 일반 외국인과 차이는 별로 없다.[36]

4) 금융거래관계

과거 재외동포는 금융거래시 비거주자로 분류되어 금융기관 이용에 제한을 받았다. 그러나 재외동포법의 시행으로 국내거소신고를 한 재외동포는 국내 금융질서에 혼란을 초래하지 않는 범위 내에서 국내 금융기관의 이용에 있어 거주자인 대한민국 국민과 동등한 권리를 갖게 되었다(제12조 본문). 다만, 외국의 단기투기자금(hot money)을 규제하기 위하여 외국환거래법상 제한하는 행위는 할 수 없다.

원칙적으로 대한민국국민은 국내부동산 매각대금을 해외로 반출할 수 없다. 그러나 재외동포법은 재외국민과 외국 국적동포에게 외국에 거주하기 전부터 소유하고 있던 국내부동산의 매각대금을 해외로 반출할 수 있도록 허용하였다(제13조 제1호). 또한 재외국민은 외국인과 동등한 조건 하에 외국에서 국내로 반입한 지급수단을 반출할 수 있도록 허용하였다(제13조 제2호).

5) 사회보장제도

국내거소신고를 한 외국 국적동포가 90일 이상 국내에 체류하면 의료보험제도의 적용을 받는다(제14조). 국민건강보험법 시행령 제64조 3항에 의하여 3개월 이상 거주시(또는 예정시)에는 국민건강보험에 가입할 수 있다.

과거에는 공무원, 군인, 사립학교의 연금수급권자가 대한민국 국적을 상실한 경우에 대한민국 국적을 상실한 달을 기준으로 4년분의 연금을 일시금으로 지급받고, 연금수급권을 상실하였다. 그러나 2000년 12월 30일의 법개정으로 공무원연금법 등 관련법에 규정되어 있던 국적상실시 연금 수급권 상실조항이 삭제되어 계속하여 연금을 받을 수 있게 되었다.

독립유공자와 국가유공자는 과거 본인이 국적을 상실하면 명확한 법적 근거 없이 보상금 지급이 종료되고, 연금을 받던 유족이 국적을 상실하면 그 수급권이 후순위자로 이전되었으나 2000년 12월 29일 국적 상실자에게도 보상금이 지급될 수 있도록 법을 개정하였다(제16조).

재외동포법의 위헌 결정[37]   헌법재판소는 이 사건의 핵심쟁점을 '대한민국 정부 수립 이전에 국외로 이주한 자 중에 외국 국적 취득 이전에 대한민국의 국적을 명시적으로 확인받지 않은 자들은 재외동포법의 적용을 받지 못하는 현실이 헌법상 보장되어 있는 평등권에 대한 침해에 해당하는가' 하는 것으로 보았다. 다만, 헌법재판소는 결정문 요지에서 이 사건의 청구인은 외국 국적동포의 정의에 관한 법 제2조 제2호만을 헌법소원의 심판대상으로 적시하였으나 재외동포법시행령 제3조는 재외동포법 제2조 제2호의 법 규정을 구체화하는 것으로 양자가 일체를 이뤄 하나의 법률관계를 대상으로 하고 있고 재외동포법시행령 규정은 재외동포법 규정을 떠나 존재할 수 없다는 이유로 시행령 규정까지 심판 대상에 포함시켰다.[38]

헌법재판소는 이 사건의 심판대상인 재외동포법은 실질적으로 대부분 미주 지역이나 유럽 등에 거주하는 정부 수립 이후 이주한 동포와 중국과 구소련 지역에 거주하는 정부 수립 이전의 이주동포를 구분하여 전자에게는 재외동포법의 광범위한 혜택을 부여하고 있고, 후자는 이러한 수혜대상에서 제외하고 있다고 전제하면서, 정부수립 이전 국외이주 동포를 과거국적주의를 표방하며 수혜 대상에서 제외한 것은 암울했던 역사적 상황으로 인하여 어쩔 수 없이 조국을 떠나야 했던 동포들을 돕지는 못할지언정 오히려 법적으로 차별하는 것으로서 외국에서도 그 예를 찾을 수 없고, 인도적 견지에서도 그 정당성을 인정받기 어렵다고 지적하였다. 따라서 헌법재판소는 이 사건의 심판 규정은 합리적인 이유 없이 정부수립 이전 이주동포를 차별하는 자의적인 입법이어서 헌법 제11조의 평등원칙에 위배되고, 이로 인하여 청구인들의 평등권을 침해하는 것이라고 결정하였다.[39]

헌법재판소는 2001년 11월 29일 "정부수립 시점을 기준으로 재외동포의 범위를 정한 것은 헌법에 합치하지 않는다"며 재외동포의출입국과법적지위에관한법률 제2조 제2호와 동 시행령 제3조에 대하여 헌법불합치결정을 선고하고,[40] 위헌결정을 내린 조항에 대해서는 법적 안정성의 관점에서 즉각적인 실효를 명하지 않고, 2003년 12월 31일까지 개정하도록 입법개선의무의 이행을 권고하였다. 만약 입법자가 위 기간 내에 개선하지 않으면 2004년 1월 1일부터는 재외동포법의 관련규정뿐만 아니라 하위법규인 시행령, 시행규칙의 효력상실 부분은 적용할 수 없다고 하였다. 이에 법무부는 2003년 9월 23일 2년 동안 비자 없이 출입국할 수 있는 자격을 주는 재외동포법의 적용대상에 1948년 정부수립 이전 해외로 이주한 동포까지 포함시키는 내용의 재외동포법 시행령 등 개정안을 입법예고 하였다.[41] 2004년 2월 9일 이 재외동포법 개정안이 국회에서 통과되었다.

재외동포법 개정 2004년 2월 9일 재외동포법 개정안이 국회에서 통과되어 3월 2일 공포되었다.[42] 이 개정안에는 헌법재판소의 헌법불합치 판정을 받아 문제가 되었던 동법 제2조 제2호의 재외동포 정의 조항에 "대한민국 정부수립 이전에 해외로 이주한 동포도 포함한다"는 단서가 추가되었다. 이는 지난 1999년 8월 재중한인 조연섭 등 3명이 "재중동포를 차별하는 재외동포법은 위헌"이라고 주장하면서 헌법재판소에 헌법소원을 제기한 지 만 5년 만의 일이다.

이번 재외동포법의 개정안이 국회에서 통과됨으로써 재외동포법에서 제외되었던 210만 명의 재중한인과 50여 만 명의 러시아 및 중앙아시아 등에 거주하고 있는 동포들이 제도상으로는 내국인과 동등한 권리를 요구할 근거가 마련되었다. 그러나 법무부가 이미 개정한 시행령의 재개정을 반대하고 있어 선언적 의미만 있을 뿐이다.

즉, 법무부는 2003년 12월 시행령을 개정해 재외동포의 대상을 호적법이 실시된 1922년 이후 국외이주자로 한정했고, 직계비속도 2대까지만 동포로 인정하기로 규정하였다. 시행령 개정안에 따르면 1922년 이전에 한반도를 떠나 이주한 한인과 1922년 이후 이주자임에도 불구하고 호적이 국내에 남아 있지 않거나, 남아 있다 하여도 북한에 있는 재중한인과 독립운동가의 후손 3~4대는 동포로 규정되어 있지 않다. 또한 개정안은 일본 내의 무국적 동포들도 배제하고 있어 앞으로 해결해야 할 과제로 남아 있다.

재외동포법과 향후 대책

개정된 재외동포법의 제2조 제2호의 재외동포의 정의 조항에 "대한민국 정부수립 이전에 국외로 이주한 동포도 포함한다"는 단서가 추가되어 정부수립 이전에 국외로 이주한 재중한인들과 구 소련지역에 거주한 동포들이 외국 국적동포의 범주에 포함되어 재외동포법이 부여하는 법적 지위를 향유할 수 있게 되었다. 그러나 재중한인들의 문제는 단순히 재외동포법의 적용 대상을 확대하는 것만으로는 그들의 법적지위 문제를 해결할 수 없는 것이 현실이다. 그것은 현재 국내에 체류중인 재중한인 동포들의 대부분이 단순노무 등에 종사하고 있다는 사실이 그 증거이다. 재중한인들이 이 법의 적용을 받아 국내로 입국한다 하더라도 단순노무의 종사가 금지되어 있어, 이를 위반한 경우에는 출입국관리법에 의한 퇴거강제의 대상이 된다.[43] 이에 따라 새로운 시행령·시행규칙의 개정과 함께 자유왕래의 보장과 현재 한국에 불법체류하는 재중한인들과 구 소련지역에 거주하는 동포들의 사면과 합법화를 위한 대책을 마련하여야 한다.

자유로운 출입국과 법적 지위 보장　재중한인들은 개정된 재외동포법에 따라 그에 상응하는 법적지위를 보장받아야 하지만 그 시행령이 개정되지 않아 출입국과 법적지위에 관하여 재미·재일동포와 같은 보장을 받지 못하고 있다. 법무부는 시행령을 개정하지 않는 이유로 이미 지난해 재외동포법 시행령이 개정된 점, 재중한인의 자유왕래가 허용되면 국내 노동시장이 교란될 염려가 있고, 안보문제의 허점이 발생하며 특히 중국과의 외교적 마찰이 우려된다는 점 등을 들며 법 개정을 반대하였다.

　개정 시행령에서 재중한인은 연간 투자규모 50만 달러 이상 투자한 기업에 종사해야 하고, 단순노무에 종사하지 않겠다는 소명서류를 제출해야 비자를 받을 수 있게 하였다. 이는 엄연한 동포 차별 정책이며 인권침해 행위라고 할 수 있다. 재중한인들은 일제식민지 시기에 잘살기 위해서 조국을 떠난 것이 아니라, 항일독립운동과 일제의 탄압에 따른 식량난으로 부득이 이주할 수밖에 없었던 자들이며, 그 후손들이다. 법무부가 시행령 개정을 끝내 외면한다면 이는 재중한인들을 동포로 인정하지 않겠다는 의도로 볼 수밖에 없다. 조국이 없었던 불행한 과거에 이루어진 재중한인들의 이민사를 고려해 볼 때 재미·재일동포처럼 자유로운 출입국과 법적지위를 보장하는 조치를 조속히 취하여야 한다.

불법체류자의 사면과 합법화　재외동포법이 개정되었음에도 불구하고 국내의 재중한인 수만 명은 여전히 불법체류자라는 신분적 제약과 강제추방의 기로에 직면해 있다. 이것은 재외동포법에 불법체류 중인 재중한인들에 대한 구제 조항이 존재하지 않기 때문이다. 재외동포법의 개정으로 불법체류자로 분류된 재중한인들이 재미동포와 다를 바 없는 동포로서의 지위는 확보했지만, 체포당하고 추방되어야 한다는 사실은 근본적으로 그 법의 시행령이 개정되지 않았기 때문이다.

　그러므로 이들의 신분을 합법적으로 보장할 수 있는 방법을 모색하여야 한다. 우선 재중한인의 불법체류자에 대한 대통령의 전면적인 사면조치가 단행되어야 한다. 그리고 그 후속 조치로 재외동포법이 시행된 당시로 소급하여 불법체류 재중한인을 외국 국적동포에 포함한다는 단서규정을 삽입해서 이들의 법적지위를 보장해야 한다. 이것은 일제강점기에 어쩔 수 없이 조국을 떠나야 하였던 재중한인들과 그 후손들에게 동포로서의 동질감을 회복시켜 주는 계기가 될 것이다. 향후 통일에 대비하는 차원에서도 불법체류자의 사면과 합법화는 무엇보다 필요한 조치이다.

국내 취업활동 보장　재중한인들은 인력이 부족한 산업현장에서 실질적인 노동력을 제공하고 있으면서도 현실적으로는 불법적인 신분상태로 인하여, 그에 상응하는 대우를 받지 못하고 있다. 이제 이들을 어떻게 지원하고 보호할 것인지는 우리의 몫이다.

　대부분의 재중한인들은 취업이 단순노무 분야에 한정될 것이기 때문에 우선 시행령을 개정하여 단순노무에 종사할 수 있도록 하여야 한다. 전형적인 국내 3D업종이나 인력난을 겪고 있는 중소기업 등에도 재중한인들이 합법적으로 취업할 수 있는 기회를 보장하여야 한다. 이들의 취업을 보장한다고 해서 노동시장이 교란되지 않는다. 오히려 중소기업들은 인력난을 해소할 수 있어 경쟁력 제고에 보탬이 될 것이다.

국적 취득 자격 확대 법무부는 그동안 중국동포의 국적취득을 제한해 왔던 「중국동포국적업무처리지침」을 폐지하고 모든 외국 국적동포에 대해 동일한 국적취득 절차를 적용하는 업무지침을 마련하였다.[44]

재중한인에 관한 국적 해결의 문제는 우리의 문제이기도 하지만 중국의 문제이기도 하다. 그러므로 한국 정부나 중국 정부의 전향적 자세가 무엇보다 필요하다. 그 방법으로는 한·중 간의 재중한인의 문제 해결을 위한 의정서를 체결하는 것이다.[45]

1949년 중화인민공화국을 수립한 중국은 현재 외국에 거주하는 화교(재외국민)와 화인(재외동포)을 모두 중국 국적자로 간주하며, 해당국과 '이중국적 해소조약'을 체결하여 이에 수반된 이중국적에 관한 문제를 해결한 상태이다.[46]

따라서 중국 정부가 중국화교를 우대하는 내용과 관련국과의 이중국적 문제를 해결한 과정을 파악하여 우리의 논리로 개발하여 중국 정부와 협상을 한다면 재중한인의 이중국적문제에 대한 좋은 해결책을 마련할 수도 있을 것이다.

재외동포법의 개정은 대한민국 정부수립 이전 해외로 이주한 동포들을 재외동포에 포함시킴으로써 재중한인과 독립국가연합에 거주하는 대부분의 동포들이 재외동포법상의 재외동포로 규정되었다. 그러나 법개정 이후 시급한 과제는 관련 하위법령 개정을 통해 그간 불평등한 법으로 인해 불법체류 상태에 빠진 재중한인들의 사면과 합법화를 보장해 주는 일이다. 지금부터라도 재중한인들을 출입국, 취업 등에서 준내국인으로 대우할 필요가 있다.

재중한인들의 불법체류 문제는 강제출국조치 없이 전면합법화 조치를 취한 다음, 하위법령을 손질하여 재외동포체류자격(F-4비자)을 부여하여야 한다. 그동안 재외동포법의 개정론은 법 형식의 논리에만 치중했을 뿐, 우리 민족이 대규모로 해외이주를 시작할 수밖에 없었던 역사에 대한 인식은 전혀 없었다.

우리 한인들이 과거 대규모로 중국으로 이주한 것은 식민지 지배로 인한 일제의 수탈과 억압의 결과 발생한 역사적 사실이다. 즉, 일제의 가혹한 식민통치체제를 피하기 위해서 불가피하게 조국을 떠난 일시적 이주였지, 그야말로 중국에 정착하기 위한 자발적인 이주가 아니었다. 재중한인들의 이민사는 일제의 만행과 수탈에 대한 증거이며, 우리의 아픈 역사의 한 표상이다. 광복이 되었으나 돌아오지 못한 이들에 대하여 국가는 지금이라도 보호할 수 있는 조치를 취하여야 한다.

이러한 조치를 취한다고 해서 인종차별법이 되는 것은 아니다. 혈통주의는 국제법 원칙 가운데 하나이며 국가 가운데에는 혈통주의에 근거하여 재외동포에게 여러 가지 혜택을 주거나, 심지어 본국 국적을 부여하는 경우도 있다.[47]

재중한인들에 대한 보호는 과거 일제가 자행한 수탈과 만행에 대한 보상과 원상회복의 의미를 내포하고 있다. 그러므로 중국 정부와의 마찰을 우려하여 재중한인들을 위한 정책 추진을 주저할 이유가 없다. 식민지 지배 시 중국으로 이주한 한인들은 광복 전까지 국적이탈의 자유가 없었다. 그리고 이들의 의사와는 상관없이 정책적으로 중국 국적을 취득했을 뿐이다. 이들은 조국의 광복과 남북분단 그리고 6·25전쟁과 국제사회의 냉전체제로 인하여 대한민국 국적을 확인받거나 포기할 수 있는 기회조차도 없었던 사람들이다.

우리의 국적법 해석상 이들은 여전히 한국 국적을 보유한 이중국적 상태에 있다고 보아야 한다. 재중한인의 의미를 제대로 인식하고 재중한인에 대한 정책의 기초를 세워야 한다. 이제는 한민족 공통체라는 인식의 틀 속에서 이들을 지원하고 관리할 수 있는 교민청이나 재외동포청을 신설하여야 한다. 재중한인들의 문제는 아직도 조국의 불운한 역사의 굴레에서 벗어나지 못하고 있다. 총체적 관점에서 체계적으로 해결해 나가야 할 것이다.

– **최 계 수**(국민대학교 한국학연구소 연구교수)

■ 주

1. 이광규,『재중한인』, 일조각, 1997, 1쪽.
2. 김용범,「중국내 조선족의 국적과 이중정체성」,『북한』250, 북한연구소, 1992, 173쪽.
3. 일본과의 국교정상화 과정에서는 재일동포에게 대한민국 국적 취득 기회를 부여하였다.
4. 헌재, 2001년 11월 29일 선고, 99헌마494결정.
5. 재외동포신문, 2004년 2월 제10호.
6. 김병호·오상순,「중국내에서의 조선족사회의 위치」,『중국조선족 사회의 문화우세와 발전전략』, 연변인민출판사, 2001, 45~46쪽.
7. 김호성·노영돈,「재중국 동포들의 올바른 민족관 정립을 위한 이념 제도적 방안」, 민족평화통일자문회의, 1997. 5. 7, 자료.
8. 김병호·오상순,「중국내에서의 조선족사회의 위치」, 47쪽.
9. 이형규,「정책의제 형성과 이전에 관한 연구」, 성균관대 박사학위논문, 1999, 26~27쪽 참조.
10. 이광규,『재중한인』, 14쪽.
11. 김병호·오상순,「중국내에서의 조선족사회의 위치」, 47쪽.
12. 주재헌·윤홍붕,『서림성 민족공작수책』, 길림성인민출판사, 1993, 180쪽.
13. 이광규,『재중한인』, 56쪽.
14. 김병호·오상순,「중국내에서의 조선족사회의 위치」, 47쪽.
15. 김병호,『중국조선족인구간론』, 중앙민족대학출판사, 1993, 60쪽.
16. 박창욱,『중국조선족역사연구』, 연변대학출판소, 1996, 89~90쪽.
17. 현규환,『한국유이민사』(상), 흥사단출판부, 1976, 238~240쪽.
18. 김병호·오상순,「중국내에서의 조선족사회의 위치」, 48~49쪽.
19. 김병호·오상순,「중국내에서의 조선족사회의 위치」, 49쪽.
20. 연변조선족 자치주는 중국 동북의 길림성 동남부에 위치하고 있는 자치주로

1952년 9월 3일 창립되었다. 동으로는 러시아 연해주와 인접하고 있으며, 남으로는 두만강을 사이에 두고 북한과 이웃하고 있으며 인구가 220만 명인데, 그중 조선족이 87만 명이라고 한다. 최성준, 『연변인민 항일투쟁사』, 민족출판사, 1999, 1쪽.

21. 김호성·노영돈, 「재중국 동포들의 올바른 민족관 정립을 위한 이념 제도적 방안」.
22. 김병호·오상순, 「중국내에서의 조선족사회의 위치」, 49쪽.
23. 김용범, 「중국내 조선족의 국적과 이중정체성」, 173쪽.
24. 김호성·노영돈, 「재중국 동포들의 올바른 민족관 정립을 위한 이념 제도적 방안」.
25. 노영돈, 「재중한인의 국적에 관한 연구」, 『국제법학회논총』 86, 대한국제법학회, 1999, 87쪽.
26. 이 조항은 구국적법 제12조 제4호에 해당한다.
27. 노영돈, 「우리나라 국적법의 몇가지 문제에 관한 고찰」, 『국제법학회논총』 80, 대한국제법학회, 1996.
28. 노영돈, 「재중한인의 국적에 관한 연구」, 88쪽.
29. 재미 동포들은 자신의 조국으로부터 외국인 취급을 받고 자신의 명의로 부동산을 소유할 수 없으며, 부동산을 매각한다 하여도 외화를 반출할 수 없었다.
30. 이 법안에 따르면 재외공관장 또는 국내 출입국관리소장에게 재외동포 등록을 한 재외동포는 재외동포등록증을 발급하고, 국내 입국시 2년 간의 체류기간을 부여한 후 체류기간 연장을 인정하며, 외국인등록 의무를 면제시켜 주고, 사해행위, 선량한 풍속 위반행위, 단순 기능 근로행위에 해당하지 않는 한 어떠한 직종의 취업도 허용하고, 외교·국방·정보·사법 분야 등을 제외한 공직 취임의 문호를 개방하고, 국내 부동산 취득 제한을 사실상 해제하고, 금융거래시 내국인 거주자 대우, 의료보험의 적용, 국적 상실 이후에도 각종 연금과 국가유공자 보상금의 계속 수급을 인정하는 내용 등을 담고 있다. 또한 국내 거소신고 후 30일 이상 거주한 재외국민에게는 선거권도 인정하였다.
31. 재외동포법시행령 제3조 제2호.
32. 국회법제사법위원회, 재외동포의 출입국과 법적지위에 관한 법률안 심사보고서, 1999. 8. 12, 4~5쪽.

33. 출입국관리법 제31조.
34. 재외동포법시행령 제7조.
35. 정인섭·박현석,「재외동포의 법적지위에 관한 새로운 입법방향」, 대한국제법학회 연구보고서, 2003. 11, 11쪽.
36. 정인섭·박현석,「재외동포의 법적지위에 관한 새로운 입법방향」, 11~12쪽.
37. 헌법재판소, 99헌마494, 재외동포의출입국과법적지위에관한법률 제2조 제2호 위헌확인.
38. 헌법재판소 결정 1. 나. (2).
39. 헌법재판소 결정 4. 다. (4).
40. 1999년 8월 12일 재외동포법이 국회를 통과하자 법안이 발효되기도 전인 8월 23일 국내 체류 중국 출신 동포 조연섭, 문현순, 전미라 등 3인은 정부 수립 이전 이주동포나 정부 수립 이후 이주동포나 본질적으로 우리 동포라는 점에서는 동일함에도, 재외동포법 제2조의 정의 규정은 과거 대한민국 국적 보유 여부라는 자의적 기준을 내세워 정부 수립 이전 동포에 대하여는 법 적용의 혜택을 배제한 것은 합리적 근거가 없는 차별로서 헌법에 규정된 평등권의 본질적 내용을 침해했다는 이유에서 헌법재판소에 헌법소원을 청구하였다.
41. 개정안은 해외이주 시점에 따른 재외동포간 차별규정을 삭제하는 한편 재외동포법 혜택을 받을 수 있외동포의 범위를 1922년 시작된 현행 호적에 조부모나 부모가 등재돼 있는 자까지로 제한했다. 재외동포법상 외국 국적 동포로 인정되면 재외동포체류자격을 취득한 뒤 주민등록증과 유사한 국내거소신고증을 발급받아 2년간 비자없이 출입국 및 체류가 가능하며 단순노무 등을 제외한 노동활동에 종사할 수 있다.
42.『재외동포신문』2004년 2월 제10호.
43. 출입국관리법 제46조 참조.
44.『조선일보』2004년 4월 1일자. 국적회복 요건을 갖춘 자는 본인 외에도 4촌 이내의 혈족이 국내 호적에 등재되어 있고 족보, 소속국가의 공증서류, 유전자 감식 등으로 본인과 그 혈족간의 관계를 입증하면 국적을 회복할 수 있다. 따라서 외국동포 1세의 자손 중 호적미등재자가 많은 1945~1949년 출생자들이 국적을 회복할 수 있게 되었다. 또한 외국 국적동포 1세의 미혼자녀는 물론 기혼자녀도 자격이 있으면 국적을 취득할 수 있다. 특히 불법체류자라 하더라도 국내 호적

기록이 있는 동포 1세와 그 배우자 및 미혼자녀 그리고 이미 한국 국적을 취득한 동포의 배우자 및 미혼자녀는 국적회복이나 귀화할 수 있다. 아울러 독립유공자, 국가유공자와 그 친족은 증손자녀 및 그 배우자까지도 친족관계가 입증되면 국내 거주기간이나 생계능력에 관계없이 국적을 취득할 수 있다.

45. 이진영, 「한중외교관계와 재중동포」, 『국가전략』 제8권, 4호, 2002, 94~95쪽.
46. http://research.korea.net 재외동포법 시행령 개정안.
47. 노영돈, 「소위 '재외동포법'에 관한 연구」, 『인천법학논총』 2, 인천대학법과대학법학연구소, 1999.

사할린 억류한인의 국적귀속과 법적 제 문제

일본은 사할린 한인[1] 사회의 형성에 있어서 가장 직접적인 원인제공자이다. 사할린 한인들은 제국주의적 침략의 희생과 냉전구도의 지배에 의하여 강제된 삶을 살아온 사람들이다. 사할린 한인[2]은 연해주의 한인[3]과는 달리 일제의 침략전쟁의 수행목적으로 강제징용으로 끌려와 탄광이나 비행장건설 등 강제노역에 혹사당했고, 일제가 패망함에 따라 당연히 조국으로 귀환했어야 함에도 불구하고 끝내 조국으로 귀환하지 못하고 사할린에 억류되었던 약 4만 3천 명의 한인을 말한다. 일본정부는 이들을 종전 후 그대로 사할린에 유기한 채 자국민만을 귀환시켰고, 이후에도 사할린 한인들을 위한 어떠한 귀환의무도 이행하지 않았다.

사할린 한인들은 전후처리과정에서 완전히 배제 된 채 소련의 강제억류정책에 의해 끝내는 조국으로 귀환하지 못하였다. 이들의 언어가 3번이나 바뀐 것처럼 그들은 엄청난 고통과 좌절 속에서 삶을 살아온 역사적 비극의 주인공들이었다. 끌려온 한인에서 버려진 한인으로 그리고 잊혀진 한인으로 한 평생을 살아온 것이다.

오늘날 사할린 한인문제가 갖는 현재적 의미는 사할린 한인의 문제가 아직도 미해결된 전후처리문제이며, 식민지체제의 유산이 청산되지 않은 대표적 케이스이기 때문이다. 그것은 일본의 전후책임의 문제가 동아시아 질서 재편의 구조 속에서 희석되어 방치되었기 때문이며, 우리 정부가 일본정부에 그 책임을 추궁하지 않았고, 그들을 위해 외교적 보호권도 행사하지 않았기 때문이다.

사할린 한인은 자기의사에 반해서 기업의 집단모집이나 강제징용의 형태로 사할린에 끌려왔음에도 불구하고 얼마의 한인이 사할린으로 강제배치되었는지 정확한 총계는 현재 알 수 없다.[4] 다만 사할린으로 강제징용당한 한인은 대략 6만에서 8만 명에 이르는 것으로 추정하고 있을 뿐이다. 그리고 종전시의 사할린 한인의 수 역시 자료에 따라 다양하게 추산될 뿐 정확하게 몇 명이었는지는 알 수 없으나 약 43,000명일 것으로 추정하고 있다.[5]

일제의 한반도 침탈에 따른 인적·물적 수탈정책에서 벗어나기 위해 시작된 해외한인의 이주에 관한 연구는 지속적으로 연구되어 왔으며, 이에 대한 연구 성과도 어느 정도 축적되어 있다. 그러나 사할린 한인에 대한 연구는 대부분 러시아어나 일본어로 연구되어 있으나 이들의 연구는 자국 중심적으로 이루어져 있기 때문에 이들의 연구에 의존하는 것은 한계가 있다. 가장 기초적 연구라 할 수 있는 인적 통계에 대한 연구조차 이루어지지 않고 있다. 앞으로 사할린 한인의 연구를 본격적으로 수행하기 위해서는 여러 분야의 연구진이 연대하여 전체적인 틀 속에서 종합적인 연구가 진행되어야 할 것으로 본다.[6] 이런 연구가 앞으로도 계속 진행되어야만 사할린 한인의 역사적 사실과 그 책임소재를 분명하게 밝힐 수 있기 때문이다.

이 글에서는 사할린 한인의 미귀환문제와 관련하여 종전 후의 사할린 한인의 국적문제를 검토하고자 한다. 그 당시의 사할린 한인의 일본국적 보유

여부는 사할린 한인의 미귀환 실체를 밝히는데 대단히 중요하기 때문이다. 또한 일본국적 보유여부에 따라 전후 일본의 법적 책임에 대한 근거와 그 이행을 추궁할 수 있기 때문이기도 하다. 아울러 아직까지 해결되지 않은 사할린 한인의 전후처리 문제와 관련된 법적 제 문제를 서술하고자 한다.

사할린 거주 일본인의 귀환

미·소 협정에 의한 사할린거주 일본인의 귀환   사할린 거주 일본인의 공식적인 일본 귀환은 1946년부터 추진되기 시작하였다. 사할린 거주 일본인의 귀환은 1946년 3월 26일 연합군최고사령관이 일본정부에 보낸 '귀환에 관한 기본지령'을 토대로 추진되었다. 이는 극동소련군총사령관 지배하에 있는 군정지구로부터 일본인의 귀환 문제에 대해 적절한 협정을 체결하여 실시할 것을 지시하면서부터 시작되었다. 이로 인해 1946년 11월 27일 연합국총사령부 대표와 소련대표 간에 '소련지구 귀환 미·소 잠정협정'이 체결되었고, 1946년 12월 19일 연합군총사령부(GHQ)와 소련 간에 '소련지구 귀환 미·소 협정'이 정식으로 체결되었다. 따라서 사할린 거주 일본인의 귀환이 1946년 12월부터 시작되어 1949년 7월까지 약 30만 명이 일본으로 귀환하였다.[7] 이 협정에서 귀환대상자는 일본인 포로, 일반 일본인으로 규정하고 있었을 뿐,[8] 일본국적을 보유한 사할린 한인에 대해서는 어떠한 규정도 없었다. 그 해 12월 16일 GHQ에서 나온 '소련 및 소련관리지역으로부터 일본인의 귀환 및 조선인의 북위 38도선 이북의 북한으로 일본에서 귀환하는 건에 관한 각서'

에도 사할린 한인의 귀환에 대해서 아무런 언급이 없다. 이는 당시의 사할린 한인들의 귀환에 일본정부가 어떠한 조치도 취하지 않고 있었다는 증거이다.

　패전 후 연합국 점령 하에 놓여 있던 일본정부는 GHQ의 간접통치를 받고 있었고, 샌프란시스코강화조약이 발효될 때까지는 외교권이 행사할 수 없었다.[9] 그러나 식민지본국으로서의 일본정부가 최소한의 귀환의무를 이행하기 위해 연합군총사령부나 소련당국에 사할린 한인들의 실체를 밝혀 귀환을 요청했더라면 그들의 귀환을 성사시킬 수 있었을 것이다. 즉 일본정부는 사할린 거주 한인들의 귀환을 미·소연합국에게 건의할 책임이 있었지만 사할린 거주 한인의 실체를 알리는 어떠한 건의나 요청을 하지 않았다.[10]

　미·소 귀환협정에 의해서 사할린 거주 일본인의 집단귀환이 결정되고, 그 귀환이 실시될 당시에 일본정부는 귀환대상자를 일본호적에 입적되어 있는 일본인으로 한정시켰다. 이는 일본정부가 사할린 한인들에 대해서는 전혀 그들의 귀환을 수용할 의사가 없었다는 것을 단적으로 보여준 것이다.

　사할린 한인들은 조선인 신분을 보유한 일본국적자였기 때문에 당연히 일본으로 귀환한 다음 조국으로 귀환했어야 했다. 그러나 일본정부는 일본호적에 입적되어 있는 일본인이 아니라는 이유로 사할린 한인의 귀환을 받아들이지 않았던 것이다. 사할린 한인들이 귀환할 수 있었음에도 불구하고 그들을 귀환대상자에서 제외하여 귀환할 수 없게 한 일본정부의 행위는 비인도적 범죄행위이며, 인종차별적 탄압행위인 것이다. 그러므로 사할린 한인들의 미귀환에 관한 법적 책임은 일본정부가 져야 한다.[11] 그럼에도 불구하고 지금까지 일본은 사할린 한인들이 귀환대상에서 제외된 이유를 '미·소 양 연합국 사이에서 결정되었던 사항으로 일본정부는 그것에 관여할 입장이 아니었다'고 주장하여 그 책임을 회피하고 있다.[12] 그러나 미·소 귀환협정 당시에 사할린 한인들의 조국은 대한민국 정부 수립 전인 미군정시기로 이들을 보호할 국가의 외교적 보호권의 행사할 수가 없었다. 더욱이 일본정부는 일본국적보유자인 사할린 한인에 대하여 그 지위를 원상회복시킬 의무가 있었다. 일본정부는 사할린 한인들의 식민지 본국이었던 국가로서 외교적 보호권을 행사할 수는 없었지만 미·소 연합국에 사할린 한인의 실체를 알려 귀환을 적극적으로 건의하고 요청하는 것이 그들의 일차적 귀환 의무였다. 그러나 일본정부는 식민지본국으로서의 최소한의 어떠한 의무도 이행하지 않았다.

일·소공동선언에 따른 잔류 일본인의 귀환 사할린 거주 일본인들은 미·소 협정에 의한 집단귀환이 종료된 이후에도 소련에 잔류한 자가 적지 않았다. 일본은 1956년 10월 19일 일·소공동선언을 발표하고, 양국 간의 전쟁상태를 사실상 종결시키며 국교를 회복하는 데 합의하였다.[13] 일·소공동선언은 1956년 12월 12일 발효되었다. 이 선언에 따라 1957년 8월 1일부터 1959년 9월 28일 사이에 7차에 걸쳐 집단귀환이 이루어졌다. 일본으로의 귀환대상자는 일본호적에 입적되어 있는 일본인만을 대상으로 하여, 이때에도 사할린 한인은 제외되었다. 다만 귀환대상자 중 혈통상 일본여성과 혼인관계에 있는 사할린 한인만이 추가되었을 뿐이다. 즉 1946년 미·소 협정에 따른 귀환 시와는 달리 일본인 여성과 혼인관계에 있는 사할린 한인과 그 가족에게도 일본인의 동반자로서 귀환이 인정되어 일본인 766명과 일본여성과 혼인한 사할린 한인 및 그 가족 1541명의 귀환이 이루어졌다.[14] 그 후에도 소련본토 나홋토카를 경유하는 개별귀환은 계속되었다.

사할린 한인도 법적으로는 일본인과 동일한 입장이었는데 혈통적으로 일본인에게는 특별귀환을 인정하고, 사할린 한인에게는 귀환의 권리마저 인정하지 않고 사할린에 그대로 방치한 것은 혈통을 기준으로 한 인종차별적 귀환을 일본이 실시했음을 알 수 있다.[15] 따라서 일본여성과 혼인하지 않은 대부분의 한인들은 일본인이 아니며 일본인과 가족관계가 없다는 이유로 일본정부에 의해서 사할린에 버려졌다.

한편 일본정부는 샌프란시스코강화조약에 의해 일본으로부터 한국의 분리 독립이 법적으로 확정되었고, 종래의 일본국적도 상실하였으므로 일본정부는 사할린 한인의 귀환실현을 위하여 행사할 수 있는 법적수단을 가지고 있지 않다고 주장하여 그들의 귀환을 거부하여 오늘에 이르렀다.[16]

사할린 한인의 국적문제

사할린 한인의 한국국적문제   대한민국 정부수립 전인 1948년 5월 11일 남조선 과도정부는 법률 제11호 '국적에 관한 임시조례'를 공포하면서 "조선인을 부친으로 하여 출생한 자"(제2조 제1호)는 조선의 국적을 가지며, "외국의 국적 또는 일본의 호적을 취득한 자가 그 국적을 포기하거나 일본의 호적을 이탈한 자는 단기 4278년 8월 9일 조선의 국적을 회복한 것으로 간주한다"(제5조)고 규정하고 있다. 따라서 이 법문의 취지에서 사할린 한인이 일본국적을 포기했다면 적어도 1948년 8

월 9일부터는 한국국적을 취득한 것으로 볼 수 있다.

　대한민국의 헌법 전문에는 대한민국은 대한민국임시정부의 법통을 계승한다고 되어있다. 대한민국의 헌법 전문에서 밝힌 것처럼 대한민국임시정부의 법통을 계승하기 위해서는 대한민국임시정부의 국민이었던 자는 별도의 사정과 법률의 조치가 없는 한 대한민국 국민으로 인정하여야 한다. 그러나 1948년 12월 30일 제정한 대한민국 국적법은 대한민국 성립 당시 사할린 한인을 포함한 모든 해외한인을 외국인으로 취급하였다. 따라서 1948년에 제정된 국적법에 의해서도 사할린 한인은 대한민국 국적을 취득할 수 없었다.[17]

　1965년의 한일기본조약 제2조는 "1910년 8월 22일 또는 그 이전에 대한제국과 일본국 간에 체결된 모든 조약 및 협약이 이미 무효임을 확인한다"고 규정하여 식민지배시의 취득한 일본국적은 본래의 일본국적 취득 시로 소급하여 효력이 부인된다. 그러므로 전 한인은 처음부터 일본국적을 취득하지 않은 것으로 되기 때문에 전 한인은 일본국적을 보유하였던 사실적 근거가 상실되는 것이다. 그러나 사할린 한인들은 한국국적을 취득하지 않은 상태이기 때문에 한일청구권협정상의 '양체약국의 국민'의 범주에 포함되지 않는다. 따라서 사할린 한인의 경우에는 한일청구권협정의 효력이 미치지 않기 때문에 해석상 계속해서 일본국적을 보유한 자로 된다.

사할린 한인의 일본국적 보유문제　사할린 한인의 미귀환문제와 관련하여 일제패망 당시부터 사할린거주 일본인의 귀환시점까지의 사할린 한인의 국적문제는 일본정부에 책임을 추궁할 수 있는 중요한 근거가 된다. 일본은 사할린 한인을 귀환시킬 수 있음에도 불구하고 귀환에 필요한 어떠한 조치도 취하지 않았고 끝내는 인종차별적 귀환을 실시하면서 피할 수 없는 비인도적 범죄행위를 저지른 것이다. 즉 일본정부가 전후처리의 일환으로 사할린 한인에 대한 원상회복의 의무인 귀환의무를 이행했더라면 사할린 한인은 동토의 땅에서 억류되는 일이 없었을 것이다. 그리고 해방된 조국으로 돌아온 사할린 한인들이 일본국적을 보유해야 할 어떠한 이유도 존재하지 않았다. 그러나 사할린을 점령한 소련이 사할린 한인을 포함한 일본인의 출국을 금지시키면서 귀환을 위한 권리를 보장받기 위해 그들은 일본 국적이 필요했던 것이다. 소련의 조치로 귀환의 기회마저 박탈당한 사할린 한인들에게는 일본국적의 보유 사실이 사할린에서 일본을 통해 조국으로 귀환할 수 있는 유일한 수단이었다.

① 민사통달에 의한 일본국적 상실선고
일본정부는 1952년 4월 28일에 발효된 샌프란시스코조약 제2조 (a)항 '일본국은 한국의 독립을 승인하며, 제주도 거문도 및 울릉도를 포함한 한국에 대한 모든 권리, 권한 및 청구권을 포기한다'는 규정을 들어 1952년 4월 19일 "평화조약에 따른 조선인·대만인 등에 관한 국적 및 호적사무의 처리에 관하여"라는 법무부 민사국장 통달을 내고 그들의 국적에 관해 다음과 같이 처리하였다.

   제1 조선 및 대만관계[18]
   ㉠ 조선 및 대만은 조약 발효일로부터 일본국의 영토에서 분리한 것으로 되기 때문에 이에 따라 조선인 및 대만인은 일본에 거주하고 있는 자를 포함하

여 모두 일본국적을 상실한다.

ⓛ 전에 조선인 또는 대만인이었던 자라도 조약발효 전에 일본인과 혼인·입양 등의 신분행위에 의해서 일본의 호적에 입적해야 할 사유가 발생된 자는 일본인이며, 조약발효 후에도 하등의 절차가 필요하지 않으면 계속 일본국적을 보유한다.

ⓒ 전에 일본인이었던 자라도 조약발효 전에 조선인 또는 대만인과의 혼인·입양 등의 신분행위에 의해서 일본호적에서 제적될 사유가 발생된 자는 조선인 또는 대만인으로서 조약발효와 동시에 일본국적을 상실한다.

이와 같이 법무부 민사국장의 통달에 의해서 구조선 호적에 입적되어 있는 자의 일본국적 상실을 선언하였다. 그리고 이에 따른 국적처리는 1961년 4월 5일 일본최고재판소에 의해서 지지되었다. 일본최고재판소는 '샌프란시스코조약 제2조 (a)항은 일본이 한국의 독립을 승인하고 한국에 속하는 영토에 대한 주권을 포기함과 동시에 한국에 속하는 사람에 대한 주권을 포기하였기 때문에 샌프란시스코 강화조약의 발효와 더불어 재일한인을 포함하는 모든 한인의 일본 국적이 상실되었다'고 판시하였다.

그러나 일본최고재판소의 견해는 대한민국 국적을 취득한 한국거주의 한국민을 제외한 모든 해외한인은 최소한 1945년 8월 15일 이후부터 샌프란시스코조약이 발효한 1952년 4월 28일까지는 일본국적을 소유하고 있었다는 것을 입증한 것이다. 또한 샌프란시스코평화조약의 발효와 함께 일본정부가 해외 일본인의 귀환 대책을 밝힌 1952년 3월 18일 각의 결정 "해외 일본인의 귀환에 관한 건"에는 종래 해외 일본인(전에 군인·군속이었던 조선인, 대만인 및 오키나와 출신자를 포함 함)의 귀환에 대해서는 연합국최고사령관의

'귀환에 관한 기본적 지령'에 의거하여 처리되었으나 샌프란시스코조약의 발효로 이 지령이 실효됨으로서 일본정부가 귀환업무를 관장한다는 것이었다.[19] 이는 종래 군인·군속이었던 조선인에 대해서도 일본정부가 귀환업무를 관장한다는 것은 그들을 일본인으로 간주한다는 것을 의미한다. 따라서 같은 식민지 지배를 받던 한인 가운데 군인과 군속만을 일본인으로 분리 취급한다는 것은 있을 수 없는 일이다. 그렇다면 당시의 해외 한인도 종래의 군인·군속과 동일하게 일본 국적자로 인정하는 것이 형평에 맞는 일이다.[20] 이와 같은 해석에 따를 경우에 사할린 한인들은 일본국적을 보유한 것으로 해석된다.

② 민사통달에 의한 국적상실의 부당성

일본정부는 사할린 거주 일본인의 귀환실무에 있어서 한인과 혼인한 일본인 여성은 민사통달에 의한 국적처리의 원칙에 대한 예외를 인정했다. 즉 민사통달 제1의 3호에 의하면 샌프란시스코조약 이전에 한인과 결혼한 일본인 여자는 일본국적을 상실한다고 규정하고 있다. 그러나 1957년부터 1959년까지 '일·소공동선언'에 의한 집단귀환이 실현되었을 때 추가적으로 인정된 귀환대상자는 주로 한인 남자와 혼인한 일본인 여성과 그 가족이 귀환대상자였다. 그러나 민사통달에 의하면 한인 남자와 혼인한 일본여성은 당연히 일본국적을 상실한 자에 해당되어 사할린 한인들과 마찬가지로 일본으로 귀환할 수 없다. 그러나 일본정부는 이들이 일본국적을 상실한 자가 아닌 아직까지 일본국적을 보유한 자로 취급하여 그들을 귀환시켰다. 이와 같이 일본정부는 자국민의 귀환과 관련하여 국적문제에 있어 예외를 인정했다는 것은 민사통달에 의한 국적 처리가 부당했다는 것을 스스로 입증한 결과이다.

그리고 샌프란시스코조약[21]을 근거로 해서 대한민국에 거주하는 한인을 제외한 재일한인 및 사할린 한인의 일본국적을 박탈할 수 있는가에 대해서는 여전히 의문이 남는다. 샌프란시스코조약은 영토에 관한 조약이며, 국적선택권문제 조항이 없기 때문에 이 조약을 근거로 한국인의 국적 변경을 선언할 수 없다고 본다.[22] 즉 샌프란시스코 조약에는 한국의 독립과 영토 귀속에 관한 명문규정을 두고 있을 뿐이지 한인들의 국적처리에 관한 어떠한 규정도 없다. 더욱이 샌프란시스코조약의 작성 과정에서 조차 한인들의 일본국적 상실의 문제는 논의되지도 않았다. 그런데 일본 정부는 무슨 근거로 샌프란시스코조약의 발효에 따라 해외한인의 일본국적 상실을 선언한 것인지 그 근거가 부당하다.

또한 민사통달에 의한 통첩형식의 일반적 통고로서 국적 상실의 효과가 발생될 수 없을뿐더러 통달형식을 빌어 법률규정사항인 국적 상실문제를 처리한 일방적 조치는 일본헌법 제10조[23]의 위반 행위로 간주되어 그 효과가 부정된다.[24] 따라서 민사통달에 의한 해외한인의 국적 상실의 통고는 위법한 행위로 그 효력을 인정할 수 없다.

사할린 한인의 소련·북한 국적취득   사할린을 점령한 소련은 소야해협을 봉쇄한 후, 주민들의 신분조사를 실시하였다. 이 과정에서 소련은 1938년의 소련 국적법 제8조 "소련 영토 내에 거주하는 자로서 이 법에 의하여 소련 국민이 아니면 자신과 외국과의 관계에 대한 증명을 하지 못하는 자는 무국적자로 간주한다"는 규정을 들어 한인들을 전부 무국적자로 취급하여 강제억류조치를 취하였다. 소련의 이러한 조치를 취하게 된 배경은 밝혀지지 않고 있으나, 당시 사할린의 극도로 부족한 노동력을 보충할 목적으로 사할린 한인들을 귀환 대상자에서 제외시키는 정책적 고려가 있었던 것으로 알려져 있다.[25] 전후 사할린의 노동력 부족은 1946년부터 1949년까지 북한에서 노동자들을 모집하여 2,3년 계약으로 북한노동자 26,065명이 사할린에 이주해 왔고, 대륙으로부터 소련인들도 대량으로 입국했다는 사실은 이를 어느 정도 뒷받침해 주고 있다.[26] 이가라시 고조 일본 중의원 의원은 1991년 2월 22일 중의원 예산위원회에서 '일본인이 철수한 후 전후 사할린의 펄프공장을 작동시키거나 탄광을 운영하거나 철도를 경영하는 노동력이 부족하였기 때문에 한인이 노동력이 필요했을 것'이라는 소련 측의 사정을 지적하고 있다.[27] 그러나 이러한 사정이 인정된다 하여도 일본정부의 귀환의무 불이행을 합리화하기 위해 과장된 것으로도 볼 수 있다. 그것은 사할린 한인에 대하여 포츠담선언의 내용에 따라 일본공민이 아닌 것으로 되었다며 사할린 한인을 일본공민으로 대우하지 말 것을 일본정부가 소련 측에 요청한 사실로도 짐작할 수 있다.

1950년대 초부터 소련 당국도 무국적 한인들에게 소련국적이든 북한국적이든 그 어느 하나의 국적을 선택하도록 강요하였다. 소련은 사할린 한인들을 자국민으로 수용할 정책상의 이유로 소련국적 취득을 원하는 한인들에게는 모두 소련국적을 부여했다.[28] 이들이 소련국적을 취득할 수밖에 없었던 이유는 소련인들과 동일한 대우를 받고 싶었고, 또 생활수준의 향상과 가족의 안정을 도모하려면 소련 국적 취득이 불가피했기 때문이었다. 소련 국적을 취득한 자의 대부분은 가족단위로 취득하였으며, 남한에 이산가족이 없거나 혹은 독신으로 조국으로의 귀환을 기다리다 끝내는 절망하여 소련인들과 혼인한 한인들이 대부분이었다.[29] 그 후로 사할린 한인들은 소련 국적을 취득하는 경향이 압도적으로 많았다.[30]

이와 달리 소련국적을 신청하지 않은 사람은 비공민으로 간주하였으며, 소련국적자인 공민과 달리 비공민에게는 여러 가지 차별이 주어졌고, 특히 무국적자는 사회주의, 공산주의를 고의로 증오하고 적성국인 일본이나 한국을 동경하는 위험분자라고 판단하여 감시의 대상이 되었다. 이러한 무국적자들은 일본국적을 그대로 보유하고 있었다고 해석된다.

북한은 1946년부터 1949년까지 사할린의 부족한 노동력을 메우기 위해서 사할린에 노무자를 파견하였다.[31] 1948년 북한정권이 수립되자 북한에서 파견된 선전요원들의 권유로 많은 사할린 한인들이 북한국적을 취득하기 시작하였다. 이는 남한으로의 귀환가능성이 희박하다는 생각에서 그래도 한민족인 북한을 선택하는 것이 귀환에 유리할지도 모른다는 민족의식에서 선택되어졌다고 볼 수 있다.[32] 그리고 북한이 사할린 한인정책상 사할린 한인들의 의사나 그들의 출신지를 불문하고 이들 모두를 북한의 공민으로 만들려는 정책을 고수했기 때문이다.[33] 특히 북한은 1963년과 1964년 사이에 사할린 한인들을 북한으로의 이주를 회유했다. 북한 이주 조건으로 북한에서는 무시험으로 대학을 다닐 수 있다고 선전하여 많은 사할린 한인들이 북한으로 이주하기도 하였다.[34] 위 기간 동안의 사할린 한인들의 취득국적 순위는 소련국적이 25%, 북한국적이 65% 무국적이 10%였다고 하여 이러한 사실을 증명하고 있다.[35] 그 후 사할린 한인들은 점차적으로 북한국적을 포기하였는데 그 이유는 북한에서의 유학 또는 취업기간을 마치고 돌아갈 때 북한당국은 사할린으로의 출국을 허용하지 않자 이들 중 일부는 두만강유역을 통하여 탈출을 시도하였다. 그리고 탈출을 시도하다가 체포된 자는 그 후 소식을 알 수 없게 되었다. 이러한 일련의 일들이 사할린 한인사회에 알려지면서 사할린 한인들의 북한에 대한 인식이 바뀌었고, 또한 소련에서의 자식들의 교육을 위해서 북한국적을 포기했지만 무엇보다도 북한당국이 한국방문을 허락하지 않을 것이라는 점이 북한국적을 이탈하게 된 직접적 원인이 되었다.[36]

사할린 한인들이 자유의사에 반하여 소련·북한 국적선택행위는 국제법의 위반으로 당연히 무효라고 할 수 있다. 특히 소련정부는 샌프란시스코조약이 발효되기 이전에 사할린 한인의 일본국적을 전단적으로 박탈하여 소련이나 북한국적을 한정해서 선택하도록 강제하고 이에 불응하는 자에 대해서는 무국적자로서 박해를 가한 행위는 국적선택권을 부정하는 것일 뿐만 아니라 근본적으로 기본적 자유와 인권을 유린한 것이다.[37] 따라서 소련·북한국적을 소유한 사할린 한인들은 자유의사에 기하여 국적을 선택할 수 있는 자유가 인정되어야 하는 이유가 여기에 있다.

사할린 한인의 국적문제와 일본의 귀환책임 사할린 한인의 국적문제는 그들이 귀환하지 못한데 따른 일본정부의 책임을 추궁하기 위해서 반드시 검토되어야 할 문제이다.

귀환의 일념으로 생을 의지한 사할린 한인들은 그들의 조국이 소련과 국교가 성립되지 않은 상태에서 그 당시의 일본국적 보유만이 조국으로 귀환할 수 있는 유일한 희망이었을 것이다. 그러나 이러한 희망도 무시된 채 일본정부는 일본으로의 귀환시킬 수 있었음에도 불구하고 어떠한 귀환조치도 취하지 않았다. 그리고 일본국적 상실을 통보하고 사할린 잔류일본인 및 일본인 여성과 혼인한 한인가족에 한해서만 귀환을 인정하였다. 이것은 일본정부가 사할린 한인의 귀환문제에 대해서는 어떠한 수행의사도 없었음을 증명한 것이고, 사할린 한인을 그대로 방치하겠다는 의도였다.

사할린 한인의 일본국적 상실의 문제는 적어도 일본의 식민지지배 이전의 상태로 되돌려 놓는 원상회복의 전제하에서 이루어졌어야 했다. 이것은 일제의 침략 이전의 상태로 회복하기 위해서 일본국적을 필요로 하는 자는 그대로 일본국적을 인정해 주어야 한다.[38] 사할린 한인의 국적선택권은 사할린에 있어서의 미귀환한인의 귀환권리를 기능적으로 보장해 주는 것이기 때문이다. 따라서 일본정부는 사할린 한인들이 일본국적을 필요로 할 경우에는 그들의 일본국적의 상실을 주장할 수 없다.[39] 이것이 제1차 세계대전 후 영토의 변경, 식민지의 독립과 관련하여 개인의 국적 선택권부여가 국제법상의 보편적 원칙이기 때문이다. 또한 샌프란시스코조약의 전문에서 인용된 세계인권선언의 제15조는 "누구도 자의대로 국적을 박탈당하거나 그 국적을 변경할 권리를 부인당하지 않는다"는 규정 및 일본이 1979년에 비준한 국제인권 B규약 제12조 제4항은 "누구도 자국으로 돌아갈 권리를 자의적으로 박탈당하지 않는다"는 조약상의 의무로서도 사할린 한인은 일본국적을 보유한 자로 인정했어야 한다.

사할린 억류 한인의 귀환권리와 일본정부의 귀환의무를 도출해 냄에 있어서 일본의 국적처리의 부당성을 지적하는 것은 일본의 전후처리의 책임이행을 촉구함이며, 전후보상 책임의 근거를 제시하기 위함이다.[40] 일본의 식민지 지배가 국제법상 무효라 하더라도 그들이 한반도를 지배하면서 저질렀던 불법행위에 따른 책임은 면제되는 것은 아니다. 그런 의미에서 일본

정부의 귀환의무 불이행 책임의 근거를 구성함에 있어 식민지지배로서 생긴 결과의 원상회복을 근거로 하여 일본의 법적 책임을 물을 수 있다. 원상회복 책임은 과거의 행위에 근거한 것이므로, 지금 과거와는 다른 지위를 가지고 있다고 해서 과거의 불법적 행위에 대한 책임이 면제되는 것은 아니기 때문이다.

가해자인 일본인들은 일본으로 귀환하고 피해자인 사할린 한인들은 계속 사할린에서 억류되었다는 사실 자체가 비인도적 범죄행위이며 세계 전쟁사에도 그 유례를 찾아 볼 수 없는 잔인한 범죄행위에 해당된다. 따라서 일본정부는 하루빨리 귀환책임 불이행에 따른 손해배상과 이산문제에 따른 정신적 고통에 대한 위자료를 사할린 한인들과 그 유족들에게 지급하고, 진정으로 불행한 과거사에 대하여 사죄하고, 양국 간의 어두운 과거사를 청산해야 한다.

사할린 한인의 법적 제 문제

사할린 한인과 한·일청구권협정과의 관계   일제의 식민지 지배에 대한 한·일간의 과거사처리문제는 아직도 큰 쟁점으로 남아 있다. 사할린 한인에 대한 배상문제는 위에서 언급한 국적문제와 함께 새로운 문제를 제기하고 있다. 사할린 한인의 모국방문사업을 위하여 1989년에 있었던 한·일간의 외교교섭과정에서 일본정부는 1965년의 한·일청구권협정을 근거로 사할린 한인의 귀환 등의 문제에 대하여 이미 법적 책임은 소멸되었다고 주장하였다. 다만 종전과 같이 인도적, 역사적, 정치적, 도의적 책임에 따라 지원할 수 있음을 밝혔다. 그리고 사할린 한인의 모국방문사업을 위하여 인도적 차원에서 일정한 비용을 부담하고 있다.[41] 즉 일본은 사할린 한인의 귀환문제에 관해서는 1965년 한일기본조약의 부속조약으로 체결된 한·일청구권협정의 제2조 제1항의 "양 체약국은 양 체약국 및 그 국민(법인을 포함함)의 재산, 권리 및 이익과 양 체약국 및 그 국민간의 청구권에 관한 문제가 1951년 9월 8일에 샌프란시스코 시에서 서명된 일본국과의 평화조약 제4조(a)[42]에 규정된 것을 포함하여 완전히 그리고 최종적으로 해결된다는 것을 확인한다"는 규정을 들어 사할린 한인 문제도 한·일청구권협정으로써 해결되었으므로 일본으로서는 법적 책임을 질 수 없다고 주장한다.

구체적으로 일본정부의 기본 입장은 전후배상 문제는 샌프란시스코 평화조약 및 1965년 한일청구권 협정으로 이미 소멸됐다는 것이다. 따라서 한일청구권 협정 제2조 제3항[43]에 한국 정부는 청구권에 대해 어떠한 주장도 할 수 없도록 되어 있기 때문에, 한국인의 개별청구권도 인정할 수 없다는 것이다. 그런데 더욱 놀라운 것은 우리 정부가 일본의 논리를 그대로 수용하였다는 점이다.[44]

그런데 이 조항들의 문구로 미루어 볼 때, 한일청구권협정의 제2조는 일본이 유상, 무상의 자금을 한국에 제공함으로써 한·일간 재산청구권 문제의 해결이 완료되었다는 것을 규정한 것으로 보이지만[45] '청구권협정'의 법적의미는 그렇게 단순하지 않다. 위의 조문들을 전제로 하는 한 한국정부가 국가의 권리에 관해서건 국민의 권리에 관해서건 '청구권협정'이라는 계약의 일방 당사자로서 타방 당사자인 일본정부에 대해 그렇게 하기로 약속을 했기 때문에 어떠한 문제제기도 할 수 없다는 것은 분명하다. 그러나 한국

정부가 청구권협정에서 한국인 개인의 권리에 관해서 약속한 것은 한국인 개인의 권리에 관해 국가가 가지고 있는 외교적 보호권을 행사하지 않기로 한 것뿐이다.[46] 그리고 일본정부 역시 청구권 협정 조문들의 해석과 관련하여 청구권협정에 의해 소멸된 것은 국가의 외교적 보호권만이며, 개인의 권리는 소멸되지 않았다고 하였다.[47]

1991년 2월 22일 일본 중의원 예산 위원회에서 이가라시 의원은 1965년의 한일기본조약에서의 청구포기라는 것이 사할린 한인들에게도 그 영향이 미치는가에 대해서, 당시 한국 국적을 가지고 있지 않았던 사할린 한인은 한일기본조약에서 청구권이 미치지 못하는 것 아닌가 하는 질문에 대하여 외무성 조약국장은 '한일기본조약의 청구권 협정 제2조 제3항은 한국 국적자에게 적용되는 것이므로 사할린 한인들이 한국 국적을 가지고 있지 않았다면, 그런 경우에는 한일청구권 협정의 효력이 미치지 않는다'는 정부의 입장을 밝혔다. 그는 북한사람들의 재산적 청구권 문제가 아직 처리되지 않은 것과 같은 경우라고도 했다.[48] 이와 같이 일본 중의원 예산위원회의 의회록에서 밝혔듯이 한일청구권 협정의 효력은 조약체결 당시 한일 양국 국적자에게만 적용되는 것이다. 따라서 그 당시 사할린 한인들이 어느 정도 어떠한 형태의 국적을 보유하고 있었는지에 대한 정확한 자료는 없지만[49] 당시 사할린 한인들이 한국 국적을 취득할 수 있는 조건이 아니었기 때문에 한국 국적자로 볼 수 없다. 따라서 사할린 한인은 한일청구권 협정의 인적 대상범위에 포함되지 않는다고 해야 한다. 또한 한일청구권협정은 한일양국과 그 국민간의 재산적 권리의무관계를 해소시키기 위한 조약으로 일본정부의 귀환책임불이행이라는 비재산적 법률관계에는 적용시킬 수 없다. 그러므로 사할린 한인들은 전후배상청구권을 유보한 사람들이라고 할 수 있다.

　1965년의 한일협정은 식민지배에 따른 과거청산문제와 일본의 국가책임을 명시하지 못한 상태에서 졸속으로 체결되었다. 그러나 한일협정 체결과 동시에 한국과 일본에 거주하는 재일한인과 관련된 문제는 많은 문제점과 모순점을 내포하고 있지만 법적으로 여러 가지가 정리되었다. 그러나 그 당시 사할린 한인들은 한국국적을 취득할 수도 없었고, 1948년 12월 30일 제정된 국적법에 의해서도 사할린 한인은 한국국적을 취득할 수 없었다. 따라서 사할린 한인은 한일청구권협정 체약 당시 한국국적을 가지지 않았으므로 한·일청구권협정 제2조 제1항에서 말하는 "양 체약국의 국민"의 범주에 포함되지 않을뿐더러 일본의 귀환책임불이행에 대한 배상청구는 일본정부의 비재산적 책임을 이행하지 않은 데에 따른 것으로 한일청구권협정의 내용과는 다른 것이다. 따라서 사할린 한인들에게는 한일청구권협정의 효력이 미치지 않기 때문에 일본을 상대로 하여 개인적 손해배상을 청구할 수 있다.

　사할린 한인에 대해서는 한일청구권협정의 효력이 미치지 않는다는 근거가 분명함에도 불구하고 일본이 한일청구권협정을 들어 사할린 한인에 대해 법적 책임이 없다는 입장을 견지하고 있다. 이는 일본정부가 사할린 한인에 대한 개별배상을 받아들인 경우에 중국 또는 중앙아시아 등에 있는 한인에 대한 배상문제가 새롭게 대두되는 상황이 발생될 것을 염려하여 억지논리를 취하고 있는 것이 아닌가 한다. 그렇기 때문에 일본은 사할린 한인의 법적 책임으로서의 보상보다는 인도적·도의적 차원에서 사할린 한인을 지원하는 등 간접지원 방식을 취하는 이유가 바로 법적 책임을 회피하기 위한 일종의 수단인 것이다. 그러나 인도에 반하는 범죄행위를 저지른 당사국이 과거의 행위에 대하여 진정으로 사죄나 반성도 하지 않고, 과거의 불법적 행위에 대해 어떠한 배상도 하지 않은 상태에서 인도주의적 입장에서 지원 사업을 한다는 발상자체가 잘못된 것이다. 결국 전후책임의 일환으로써 인도주의적 입장에 따른 지원은 전후배상이 완결된 상태에서 지원이 이루어지는 것이다. 아직까지 전후배상문제 자체가 해결되지도 않았는데 인도주의적 차원에서 사할린 한인을 위해 지원 사업을 한다는 것은 진정으로 사할린 한인들을 위한 지원이 아니라 전후책임에 관해 일본이 스스로를 합리화하고 국제적 비난을 피하기 위한 정치적 의미로 밖에 볼 수 없다.

사할린 한인의 이중징용의 문제   사할린 한인의 이중징용은 사할린으로 강제징용당한 사할린 한인 중 일부가 다시 재 징용되어 일본으로 끌려가 재 노무배치를 받은 경우를 말한다. 일본인들이 남긴 문서에는 이중징용 사할린 한인들을 "전환 탄광갱부轉換炭夫"라고도 하고 "재연행再連行"이라고도 표현하고 있다.[50] 사할린에서 채굴한 석탄은 선박을 이용하여 일본으로 운반하였는데 일본은 1944년경 이미 태평양에서 제해권과 제공권을 미국에게 빼앗겨 더 이상 사할린으로부터의 석탄의 운반이 불가능해지자 일본은 일본본토에 있는 탄광의 석탄을 사용하는 수밖에 없었고, 그 부족한 노동력을 채우기 위해서 사할린 한인을 재징용한 것이다.

이에 1944년 8월 11일 일본 각의의 결정 '사할린과 북해도의 쿠시로의 탄광노무자와 자재 등의 긴급전환에 관한 건'은 남南사할린의 26개 탄광 중에서 서해안탄전 북부지구의 14개 탄광을 정리해서 거기에서 나오는 잉여

노무자 9천 명(일본인노무자 6천 명, 조선인노무자 3천 명)과 생산자재를 본토의 규슈九州와 죠반常磐의 각 탄광에 긴급 배치한다는 내용이었다.[51] 이와 같이 일본 각의의 결정에 따라 우글레고르스크 이북의 탄광들이 모두 문을 닫고 이때 잉여탄부들을 "전환 탄광갱부轉換炭夫"라고 하여 일본 규슈의 탄광으로 재징용 하였는데 이렇게 이중징용된 한인이 3,200명 정도라고 한다.[52] 이들은 이중징용된 후로 대부분 연락이 두절되었고, 1945년 8월 종전이 된 후로는 이들의 생사를 확인할 수 없게 되어 현재에 이르고 있다. 이중징용자가 일본의 패전으로 소련의 영토가 되어버린 사할린으로 돌아갈 수 없었기 때문에 가족을 사할린에 남겨둔 채 할 수 없이 한국으로 귀환했다는 기록이 있기는 하다.[53] 그러나 이중징용된 사할린 한인들은 패전 당시에 당연히 일본에 있었겠지만 현재까지도 일본에 있는지 아니면 해방 후 한국으로 귀환했는지 그들의 행방을 알 수가 없다. 가장이 이중징용을 당해 사할린에 남게 된 가족들은 정신적·물질적 고통을 받고 있으며, 그러한 가족이산의 고통은 현재에도 계속되고 있다.

당시 일본이 이중징용된 자들의 가족보호조치를 취하는 문건도 발견되었지만, 현재 사할린에 생존해 있는 유가족들의 증언에 의하면 그러한 가족보호조치를 전혀 받은 적이 없다는 경우가 많다.[54] 그리고 이들 이중징용된 탄부들을 이중고용 하였던 일본의 기업체들은 오늘날의 미쓰이 광산주식회사, 미츠비시 마테리알 주식회사, 코-강 주식회사 등인데, 2001년 7월 이중징용한인 유가족 회에서 일본정부와 일본적십자사 및 이들 기업체를 상대로 문제해결을 촉구하였다. 그런데 일본적십자사와 기업체들은 이중징용 광부 및 가족이산은 처음 듣는 내용이라고 하고, 우선 연구 후 대책을 세우겠다고 약속하고는 지금까지 아무런 후속대책이 없이 방관하고 있다.

이중징용 사할린 한인과 그 가족은 일반적인 사할린 한인이 겪은 여러 가지 기본적 문제 외에도 이중징용자의 생사확인문제와 상봉문제 그리고 이산으로 인한 정신적·물질적 배상문제 등이 앞으로 추가적으로 해결되어야 할 부분이다. 그러므로 한국 정부는 이중징용 사할린 한인문제에 대해 일본정부의 책임을 추궁하고 그들의 생사확인 등 제문제 해결을 위해 보다 적극적인 외교교섭이 필요하다고 본다. 이중징용의 문제는 제2차 세계대전의 전후처리문제이며, 한·일 과거사청산문제에 있어서 가장 핵심적인 사항 중의 하나이기 때문이다.

강제적립금 상환문제 일본은 사할린 한인들의 강제노역에 따른 임금를 제대로 지불하지 않고, 특히 독신자의 경우에는 도주의 우려가 있다는 이유로 임금의 일부만을 주고 나머지는 회사에서 적립하거나 우편저금, 간이보험, 전시보국채권을 통해 강제적으로 모금해 갔다. 1945년까지의 노임의 비축액은 18,700만 달러이고, 간이보험금은 700만 달러에 달하였다고 한다.[55] 그러나 아직까지 사할린 한인에게 전혀 상환되지 않고 있다. 1991년 2월 22일 중의원 예산위원회에서 사할린 한인들의 우편저금의 지불문제에 관한 질문에서 "우편저금은 기본적으로 확정채무이며, 우편저금법상 일본 정부의 지불의무가 있다"고 답변하였다. 또한 사할린 한인 중 소련국적과 무국적자에 대해서는 우편저금 청구가 있으면 우편저금법령에서 정하는 바 이율로 계산하여 이자액을 가한 금액을 지불하겠다고 하였다.[56] 그 후 일본의 우정성은 전전戰前의 우편저금잔고는 이자를 합하여 1억 6,000천만 엔에 이르고 있으며 사할린 한인에의 우

편저금에 관해 청산되지 않았음을 인정하였다.[57]

그러나 현재까지 사할린 한인들이 우편저금통장을 소지하고 있는 경우에는 상환을 청구하는데 문제가 없으나 우편저금통장을 분실한 경우에는 저축원부가 없기 때문에 문제가 있다. 그 당시의 저축원부는 사할린의 유즈노사할리스크(당시 토요하라豊原) 우편국에 있었고, 토요하라 우체국의 관련자료는 1947~1948년 간의 동 문서관에 수합되었지만 그 가운데 저축원부는 그것에 관심이 없었던 소련정부와 사할린주 당국이 1959년에 소각 처분해 버렸다는 것이다. 이러한 사실의 입증은 사할린주 집행위원회 문서부장이 그 소각 처분 사실을 증명하는 자료를 보내왔기 때문에 알려졌다고 한다.[58]

저축원부의 소각에 따른 강제적립금 상환문제에 대해서는 다양한 조사 방법을 동원하여 그 대책을 마련해야 한다. 저축원부가 소각되었기 때문에 일본 측은 사할린 한인이 개별적으로 통장을 제시하는 경우에는 상환할 수 있다는 입장을 유지하고 있다. 그러나 역사의 질곡에서 엄청난 시련을 겪은 사할린 한인들이 각종통장을 현재까지 보유하고 있는 자가 얼마나 될 것인가. 사할린 한인의 발생은 일본이 근본적인 원인제공자이며 그 책임의 한가운데에 있다. 따라서 현재 통장을 가지고 있는 자의 전체금원을 산출하고 당시 강제노역에 종사한 사할린 한인의 수와 그 사실을 입증하면 우편저금을 포함한 각종 저금과 채권 등을 통하여 일본이 강제적으로 적립된 액수를 추정할 수 있을 것이다. 따라서 통장을 가지고 개인적인 입증자료를 통하여 청구할 수 있는 경우에는 개인적으로 청구하면 되지만, 그렇지 않은 대부분의 경우에는 집단적 청구 또는 대표적 청구를 통하여 지불받은 방법도 생각해 볼 수 있을 것이다.

사할린 한인의 영주귀국과 대책문제 1985년 소련의 페레스트로이카와 1988년 서울올림픽을 계기로 1989년부터 한국과 일본 정부는 사할린억류 한인들의 귀환을 돕기 위해 양국의 적십자사를 통해서 사할린 한인의 지원 사업을 주관하기로 하였다. 1989년 7월 14일 양국 적십자사는 사할린 거주 공동사업체 협정서를 체결하였다. 그 결과 한·일 양국의 지원을 받아 우선적으로 모국방문사업을 추진하여 1989년 9월부터 2004년까지 이루어진 모국방문사업은 일시방문은 연인원 14,500명, 영주귀국은 1,544명으로 집계되었다.[59] 1994년 한일정상회담에서 양국정부는 사할린 한인에 대한 포괄적 사업을 하기로 확정하였다. 한일 양국 정부는 러시아 정부와의 협의를 거쳐 사할린영주귀국자를 위한 아파트 500호와 요양원을 건립하기도 하고, 토지조달은 한국정부가, 건립비용은 일본정부가 부담하기로 결정했다.[60] 사할린 한인의 영주귀국 신청은 1945년 이전 출생자에 한하여 국적을 회복시켜주고 이들의 귀국을 지원하였다. 그런데 사할린 한인 1세 생존자들이 영주귀국이 실현되어 귀환의 한을 풀었으나 그로 인하여 새로운 이산가족이 발생하게 되었다. 이들의 재회를 위하여 사할린귀환자 복지사업의 일부로 역방문 프로그램을 마련하여 실시하고 있다. 앞으로는 이러한 역방문 또는 사할린의 유자녀들의 방문횟수를 본인들이 원하는 경우에 가능한 한 실현될 수 있도록 보장되어야 하며, 사할린 한인 1세의 유자녀들이 일시방문보다 영주귀국을 희망하는 경우에도 이를 보장해 주어야 할 것이다.

최근 일본은 사할린의 주도인 '유즈노사할린스크'시에 사할린 한인 문화센터의 건축비를 지원하는 것으로 사할린 한인 모국방문사업을 종결하려고 하고, 우리 정부도 이를 수용하려고 한다고 알려졌다.[61] 사할린 한인에 대한 원인제공자이며 법적 책임이 있는 당사자가 법적 책임을 인정하지 않고 인도적, 도의적, 역사적 책임에 의한 지원 사업에 만족하여 더 이상의 지원은 무의미하다고 판단한 것인가. 처음부터 사할린 한인의 귀환과 관련하여 일본은 인도적 관점에서 지원하겠다고 하였다. 불법행위로 타인의 생명을 해한 자가 인도주의적 입장에서 피해자를 일정기간 지원했다고 해서 자신의 법적 책임이 소멸되는 것은 아니다. 일본은 사할린 한인의 생성의 역사에서 언제까지나 자유스러울 수 없다. 일제에 의해 머나먼 사할린까지 강제로 끌려와 강제노역에 시달렸고, 종전 후에는 영문도 모른 채 조국으로 귀환하지 못하고 평생 고향을 그리며 살아온 이들에게 고작 15년의 지원 사업으로 이들의 한 많은 피해를 보상했다고 할 수 없다. 일본정부는 역사적 사실을 직시하고 더 이상 이들을 또 다시 방치해서는 안 된다. 한국 정부도 사할린 한인의 역사적 사실을 인식하고 이 문제에 적극적으로 대체하여야 한다. 사할린 한인과 관련된 모든 문제는 바로 한·일 간의 과거사청산문제이며 전후처리문제이기 때문이다. 따라서 우리 정부는 영주귀국자의 생활보장이 되도록 현실적으로 생계지원비를 지원하고, 일본정부의 책임을 물어 손해배상 및 생계비를 지급하도록 외교적 보호권을 행사하여야 한다.

일본은 전후에 사할린 한인을 위해 어떠한 귀환조치도 취하지 아니하고 그대로 방치하였다. 그래서 그들을 영문도 모른 채 유배지나 다름없는 사할린에서 귀환될 수 있는 날을 손꼽아 기다리다 현재에 이르렀다. 조국을 떠날 때 청년이든 이들은 백발이 성성한 노인이 되어서야 겨우 조국으로 돌아올 수 있었다.

사할린 한인사회의 형성은 비참했던 구한말과 일제치하의 굴욕적 역사를 그대로 반영하고 있다. 국가의 비운으로 인한 사할린 한인들의 비극적인 삶은 불행한 민족의 역사가 개인의 삶을 얼마나 변형시키고 고통과 좌절의 늪에 빠뜨리는지를 잘 보여주고 있다.

미·소 협정에 의해 사할린 거주 일본인의 귀환이 본격적으로 이루어진 1946년 12월부터 1949년 10월까지 일본정부는 사할린 한인의 귀환에 대해서 아무런 조치를 취하지 않았다. 그리고 전후처리를 주도한 GHQ에 대하여 귀환과 관련하여 사할린 한인에 관한 정보조차도 전달하지 않았다는 것은 처음부터 사할린 한인의 귀환에 일체의 관심도 없었던 것을 증명하는 것이다. 당시에 일본정부가 조금이라도 사할린 한인들을 귀환시킬 의도가 있었다면 사할린 한인의 문제는 이미 해결됐을 것이다. 그런데 자기네 전쟁을 위해서 자기네 국민의 국적으로 강제징용당해 일본인들과 동일한 지위에서 자기네를 위해 강제노역을 한 이들을 그대로 유기했다는 것은 어떤 논리로도 설명할 수 없는 반인도적 범죄행위로 세계에서 유래를 찾아볼 수 없는 가장 악랄한 전쟁범죄이다. 그런데도 일본정부는 사할린 한인들의 전후처리문제에 대해서는 함구하고 있다.

더 나아가 일본은 사할린 한인문제에 대해서는 한·일청구권협정으로 해결되어 자신들은 법적 책임이 없다고 주장한다. 그렇기 때문에 일본은 사할린 한인에 대해서는 전후처리에 대한 배상적 차원이 아니라 인도적·도덕적·역사적 견지에서 사할린 한인을 지원하는 간접지원 방식을 취하고 있는 것이다. 그러나 인도에 반하는 범죄행위를 저지른 당사국이 인도주의 운운하는 것은 언어도단이다. 인도주의적 차원에서의 지원은 전후책임에 대해 완전한 배상이 이루어지고 진정한 사죄가 선행된 다음에 부차적으로 시행하는 것이다. 아직까지 전후배상 문제가 해결되지 않고 식민지체제의 유산이 청산되지도 않은 마당에 인도주의적 차원에서 사할린 한인의 모국방문을 위해 지원 사업을 한다는 것은 앞뒤가 맞지 않는다. 이것은 사할린 한인들을 위한 지원이 아니라 전후책임에 관해 일본의 법적 책임을 회피하고자 하는 의도이며, 일본의 전후책임에 대한 국제적 비난을 피하기 위한 정치적 의미가 담겨 있다고 볼 수 있다.

따라서 사할린 한인의 문제는 아직까지도 일본의 식민지배에 따른 불행한 과거가 청산되지 않았음을 보여주는 상징적인 문제이다. 그런데도 일본정부는 진정한 사죄와 반성에 따른 법적 책임을 강구하지 않고 있다. 전후책임은 일방적 논리로 책임을 회피한다고 해서 해결되는 문제가 아니다. 무엇이 양국관계에 도움이 되며 진정한 동아시아의 협력시대를 이뤄낼 수 있는지 일본정부의 통렬한 반성과 책임을 촉구해 본다.

— **최 계 수**(국민대학교 한국학연구소 연구교수)

■ 주

1. 사할린 한인이라 함은 1939년부터 일제의 침략전쟁의 목적을 위해 강제징용 당했다가 종전 후 그대로 사할린에 유기된 한인 1세와 그들의 후손을 포함하여 지칭한다. 사할린 한인은 사할린 전체 인구 약 70여만 명 중 러시아인(슬라브), 우크라이나인 다음으로 많은 약 4만 명으로 전체 한인의 인구의 절반 정도가 주청 소재지인 유즈노사할린스크 시에 거주하고 있다.
2. 사할린 한인의 90% 정도가 남한지역 출신이다. 그 중에서도 경상도 출신이 거의 60%~70% 이상 차지하는데 이들은 사할린에서의 탄광이나 비행장건설, 또는 철도부설 등의 강제노역에 혹사당하였다.
3. 연해주는 조선 말기부터 우리의 유이민들이 정착하기 시작하여 일제 강점기에는 무장독립운동의 근거지가 되었고, 동시에 중앙아시아로의 강제이주의 출발지였다.
4. 사할린 잔류 한국·조선인 문제 의원간담회 편, 『사할린 잔류 한국·조선인 문제와 일본의 정치』, 고려대학교 아세아문제연구소 편역, 고려대학교 출판부, 1994, 46쪽. 1941년 말의 사할린거주 조선인 인구가 19,768명, 1943년 말에 25,765명이었다고 하는 인구조사 결과나 조선인의 집단모집이 시작된 1939년부터 1943년까지의 5년간의 일본정부의 국민동원계획에 따라 조선에서 사할린에 끌려온 조선인 노동자의 총수가 16,113명이었다고 하는 조선총독부의 조사 숫자 등이 남아 있지만 이러한 숫자만으로 사할린에 끌려온 조선인의 전체 상황은 파악될 수 없다고 한다.
5. 조정남, 「북한의 사할린 한인정책」, 『민족연구』 8, 한국민족연구원, 2002, 137~138쪽.
6. 노영돈, 「재소한국인의 법적 보호에 관한 연구」, 성균관대 박사학위논문, 1991; 「사할린교포의 현황과 법적 지위」, 법무부, 1986. 최근의 사할린 한인에 대한 연구로는 2001년 현지조사를 통해 서술한 국립민속박물관 편, 『러시아 사할린·연해주 한인동포의 생활문화』가 있고, 귀환한 64명의 사할린 한인들의 면접을 통

해 2003년에 펴낸 이순형의 『사할린 귀환자』(서울대 출판부, 2004)가 있다.
7. 『사할린 잔류 한국·조선인문제와 일본의 정치』, 48~49쪽.
8. 『사할린 잔류 한국·조선인문제와 일본의 정치』, 50쪽.
9. 『사할린 잔류 한국·조선인문제와 일본의 정치』, 54쪽.
10. 1975년 동경지방재판소에 제기됐던 '사할린잔류자귀환청구소송'에서는 이 점이 하나의 쟁점사항이었다.
11. 1975년 사할린 한인 60명이 일본정부를 상대로 "사할린 잔류자 귀환청구소송"을 제기하였다. 이 소송에서 그들은 자의로 사할린에 이주한 것이 아니라 일본 정부가 강제징용으로 끌고 간 이상 일본정부는 당연히 이들을 귀환시켜야 할 의무가 있다고 주장했다.
12. 『사할린 잔류 한국·조선인문제와 일본의 정치』, 54쪽.
13. 일·소공동선언 제5항은 '소련 내에서 유죄판결을 받은 일본인은 이 공동선언의 효력발생과 함께 석방되어 일본으로 송환하기로 한다. 또한 소련은 일본의 요청에 기하여 소식불명인 일본인에 대하여 계속 조사하기로 한다'고 규정되어 있다. 『사할린보고서』, 사할린동포법률구조회, 1997, 13쪽.
14. 『사할린보고서』, 13쪽.
15. 김경득, 「사할린잔류 한인 귀환소송의 추이와 법적 논점」, 『해외동포』 30, 해외교포문제연구소, 1988. 12, 24쪽.
16. 『사할린 잔류 한국·조선인문제와 일본의 정치』, 626~627쪽.
17. 1948년 제정된 대한민국의 국적법에는 해외동포에 관한 경과규정이 없었기 때문에 사할린 한인들이 대한민국 국적을 갖고 있다고 할 수 없다.
18. 「사할린 잔류 한국·조선인문제와 일본의 정치」, 521~523쪽.
19. 『러시아 사할린·연해주 한인동포의 생활문화』, 518쪽.
20. 이성환, 「사할린 한인 문제에 관한 서론적 고찰」, 『국제학논총』 7, 계명대학교 국제학연구소, 2002, 225쪽.
21. 샌프란시스코조약은 미국을 비롯한 전승국 48개국(소련을 비롯한 폴란드 등 공산권 승전국은 조인거부)과 일본 사이에 맺어진 조약으로 전문, 평화상태의 회복, 영역, 안전, 정치 및 경제, 청구권 및 재산, 분쟁의 해결 등을 내용으로 하고 있다.
22. 노영돈, 「사할린 한인에 관한 법적 제 문제」, 『국제법학회논총』 72, 대한국제법

학회, 1992, 136~137쪽.
23. 일본헌법 제10조는 '일본 국민이 되어야 하는 요건은 법률로서 정한다'고 규정하고 있다.
24. 지정일, 「사할린 거주 한인의 귀환(법적 측면)」, 『해외동포』 30, 해외교포문제연구소, 1988, 16쪽.
25. 『サハリン殘留韓國人を作ったのはソ連である』 諸君, 1991, 5월호.
26. 『러시아 사할린·연해주 한인동포의 생활문화』, 국립민속박물관, 2001, 74~75쪽.
27. 『사할린 잔류 한국·조선인문제와 일본의 정치』, 358쪽.
28. 이순형, 『사할린 귀환자』, 97쪽.
29. 조정남, 「북한의 사할린 한인정책」, 193쪽.
30. 정근식·염미경, 「사할린 한인의 역사적 경험과 귀환문제」, 전남대 후기 사회학대회, 1999, 114~115쪽.
31. 『러시아사할린·연해주 한인동포의 생활문화』, 75~77쪽.
32. 이순형, 『사할린 귀환자』, 116~117쪽.
33. 조정남, 「북한의 사할린 한인정책」, 192쪽
34. 북한은 이들에게 여권을 만들어 주었고 3년이 지난 후 여권대신 해외공민증을 발급하였다(『러시아사할린·연해주 한인동포의 생활문화』, 77쪽).
35. 노영돈, 「사할린 한인에 대한 일본의 법적 책임」, 『교포정책자료』 35, 해외교포문제연구소, 1990, 35쪽.
36. 북한국적자가 소련국적을 취득하려면 북한의 담당기관으로부터의 국적변경에 대한 동의서를 제출하여야 하나 실제로는 북한이 북한국적자에게 국적변경의 동의서를 내어주지 않기 때문에 소련은 국적취득이 용이하게 하기 위해 편법을 취하였다. 이는 북한국적자가 일단 북한 중앙위원회에 북조선 국적을 포기하고자 하는 청원서를 보내고 상당한 기간이 지나도록 북한이 아무런 조치를 취하지 않으면, 소련당국은 북한 정부에 자신의 의사를 보낸 영수증이나 확인서를 가져오면 소련국적법에 의해 소련국적을 취득하기 위한 절차를 밟을 수 있었고, 소련 정부의 승낙을 받는데 상당한 시일이 소요되었다(노영돈, 「사할린 한인에 대한 일본의 법적 책임」, 35쪽; 이순형, 『사할린 귀환자』, 117쪽).
37. 배재식, 「잃어버린 인권을 구제하는 길」, 『교포정책자료』 21, 해외교포문제연구

소, 1984.
38. 법무부,『사할린교포의 현황과 법적 지위』, 법무부, 1986, 10~11쪽 참조.
39. 법무부,『사할린교포의 현황과 법적 지위』, 11쪽.
40. 홍석조,「사할린잔류 한인귀환에 관련된 제문제점 및 대책」,『통일한국』1, 평화문제연구소, 1988. 1, 62~63쪽.
41. 노영민,「한국청구권협정과 사할린 한인에 대한 일본의 책임」,『북한』276, 북한연구소, 1994, 114쪽.
42. 샌프란시스코조약 제4조(a) ; 본건 (b)의 규정을 유보하고 제2조에 규정된 지역에 있는 일본 및 일본국민의 재산 및 현재의 해당지역의 주민(법인을 포함한다)에 대한 청구권(채권을 포함한다)의 처리와 일본에 있어서의 전기 및 주민의 재산 및 일본과 일본국민에 대한 청구권(채권을 포함한다)의 처리는 일본과 전기당국간의 특별협정에 의하여 결정된다. 제2조에 규정된 지역에 있는 연합국 또는 그 국민의 재산은 아직 반환되어 있지 않는 한 시정당국이 현상대로 반환되어야 한다(국민이라는 용어는 본 조건에서 사용하는 한 항상 법인을 포함한다).
43. 동 협정의 제2조 3항에서는 "일방 체약국 및 그 국민의 재산, 권리 및 이익으로서 본 협정의 서명일에 타방 체약국의 관할 하에 있는 것에 대한 조치와 일방체약국 및 그 국민의 타방체약국 및 그 국민에 대한 모든 청구권으로서의 동일자 이전에 발생한 사유에 기인하는 것에 관하여는 어떠한 주장도 할 수 없는 것으로 한다"고 규정되어있다.
44. 노영돈,「사할린 한인문제, 어떻게 되고 있나」,『OKtimes』129, 해외교포문제연구소, 2004, 19쪽.
45. 유병용,「한일협정과 한일관계의 개선방향」,『한일역사공동연구보고서』6, 한일역사공동연구위원회, 2005, 31쪽.
46. 김창록,「한일청구권협정 관련문서 공개의 의미」,『역사비평』70, 2005, 25~26쪽.
47. 1965년 11월 5일 중의원 '일본국과 대한민국 사이의 조약 및 협정 등에 관한 특별위원회'세서 시이나 외무대신은 '청구권협정'에 의해 외교보호권만을 포기한 것이라고 밝혔다(제50회 국회 중의원 日本國と大韓民國との間の條約及び協定等に關する特別委員會議錄 제10호, 1965. 11 .5, 16쪽 이하).
48.『사할린 잔류 한국・조선인문제와 일본의 정치』, 362~363쪽.

49. 일본 중의원 예산위원회의 의사록에서 이가라시 고조 의원은 소련국적자가 75%, 북한국적자가 20%, 무국적자가 5%에 달하지 않을까 짐작하고 있다(『사할린잔류한국·조선인문제의원간담회』, 363쪽).
50. 『러시아 사할린·연해주 한인동포의 생활문화』, 65쪽.
51. 『러시아 사할린·연해주 한인동포의 생활문화』, 66쪽.
52. 『러시아 사할린·연해주 한인동포의 생활문화』, 65쪽.
53. 이순형, 『사할린 귀환자』, 65쪽.
54. 노영돈, 「사할린 한인문제, 어떻게 되고 있나?」, 26쪽.
55. 이순형, 『사할린 귀환자』, 58쪽.
56. 『사할린 잔류 한국·조선인문제와 일본의 정치』, 364쪽.
57. 『사할린 잔류 한국·조선인문제와 일본의 정치』, 99~100쪽.
58. 『사할린 잔류 한국·조선인문제와 일본의 정치』, 100~101쪽.
59. 노영돈, 「사할린 한인문제, 어떻게 되고 있나?」, 21쪽.
60. 아파트 500호는 경기도 안산시에 짓고 요양원은 인천광역시 연수동에 짓기로 하여, 아파트는 1997년 7월에 시공하여 1999년 완공되었으며, 요양원은 1998년 3월에 시공하여 사할린동포복지회관으로 개관하였다(이순형, 『사할린 귀환자』, 146쪽).
61. 노영돈, 「사할린 한인문제, 어떻게 되고 있나?」, 22쪽.

한인 포로감시원의 BC급 전범 처리와 문제점

　일제는 식민지 시기에 수많은 한인을 군속으로 뽑아 그들의 침략전쟁에 이용했다. 1932년 1월 일어난 '상해사변上海事變'시에는 상해 재류 한인 청년 약 200명을 군속으로 차출하여 비행장 정비 · 자경단自警團 활동 등을 시켰다. 1937년 중일전쟁시에는 600명에 가까운 한인을 군속으로 차출해 자동차 운전수 · 통역 · 안내원 등으로 이용하였다. 그런가 하면 1941년 이후 태평양전쟁 시기에는 재일 한인 청년들을 징용의 형태로 차출하여 일본 또는 남태평양지역에 보내 군시설이나 기지 건설 등을 시켰다.[1] 일제에 차출되어 군속이 된 이들은 모두 식민지의 백성이라는 특수한 상황을 맞아 개인적 피해를 입은 한인들이다.

　일제가 한인 청년을 군속으로 강제로 동원한 수는 총 12만 6,047명이었다.[2] 이 수치는 일본의 후생성厚生省이 추후에 발표한 것이다. 그러나 이곳저곳에서 강제동원이 자행되고, 그에 대한 자료들이 임의적으로 폐기되거나 전쟁 기간 중 유실된 것을 감안한다면 정확한 것이라 할 수 없다. 이보다 훨씬 많은 한인들이 군속으로 일제의 침략전쟁에 동원되었다고 보아야 한다.

　여기에서 논하고자 하는 한인 포로감시원도 이들 수치 속의 일부인 군속의 신분이었다. 한인 포로감시원들은 태평양전쟁이 한창이던 1942년 중반부터 전쟁에 참가하게 되었다. 이 시기 일제는 남태평양과 동남아시아 여러 지역에서 대동아공영권大東亞共榮圈을 외치며 전쟁을 벌여 수많은 연합군을 포로로 잡았다. 한인 포로감시원들은 이 포로들을 감시하고 관리할 목적으로 일제에 의해 강제적으로 차출당한 사람들이었다. 이들은 2년이란 근무기간을 정하고 동원됐지만 이 약속은 지켜지지 않았고, 1945년 8월 15일 일본이 패전하면서 전범이란 오명을 뒤집어쓰고 긴 고통의 시간을 보내야 했다.

식민지 시기에서 일제에 의해 노동력을 착취당하고 인권을 유린당한 한국인은 실로 엄청나게 많다. 그 수는 정확한 통계조차 낼 수 없다. 젊은 남성들은 강제징용과 징병에 의해, 미혼의 젊은 여성은 일본군 '위안부'로 납치당해 그들의 침략전쟁에 이용당하였다.

오늘날 일본은 포로감시원이었던 사람들뿐 아니라 이들 모두에 대해 사죄의 말도 보상도 하지 않고 있다. 오히려 식민지 시기 한국인은 일본의 백성이었기 때문에 징용·징병당하고 군속으로 차출된 것은 당연한 것이었다는 주장을 하기도 한다. 일본 정부는 자신들의 잘못을 사죄할줄 모르고, 일본 국민 일부는 아직도 제국주의적 사고에서 벗어나지 못하고 있는 것이다.

일본 측은 이같은 행동과 주장을 펼치며, 조령모개朝令暮改와 같았던 수많은 자국의 법률을 들이대며 군속과 군인, '위안부' 등으로 희생당한 한국인들에게 피해보상을 해주지 않고 제국주의 시기 일본의 정당성을 찾으려 하고 있다. 이 글에서는 태평양전쟁 시기 한인 청년들이 어떤 과정을 거쳐 포로감시원이 되었고, 그 역할은 어떤 것이었나를 살펴보고자 한다. 이와 함께 한인 포로감시원들이 전범이 된 원인이 진정 연합국 전범재판소에서 판결한 대로 그들이 비인도적인 행위를 했기 때문이었는지를 함께 규명해 보고자 한다. 이는 식민지 시기뿐만 아니라 지금도 피해보상을 받지 못하고 전범의 누명에서도 벗어나지 못하고 있는 포로감시원 출신 한국인들의 굴절된 인생의 복원이자 일제의 식민지 한국에 대한 인권수탈사의 일면을 밝히는 일이라 생각한다.

포로감시원이 된 과정과 역할

포로감시원이 된 과정　동남아시아 및 남태평양 여러 섬의 포로감시원으로 일제에 이용당한 한인 청년들에 대한 모집은 한국 내에서 이루어졌다. 이들이 군속이 된 과정은 자발적인 지원절차에 의한 것이었지만, 실제는 강제에 의한 것이었다. 이른바 강제동원이었다. 최근까지 밝혀진 당사자들의 증언에 의하면 경찰서장이나 순사부장 및 순사·군수·면서기·촌장 등이 어느 날 갑자기 집으로 찾아와 당사자나 그 부친에게 협박을 가해 군속으로 지원하도록 하였다는 것이다. 그 몇 사례를 보면 다음과 같다.

전남 구례군 양문면에서 태어난 문태복文泰福(군속 당시는 문원철文元哲이라는 이름을 썼음)은 양조장을 하는 유복한 집의 장남이었다. 때문에 그는 1936년부터 5년간이나 일본에 유학을 다녀오기도 하였다. 어느 날 군수와 경찰서장이 집으로 찾아와 그의 부친에게 "당신의 자식이 군속으로 가면 다른 사람에게도 영향을 미칠 수 있으니 꼭 보내달라. 반드시 2년 안에 돌려보내주겠다"고 하였다. 문태복의 아버지는 장남이기 때문에 보낼 수 없다고 하였으나 경제적인 불이익을 주겠다는 등 여러 협박에 견디지 못하고 보내야

만 했다.³

전남 강진군 대구면이 고향인 윤동현尹東鉉(군속 당시 이동동현伊東東鉉)은 서울에서 중학교를 졸업하고 귀향하여 가업인 농사일을 하고 있을 때 강요당한 경우이다. 어느 날 순사부장이 그의 부친을 찾아와 "당신의 둘째아들을 군속으로 보내라"고 강요하였다. 윤동현은 자신보다 장성한 형이 있었는데도 지목을 받았던 것이다. 이는 그가 중학교육까지 받아 군속으로 더 이용 가치가 있었기 때문이다. 지원원서의 기입과 제출 등의 절차는 순사부장이 대신 밟았다.⁴

전북 완주군 우전면에서 출생한 김완근金完根(군속 당시는 김문완근金門完根)도 마을에서는 드물게 지식을 가진 청년이었다. 그는 낮에는 군농회郡農會의 전작임시지도원田作臨時指導員으로 근무하였고 밤에는 공업학교를 다녔다. 이러한 그에게 1942년 5월 무렵 마을 촌장이 군속으로 지원하라고 하였고, 김완근은 이를 거절하였다. 이에 촌장은 며칠 뒤 주재소의 순사와 함께 와 "이와 같이 명예로운 일을 싫다고 하는 것은 아니겠지. 네가 가지 않으면 이후 마을에서 가려고 하는 사람이 없을 것이다"라고 강하게 지원할 것을 요구하며, "거절하면 지금부터 배급은 없다"고 협박하였다. 이러한 강요에 그도 결국은 응한다는 표시를 하였고 그 수속 절차는 윤동현의 경우와 마찬가지로 촌장이 대신하였다.⁵

이상의 3명의 예에서 보면 공통점을 찾을 수 있다. 그것은 이들 모두가 주변의 다른 사람들에 비해 고학력 소유자이든지 어느 정도 지도급 인사라는 것이다. 이는 일제가 그들의 침략전쟁에 이용할 한국인을 학력이나 그 능력을 보고 선별하여 지원을 강요하였다는 것을 말해주는 것이다.

이러한 형식으로 1942년 전반기 동안 한반도 전체에서 모집된 인원은

3,223명이었다. 이들은 부산에 있는 '부산서면 임시 군속교육대'에 보내졌다. 이 교육대는 대장이 노구치野口讓 육군 대좌였기 때문에 속칭 '노구치 부대'라고 불렸다. 한국인 청년들은 이곳에서 1942년 6월부터 8월까지 약 2개월간 포로감시원이 되기 위한 훈련을 받았다. 포로감시라는 임무는 전투를 수행하는 군인과는 달리 후방의 업무를 수행하는 용인傭人의 직職이었다. 따라서 포로감시원의 위치는 일본군 내에서 최하급 병사인 이등병 밑이었다.[6] 그러나 노구치 부대에서는 한국 청년들에게 군인과 마찬가지의 '군인칙유軍人勅諭'나 '전진훈戰陣訓'의 정신교육과 사격이나 총검술 같은 군사교육을 시켰다.[7]

군인칙유란 1882년 메이지明治가 내린 것으로 "하급下級의 자者는 상관의 명을 받을 것. 이는 곧 짐이 명령을 내린 것이라는 것을 명심할 것", "천황은 신성한 존재이므로 침해할 수 없다" 등 일본 군대의 절대적 규율이다. 이러한 교육을 시켰다는 것은 다시 말해 군속인 포로감시원은 신분상 군인이 아니지만 군인으로 다루었음을 알 수 있다. 포로감시원이 당연히 숙지하고 실천해야 할 '제네바조약'과 같은 것은 그 자체가 있다는 것조차 가르쳐 주지 않았다.

포로의 취급은 전쟁의 행위와는 별도로 국제적 문제를 야기시킬 수 있는 민감한 것이다. 비록 전투에 실패해 사로잡힌 몸이지만 그들은 인격적인 대우를 받을 권리를 가졌다. 때문에 각국이 국제조약까지 만들어 이를 지키는 것이다. 그러나 '대동아공영권' 건설이라는 허황된 꿈을 갖고 있던 일제는 무슨 수를 써서라도 전쟁에 승리하려고 하였다. 때문에 일제는 모든 수단을 동원해야 했고 포로가 된 사람들까지 이용하려는 계획을 가지고 있어 제네바조약과 같은 국제조약을 준수하려고 하지 않았던 것이다. 그러나 이를 준수하지 않으면 국제적으로 문제가 된다. 이에 일제는 1942년 5월 5일 "조선인과 대만인을 선발하여 포로를 취급하는 특수부대를 편성한다"고 '포로 처리요령'을 만들어 포로감시원의 임무를 일본인이 아닌 식민지인 한국과 대만의 청년을 뽑아 수행시켰던 것이다.[8] 이와 같이 일제는 범죄행위를 미리 계획해 놓고 그 행위와 책임을 교묘히 피지배국의 한국과 대만의 청년들에게 부담시켰다.

포로감시원으로서의 역할 한인 청년들이 노구치 부대에서 훈련을 받고 있던 1942년 7월 7일, 일제의 육군대신 도죠 히데키東條英機는 태국과 말레이시아·필리핀·자바·보르네오 등의 포로수용소 소장들을 소집하여 포로 취급에 대해 훈시하였다. "본래 우리나라는 포로에 대해 관념상 그 취급이 미국이나 유럽과는 아주 다르다. 포로는 엄중히 단속하는 동시에 단 하루라도 누구든지 무위도식하게 하지 말 것이며 그 노력이나 특기特技를 우리의 생산 확충에 활용하는 등 총력을 기울여 대동아전쟁의 자산으로 삼도록 하라"는 내용이었다. 그와 함께 "포로의 처치를 통해 현지 민중에게 야마토 민족의 우수성을 체득시키고, 황군皇軍과 손을 잡고 대동아공영권 건설에 노력하는 것은 더없는 영광이라는 것을 자각시키라"고 하였다.[9]

이 훈시 내용은 기필코 전쟁에서 승리할 수 있도록 포로들의 힘과 특기를 최대한 착취하라는 것이었다. 그리고 포로의 비참하고 비굴한 모습을 현지인들에게 보여주어 일본의 우수성을 일깨우라는 것이었다. 이는 포로의 강제노동을 엄격히 규정하고, 포로에게 인격적 모독감을 느끼게 해서는 안

된다는 제네바조약은 생각지도 말고 전쟁의 승리를 위해 포로를 이용하고 학대하라는 것이다.

일제 군부의 최고 우두머리가 포로수용소 소장들을 소집하여 하달한 이 같은 지침은 일본군 점령하의 모든 수용소는 이 비인권적인 일을 시행하고 그곳에 종사하는 모든 사람들은 이를 따르라는 명령이었다. 다시 말해 포로와 직접 대면할 최말단의 한국인과 대만인 포로감시원이 지켜야 할 행동요령이었다.

노구치 부대에서 교육을 받은 한인 청년들은 동남아시아와 남태평양의 미얀마(당시는 버마) · 태국 · 말레이시아 · 필리핀 · 보르네오 · 자바 · 수마트라 · 플로레스 등의 포로수용소 감시원으로 배속되었다. 이들 지역에 설치된 일본군 포로수용소의 기구는 각 지역마다 본소 · 분소 · 분견소의 형태를 가졌는데, 본소는 1개였지만 분소와 분견소는 상황에 따라 여러 개가 설치되었다.

한인 포로감시원들이 배치되기 시작한 1942년 하반기부터 연합군과 일본군의 전투는 더욱 치열해져 갔고 그럴수록 포로의 수는 늘어갔다. 거기에 군부의 최고 지휘관인 도죠 히데키東條英機의 지침에 의해 연합군 포로들은 이곳저곳으로 옮겨 다니며 노동을 해야 했으므로 한 수용소 내 포로의 수는 언제나 일정할 수가 없었다. 이는 감시원 1명이 담당한 포로의 수가 정확히 몇 명이었다고 계산할 수 없었음을 말해주는 것이다. 감시원들이 어떤 상태에서 자신들의 업무를 행하였는지 알아보기 위해 기록에 나타난 사례들을 살펴보면 다음과 같다.

1942년 8월 15일 편성된 자바 포로수용소는 일본군 제16군 사령부에서 관리하고 있던 야전 포로수용소의 포로 약 8만 명을 이관받아 업무를 시작하였다. 이들 포로가 각 분견소로 이동할 때 감시원 1명이 약 100명의 포로를 담당하였다.[10] 네덜란드 식민지였던 자바에는 많은 네덜란드 민간인이 살고 있었는데 일본군은 이들 또한 적국의 국민이라 하여 억류소抑留所를 설치하고 감금하였다. 민간인 억류자의 수는 약 11만 명에 달했으며 이들은 자바섬 내 여기저기에 세워진 분소와 분견소에 나뉘어 감금되었다. 그중 스마랑에 위치한 자바 억류소 제2분소 제4분견소에서는 약 5,000명의 억류자가 있었는데 이들을 일본인 장교 1명, 하사관 1명, 한인 군속 2명과 인도네시아인 병보兵補 15명이 관리하였다.[11]

지휘관인 일본인 장교까지 감시업무를 한다 하여도 1인당 260여 명을 감당해야 했다. 이러한 상태에서 포로감시의 업무가 제대로 이루어졌다고는 상상하기 어렵다. 포로보다는 오히려 감시원이 먼저 쓰러질 상황이었다.

그러나 이러한 상황에서도 강제노동 등의 포로학대는 끊임없이 행해졌다. 연합군의 공세에 현저히 밀리기 시작한 1943년 12월 일제는 석유공급지인 팔렘방을 절대적으로 방어하기 위해 정유소를 중심으로 500km 권내에는 방공정보망을, 50km 권내에는 방공비행장군防空飛行場群을, 20km 권내에는 지상방공 진지를 구축하는 것을 계획하였다. 이 계획에 따라 팔렘방 시가로부터 75km와 50km 떨어진 곳에서 비행장을 건설하기 위한 돌관突貫공사를 하게 되었는데, 이 공사에는 영국인 포로 3,400명과 네덜란드인 포로 2,800명이 동원되었다. 이렇다 할 장비도 없이 오직 사람의 힘으로 비행장 건설을 강행했던 것이다. 정글을 이룬 나무들을 잘라내고 나무뿌리를 파내는 힘든 작업이었다. 이 고된 작업에 동원된 포로들에게 배식된 식사는 아침은 묽은 죽, 점심은 죽에 고구마 잎, 저녁은 밥에 건어乾魚나 약간의 고기뿐이었다. 그나마 1944년 5월 이후부터는 신선한 고기나 생선의 배식은 전혀 없었고, 말린 고기나 건어가 하루에 10g 정도 지급되었다.

　마를 대로 마른 포로들은 뼈가 부딪치는 소리를 내며 유령처럼 움직이며 노동을 했다. 1945년 비행장 건설이 끝날 무렵 포로들 가운데 사망한 사람은 6월에 42명, 7월에 99명, 8월에 135명이었다. 원인은 영양실조와 과로에 따른 심장병이었다.[12]

　일본군은 전쟁 기간 중 물자 수송을 위해 동남아시아 여러 곳에 철도를 건설하였다. 이 철도 건설에도 연합국 포로가 동원되었는데 작업장의 열악한 환경과 높은 기온 때문에 콜레라와 같은 전염병이 자주 발생하였다. 콜레라가 한번 발생하면 50~60명의 포로가 순식간에 죽어갔다. 콜레라에 걸린 자가 하얀 변을 누게 되면 살 가망이 없게 되는데 이런 포로가 발견되면 그를 소각하라는 명령이 떨어졌다. 하지만 이 명령이 발령되기 전에 전염을 염려해 포로들이 환자를 소각하였다.[13]

　태평양전쟁 기간 중 일제에 의해 시행된 철도공사 중 가장 악명 높게 알려진 것이 태면철도泰緬鐵道 건설이었다. 이 철도는 태국과 미얀마를 연결하는 것으로 임팔작전시 일본군의 물자를 수송하기 위해 계획되었다. 공사기간은 1942년 11월에 시작되어 1943년 10월까지였다. 태면철도 건설 공사 중 연합군 포로가 받은 학대는 히로시마 나가사키의 원폭투하에 의해 일본이 당한 희생 그 이상이었다고 알려져 있다. 당시 포로로서 이 공사에 동원되었던 연합군 장교는 다음과 같이 증언하고 있다.[14]

　우리 일행이 옮겨간 철도건설수용소의 어떤 것도 설비가 완비된 곳은 없었다. 건물에는 지붕도 없었다. 당시는 계절풍의 비가 내리고 있었다. 이들 수용소 내에서 먹은 것이라고는 쌀과 파의 국물인지 아니면 쌀과 콩의 국물인지 하는 것이었다. 언제나 우리 포로들의 장화는 너덜너덜했다. 그리고 바꾸어 입을 옷이나 신발도 없었다. 장화를 신은 채 하루종일 진흙탕 속이나 물속에서 선로작업을 하였다. 우리 장교들은 노선에 돌을 깔았고, 병사들은 구두를 신지 않고 돌을 절단하는 작업을 하였다.

작업시간은 하루에 12~14시간이었는데 길 경우에는 20시간이나 되었다. 통상 병사(연합군 포로)들은 오전 8시에 나가 오후 10시에 돌아왔다. 우리들에게는 휴일도 없었다. 최초로 맞은 휴일은 우리들의 수용소가 있는 곳까지 완성되어 철도가 개통되고 난 뒤였다. 몇 달씩 병사들은 수용소에 들어갈 수 없었다. 나와 군의관 그리고 부관이 항의하였으나 일본인들은 들어주지 않았다. 만일 그날 작업에 1,000명이 필요하다면 건강상태가 어떤지 묻지도 않고 1,000명을 채워 데리고 갔다.

식사는 생선 몇 조각에 쌀밥이 배급되었다. 처음에는 쌀이 꽤 많았지만 병이 들면 곧 건강한 사람의 1/3 분량으로 줄었다. 병자는 그때부터 굶주려 재기하는 것이 불가능하였다. 이 철도 건설을 위해서 영국군이나 다른 연합군 포로의 희생은 아무 문제가 안 되었다. 어떤 희생을 감수하고라도 주어진 기간 내에 철도를 완성하지 않으면 안 되었다.

당시 남방군 야전철도대참모장으로 철도 건설을 진두지휘했던 일본군 지휘관 히로이케 도시오廣池俊雄도 후에 그가 쓴 책에서 다음과 같이 회고하고 있다.[15]

태면철도의 건설은 준비가 부족한 상태에서 시작했다. 악질의 소굴로 들어가는 데도 의료기관이 제로였다는 것은 정말 이해가 안 되는 일이었다. 쇼와昭和

18년(1943) 3월까지 사령부에 의사는 없었다. 병원을 지을 생각은 했지만 배치할 자가 없었다. 포로의 정글 행군은 도보였다. 이런 데서 희생자가 나오지 않는다는 것이 오히려 이상한 일이었다. 식량이나 군수물자를 보급할 병참조직도 없었다. 1만 명이 넘는 포로를 수십 명의 군속軍屬이 담당하였으므로 한 사람당 수백 명을 감시해야 했다. 이는 감시할 수 있는 것이 아니다. 정글 속의 굴곡진 외길 속의 포로 대열은 선두에서 후미까지 수백 미터 이상 늘어진다. 이를 제대로 감시했다는 것은 오히려 이상한 일이다.

태평양전쟁시기 일제가 포로들에 대해 이같이 학대를 하였기 때문에 위의 증언이나 회고들에서 보듯이 수많은 연합군 포로들이 사망하였다. 통계에 의하면 나치 독일에 수용된 미군 포로의 사망률은 2% 미만이었던 데 비해 일본군 포로수용소의 미군 사망률은 37%가 넘었다.[16]

연합군 포로들이 일본군에 의해 혹사당한 것이 이러하였고 이렇게 혹사당한 쪽의 반대편에 한인 포로감시원들이 있었다. 그런 논리라면 당연히 인권적인 면에서 비난을 받아야 할 가해자의 입장이며 그런 역할을 한 것이 된다. 하지만 앞의 일본군 지휘관 히로이케 도시오의 말처럼 감시원들은 포로를 감시할 수 있는 상황에 있지 못하였다. 그들 자신도 포로들과 마찬가지로 식량부족과 열대 풍토병 및 전염병의 공포에 떨어야 했다. 현재로선 정확한 통계는 낼 수 없지만 많은 한인 포로감시원들도 목숨을 잃었다고 보는 것이 타당하다. 포로감시원이었던 홍종묵洪鐘默은 식량이 절대적으로 부족했기 때문에 길이가 5m나 되는 구렁이나 들새를 잡아먹기도 했다고 증언하고 있다.[17]

오스트레일리아의 정북 쪽에 위치한 하르쿠크 섬의 수용소에서 포로생활을 한 영국 공군 장교 데니스 브라이언 메이슨은 "이 수용소의 포로들은 굶고 구타당했다. 대다수의 사람이 병이 들었음에도 하루에 10시간씩 주로 비행장 구축을 위해 강제적으로 동원되었다. 많은 사람이 각기병·말라리아·이질로 고통을 받았다. 입원한 환자는 굶었으며 식사가 모자라 쥐나 개·고양이·달팽이로 보충하지 않으면 안 되었다. 15개월여 사이에 2,050명의 포로 가운데 386명이 병과 기아로 사망하였다"고 증언하고 있다.[18]

더구나 감시원 한 사람이 수백 명의 포로를 담당하고 있는 상황에서, 포로감시원들은 포로들의 이러한 처지를 지켜보며 기아와 전염병의 공포를 느낄 수밖에 없었다. 이 포로들이 어떤 희생을 당하더라도 그들에게 대동아공영권 건설에 도움이 될 수 있는 어떤 일이라도 시키라는 일본 군부의 명령을 철두철미 지킬 수 있는 한인 포로감시원은 거의 없었을 것이라고 생각한다.

포로감시원을 모집할 때 일제가 처음 제시한 모집요강은 ① 모집자 : 조선총독부, ② 임무 : 포로감시, ③ 신분 : 육군군속, 용인傭人, ④ 대우 : 1개월에 50엔의 임금, ⑤ 복무연한 : 2년이었다.[19]

이들 중 임무나 신분도 지켜줘야 할 사항이지만 대우와 복무연한은 확실히 지켜야 할 사항이다. 하지만 일제는 징용당해 홋카이도北海道나 규슈九州 등의 탄광에 끌려간 노동자들에게 그러했듯이 군속들에게도 약속한 월급을 제대로 주지 않았다. 50엔의 월급 중 현지에서 대개 10엔이나 20엔을 주고 나머지는 가족들에게 보내준다고 하였는데, 매달 30~40엔의 돈을 받았다는 군속 가족의 증언은 그다지 나오지 않았다. 입대 초기 몇 개월은 얼마씩 가족에게 보내기도 한 것 같지만 계속 이어진 경우는 없었다.[20]

1942년 6월 입대한 한인 포로감시원들은 처음 약속한 복무연한이 2년이었으므로 1944년 6월 중에는 그 기간이 만료되었다. 따라서 이들은 일본군 지휘부로부터 고국에 돌아가도 좋다는 명령을 받고 싶어했으나 그러한 명령은 내려오지 않았다. 뿐만 아니라 자신들이 일본군 측에 건의할 수 있는 분위기도 아니었다.

 1944년에 들어 일제는 패전을 거듭했다. 따라서 전장에서 연합군과 맞서 있는 일본군은 극심하게 신경이 날카로워져 있었고, 그 영향은 한인이나 대만인 군속들을 괴롭히는 것으로 나타났다. 평시에도 일본군 상관은 한인 군속들을 '조센, 조센'이라 부르며 멸시하고, "너희들은 이왕가李王家를 위해 일하고 있는가?"라며 조롱하기 일쑤였다.[21] 만일 이런 조롱을 당한 한인 군속이 조금이라도 반항의 기미를 보이면 그 즉시 폭행하였다. 이런 상황에서 일본군 상관이 먼저 제대를 허가해주거나 제대명령이 내려오지 않았는데 자신이 고국으로 돌아가겠다고 요구할 수는 없는 일이었다. 하르쿠크 섬에서 근무하던 김완근은 상관인 조장曺長에게 2년이 되었으니 고국에 보내달라는 말을 했다가 "일본이 지금 격전을 치르고 있는데 돌아간다는 말이 무슨 말이냐"라는 힐난과 함께 총 개머리판으로 맞아 반죽음을 당하기도 하였다.[22] 결국 3,000여 명의 한인 군속들은 동남아시아와 남태평양 여러 섬에서 침략자 일본군과 함께 1945년 8월 15일을 맞아야만 하였다.

일제의 전범을 재판한 극동국제군사재판 광경. 일제의 정치·군사 수뇌 28명이 A급 전범으로 지목되었다.

태평양전쟁 종결과 전범재판

전범재판   1945년 8월 15일 일왕 히로히토의 항복으로 한국은 해방을 맞았다. 조국에서는 일제에 억압돼 있던 한민족이 해방을 맞아 기쁨에 열광하였지만 동남아시아와 남태평양 여러 섬에 흩어져 일본군과 함께 패전을 맞은 한인 포로감시원들은 지금까지보다 더 고통스러운 앞날을 겪어야 하는 전범戰犯의 신분이 되었다.

일본이 패전한 후 연합군 측은 전쟁 중 포로나 주민에 대한 학대행위나 통상의 전쟁범죄에 직접 관계한 사람들 및 그 행위를 지휘명령한 사람들을 B·C급 전쟁범죄자로 규정하였다. 그리고 이들에 대한 군사재판을 1945년

12월 18일 요코하마 법정을 비롯한 세계 각지 50곳에서 시작하였다.[23] 이러한 전쟁범죄자의 범주에 강제적으로 끌려가 포로감시원을 했던 식민지 한국의 청년들이 들어가게 되었던 것이다. 1945년 7월 26일 발표한 포츠담선언에서 연합군 측은 제10항에 전쟁범죄자 처벌 조항을 넣고 일본의 전쟁범죄 가운데 포로학대를 유독 중시한다고 명시하였다. 그리고 전후 연합군 측은 실제로 이를 엄격하게 적용해 재판하였는데, 명령에 의한 학대인가, 자발적인 학대인가를 묻지 않고 실행 당사자의 책임을 추궁하였다.[24]

이러한 연합군 측의 방침에 따라 군인도 아니면서 일본군의 명령을 받으며 포로들과 직접 대면해야 했던 한인 포로감시원들이 대거 전범이 되었다. 결국 일본의 전쟁범죄 중심에 한국이나 대만 출신의 군속이 서게 된 것이다.[25]

한인 포로감시원들이 전범이 되는 절차는 너무나 간단하였다. 자신들이 감시했던 포로들 앞에 이제는 반대로 자신들이 포로가 되어 정렬하여 대열을 지어 선다. 그러면 바로 얼마 전까지 포로였던 연합국 군인들이 그 대열 사이를 오가며 특정한 사람을 지목하며 "이 자에게 몇 대를 맞고 학대당하였다"고 진술하면 그 자리에서 전범이 되었다. 그리고 즉시 연합국의 감옥에 갇히고 얼마 후 군사법정에서 짧은 시간의 간단한 재판을 받고 사형 또는 무기징역·징역형을 언도받았다. 포츠담선언에서 연합국 수뇌부들이 아무리 강조하고 중시했다고 할지라도 너무나 어처구니없는 과정과 절차에 따라 판결이 내려졌다. 몇 가지 실례를 통해 이들 재판이 얼마나 허술하게 이루어졌는지 살펴보면 다음과 같다.

1945년 8월 15일 태국 포로수용소 제7분소分所가 있는 나콘나요크에서 일본의 패전을 맞은 문태복은 진격해 온 영국군에게 그해 9월 19일 포로였던 연합국 군인들로부터 역으로 손가락 지명을 당해 전범 용의자로 체포되었다. 그는 방콕의 반완 형무소에 수용되었다. 이어 1946년 8월 23일 싱가포르에서 열린 영국군 법정에서 B·C급 전범재판을 받았다. 그에 대한 기소 내용은 포로학대·극소량의 식량과 의약품 배급·강제노동 사역 등을 하여, 이런 것들이 원인이 되어 1명의 포로가 사망했다는 것이었다. 이러한 내용으로 기소된 문태복에 대한 재판은 단 하루 만에 이루어졌고 불복신청도 할 수 없었다. 변호인은 동석同席했지만 사전에 만나주지도 않았고 법정에서는 한 마디도 해주지 않았다. 문태복 자신이 약간의 변명을 했지만 심리 종결 후 곧 그에게 교수형의 판결이 내려졌다.[26]

그러나 이들 기소 내용 중 포로 1명의 사망에 대한 것은 진실이 아니었다. 사실은 포로였던 군의軍醫로부터 포로 1명이 이전부터 각기병을 앓아왔는데 심부전이 되어 사망했다는 보고를 받고 문태복이 매장해 주었던 것뿐이다. 그 자신이 가한 학대에 의해 그 포로가 죽은 것이 아니었다. 나머지 기소 사항도 최말단 군속인 문태복이 좌지우지할 성격의 것이 아니라 일본 군부가 책임을 져야 할 것이었다.

일본이 패전한 뒤 윤동현은 일본군들과 함께 연합군의 포로가 되어 남태평양의 사반도島에서 네덜란드군 작업대에서 장작패기와 노무 등의 사역을 당하였다. 수용기간 중 원래 윤동현이 담당했던 네덜란드인 포로들이 와서 차례차례 손가락 지명을 했다. 윤동현도 지명을 당해 1946년 4월 15일 메단 형무소에 구금되었고, 네덜란드군 군사법정에서 재판을 받았다. 네덜란드에 의한 재판은 유독 복수적 색채가 강해 어떤 변명을 해도 허사였다. 윤동현은 기소장을 보지도 못했으며 변호인도 만나지 못했다. 기소사항은 포로를 구타하고 학대했다는 것과 강제 노역을 시켰다는 것이었다. 재판은 약

20분 만에 끝났고, 그는 징역 20년의 판결을 받았다.[27]

　태국의 사라부리라는 곳에서 태평양전쟁의 종결을 맞은 홍종묵은 자신이 감시하던 포로수용소 앞의 광장에 다른 감시원 및 일본군들과 4열 종대로 세워져 손가락 지명을 당하였다. 연합국 병사들이 줄 사이를 걸으며 "이 자에게 몇 번 맞았다"든가 "이 자는 어떤 학대행위를 했다"든가 하며 지목하면 그 즉시 방콕의 반완 형무소로 보내져 전범용의자가 되었다. 홍종묵의 혐의는 구체적으로 어떤 포로에게 나쁜 행위를 하였다는 것이 아니라 콜레라와 말라리아로 많은 사람이 죽고 고통을 받고 있는데도 약을 주지 않았다는 것이었다.

　약 1개월 간 반완 형무소에 구금된 뒤 홍종묵은 재판이 열릴 싱가포르의 장기까지 이송되었다. 이송은 간혹 기차를 탈 때도 있었으나 대부분 행군이었다. 재판에서 홍종묵은 사형이 아닌 무기징역을 받았는데, 그 이유는 그가 감시했던 포로 중 한 명이 연합군 동남아사령관에게 탄원서를 제출해 주었기 때문이었다. "본인은 포로생활을 할 때 극심한 위궤양으로 거의 죽어가다가 간단한 의료도구와 알코올만으로 수술을 받았다. 이때 감시원이었던 홍종묵이 성의를 다해 그를 도와 생명을 구해주었다".[28] 생명의 은인에 대한 보답으로 탄원서를 제출해 주었던 것이다.

　그러나 이와는 달리 전쟁 중 첩보원·노동자 등으로 일본군에 협력했던 현지인들의 법정 증언으로 무거운 형을 받은 경우도 있었다. 이는 단지 한인 포로감시원뿐 아니라 일본군도 당하는 경우가 많았는데, 일본군에 협력했다는 자신의 이력을 감추거나 완화시키기 위해 그들은 증인으로 나와 "저 자에게 맞았다"든지 "저 자는 잔인한 자"라는 증언을 했다. 이들의 증언 또한 재판에 그대로 영향을 주어 무거운 형량이 언도되었던 것이다.[29]

이들 사례에서 보듯 한 사람의 목숨을 좌지우지하는 전범재판이란 것이 치졸하기 짝이 없었다. 이렇게 엉성한 과정을 거쳐 전범이 된 한인 포로감시원의 수는 129명이나 되었다. 이들 모두 10년 이상의 장기형을 받았고 사형을 당한 사람도 22명이나 되었다.[30] 이들 가운데는 확실한 죄명도 없이 전범이 된 사람도 있었다. 그에 대한 증거는 1952년 6월 당시 도쿄 스가모巢鴨 형무소에 감금되어 있던 한인 포로감시원 출신의 전범자들이 일본 최고재판소에 제소한 인신보호법에 따른 석방청구에 관한 재판기록에 나타나 있다.[31] 이 기록에 나타난 재소자의 인적 상황은 표 1과 같다.

이 자료를 보면 종신이나 20년형, 15년형 등 무거운 형을 언도받고 석방청구서를 제출할 당시에도 수감상태에 있던 전범자 6명의 죄명이 나와 있지 않다. 또 한 명은 단순히 전범이라고만 되어 있다. 무슨 죄목으로 자신이 전범자가 되었을 것이란 본인의 진술을 비고란에 적고 있을 뿐이다. 아무리 혼란스러운 시기에, 아무리 허술한 절차를 거쳐 한 인간을 법정에서 심판했다 할지라도 영어圖圄의 생활을 하고 있는 사람에 대한 기록이 이같이 부실할 수는 없는 것이다. 이는 연합군 측의 전범재판이 다분히 감정적이고 비논리적으로 이루어졌음을 말해주는 것이다.

전범재판이 이처럼 한인 포로감시원에게 불리하게 감정적으로 작용되도록 유도되고 조작된 몇 가지 입증 사례가 있다. 태평양전쟁 시기 일본군이 연합군을 상대로 전쟁을 치렀던 동남아시아 및 남태평양의 여러 섬에는 지금도 다음과 같은 말이 퍼져 있다. "일제 통치시대에 정말로 잔인한 행위를 한 사람들은 일본인이 아니라 조선인이었다"라는 내용의 소문이다. 필리핀에서 살았던 일본인 르포라이터 노무라 스스무野村進는 그의 저서『필리핀 신인민종군기』에 "(태평양전쟁시기) 정말로 잔인했던 사람들은 일본인이 아니라 코리안이었다", "인육을 먹은 자는 코리안이었지 일본인이 아니었다"라고 쓰고 있다. 홍콩·태국·미얀마 등에서도 이와 같은 말을 듣고 전하는 일본인이 많다.

이러한 소문이 언제 어디서 흘러나왔는지는 확실하지 않다. 하지만 이 소문은 단순하게 생각해도 많은 문제점을 가지고 있다.

첫 번째는 동남아시아 사람들이 그 시기 한국인과 일본인을 어떻게 구분할 수 있었겠는가 하는 의문이다. 두 번째는 동남아시아에 동원된 한국인 군인과 군속이 그렇게 많았을까 하는 수치에 대한 의문이다. 즉 그들이 "코리안……"이라고 쉽게 말할 수 있을 정도로 많은 한국인이 동남아시아에 동원되었을까 하는 점이다. 세 번째는 징용·동원된 한국인이 동남아시아 섬의 주민들과 그렇게 쉽게 접촉할 기회가 있었겠는가 하는 점이다.

노무라는 이러한 의문점을 가지고 그 같은 말을 하는 사람들에게 잔인한 짓을 한 사람이 한국인인지 일본인인지 구별할 수 있었는가 하고 물었다. 이에 대한 답은 "코리안은 구레나룻 수염을 기르고 눈이 충혈되어 있었다", "한국인은 일본인보다 키가 작고 좀 지저분한 모습을 하고 있었다", "코리안은 귀를 덮는 모자를 쓰고 있었다" 등 어느 것도 근거가 될 수 없는 것들이었다. 어떤 사람의 대답 중에는 "헌병대의 나가노라는 사람이 마을 사람들을 죽인 것은 코리안이라고 말했기 때문에 지금까지 태평양전쟁 시기에 나쁜 짓을 한 사람은 코리안이라고 생각하고 있었다"라는 것도 있다.[32]

이들 답변을 종합한다면, 현지인 자신들이 한인 포로감시원들이나 병사들에게 어떤 잔혹한 일을 당했기 때문에 이러한 소문을 퍼뜨린 게 아닌 것이다. 어느 것이나 합당한 근거라고 하기에 불충분한 것들이다. 단지 마지막 헌병대의 나가노라는 사람이 그런 말을 했기 때문에 그렇게 믿고 있었다

표 1 스가모 형무소 재소자의 인적 상황

성 명	재판국	재판일	죄 명	형기	비 고
豊山起聖	영국	1946.10.23	샴에서 연합군 포로 학대	종신	
高野幸次郎	네덜란드	1948.2.25	계획적 폭행	18년	
金光喆洙		1948.2.25	계획적 폭행		
笠山義吉	영국	1946.7.26	암본에서 포로 학대 치사	종신	
完山金藏		1946.8.22			본인은 확실한 죄명의 언도가 없었다고 함
德山光南	영국	1946.8.22		종신	본인은 태국 포로수용소에서 행한 것 때문이라고 함
廣村鶴來	호주	1947.3.20	샴에서 호주군 포로 학대	20년	
吳川善澤 羅山德一		1946.9.06	수마트라 팔렘방에서 호주 포로 학대	10년 종신	
曹玉壽鉉	영국	1946.8.22	전범	10년	본인은 포로를 부당하게 취급했기 때문이라고 함
三中瑁錫		1946.8.22	샴에서 연합군 포로 학대	종신	
金林昌禧	네덜란드	1947.5.01	포로를 부당하게 취급하고 계획적 폭행	15년	
石原辰雄	영국	1946.9.06	수마트라 팔렘방에서 포로 학대	20년	
淸原正茂		1946.7.23		15년	본인은 사이공과 태국에서 포로를 학대했다고 함
新井英夫	호주	1946.9.16		20년	본인은 미얀마에서 연합군 포로를 학대했다고 함

성 명	재판국	재판일	죄 명	형기	비고
大川允商	네덜란드	1948.2.25	계획적 폭행	15년	
金城昌雄	영국	1947.4.02	샴에서 호주군 포로 학대	종신	
田村泰範	네덜란드	1947.5.01	부당하게 포로 취급	15년	
南原高目云	네덜란드	1948.3.15	학대	15년	
新井鐘介	영국	1946.6.26		15년	본인은 태국 나콩하통 포로병원에서 포로를 학대했다고 함
正木文雄	영국	1946.12.04	샴에서 호주군 포로 학대	15년	
伊東東鉉	네덜란드	1947.2.10	학대	20년	
毛利俊之	네덜란드	1947.10.03	계획적 폭행	15년	
雲井英治	영국	1946.8.22	샴에서 연합군 포로 학대	15년	
安原正茂	네덜란드	1947.10.21	계획적 폭행, 민간인 고문	18년	
新井昌浩	네덜란드	1948.1.12	부당하게 포로 취급	15년	
松本明山	영국	1946.8.22	샴에서 연합군 포로 학대	종신	
金山祥龍	영국	1946.9.06		종신	
森本錦泳	영국	1946.2.16	샴에서 연합군 포로 학대	15년	

는 것은 어느 면에서 믿을 만한 것이 아닐까? 그렇다면 태평양전쟁 시기 일본군은 자신들의 잔인함을 은폐하고 전쟁 행위 중 정당치 못한 일정부분을 식민지인인 한인들에게 떠넘기기 위해 현지 주민들을 대상으로 이런 선전 활동을 했다는 결론이 나온다.

이 결론을 더욱 입증해 줄 수 있는 사실로 태국 포로수용소에서 1942년부터 전쟁이 끝날 때까지 근무했던 한 한인 감시원의 다음과 같은 증언이 있다. 포로수용소 분소分所의 운용은 실질적으로 한인 군속이 맡고 있었기 때문에 본소本所에서 오는 기밀서류는 서무담당인 그가 개봉하였다.

> 쇼와 18년(1943) 무렵이었다고 생각합니다. 포로를 학대하는 것은 코리안 부대였고, 일본인은 하지 않았다는 해외방송을 했다는 보고가 한 기밀서류 중에 있었습니다. 전쟁 중에는 포로를 이용하여 해외방송을 했습니다만, 그 가운데 그러한 방송을 했던 것입니다.

이 기밀서류는 일본의 패전과 동시에 소각되었다. 전쟁 중 연합국은 포로학대에 대해 번번이 항의하였지만 그때마다 일본 측은 이 방송을 해답의 하나로 내놓았던 것이다. 전쟁 중 일본의 육군참모본부가 행한 선전방송은 3개가 있었다. '뉴스해설 방송'과 '제로아워 방송', 그리고 포로를 이용해 방송한 '히노마루日の丸아워'였다. 제로아워 방송은 태평양 여러 섬에 주둔하고 있는 연합국 병사들을 향해 전쟁에 염증을 느끼도록 선동하는 것을 주목적으로 속삭이는 듯한 달콤한 목소리로 방송되었다. 내용도 음악 중심이었기 때문에 전쟁포로에 대한 이야기는 나오지 않았다. 한인 포로감시원이 본 기밀서류의 포로학대에 대한 내용은 1943년 12월부터 전쟁이 끝날 때까지 방

송된 '히노마루아워'일 것으로 생각된다.[33]

위의 사실들을 본다면 일제는 한국과 일본은 같은 조상을 가졌다든지, 한국과 일본은 융화되어야 한다든지 하며 식민지 한국의 젊은 청년을 꾀어 전쟁터로 끌고 간 뒤 모든 희생을 강요해 놓고는 결국 그들의 침략행위에 대한 책임을 교묘하게 전가하는 공작을 했던 것이다. 일본군을 통해, 그리고 방송을 통해 이러한 선전활동이 반복되는 가운데 현지인들이나 연합군 측은 점차 전쟁터에서나 포로를 감시하는 데 잔인한 사람들은 코리안이라는 인식을 갖게 된 것으로 보인다.

게다가 그 시기 남태평양을 비롯, 세계 곳곳에 일본과 마찬가지로 식민지 국가를 가지고 있던 연합국 여러 나라들은, 어떤 면에서는 패전국이지만 자신들과 같은 식민지배국이었던 일본의 입장에 동조했다. 때문에 미국을 비롯한 연합국들에 의한 전후 처리문제에서 영토와 주권 문제 이외 피지배국의 인권 문제는 일방적으로 일본에 유리하게 처리되어 갔던 것이다. 결과적으로 한인 포로감시원에 대한 전범재판도 그런 방향에서 처리된 것으로밖에 볼 수 없다.

수감 생활과 출소   전범이 되어 현지의 감옥에 갇히게 된 포로감시원 출신의 한국 청년들은 생각지도 못한 억울한 판결내용에 분함을 억누를 수가 없었다. 그중에서도 사형판결을 받은 사람들은 자신의 기막힌 현실에 참담할 뿐이었다. 하지만 이를 어디에도 하소연할 곳이 없었다. 절망의 나날을 그저 보낼 수밖에 없었다. 그러는 가운데 너무 오랫동안 사형이 집행되지 않자 머리가 이상해져 가는 사람까지 나타났다.[34]

그런가 하면 이러한 처지에 놓여 있는 사형수들 앞에 전쟁 종결 이전 그들의 포로로서 감시의 대상이었던 연합국 병사들 서너 명이 함께 나타나 린치를 가하며 보복하기도 하였다. "너 때문에 많은 우리 동료가 죽었다"면서 구타를 가했던 것이다. 어차피 죽을 사형수이니까 살아 있을 때 분풀이를 하자는 속셈이었다. 구타 후 금이빨까지 빼가는 자도 있었다.[35] 처음 사형을 언도받았던 홍종묵은 이 같은 현실을 견디다 못해 치약 안에 면도날을 숨겨 두었다가 동맥을 끊고 자살을 기도하기도 하였다. 다행히 동료였던 문태복이 일찍 발견하여 목숨을 건지기는 하였으나 홍종묵의 자살 기도는 전범이 된 한국 청년들의 절망적인 심리상태를 말해주는 것이었다.[36]

그나마 운이 좋아 사형을 면한 동료가 감옥에 들어오게 될 경우 동료들은 "축하한다"는 말을 해주기도 하였다. 침략자 일제를 위해 목숨을 걸고 일을 해주고 종신형이나 20년의 징역형을 언도받은 일이 축하를 받을 일인지 모를 일이지만 어쨌든 사형을 면한 사람들은 그나마 안도의 한숨을 쉬었다. 하지만 이들 역시 이후의 수감생활은 생명을 연장했다는 것뿐 고난의 연속이었다. 사형 또는 징역형을 언도받은 이후 고통의 순간들을 맞은 한국 청년들의 실례 몇 가지를 살펴보면 다음과 같다.

수마트라의 메단 형무소에서 포로감시원을 했던 윤동현은 1947년 11월 20일 20년의 징역형을 받았다. 그리고 자신의 근무지였던 메단 형무소에서 포로로서 1950년 1월 23일까지 수감되었다. 메단 형무소 내에서의 생활은 일본군이 연합군 포로에게 했던 바와 같은 강제노동은 없었지만 식량부족과 위생불량으로 심한 고통을 당하였다. 1950년 1월 23일 윤동현은 일본 도쿄의 스가모 형무소로 이송되었는데, 이동에는 네덜란드 수송선이 사용되었다. 수송 중 포로전원은 족쇄를 차고 배 안의 창고에 갇혔으며, 변소에

갈 때도 족쇄가 연결되어 있어 5명이 함께 가지 않으면 안 되었다. 수송선은 마치 고대 노예선 그대로였다.[37]

자바의 두라바야 포로수용소 제3분소에서 포로감시원을 했던 변종윤卞鐘尹(군속 당시는 백촌종윤柏村鐘尹)은 1947년 5월 1일 총살형의 판결을 받았다. 판결 후 곧 사형수 독방에 수감되어 그는 죽음의 공포 속에 휩싸였다. 결국 그는 탈주를 결심하고 이를 수행하려다 발각되고 말았다. 낙심한 그는 할복을 시도하였으나 복부에 중상만 입고 이 또한 실패하였다. 충청북도 청원군 북일면이 고향인 변종윤은 포로감시원이 되기 이전 결혼한 몸으로 고향에는 아내 홍칠봉洪七奉과 1살 된 아들 광수가 있었다. 절망에 빠진 그는 고국의 가족에게 사진과 편지를 보내 억누를 수 없는 그리움을 전하고 진정서를 연합군 측에 보내 감형해 주도록 요청하기도 하였다. 그러나 그 모든 노력은 허사로 돌아가고 마침내 1947년 9월 5일 총살형이 집행되어 그는 먼 이국 땅에서 전쟁범죄라는 오명을 뒤집어쓴 채 27세의 나이로 처형되고 말았다. 어린 시절 아버지를 잃은 아들 변광수는 주위로부터 '일제의 협력자 전범의 아들'이라는 차가운 눈초리를 받으며 고통을 겪어야 했다.[38]

한국 내에서 이웃한테 홀대를 받으며 살아간 사람들은 사형당한 변종윤의 가족만이 아니었다. 포로감시원으로 갔다가 전범이란 낙인이 찍힌 사람들의 가족은 그 누구나 주위의 냉대를 받았으며, 심지어 친척까지 등을 돌리고 그들의 집 앞에 나타나지도 않았다.[39]

사형을 면하고 동남아시아 각지에서 수감생활을 보낸 한인 청년들은 1950년부터 1951년에 걸쳐 일본의 스가모 형무소로 이송되었다. 이 형무소는 일본의 패전 후인 1945년 11월 도쿄구치소를 접수한 미군이 이곳을 스가모 형무소라 개칭하고 전범용의자를 수용하고 형을 집행한 곳이다.[40]

스가모 형무소에 도착한 한인 청년들은 이곳에 잠시 있다 보면 곧 석방될 것으로 생각하였다. 하지만 그것은 그들의 바람이었을 뿐 석방은 이루어지지 않았다. 그들의 국적은 이국의 감옥에 수감되어 있을 때 이미 한국으로 바뀌었지만, 전범이 될 당시의 국적이 일본이었기 때문에 형은 계속 집행되어야 한다는 것이었다. 일본의 패전, 즉 한국이 해방되고 난 뒤 재일 한인들은 '비일본인', '적국인', '제3국인' 또는 '일본인' 등 논리에 맞지 않는 여러 가지 용어로 연합국 측과 일본 측에 의해 지위가 규정되며 불이익을 당하고 있었다.[41]

재일 한인들은 민족성을 찾기 위해 민족교육을 실시하려 할 때 '일본인'이라는 압박을 받았다. 그러나 국권을 강탈당해 일제로부터 수많은 탄압을 받고 대외적으로는 일본인이라는 이유로 피해를 받아야 했던 것들을 보상받고 되찾으려 할 때는 '비일본인', '적국인', '제3국인'의 대접을 받았다. 재일 한인에 대한 지위가 이같이 혼란스럽게 규정되며 이용당하고 있는 가운데 일본은 1947년 '외국인등록령'을 만들어 일단 일본 내에 있는 모든 재일 한인들을 대외적으로 외국인으로 취급하기 시작하였다. 따라서 1950년 이후 스가모 형무소로 이송되어 온 전 일본군 포로감시원이었던 한인 청년들도 이 등록령에 의해 외국인으로 취급받아야 했다.

그러나 1952년 4월 샌프란시스코 강화조약이 발효되기 이전까지 스가모 형무소에 수감되어 있는 전범들은 연합국의 관리와 책임하에 그 형이 집행되고 있었다. 때문에 이 조약이 발효되기 이전까지 스가모 형무소 내에 수감되어 있던 한인 청년들을 전범국戰犯國인 일본의 백성이 아니라 식민지 피해국인 한국의 백성임을 인정해 주지 않은 것은 연합국 측의 책임이 더 크다고 할 수 있다.

일본은 샌프란시스코 조약이 조인됨으로써 패전국이었기 때문에 빼앗겼던 모든 주권을 되찾았다. 그 이후부터는 연합국의 간섭을 받지 않고 모든 것을 일본 정부 마음대로 할 수 있게 되었던 것이다. 일본 정부는 이를 기다렸다는 듯 전쟁에 참가해 피해를 입은 일본군 및 군속에 대한 원호입법援護立法을 마련하였다.[42]

하지만 일본 정부는 이 입법에 과거 식민지국 백성으로 일본군이나 군속이 되어 피해를 당한 사람들에 대해서는 모두 배제시켰다. 그들이 일본 국적을 상실했기 때문이라는 것이 이유였다.[43]

연합국 측은 샌프란시스코 조약 발효와 함께 이 조약 제11조에 "연합국 여러 전범법정에서 판결을 받고 일본국에 구금되어 있는 일본 국민을 이들 법정이 과한 형을 (일본이) 집행한다"라고 명기하여 전범에 대한 형 집행임무 또한 일본 측에 넘겼다. 이에 당시 스가모 형무소에 수감되어 있던 한국과 대만 출신으로 억울하게 전범자가 된 사람들이 1952년 6월 14일 도쿄지방법원에 인신보호법에 입각해 석방해 줄 것을 청구하였다.[44]

당사자들은 평화조약 발효와 동시에 일본국적을 상실했으며 조약 제11조에서 말하는 '일본 국민'에 해당하지 않으므로 석방해 달라고 청구하였다. 이 사건은 신속히 일본 최고재판소까지 상고되었으나 그해 7월 최고재판소는 전원일치로 이들의 주장을 기각하였다. 이유인즉 "전범자로 형이 내려질 당시는 일본 국민이었고, 그 후 계속 평화조약 발효 직전까지 일본 국민으로서 구금되어 있던 자에 대해서는 일본은 평화조약 제11조에 의해 형을 집행할 의무를 지며, 평화조약 발효 후의 국적상실 또는 변경은 위 의무에 영향을 미치지 않는다"고 판시하였다.[45]

이는 한국이나 대만 출신 전범자들은 전범자로서 형이 확정될 당시는 일본 국민이었기 때문에 샌프란시스코 조약이 발효되어 국적이 상실되었다고 할지라도 계속 수감되어야 한다는 것이다. 이는 어떤 면에서 재일 한인들에게는 외국인이 되었음을 공표해 놓고 그들의 침략전쟁에 이용되어 전범자의 누명을 쓴 한국인들에게는 계속하여 일본 국민임을 인정하고 있는 것이다.

샌프란시스코 조약에는 실제로 국적변동에 관한 어떠한 조항도 포함되어 있지 않다. 일본 정부는 조약 제2조 A항에 명기된 "일본은 조선의 독립을 승인하고…… 조선에 관한 모든 권리·권한 및 청구권을 포기한다"라는 것을 유추하여 국적 상실이라는 해석을 내린 것이다. 침략행위에 대한 뉘우침의 표현 한 번 하지 않고 자신들에게 유리하게만 풀이하고 결정해 나가는 일본식 해석법이 또 한 번 나온 것이다. 독일의 경우 식민지국이었던 오스트리아에 대해 전후 오스트리아인들의 독일국적은 상실되었음을 입법화한 뒤, 단 독일에 거주하고 있는 오스트리아인들에 대해서는 자신의 의사에 따라 독일국적을 취득할 수 있게 하였다. 일본의 경우와는 너무나 다르게 과거 식민지국에 대해 국적문제를 해결해 나갔던 것이다.[46]

인신보호법에 의한 석방청구가 받아들여지지 않았기 때문에 스가모 형무소의 한국인들은 어쩔 수 없이 수감생활을 이어갔다. 이후 일본 정부는 마치 이들에게 특혜라도 베풀듯 1956년 10월까지 사람에 따라 조금씩 다르게 가석방하였다.[47]

그러나 이 같은 가석방은 개인적으로 아무 연고도 없는 일본 땅에 이들을 내몬 것이나 마찬가지였다. 석방된 그들이 받은 것이라고는 인양증명서引揚證明書·석방증명서釋放證明書 및 약간의 의복과 국내 이동경비 정도의 극히 적은 현금뿐이었다. 게다가 이들은 가석방이었기 때문에 '보호감찰'을 받게 되어 있어 형기가 만료될 때까지는 일본 국외로 나갈 수도 없었다. 때문에 한국으로 귀국하는 것도 마음대로 할 수 없는 상태였던 것이다. 출소 후 감옥생활의 후유증과 극도의 생계 곤란으로 인해 자살한 사람도 2명이나 되었다. 이러한 현실을 알고 바깥세상에서의 생활대책을 마련해줄 것을 요구하며 출소를 거부한 사람도 있었다.

예컨대 1955년 가석방 명령을 받은 윤동현은 먼저 출소해 나와 있던 동료들의 소식을 듣고 일본 정부에 주택 마련과 취직 알선, 생업자금 교부 등을 요구하였다. 그러나 일본 정부는 이를 거부하였다. 이에 윤동현은 동료인 김임창희金林昌禧와 출소를 거부하며 계속 항의했으나 일본 정부는 묵묵부답일 뿐이었다. 어쩔 수 없이 윤동현은 1956년 1월 6일 출소하였다. 포로감시원이었던 기간을 빼고 수감기간만 쳐도 10년에 가까운 9년 9개월이었으나 그의 손에는 단돈 1,500엔이 쥐어졌다. 그는 19세에 수감되어 29세가 되었던 것이다. 둘도 없는 인생의 황금기를 타국의 형무소에서 다 허비하였던 것이다. 출소 전 생각했던 대로 낯선 일본 땅에서 어떤 생활 방도도 찾을 수 없었다. 겨우 한국인이 운영하는 전구회사나 택시회사 등의 운전수로 취직하여 근근이 생활을 이어갈 수밖에 없었다.[48]

출소 후 이같이 힘든 생활을 이어가던 이들은 1955년 4월 1일 한국인 B·C급 전범자 및 사형자의 유족을 회원으로 하여 구성한 '한국출신전범자동진회'(1983년 4월부터는 '동진회'라 개칭하였다)를 창립하였다. 동진회의 주요 사업 가운데 하나는 '일본 정부와 교섭에 관한 사항이다'(규약 3조 2호). 즉, 사형자의 유골송환 및 생활보호 요청, 그리고 국가보상 요청 등을 행하는 일이다.[49]

동진회는 창립 직후인 1955년 4월 23일 당시 일본 총리였던 하토야마 이치로鳩山一郎에게 생활보호를 요청하는 것을 시작으로 역대의 이시바시石

橋·기시岸·이케다池田·사토佐藤 등 총리와 내각의 관방장관官房長官·후생대신厚生大臣 등에게 줄기차게 보상을 요청하였다. 그러나 일본 측은 처음에는 총리의 입으로 선처할 것을 약속하고 관방장관이나 법무대신 등의 입으로 "할 수 있는 한 여러분이 만족할 수 있도록 하겠다", "정부의 입장에서 정말로 미안하다. 이른 시기에 선처하겠다" 등의 반복된 회답만 보내다가 마침내 1962년 10월 21일 후루야古谷 총무부장관을 통해 "일본 정부는 보상에 응해야 할 의무가 없다"는 답변을 보내왔다.

이에 동진회 측은 거세게 항의하며 같은 해 12월 12일 다시 '국가보상요청에 대해서'라는 문서를 보냈다. 이에 일본 측은 당시 열리고 있던 한일회담에서도 협의 중이므로 잘 타결을 이루어 결정하겠다고 하였다. 그러나 일본 정부는 한일회담이 끝날 무렵인 1965년 5월 25일 표변하여 한일회담에서 한국에 대한 모든 보상문제는 국가적으로 일괄 해결하였으므로 동진회 회원들에 대한 보상은 일체 거절한다는 태도를 취하였다.[50]

이후 일본측은 동진회의 어떤 항의와 요구에도 전혀 응하지 않았다. 결국 동진회는 이 문제를 사법적으로 처리하기 위해 1991년 11월 12일 각 개인에 대해 국가보상과 사죄를 요구하는 재판을 청구하기에 이르렀다. 그러나 일본의 사법부 또한 행정부와 마찬가지로 1999년 12월 20일 이들의 청구를 받아들일 수 없다는 결론을 내렸다.

태평양전쟁이 끝난 뒤 일본 도쿄에서 열린 극동국제군사재판에서 전쟁을 주도했던 일제의 수뇌부 중 단 28명이 A급 전범으로 지목되었고 이 가운데 7명이 사형당하였다. 이들은 어느 누가 판단해도 전쟁의 책임을 져야 할 일본 제국주의의 책임자들이었다. 이들에게 이 같은 판결이 내려지는 데 약 3년이란 긴 재판이 열렸다.

그에 반해 태국·인도네시아·필리핀·자바·수마트라 등에서는 단 한 번의 손가락 지명에, 1회의 재판을 받고 148명의 한인들이 B·C급 전범이 되고 그 가운데 23명이 사형을 당하였다. 이들 한인 전범들은 거의 모두가 강제로 징집을 당한 사람들로, 일제의 명령에 의해 군속 또는 군인으로서 전쟁에 참가하였다가 10년, 20년의 장기징역형을 받거나 사형까지 당하게 되었던 것이다. 수치로 나타난 결과나 재판의 과정을 보아도, 도쿄의 A급 전범재판과 한국인에 대한 B·C급 전범재판을 비교할 때 도저히 이해하기 어려운 점이 많다.

이들 전범이 된 148명의 한국인들 한 명 한 명에 대해 어떤 점이 억울한 것이고, 어떤 점에서 잘못 판결을 받았나 하는 것을 태평양전쟁 종료, 즉 한국이 해방된 지 59년째를 맞는 지금 하나하나 소상히 밝혀내는 것은 어려운 작업이라 생각한다.

하지만 본문에서 밝혔듯이 포로를 감시하는 똑같은 입장에 있으면서도 일본 측은 한국인 감시원을 차별대우하여 궁지에 몰아넣었으며, 개인적인 상황을 어렵게 만들었다. 게다가 일본 측은 전쟁 기간 중 포로감시에 대한 모든 잔인한 행위가 한인 감시원에 의해 이루어지고 있다고 선전방송까지 했던 것이다. 결국 이러한 것들이 원인이 되어 전후 재판에서 전범이 되고 말았다. 한 인간이 전범으로 불리는 것은 자신의 인생에 씻을 수 없는 오명이다. 한인 포로감시원들은 너무나 쉽게 이러한 수치스러운 일을 당하였다.

전후 몇십 년이 지난 지금도 동남아시아와 남태평양 여러 나라에는 과거 태평양전쟁 시기 그 지역에서 잔인한 짓을 한 사람들은 일본인이 아니라 한국인이었다는 소문이 퍼져 있다. 이 지역의 사람들이 이렇게 말하게 된 원인은 전쟁 당시 일본군과 일제 선무 방송의 선전활동에 의해 시작되었다.

하지만 그 시기 있었던 소문이 지금까지 남아 있다는 것은 다른 무엇인가를 의심해 보지 않을 수 없다. 전후戰後 막강한 부를 이룬 일본이 정치·경제적 목적에서 동남아시아나 남태평양 여러 지역에 진출하면서 그들의 실리를 위해 이 소문을 더욱 고착시키지는 않았을까? 그러한 일은 하지 않았다 하더라도 적어도 이 왜곡된 소문을 듣고 이를 시정해 주지 않았음은 분명한 일이다.

일본은 샌프란시스코 강화조약 발효에 의해 연합국 측으로부터 전범이 된 한인 포로감시원들의 감독 책임을 물려받았다. 샌프란시스코 강화조약이 발효된 지 50년이 넘었지만 일제의 강요와 협박에 의해 포로감시원이 되고, 그로 인해 평생을 음지에서 보내야 했던 한인 전범자들에게 일본은 지금까지 그 어떤 책임 있는 보상도 하지 않고 있다. 이같은 현실에서 동남아시아나 남태평양에서 지금까지 떠돌고 있는 소문이 전후 일본인들의 또 다른 음험한 계략에 의해 더욱 증폭되었다면, 이는 대동아공영권 건설을 외치며 침략행위를 자행했던 전쟁을 아직도 이어가고 있는 것이나 다름없다.

- **채 영 국**(국민대학교 한국학연구소 연구교수)

■ 주

1. 樋口雄一, 『皇軍兵士にされた朝鮮人』, 社會評論社, 1991, 11~20쪽.
2. 內海愛子, 「朝鮮人軍人・軍屬たちの戰後」, 『靑丘』 6, 1990, 49쪽. 군인으로 동원된 인원은 11만 6,294명이었다.
3. 『訴狀』, 韓國・朝鮮人BC級戰犯者の國家補償等請求事件, 121~123쪽.
4. 『訴狀』, 韓國・朝鮮人BC級戰犯者の國家補償等請求事件, 139~140쪽.
5. 『訴狀』, 韓國・朝鮮人BC級戰犯者の國家補償等請求事件, 147~149쪽.
6. 文泰福・洪鐘默, 『死刑臺から見えた二つの國』, 韓國・朝鮮人BC級證言, 16~19쪽.
7. 鄭惠瓊, 「일제말기 조선인 군노무자의 실태 및 귀환」, 『한국독립운동사연구』 20, 한국독립운동사연구소, 2003, 62쪽.
8. 『訴狀』, 韓國・朝鮮人BC級戰犯者の國家補償等請求事件, 54~55쪽.
9. 『訴狀』, 韓國・朝鮮人BC級戰犯者の國家補償等請求事件, 60~61쪽.
10. 『訴狀』, 韓國・朝鮮人BC級戰犯者の國家補償等請求事件, 64~67쪽.
11. 『訴狀』, 韓國・朝鮮人BC級戰犯者の國家補償等請求事件, 74~76쪽.
12. 『訴狀』, 韓國・朝鮮人BC級戰犯者の國家補償等請求事件, 77~79쪽.
13. 文泰福・洪鐘默, 『死刑臺から見えた二つの國』, 68~70쪽. 이는 태국의 칸유에 서 있었던 일을 洪鐘默 씨가 증언한 것이다.
14. 『訴狀』, 韓國・朝鮮人BC級戰犯者の國家補償等請求事件, 93~96쪽.
15. 廣池俊雄, 泰緬鐵道, 讀賣新聞社, 1971.
16. 金度亨, 「해방전후 자바지역 한국인 동향과 귀환활동」, 『한국근현대사연구』 24, 2003, 160쪽.
17. 文泰福・洪鐘默, 『死刑臺から見えた二つの國』, 64~65쪽.
18. 『訴狀』, 韓國・朝鮮人BC級戰犯者の國家補償等請求事件, 68~70쪽.
19. 『訴狀』, 韓國・朝鮮人BC級戰犯者の國家補償等請求事件, 121~130쪽.

20. 文泰福・洪鐘默, 『死刑臺から見えた二つの國』, 61~62쪽.
21. 文泰福・洪鐘默, 『死刑臺から見えた二つの國』, 58쪽.
22. 『訴狀』, 韓國・朝鮮人BC級戰犯者の國家補償等請求事件, 147~154쪽.
23. 「朝鮮人BC級戰犯問題」, 『戰後處理問題と私達』, 在日韓國靑年連合, 1991, 15~16쪽. 침략전쟁을 '공동모의'했다 하여 군인・정치가의 책임을 추궁한 A급 전범에 대한 極東軍事裁判은 1946년 5월부터 東京에서 열렸다. 이 재판에서는 일본 군국주의의 지도급 인사 28명이 소추되어 7명이 교수형에 처해졌다.
24. 內海愛子, 「なぜ, コーリアン・ガード(朝鮮人捕虜監視員)が戰犯にされたのか―泰緬鐵道現場から見えるもの―」(文泰福・洪鐘默, 『死刑臺から見えた二つの國』, 92~93쪽에서 재인용).
25. 內海愛子, 「朝鮮人軍人・軍屬たちの戰後」, 48쪽.
26. 『訴狀』, 韓國・朝鮮人BC級戰犯者の國家補償等請求事件, 126~129쪽. 문태복은 이후 1946년 12월 2일 형량이 10년형으로 감형되었다.
27. 『訴狀』, 韓國・朝鮮人BC級戰犯者の國家補償等請求事件, 141~142쪽.
28. 文泰福・洪鐘默, 『死刑臺から見えた二つの國』, 70~77쪽.
29. 茶園義男, 『BC級戰犯・チャンギー絞首臺』, 紀尾井書房, 1983, 17~19쪽.
30. 內海愛子, 「大東亞共榮圈と朝鮮人軍人・軍屬―ある珥を追って―」, 『三千里』 31, 三千里社, 1982 秋, 89~90쪽. 태평양전쟁 종결 후 B・C급 재판에서 전범이 된 한인은 148명이었다. 이 중 129명은 포로감시원이었고, 병사가 2명, 육군중장(洪思翊)이 1명, 중국에서 통역을 했던 군속이 16명이었다. 이중 홍사익 중장을 포함한 한인 전범 23명이 사형을 당하였다.
31. 『裁判記錄』, 人身保護法による釋放請求事件, 韓國出身戰犯者同進會, 1952, 24~25쪽.
32. 內海愛子, 「大東亞共榮圈と朝鮮人軍人・軍屬―ある珥を追って―」, 85~86쪽.
33. 內海愛子, 「大東亞共榮圈と朝鮮人軍人・軍屬―ある珥を追って―」, 86~87쪽.
34. 文泰福・洪鐘默, 『死刑臺から見えた二つの國』, 28쪽.
35. 油井大三郎・小菅信子, 「連合國捕虜 虐 待と戰後責任」, 岩波ブックレット No. 321, 1993, 48쪽.
36. 文泰福・洪鐘默, 『死刑臺から見えた二つの國』, 77~79쪽.

37. 『訴狀』, 韓國·朝鮮人BC級戰犯者の國家補償等請求事件, 142~143쪽.
38. 『訴狀』, 韓國·朝鮮人BC級戰犯者の國家補償等請求事件, 166~167쪽.
39. 戰犯裁判の實相, 巢鴨法務委員會編, 1952, 665~666쪽.
40. 東條英機 등 일본의 A급 전범자도 여기에 수용되어 형 집행을 받았다. 1952년 4월 28일 샌프란시스코 강화조약(조인은 1951년 9월 8일) 발효 후 이 형무소는 일본에 이관되어 巢鴨刑務所라 개칭되었다.
41. 채영국, 「해방 후 재일한인의 지위와 귀환」, 『한국근현대사연구』 25, 2003, 101~103쪽.
42. 民族差別と鬪う連絡協議會, 『在日韓國·朝鮮人の補償·人權法』, 新幹社, 1989, 28쪽.
43. 田中 宏, 「アジアに對する戰爭責任私の見取圖」, 『三千里』 35, 三千里社, 1983, 45~46쪽.
44. 『裁判記錄』, 人身保護法による釋放請求事件, 韓國出身戰犯者同進會, 1952.
45. 田中 宏, 「アジアに對する戰爭責任私の見取圖」, 45~46쪽.
46. 田中 宏, 「アジアに對する戰爭責任私の見取圖」, 45~46쪽.
47. 『訴狀』, 韓國·朝鮮人BC級戰犯者の國家補償等請求事件, 11~13쪽. 징역 10년형으로 그나마 낮은 형량을 언도받은 사람들 중에는 샌프란시스코 강화조약 이전에 가석방되어 나온 사람들도 있다.
48. 『訴狀』, 韓國·朝鮮人BC級戰犯者の國家補償等請求事件, 144~146쪽.
49. 『訴狀』, 韓國·朝鮮人BC級戰犯者の國家補償等請求事件, 111~112쪽.
50. 『訴狀』, 韓國·朝鮮人BC級戰犯者の國家補償等請求事件, 112~119쪽.

2부

강제 동원과
귀환의 실상

강제동원 한인노무자들의 '노예노동'
– 차별·혹사·굶주림 속에 보낸 청춘

　1910년 일본은 한반도를 강제 점령하면서 '반도인은 천황의 신민으로서 일본인과 일체를 이룬다'고 선언했다.[1] 동일민족임을 강조한 대목이다. 그러나 그들은 한반도를 지배하면서 한반도 내에서는 물론이고 일본 본토나 일본의 영향력이 미치는 곳곳에서 부닥친 한인들에게[2] 갖가지 수탈과 차별정책을 폈다. 자신들의 침략전쟁을 위해 현역군인이나 군속, 노무자로 강제동원된 젊은이들에게도 예외가 아니었다. 심지어 일본에 여행하는 도항자渡航者까지 차별했는가 하면[3] 취업 차 도일渡日한 청소년들에게도 '조센징'이라며 학대했다.[4] 일제의 수탈과 차별과 학대정책은 합병 이전부터 자행됐지만 합병 이후에는 더욱 심화돼 광범하고 보편적으로 펼쳐졌다.[5] 그 중 가장 심했던 조직상의 차별과 학대는 강제징발된 일본군 '위안부',[6] 연합군 포로학대의 악역인 '포로감시원',[7] 연합군 폭격의 제물로서의 '선원징용',[8] 탄광의 지하막장까지 들여보내진 '광부'[9] 등을 들 수 있다. 우리의 젊은이들은 강제동원된 일선현장에서 인간 이하의 대우, 일본에서는 이른바 '다코베야蛸部屋·監獄部屋·監獄房'라고[10] 불리는 속박과 학대를 심하게 받는 노동자들처럼 민족적 차별과 인권박해 속에 굶주리며 혹사당한 끝에 죽음으로까지 내몰리기도 했다.[11] 이 글은 이 같은 속박과 학대를 받았던 우리 젊은이들이 당한 억울함을 몸소 겪고 생환한 당사자 50여 명으로부터 청취한 증언을 통해 당시의 상황을 뒤늦게나마 천착하고자 시도되었다.

일제에 의해 강제징발된 형태는 다섯 가지로 요약할 수 있다.

첫째는 노무자로 강제 징발돼 전시체제하에서 전쟁물자나 생활 수품을 생산하기도 하고 건설공사장에 동원되는 경우로써 이를 징용이라 한다. 여기서 징용으로 동원된 노무자들도 전쟁물자 생산에 참여하게 되는데, 직접 전쟁무기를 생산하는 경우도 있고 간접적인 전쟁물자를 생산하기도 했다. 어떤 경우는 선원징용처럼 군속과 엄격하게 구분하기 어려울 수도 있다.

둘째는 전투현장과 후방에서 전쟁수행을 뒷받침하기 위한 군속을 말한다. 군속은 세 가지로 나누어진다. 하나는 군대를 따라다니며 전투수행을 보조하는 역할을 하는 것이고, 다른 하나는 군수공장에서 전쟁무기를 생산하는 사람들을 말한다. 또 다른 하나는 현역병과 유사한 포로감시원으로 징발된 사람들을 말한다.

셋째는 일본군 '위안부'로서 전쟁터 군인들의 동물적 본능을 충족시켜 줌으로써 사기를 진작시킨다는 명분의 성희롱대상 여성을 말한다.

넷째는 현역병, 곧 침략전쟁을 수행하기 위한 총알받이로 내몰린 병사들을 말한다.

다섯째는 방어전쟁 준비를 위해 강제동원된 주민들을 말한다. 태평양전쟁 말기 섬 전체를 요새화하기 위해 강제동원된 제주도민의 경우가 이에 해당된다.[12]

여기서 다섯 가지 모두를 다루기에는 너무 광범한데다 필자의 능력상 역부족하므로 군속·위안부·징병·민간인 동원 문제는 다음 기회로 미루고 이 글에서는 노무자로 강제동원된 '징용'만을 다루고자 한다.

강제동원의 역사적·사회적 배경

한인 노무자에 대한 강제동원은 1934년 7월, 각의의 결정에 따라 한인 500명이 홋카이도北海道에 도착하면서 시작되었다.[13] 홋카이도에는 그 후에도 계속 한인 노무자들이 투입돼 4,000명을 훨씬 넘길 때도 있었다.[14]

홋카이도는 78,512km², 일본 총면적의 21%에 해당되는 큰 섬이다. 아이누족이 원주민으로 살고 있던 이 섬에 일본인의 진출이 시작된 것은 13세기경, 가마쿠라막부鎌倉幕府가 죄수들을 유형시키면서부터다. 그 후 '마츠마에번松前藩'의 지배를 받다가 도쿠가와막부德川幕府 때 직할지로 편입되면서 본격적인 일본의 식민지가 되었다.[15]

메이지明治 정부는 홋카이도의 식민지 개척을 대외침략의 시금석으로 삼고 본격적으로 착수했다. 일본정부는 1869년(메이지 2) 북해도개척사장관北海道開拓使長官으로 임명한 구로다黑田淸隆를 홋카이도에 파견하여 지조개정地租改正을 실시케 했다. 그 후 북해도지소규칙北海道地所規則, 북해도토지매매규칙北海道土地賣買規則(1872), 산촌황무지불하규칙山村荒蕪地拂下規則(1875), 북해도지권발행조례北海道地券發行條例(1877) 등을 잇따라 시행했다. 이러한 것들은 일본지주들의 토지사유화를 확립시키는 과정이기도 했다. 이 가운데 「북해도지권발행조례」는 아이누족의 토지를 관유지로 편입시키는 데 결정적으로 작용했다. 계속해서 일본정부는 아이누족에 대한 교육을 외면한 채 황민화, 창씨개명을 강요했고 일본상인들은 교역장소를 한정시켜 봉건시대에도 없던 상술을 발휘해 아이누족에 대한 착취와 수탈을 일삼았다. 심지어 아이누족은 먹을 것 조차 확보하지 못해 굶주리기 일쑤였다. 일본과 제정 러시아와의 쿠릴·사할린千島·樺太 교환조약이 1875년 성립되자 사할린에 살고 있던 아이누족 800여 명이 홋카이도로의 이주를 신청했다. 구로다 개척사 장관은 이들을 탄광에 투입해 강제노동을 시켰다.[16] 아이누족의 노예적 노동력이 주력을 이룬 것은 메이지시대 초기이지만, 1870년대 후반 본토로부터의 이민이 증가해 홋카이도의 자본주의적 식민지개발이 한창 진행되고 있을 때는 아이누족 인구가 격감한 나머지 그들의 노동력 효용성이 크게 떨어졌다. 이처럼 격감한 아이누족을 대치해 투입된 노동력이 정치범 죄수들이다. '홋카이도 개척은 황실권위의 제고提高를 의미하는 것'이라는 구호를 내건 유신정부維新政府는 초기 북해도개척사장관이자 동향(가고시마, 鹿兒島) 선배인 구로다가 추천한 사이고 다카모리西鄕隆盛 육군대장을 북해도개척사장관에 임명하고 개척과 진지구축에 더욱 박차를 가하게 했다.[17] 사이고는 북해도개척사장관을 지내고 메이지유신 정권의 참의參議로 있을 때 '한국에 눈을 돌려야 한다'는 이른바 '정한론征韓論'을 제기했던 인물이다.[18]

일본은 홋카이도를 개척하는 과정에서 불평사족不平士族들의 반혁명적 반란-사가佐賀의 난(1874)·하기萩의 난(1876)·세이난西南전쟁(1877)에서 대량 발생한 정치범을 홋카이도 개척사업에 대거 투입했다. 1886년 4,209명을 시작으로 1927년까지 전국 각지의 형무소 죄수들이 계속 투입됐다.[19] 그 후 죄수대신 일반노동자들이 투입되면서 '죄수노동'을 대체할 새로운 '강제노동'의 전례가 등장, '다코베야㯻桶部屋·監獄部屋'의 관행이 형성되었다.[20] 이 같은 홋카이도 개척사례는 뒷날 한반도 식민지화 정책에 그대로 반영됨과 동

시에 한반도에서 강제동원한 노동자들에게 '다코베야' 같은 노동력 착취수법을 적용하게 된다.[21]

한국을 병탄한 일본이 홋카이도 개척 당시 아이누족의 토지를 수탈한 방책을 진일보시켜 추진한 것이 이른바 토지조사사업이다.[22] 여기에는 합법화를 가장한 교활한 수법과 경찰과 군사력에 의한 억압이 뒤따랐다. 일본인의 한반도 토지점용획책은 경술국치 이전부터 적극 추진됐고, 1922년경에는 조선에서 30정보 이상의 토지를 소유한 129명 중 50명, 1,000정보 이상의 거대지주 중 18명이 합방 전에 이미 지주가 되어 있었다. 일본인의 토지수탈은 주로 단보당 수확량이 많은 전라남·북도, 경상남·북도, 충청남도·경기도의 논과 황해도의 밭에 집중되었다.[23] 이 때문에 1942년까지 일자리를 찾아 일본으로 건너간 162만 명 중 남쪽의 경상도 출신이 94만 명, 전라도 출신이 40만 명을 헤아렸다.[24]

1910년 이전 일본인의 토지약탈은 합법화를 가장한 문서작성이 동원됐지만 그보다는 1905~1906년에 일어난 일본제국주의 침략에 저항하는 반일 의병투쟁에 대한 일본군과 경찰의 철저한 탄압과 학살을 통한 공포분위기 속에 진행됐다. 1907년 9월 한국주차 일본군사령관 하세가와 요시미치長谷川好道는 공공연하게 의병과 관련있는 마을을 불태우고 전 주민을 학살했다. 일본제국주의의 야수같은 만행이 자행됐던 것이다. 이 같은 야만성과 잔인성은 의병이 통과했던 숙영지나 마을에는 예외없이 드러났다. 1907년 8월부터 12월까지 5개월 동안 충청북도에서 1,078채, 경기도에서 769채의 민가가 소진됐다. 의병을 지원했다는 이유로 제천·풍덕·홍천지방은 완전히 초토화되고 학살·방화·능욕·약탈이 자행됐다.[25] 한반도 합병음모를 실현시키기 위한 의도적인 탄압과 차별과 수탈의 만행이 홋카이도 개척 당시

보다 더욱 진일보해 표출되었다.[26]

　불법적인 토지약탈의 합법화에 대한 조치는 1905년 을사늑약에 따라 설치된 통감부에 의해 '토지가옥증명규제', '토지가옥전당집행규칙'이 포고됨으로써 갖추어졌고 이를 실행할 약탈기관으로는 '부동산조사회'가 설치됐다. 이를 등에 업은 일본인이 기름진 양질의 땅을 매수하고자 권총을 차고 망원경으로 마땅한 곳을 물색한 다음 갖가지 악랄한 수법을 총동원해 지주를 협박하면서 억지로 팔도록 강요했다. 토지 값은 일본 땅값의 10분의 1~30분의 1이라는 헐값이었다. 이렇게 강제로 매수한 토지는 현지 농민에게 일본보다 2, 3배 비싼 소작료를 받고 맡겼다.[27] 힘없는 농민들은 땅을 잃거나 비싼 소작료를 내고 농사를 지어야 했다. 삶의 터전을 잃은 농민들이 일제의 강제동원 정책에 말려들어 1934년부터 비극의 홋카이도행을 밟게 되었던 것이다. 1939년 이후 일본정부가 한인 강제동원 정책을 집중적인 토지수탈지역에서 중점적으로 실행한 이유는 바로 여기에 있었다. 요컨대 강제동원 정책이 평야의 인구가 많은 지역인 곡창지대에서 펼쳐진 것은 우연이 아니었다.[28]

강제동원의 실상

강제징용의 실시　　한국 식민지화에 성공한 일본은 1932년부터 만주·중국·태평양쪽으로 눈을 돌려 침략전쟁을 확대해 나갔다. 전쟁의 장기화는 전투요원과 전쟁물자 수요를 폭증케 했고 이를 충당하던 일본인들에게 심한 생활필수품난을 겪게 했다.

이에 따라 일본 내의 노동력이 바닥나고 병참기지로서 한반도 내에서의 군수산업이 확장되자 일제는 한인을 군수노동력으로 강제 동원하기 위한 체제를 정비·강화해 나갔다. 1939년 4월 일본정부는 '국민총동원계획'을 입안하고 9월 1일 '조선인 노무자모집에 따른 도항취급요강'을 시달했다. 이후 '조선인노무자 이주에 관한 사무취급수속'이 제정되는 한편 조선총독부에 의해 한인 노무자를 본격적으로 강제동원하기 위한 정책을 수행하도록 연간 16만 7,000원의 예산이 계상됐다.[29]

한인 강제동원·강제노동의 법적 근거는 중일전쟁 발발 다음해인 1939년 4월 공포된 국가총동원법이다.[30] 이에 따라 1939년 7월 각의에서 의결된 국민징용령이 공포되고 실질적으로 노무동원계획이 실행되었다. 축풍筑風 석탄광업회는 석탄광업연합회·전국산업단체연합회·광산간담회 등 3개 단체에 진정서를 보내 '한인 노무자의 단체이입은 소화 9년 각의의 결정에 의해 금지된 바 있으나 노동력이 태부족한 현실을 감안해 이를 완화하여 내지內地에 이입移入·강제동원 되도록 해달라'며 한인 노동자의 단체이주를 요청하고 나섰다. 환언하면 민간기업들이 한인 노무자의 강제동원을 관계당국에 요구하고 나섰던 것이다. 이에 따라 한인 노동자의 본토 이주를 금하기 위해 그 동안 시행 중이던 '한인 노무자 내지도항금지'를 완화하는 조치가 내려지고 다음 단계로 1939년 7월 28일, 후생성·내무성·조선총독부가 합동으로 수립한 한인 강제동원정책이 결정되었다. 그 후 석탄광업연합회와 일본토목공업협회 등 경영자단체는 또 다시 정부에 한인 전시노무동원의 강화를 요청함으로써 만기이입滿期移入 '조선인노무자 계약기간 연장지도요강'이 1944년 4월 26일 제정·공포되고 계약기간 연장을 강요하는 '이입조선인 노무자 도망방지 대책요강'이 제정되었다.[31] 이 같이 실질적인 강제동원 및 동원의 법률적·실행적 배후에는 민간기업들의 적극적인 공작이 뒷받침했던 것이다.

당시 일본은 중국대륙 내지 전 아시아 지역 침략의 전쟁을 확대시키고 있었다. 이에 따라 한반도를 병참기지로 삼아 한반도의 인적·물적 자원을 총동원할 계획을 세우고 이를 강행한 결과가 '다코베야' 같은 '죄수노동력'으로 나타났고 한인들은 사상초유의 희생양이 되어야 했다. 1939년 9월, 강제동원을 처음 시작할 때는 민간기업의 자유모집에 의한 집단이입의 수순을 밟았다.[32] 조선총독의 허가를 받아 일정한 지역에서 한인 노무자를 자유롭게 모집하는 형식을 취하게 했다. 그러나 자유모집에 의한 노무자 충원은 여의치 않았다. 행정기관의 개입이나 경찰의 지원 없이는 '자유모집'이 순조롭지 못했던 것이다. 목표인원을 채울 수가 없게된 기업체는 홋카이도를 개척하면서 관행慣行으로 행해졌던 행정기관과 경찰개입의 수법을 은밀하게 끌어들였다. 일본 내 민간인 기업주에게 인가해준 한인 집단모집형태는 실질적으로 행정기관이나 경찰을 동원한 일방적 강제동원을 감추기 위한 위장이었다.[33] 민간기업의 자유모집 형식이 관에 의한 모집, 알선형식으로 공공연하게 전환된 것은 1942년 2월부터다. 관의 개입과 알선에 의한 노동력 조달은 가일층 강권화 돼 경찰과 행정기관의 일방적 명령형식으로 변질되었다. 조선총독부령 노동자모집취체규칙을 보면 고용조건·모집지역·모집기간·수송방법·취업지 도착 후의 관리 등 모든 과정이 국가 공권력의 통제를 받도록 되어있다. 경찰의 주재소장과 면장이 연행예정자의 집을 방문해 일본행을 명령하거나 경찰의 명령서[34]를 징용영장[35] 연행예정자에게 송달하거나 구장이장區長里長이 지명을 하면 가지 않을 수 없게 된다.[36] 사실상의 강제징용인 것이다. 경우에 따라서는 명령서나 영장 없이 무조건 붙잡아 가기도 했다.[37] 이렇게 모집한 노동자의 수송도중은 물론 취업지 도착 후에도 현지 경찰과 직업소개소,[38] 그리고 협화사업을 추진하기 위해 조직된 협화회의 감시를 받도록 했다.[39] 현지에 도착한 노무자들은 협화회의 회원으로 가입해야 하고, 그 회원증을 반드시 소지해야 하는 의무를 부여받았다. '자유모집'은 이같이 경찰이나 행정기관이 알선을 주도하면서 숫자를 채우기 위한 실적 위주의 강제동원으로 변질되었다. 이 때문에 부자(父子)까지 연행하는 부도덕성을 노정하기도 했다.[40] 1944년 9월부터는 그 동안 내세웠던 이름만의 '자유모집', '관의 알선' 형식을 버리고 아예 「국민징용령」이 적용돼 본격적인 강제 징용체제로 전환됐다.[41] 비록 강제 징용체제라 해도 징용영장을 발급하는 것이 원칙임은 물론이다. 그러나 그런 경우는 별로 없었다. 경우에 따라 거리나 마을에서 아무나 건장한 청소년을 보면 '할 말이 있다'며 끌고 갔다. 특히 징용영장을 받은 사람이 몸을 피함으로써 숫자가 부족하면 그 마을에서 만나는 사람을 아무나 붙잡아 갔다.[42] 전쟁이 확대되면서 병력 소모율이 격증하자 노동력 또한 크게 부족할 수밖에 없었다. 여기에 군수물자 수요의 급증현상까지 빚어져 산업체는 국민총생산체제 · 국민총동원체제로의 돌입이 불가피했다. 이렇게 해서 처음엔 '자유모집', 다음엔

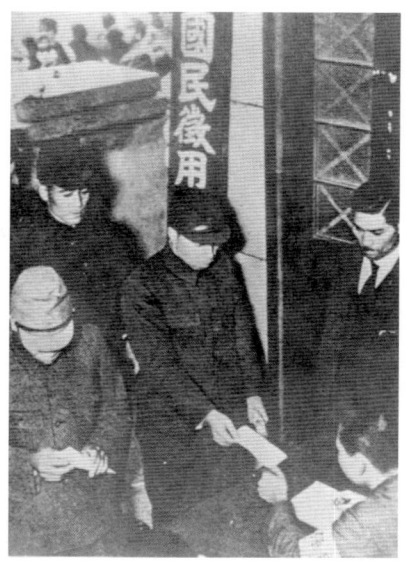

'국민징용' 영장 발부 장면. 일제는 1939년 10월 1일 '국민징용령'을 실시하여 수많은 한국인들을 끌고 갔다.

'관의 알선', 마지막에는 '징용체제'로 바뀌었다. 일본정부와 민간기업은 전쟁을 기화로 합법을 가장한 한인 청년들의 강제동원을 총체적으로 추진했던 것이다.[43]

한인 강제동원 정책에는 두 가지 전제가 함축되어 있었다. 하나는 군사적 요청에 바탕을 둔 노동력 충원이고 다른 하나는 독점 민간자본의 전시 초과이윤을 보장해주는 것이다. 이 같은 전제를 위해 한인들은 1939년부터 1945년의 일본 패망 때까지 151만 내지 480만 명이 강제로 끌려가고 이 가운데 10만여 명이 목숨을 잃어야 했다.[44]

징용 노동자들의 노예생활   종전 후인 1946년 3월 재일본조선인연맹 在日本朝鮮人連盟 이와테岩手현 본부는 관내의 한인 노동자 강제동원기업 8개 회사에 '요구조건'을 제시하고 전시 중 강제노동에 대한 보상을 청구했다. 이에 대해 일본제철주식회사 부석釜石제철소는 '일부 광산에서 강제노동의 사실이 있었는지는 모르지만 부석제철소만은 그런 사실이 전연 없었다'는 반론을 제기했다. 바꿔 말하면 강제동원한 한인 노무자들을 '다코베야' 수인囚人처럼 혹사시킨 일이 없다고 주장한 것이다.

'다코베야'란 명치시대 초기 구로다黑田淸隆개척사장관에 의해 시작된 홋카이도 개척시대의 도로토목공사장에서 부족한 노동력을 충당하기 위해 범죄자를 투입한 다음 도망을 방지하기 위해 토굴같은 방에 감금해 놓고 엄격하게 외부와의 접촉금지, 임금착취, 혹사 등 노예처럼 다루었던 전근대적 노무관리제도를 말한다.[45] 탄광이나 토목공사장에서 성행했던 이 제도는 쇼와昭和의 전기시대까지 계속되었다.[46] 이 제도는 처음에 죄수들에게만 적용했으나 나중에 죄수 노동력이 부족해지자 실업자를 상대로 모집해 대체 투입된 일반 노동자에게 적용했다.[47]

'인권'이나 '자유'란 단어자체가 무색할 정도로 굶주림 속에서 혹사당하는 폭력적 노무관리제도인 '다코베야'는 악명 높기로 유명해 당시에 원성怨聲이 들끓었다.[48] 이 때문에 제1차 세계대전 직후부터 자취를 감추었으나 한인이 강제로 연행돼 노동현장에 투입되던 1934년 이후부터 되살아났다.[49] 다시 말하면 일본에 징용으로 끌려가 강제노동 현장에 투입된 한인들은 ① 한국에서 무조건 일방적으로 징발되거나 연행됐다는 점 ② 경찰과 헌병을 등에 업은 공권력과 폭력을 배경으로 육체적 한계없이 하루 14, 5시간씩 혹사당했다는 점 ③ 거의 임금을 주지 않았다는 점 ④ '함바'에 갇힌 채 일체 외부와 차단되는 등 인권을 유린당했다는 점은 '다코베야' 생활 그 자체였다. 여기에 '다코베야'보다 더욱 심한 사례를 덧붙인다면 4,000미터 지하 갱에서의 낙반위험, 고소노동과 가스폭발의 위험을 안고 노동을 해야 했다는 사실이다. 더욱이 14, 5시간씩 혹사당하면서도 먹을 것이 제대로 지급되지 않아 콩깨묵·해초·감자·주먹밥·보리밥 등 조악하기 짝이 없는 식사로 굶주리기가 일쑤였다.[50] 그나마 양이 태부족해 배고파 견딜 수가 없었다.[51] 뿐만 아니라 숙소는 대부분 창고나 '함바'였다. 겨울이면 춥고 여름이면 더운데다 불결하기 짝이 없는 곳이었다.[52]

연행된 한인 노동자들은 일본 각지의 탄광·광산·군수공장·항만·비행장 건설·도로공사·댐건설공사·생활 수품공장 등 작업여건이 극히 열악하고 위험한 현장에 배치돼 형편없는 숙식으로 연명하며 하루 14, 5시간씩 노예처럼 혹사당하면서 낙반·가스폭발·고소노동이라는 상상을 초월한 장소에서 일하다 숨지거나 불구가 되는 일이 다반사였다.[53] 더욱이 의료시설이

빈약해 지하막장의 직업적 질병에 시달려도 어쩔 수 없었다.[54]

그런데도 강제로 끌려온 한인 노동자들은 힘든 노동에 순응하려 애썼다. 그러나 인간 이하의 생활은 견딜 수가 없었다. 생각다 못한 끝에 최후수단으로 택한 것이 도망이었다. 그것도 용이하지 않아 붙잡히기 일쑤였다. 도망가다가 붙잡히면 거기에는 가혹한 린치私刑가 기다리고 있었다.[55] 집단구타·급식중단·수면방해는 예사였다.[56] 도망미수자에 대한 린치는 전시동원에서 한인 노동자들이 정식으로 계약하지 않고 강제로 끌려왔음을 의미한다.

부석제철소는 일부 광산에서의 '강제노동 사실'을 시인하고 있으면서도 제철소 자체의 강제노동은 부인했다. 이는 김경석金景錫(당시 17세)이 일본강관회사를 상대로 제기한 소송에서 최대쟁점이 되었다.[57] 도쿄지방재판소는 일본강관에 강제동원된 한인 훈련공을 '강제로 연행한 노동자'로 인정하지 않았다.[58] 그 이유는 ① 원고가 일정액의 임금을 받은 점 ② 숙련노동을 하지 않은 점 ③ 서점에서 책을 구입하는 자유를 누렸다는 점 등을 들었다. 이에 전 릿교立敎대학 야마다山田昭次 교수는 "조선인 강제동원·강제노동에 있어서 '강제'라는 것은 신체의 구속이나 노골적인 폭력에 의한 강제성이 없어도 정치적 압력이나 법적 구속력, 더욱이나 황민화 교육에 의한 정신적 구속 등을 포함시켜 광의적으로 해석해야 한다"고 지적하면서 동경지방재판소의 판결은 구시대적 강제동원·강제노동관觀이라고 비판했다.

1942년 11월 당시 일본강관회사는 강제동원된 한인 노동자 999명을 훈련공으로서 받아들였다. 그 중 도망자와 병약자는 46명으로 전체의 4.6%에 불과했다. 이는 높은 철조망이나 울타리를 치지 않았지만 지도원들이 훈련공에 대해 주야로 철저하게 감시한 결과였다.[59]

한인 노무자들의 노동은 가혹하기 짝이 없었다. 이들의 가동율이나 사망률이 높다는 사실에서 여실하게 드러나고 있다. 한인의 가동율이나 출근율은 일본인에 비해 높다. 주요 탄광 근로자 사유해고조를 보면 1943년 4월 현재, 채탄부 가동율은 일본인의 76.2%에 비해 한인은 82.4%로 6.2% 높았다. 한인의 가동율은 그 후 계속 상승해 홋카이도의 어느 탄광에서는 평균 92.3%에 이르기도 했다. 일본 경찰이 분석한 것처럼 '아무리 어려운 일이라도 날마다 투입하면서 쉴 시간을 주지 않기 때문'에 올라간 작업율이라는 것이다. 다시 말하면 한인의 가동율이 이상할 정도로 높은 것은 '강제취로'의 결과였다. 그러나 철강업에서는 가동율이 약간 낮게 나타났다. 그렇지만 같은 철강업종에서는 엇비슷했다. 예를 들면 1942년 1월~9월의 철강노동자의 평균 가동율은 제선부문 86.7%, 제강부문 84.8%, 압연부문 83.4%였다. 그러나 제84회 제국의회에서 행한 정부보고를 보면 한인 훈련공의 가동율은 모든 공장에서 90% 이하로 내려가지 않았고 우수한 공장에서는 항상 95~97%를 유지했다는 것이다.[60]

한인 노동자의 사망율은 매우 높았다. 앞의 주요탄광근로자사유해고조를 보면 주요 탄광의 사망자는 일본인 1,974명, 한인 1,405명으로 나타났다. 그러나 재적자에 대한 비율은 일본인 0.6%, 한인 1.2%이고 업무상 사망률은 일본인 0.31%, 한인 0.66%였다. 한인 사망률이 일본인의 두 배인 것이다. 지하막장에서의 노동량이 압도적으로 많고 안전에 관한 훈련과 의식이 부족한데다 일본어를 구사할 줄 모르는 것이 주요 원인이라고 분석했다. 일본철강통제회가 1941년 9월 작성한 「철강노동자해고원인조」에 의하면 병으로 인한 사망율이 22.0%나 돼 해고원인의 1위를 점하고 있다.[61] 또한 일본의 노동연구소는 1943년 간행한 「반도인 노무자의 작업능력에 관한 과학적 견해」에서 한인 노무자의 재해율은 5.62%로 높은 편이라고

분석했다.⁶²

일본 기업들은 임금에 있어서도 한인들을 차별했다.⁶³ 1941년 1월 코우노마이鴻之舞광업소가 작성한 반도노무원통지요강을 보면 한인의 임금은 일본인에 비해 80% 정도였다. 비숙련공인 한인들에 대한 이 같은 대우는 비교적 후한 편이라며 이들은 '민족적 차별로 인한 작업율 저하를 우려해서였다'고 주장했다. 그러나 강제동원된 한인 노무자들의 대부분이 급료를 차등지급 받거나⁶⁴ 전연 받지 못한 경우가 훨씬 많다는 사실에 유의해야 한다.⁶⁵ 더욱이 임금격차의 중요한 문제는 액면상의 격차가 아니라 저금, 퇴직금적립, 후생연금보험금, 가정송금 등의 명목으로 대부분 정부와 기업에 의해 흡수됐다는 점이다. 일본광산협회가 1940년 12월 작성한 '반도노동자에 관한 조사보고'에 수합된 76개 광업소의 보고에서 월수·저금·송금의 세 가지 경우를 보면 '한인' 노동자의 월평균 급료는 70원 67전, 여기에서 '저금'과 '송금'을 공제하면 잔액은 38원 58전에 불과했다. 이 가운데서도 본인의 손에 들어가는 것은 거의 없다는 것이다.⁶⁶ 일본제철의 오이타현 소재 '취득금 가운데 5원을 지급하고 나머지는 저금·송금토록했고 통장은 회사가 보관했다'는 기록이 있다. 이는 한결같이 급료를 전연 받지 않았다는 사실에 대한 증언을 통해서도 입증되었다.⁶⁷ 민간기업이 한인 노동자들에게 현금을 지급하지 않은 이유는 두 가지다. 하나는 도망을 막기 위한 것이고 다른 하나는 자금을 유용하기 위함이다. 일본광산협회가 조사한 76개 광업소 중 3분의 1 이상이 5~7%의 금리로 저금을 강요했고, 미츠비시광산(아키다현 소재)은 급료를 저축토록 했더니 작업율도 높아지고 회사의 자금 운용도 개선됐다고 분석했다.⁶⁸

징용 노동자들의 저항   한인에 대한 민족차별·학대·혹사는 '조선인 멸시'와 맥락을 같이 한다. 주식회사 카지마구미鹿島組 노무부가 편찬한 「조선인노동자의 관리에 있어서」라는 보고서는 한인의 단점으로 26개 항목을 열거하고 있다. '지능정도가 낮고 향상심이 없다' '판단력이 결핍하고 융통성이 없다' 등등 멸시하는 대목들로 가득차 있다. 1942년 12월 노무행정연구소가 발행한 『노정시보勞政時報』 782호에 게재된 '조선인노무관리의 요령'을 보면 일본기업의 '조선인관朝鮮人觀'이 잘 나타나 있다. 일본강관회사 노무차장 다카하마高浜政春의 강연내용인 '반도노무자의 취급에 대해'에서 표현한 조선인 멸시는 일본강관회사에서 일하던 '훈련공'들의 파업 사건을 유발시켰다.[69] 발단은 제4기 훈련공(노동자) 김경석이 다카하마의 강연내용을 정리한 『반도 기능공의 육성』(동양서관東洋書館)이라는 책을 구입해 동료들과 함께 돌려 읽으면서부터다. 이 책을 읽은 한인 훈련공(노동자)들은 '한인'을 모욕한 언사를 늘어놓은 다카하마 노무부차장의 발언에 격분했다. 이들은 회사 측의 해명과 당사자의 처벌을 요구했으나 이행되지 않자 1943년 4월 10일 '전원 귀국'을 요구하면서 파업에 들어갔다. 책을 돌림으로써 파업의 빌미를 제공한 김경석은 헌병·경찰·회사 직원·하청업자들에 의해 제관과 사무실로 납치돼 5명의 남자들로부터 몽둥이와 구둣발로 집단폭행을 당했고 조창기趙昌起(당시 22세)와 김선재金善在(당시 22세)는 치안유지법 위반 혐의로 구속·송치됐다.[70] 김경석은 이때 폭행당한 사건으로 팔이 절골돼 병원에 입원했다가 퇴원 후 회사에서 해고됐다.[71] 1943년 6월 10일 오후, 홋카이도 이와미자와岩見澤에 있는 동황東幌탄광 기숙사에서 스즈키鈴木 담당역이 한인 노무자들에게 급료를 차등 지급하자 이에 불만을 품은 가네모토金本(한인)가 항의하고 나섰다. 그는 평소 혹독한 작업을 시키고 일용품을 부정관리하던 스즈키에 대한 불만을 가지고 있던 한인들과 함께 스즈키를 집단구타하는 한편 이를 제지하는 일본인 경찰을 구타해 전치 2개월의 중상을 입혔다.[72] 또한 1943년 11월 24일 오후 7시쯤 일본 효고현兵庫縣 아시야시蘆屋市에 있는 가와사키중공업제철공장 기숙사에서 한인 노무자 마츠하라松原光秋(경기도 출신)는 식당에서 부당한 횡포를 부리는 일본인 야먀모토山本彌之助에게 시비를 걸어 싸움이 벌어졌다. 야마모토는 평소 '여보, 여보'하면서 한인을 무시하는 언사와 욕설을 자주 쓰면서 갖가지 행패를 부렸던 인물이었다. 한인 죠혼張本昌錄(강원도 출신)·아사야마朝山貞三(강원도 출신)는 마츠하라를 거들어 야마모토에게 집단구타를 가했다.[73] 1943년 상반기 일본에서 벌어진 한인의 강제동원 노무자들의 항의(쟁의) 사건은 184건에 7,659명이 관련됐다. 이는 전년 동기 10건에 3,002명보다 두 배가 넘는 숫자다.

선원징용   전쟁말기로 접어들면서 제공권을 미군에 빼앗긴 일본군의 수송선은 대부분 폭격을 받아 침몰됐다. 일본군 대본영은 병력과 군수품 수송을 위해 부족한 선박을 확보하는 게 급선무였다. 한반도에서 목재를 공출해 건조한 소형선박을 수송선으로 투입하기에 급급했다. 여기에 이 배를 운항해야 할 선원으로 한인 젊은이들을 강제동원했다. 미폭격기에 의한 수송선의 침몰은 일본인 선원의 대량 소모를 의미하므로 그 간격을 한인 선원 노동자들로 대치하려 했다. 다시 말하면 자국민의 희생을 줄이기 위해 식민지인인 한인을 징용이라는 미명하에 동원시켜 미폭격기의 제물이 되도록 강요했던 것이다. 그렇지만 이에 대한 인원이 얼마나 동원됐는지의 규모는 전연 파악되지 않고 있다. 다만 침몰선원의 일부가 합동장례로 치러진 기록이 최근 발견돼 한인 '선원징용'의 사례를 확인할 수 있었을 뿐이다. 그러나 선원으로 징용된 인원이 상당히 많았으리라는 추정은 가능하다. 1943년 8월에 행해진 제1차 체신성 주최의 선원합동장례식에서 모지門司·요코하마橫浜해무국의 이름으로 확인된 한인희생자는 수십 명이었다. 1943년 12월의 시점에서 해군이나 육군에 징용된 한인 선박은 45척으로 가장 큰 것은 조선우선소 소속의 흥동환興東丸으로 3,554톤이었고, 가장 작은 것은 385톤이었다.[74]

여자근로정신대　　한인 남자 노동자들을 강제 연행한 사실 이외 국민학교 재학 중이거나 졸업한 10대의 한인소녀들을 일본의 공장에 강제로 투입해 혹사시킨 것이 '여자근로정신대'다.[75] 대부분은 1943년 10월~1944년 4월, 지원志願이라는 미명하에 강제동원된 소녀들이다. 일제는 1943년 10월 8일자로 생산증강노무강화 대책요강을 공포하여 국민징용령의 시행과 관련된 여자노무의 대체투입 등을 규정했으며 특히 1944년 8월에는 여자정신대 근로령을 반포하여 여성에 대한 강제동원에 국가공권력이 노골적으로 개입할 수 있도록 했다. 생산증강노무강화 대책요강은 병력동원과 징용으로 인해 공백현상이 두드러진 2차 산업현장의 인력을 여자노무자로 대체한다는 내용이었다. 이러한 정책에 따라 후생성은 1944년 8월 23일자로 여자정신대 근로령을 공포했다. 이 법령은 국민직업능력 신고령에 따라 만 12세부터 40세까지의 배우자 없는 여성을 대상으로 삼았다.

한인 소녀들을 강제 동원한 기업은 후지월강재공업주식회사不二越鋼材工業株式會社 도야마공장富山工場으로 약 1,100명이 투입되었고 미츠비시三菱중공업주식회사 나고야항공기제작소 도도쿠德德공장에도 약 300명이 투입되었다. 또한 미츠비시회사의 같은 계열의 소개疏開공장이 있던 도야마현의 후쿠노福野공장과 다이몬大門공장, 미츠비시三菱항공기제작소 오오에大江공장에도 '여자근로정신대'가 배치되었다. 이 밖에도 도쿄마사방적주식회사 누마즈沼津공장 약 300명을 비롯하여 나가사키長崎조선소 · 사가미相模해군공창 · 야하타八藩제철소 등에도 배치됐다. 조선에는 평양의 병기창과 광주의 종방鐘紡전남공장에도 여자근로정신대가 있었다.[76] 그러니까 한국에서 여자근로정신대란 이름이 본격적으로 등장한 것은 1943년이며 이때는 이름 그대로 '여공女工'이었다. 따라서 동원은 지원형식이었다. 그러나 지원은 외형상 표현이었을 뿐 국민학교 졸업생을 대상으로 온갖 감언이설과 협박이 뒤따랐다.

여자근로정신대는 주로 국민학교에서 졸업예정자나 5, 6학년 여학생을 상대로 모집했다. 교사들의 권위를 이용해 종용토록 했다. 여기에는 헌병이나 경찰이 입회함으로써 실질적인 협박성을 띠었다. 경우에 따라서는 면장이나 구장區長이 권유하기도 했다. 전남 나주의 대정국민학교 6학년이던 양금덕梁錦德(1929년생 · 광주시)은 1944년 4월 담임교사의 지명에 의해 미츠비시중공업 나고야항공기제작소 도도쿠공장으로 징발됐다.[77] 교장과 함께 온 헌병은 '일본에 가면 중학교도 보내주고 돈도 벌 수 있다'며 감언이설을 늘어놓는 바람에 중학교에 갈 욕심으로 부모의 반대를 무릅쓰고 지원서에 아버지 도장을 훔쳐 날인했다. 같은 학교에 다니던 이유녀李留女와 우영자禹英子 역시 이보다 앞선 1943년 5월 일본인 헌병과 교장이 교실에 나타나 '일본 공장에서 일하면 돈을 많이 벌고 상급학교도 졸업하게 된다'는 꼬임에 빠져 아버지의 반대에도 불구하고 몰래 지원했다. 그 후 일본 나고야에 있는 미츠비시회사의 비행기공장에서 일하며 페인트칠을 하는 작업을 했다. 그러나 중학교 공부는 고사하고 임금도 제대로 받지 못한 채 겨우 밥만 먹었다.[78] 두 여인은 나중에 여자근로정신대를 갔다왔다는 사실 때문에 일본군 '위안부'였다는 오해를 받아 결혼생활이 원만치 못하는 우여곡절을 겪어야 했다. 그들은 당시 '조금만 늦게 해방됐더라면 우리들도 위안부로 끌려갔을 것'이라고 회고했다.[79]

여자정신대 근로령에 의해 징발된 여성들은 노무 제1선에서 광산·토목공사장·군수공장 등에서 단순 노무 또는 전선기지에서 타이피스트·교환원·간호원·기타 사무직에 종사해야 옳다. 그러나 이들은 나중에 군과 결탁한 매춘업자들이 여자정신대 또는 여자애국봉사대라는 명칭을 붙여 자신들의 뜻과는 전연 상관없이 중국대륙과 남방전선으로 끌려가 일본군 '위안부'로 강제 투입되는 비운을 맞아야 했다. 이 여자근로정신대를 두고 '공출 갔다왔다'는 속어까지 등장했었다. 이 때문에 이유녀·우영자가 증언한 대로 당시 여자근로정신대란 무조건 일본군 '위안부'로 인식되었던 것이다. 그 인원은 확실치 않으나 약 20만 명 정도로 추산되고 있다.

일본은 1910년 한반도를 강제 점령한 후 자신들의 침략전쟁 수행에 갖가지 형태로 한인들을 강제동원해 최일선에 투입했다. 강제동원된 한인들은 패전직전까지 236만 5,000명이나 되었다.[80] 이들은 일본의 침략전쟁의 소모품으로서 현역군인·징용노무자·군속·일본군 '위안부'·민간인 노동자가 되어 갖은 고초와 수난을 겪은 가운데 많은 사람들이 불귀의 객이 되기도 했다. 고혼의 당사자들은 물론 다행히 목숨을 보전하여 귀환한 사람들도 법적지위는 물론 강제노역을 제공한 만큼의 보상에 대한 아무런 언질조차 받지 못하고 있다. 우리 정부의 외면과 일본정부의 냉대가 50년 동안 계속되고 있는 것이다. 반세기가 지난 지금 이들은 지난 날의 악몽의 세월을 되새기며 어렵고 힘든 여생을 보내고 있거나 이미 유명을 달리했다. 필자는 이같은 우리 민족의 불행했던 과거에 대한 천착과 정리가 너무나 소홀했다는 점에서 심한 자책감을 갖고 있다. 이 글은 이러한 자책감의 표출이기도 하다. 그러나 너무나 초라하고 미흡해 이 자리에 내놓기가 심히 부끄럽고 민망하기만 하다. 다만 뒤늦게나마 이 방면에 대한 관심을 갖게 되었다는 점을 다행으로 여긴다면 다행이라 하겠다.

― **김 영 택** (전 진실화해위원회 위원)

■ 주

1. 武田幸男,「明治天皇の日韓併合の詔書」,『朝鮮史』, 山川出版社, 2000, 279쪽.
2. 일제시기 한반도 및 해외에 거주하고 있던 민족에 대한 호칭을 어떻게 할 것인가의 문제가 제기돼 있다. 일제시기는 물론 지금도 일본에서는 조선으로 호칭하고 있다. 그러나 우리는 대한민국－한국임이 분명하다. 특히 1948년 이후 남쪽은 대한민국, 북쪽은 조선민주주의인민공화국으로 국호를 정한 상태다. 이 때문에 우리가 속해있는 남 체제의 호칭을 따라야 한다고 본다. 여기에 한일합방 당시 일본 측이 발표한 일한병합의 조서에서 인정한 大韓이라는 호칭을 고려해서도 대한민국 또는 한국 한인이라는 호칭이 타당하다고 본다. 그러나 조선 또는 조선인으로 호칭해야 한다는 주장도 만만치 않다.
3. 한반도인의 일본으로의 渡航은 1910년 이전부터 시작되었다. 숫자는 많지 않다가 합병 후 급증했다. 주류는 동경으로 가는 유학생과 탄광·철도부설 공사·수력발전소 공사·주택건설 공사판으로 가는 노동자들이었다. 1942년까지 도항한 在日 한인은 162만 명, 이 가운데 남부인 경상도 출신이 94만 명, 전라도 출신이 40만 명으로 압도적이었다. 남부출신이 많았던 것은 일본인들이 한반도에 진출하면서「토지조사사업」을 통해 농지를 대량 강점하는 바람에 농지와 소작권을 잃어버린 빈농출신들이 생존을 위해 일자리를 찾아 나섰기 때문이다. 당초 일본정부는 중국인 노동자들의 도항만을 규제하고 한인에 대해서는 방치했다가 한인 도항자가 계속 늘어나자 1918년 조선총독부령 제6호「노동자모집취체규칙」을 발동해 제한하면서부터다. 그러다가 1919년 3·1운동이 발발하자 한인의 일본여행 제한을 더욱 강화했다. 항일운동의 확산을 우려했던 것이다. 그 후 일본 국내 치안상의 문제와 경제공황으로 인한 실업자증가를 이유로 일본으로의 도항을 엄격하게 규제했었다. 樋口雄一,『日本の朝鮮·韓國人』, 2002, 41~52쪽.
4. "조선사람이라고, 조센징, 조센징, 그러면서 무시해요. 정말 조센징이란 말이 듣기 싫었어요. 그러다가 못마땅한 표정을 지으면 두들겨 패요. 할 수 없이 맞는 거지요. 얼마나 아픈지 견딜 수 있어야지요"(2004년 2월 11일, 金昌潤씨 증

언 · 1923년생 · 전남 광양시 황길동).

5. 가장 대표적인 사례는 교육제도에서 나타났다. 도시는 말할 것도 없고 일본인들이 다수 거주하는 면단위 농촌지역에서까지 차별하거나 엄격하게 선별했다. 예를 들면 전남 함평군 나산면 내에는 두 개의 소학교가 있었다. 하나는 羅山西小學校, 또 하나는 羅山東國民學校였다. 나산서소학교는 일본인들의 자녀만이 취학하는 학교였다. 예외로 학교의 심사를 거쳐 일본정부에 협조적인 한인(친일파)의 자제는 들어갈 수 있되 단 200원의 기부금을 내야했다. 나산동국민학교는 한인들만 다닐 뿐 일본인들은 전연 취학하지 않는 학교였다.

6. 일본은 전선에 위안소를 설치하고 위안부를 강제로 투입할 때 선량하고 순박한 16~25세 나중에는 12~40세까지 한인의 미혼 또는 독신여성을 주대상으로 삼았으나 일본여성의 경우는 藝妓 · 公私娼 · 娼妓 · 女給 · 酌婦 · 常習密賣淫 등 이른바 흠집있는 여성으로 제한했다. 일본은 태평양전쟁이 끝난 4일 후인 1945년 8월 18일, 상륙하는 연합군(미군)을 상대로 하는 공식적인 점령군위안소 설치를 추진하면서도 이 원칙을 지켜 정상적인 부녀자의 출입 또는 접근을 철저히 차단하도록 都 · 道 · 府 · 縣 경찰책임자에게 진주군특수위안소시설지령을 하달했다. 山田盟子, 『占領軍慰安婦』, 光人社, 1992, 13~27쪽.

7. 일본 육군성은 1942년 5월 '한인을 군속으로 모집해 연합국 포로를 감시케 한다'는 내용의 포로처리요령을 결정하고 미국 · 영국군의 포로를 감시할 요원 3,223명을 모집했다. 자격은 19세부터 25세까지의 한인 청년으로 일본어 실력이 일상회화에 지장이 없을 정도의 국민학교 4학년 이상이었다. 이들은 부산의 노구치부대(野口部隊)에서 훈련을 받은 후 그 해 8월 한반도내에 설치된 '米英人' 대상의 포로수용소를 시작으로 일본 국내와 태국 · 말레이시아 · 자바 등 남방점령지의 포로수용소에 배치됐다. 일본정부는 포로의 대우를 정한 제네바 조약을 비준하지 않은 채 준용할 것을 연합국 측에 전했으나 그것은 위장일 뿐 조약을 무시하고 연합국 포로를 강제노동에 종사시킬 계획을 처음부터 가지고 있었다. 연합군 포로들은 충분한 식량이나 의약품을 제공받지 못한 상태에서 굶주리거나 병으로 죽어갔다. 당시 체포된 연합군 포로는 모두 26만 1,000명으로 인도네시아 · 자바 작전지역에서 붙잡힌 연합군 포로만 해도 무려 9만 3,000명이나 됐다. 이 같은 포로처리문제를 고심하고 있던 일본은 당초부터 제네바 조약을 무시하고 강제노동에 투입할 속셈을 가지고 전후 전쟁법규 위반에 대한 국제사회의 책

임추궁과 비난을 고려해 강제노동을 시키는 말단 포로감시원의 악역을 식민지 출신들로 충당하는 정책을 채택했다. 이 때문에 한인 포로감시원들은 전투에서의 희생이 적은 대신 패전 후 전범재판에 회부돼 그 중 148명이 BC급 전범으로 유죄판결을 받아 23명은 처형되고 나머지 125명은 복역했다. 김은식, 「내가 전쟁범죄자입니까?」, 민족문제연구소, 『민족사랑』 2003년 12월호 ; 樋口雄一, 『日本の朝鮮・韓國人』, 178~179쪽.

8. 전쟁말기로 접어들면서 제공권을 미군에 빼앗긴 일본군의 수송선은 대부분 폭격을 받아 침몰되는 일이 속출했다. 대본영은 부족한 수송력을 확보하는 게 급선무였다. 한반도에서 목재를 공출해 건조된 소형선박을 군사용 수송선으로 충당하기에 급급했다. 이 배를 운항해야 할 선원으로 조선인 젊은이들이 강제 동원되었다. 미폭격기에 의한 수송선의 침몰은 일본인 선원의 대량 소모를 의미하므로 韓人船員 노동자들로 대치하려 했다. 다시 말하면 자국민의 희생을 줄이기 위해 식민지인인 한인을 동원시켜 미폭격기의 제물이 되도록 강요했다. 그렇지만 이에 대한 인원이 얼마나 동원됐는 지의 규모가 파악되지 않고 있다. 다만 침몰선원의 일부가 합동장례로 치러진 사례가 최근 발견돼 한국인 징용선원의 존재를 확인하게 되었을 뿐이다. 1943년 8월에 행해진 제1차 체신성 주최의 선원합동장례식에서 門司・요코하마해무국의 이름으로 확인된 한국인희생자는 수십 명이었다. 1943년 12월의 시점에서 해군이나 육군에 징용된 한국인 선박은 45척으로 가장 큰 것은 '朝鮮郵船所' 所屬의 興東丸 3,554톤, 가장 작은 것은 385톤이었다. 樋口雄一, 『日本の朝鮮・韓國人』, 182~183쪽.

9. 前田憲二 等, 『百萬人の身世打鈴』, 東方出版, 1999, 398쪽.

10. '다코베야(擔桶部屋)'는 일본어로 '監獄部屋', 우리말로 '감옥방'이라는 뜻이다. '다고(擔桶・담통)'는 '물이나 거름을 담아 멜 대로 메는 통'(민중 엣센스 『日韓辭典』, 민중서림, 1988, 1541쪽)이라는 뜻의 일본어 단어에서 '속박과 학대를 심하게 받는 人夫의 숙사' 즉 '수감된 죄수처럼 무자비한 혹사와 학대를 받는 人夫의 숙사'를 의미하는 '監獄部屋'라는 속어로 변했다.

11. 朝鮮人强制連行眞相調査團 編, 『朝鮮人强制連行・强制勞動의 記錄-北海道・千島・樺太島篇』, 現代史學會, 1974, 111~132쪽. 이하에서는 '眞相調査團, 『朝鮮人强制連行・强制勞動의 記錄』'으로 인용할 것임).

12. 분류는 필자의 견해를 반영한 것이고 순서는 이 글 내용의 중요도를 감안해 정했

을 뿐 통상적인 輕重을 의미하는 것은 아니다.
13. 홋카이도에는 식민지 초기인 1916년 35명의 한인들이 광산노동자로 도착한 것을 시작으로 계속 늘어나 1928년의 경우 홋카이도 17개 탄광에서 8,256명이 일하고 있었다. 眞相調査團, 『朝鮮人强制連行・强制勞動의 記錄』, 120쪽.
14. 1934년 10월 4일자 『小樽新聞』은 '조선총독부의 알선으로 본도의 각 탕관에 투입될 반도인 광부 3,000명 중 제1차로 500명을 태운 대성환(大成丸)이 입항하고 앞으로 한인 광부가 증원됨으로써 그 동안 우려됐던 석탄불안이 해소될 수 있게 됐다. 앞으로 소수의 숙련 광부들이 3,4개월동안 채탄훈련을 지도하면서 정신적 지도까지 병행하면 鮮內융화를('鮮內'의 '鮮'은 '朝鮮', '內'는 日本을 뜻함) 위해 더욱 다행스러운 일이 될 것'이라고 보도했다. 또한 1934년 10월 8일자 『室蘭每日』은 '어제 7일, 탄광전사로서의 제2진으로 18세부터 40세까지의 반도인 노무자 398명이 室蘭에 상륙했다. 전원 국방색 제복을 입었으며 이들은 열차편으로 200명은 夕張鑛, 100명은 空知鑛, 나머지는 다른 광산으로 출발했다'고 보도했다. 眞相調査團, 『朝鮮人强制連行・强制勞動의 記錄－北海道・千島・樺太篇』, 現代史出版會, 1974, 94쪽에서 재인용. 이때(1934년) 홋카이도에 도착한 노동자들이 강제동원에 의한 것인지에 대한 필자의 판단은 유보하고 여기서는 '강제동원'이라는 개념규정을 일단 따르기로 했다. '조선인 강제동원진상조사단'은 『室蘭每日』이 보도한 것처럼 1934년 10월 7일 홋카이도에 도착한 한인 노동자 전원이 國防色 制服・푸른 군복을 입었다는 사실과 그 후 그들이 다코베야 생활인 속박과 학대와 굶주림을 견디지 못해 津輕海峽을 건너 일본 본토로 도망가다가 函館・靑森・靑函連絡船에서 붙잡혀 다시 '다코베야'로 송환됐다는 사실을 두고 강제동원으로 규정한 듯하다. 진상조사단, 앞의 책, 94～110쪽. 이때 조선총독부에 의해 강제동원된 수많은 한인 노동자들을 위해 한인 여성으로 구성된 公認 賣淫場所로「料理屋」이 설치됨으로써 뒷 날 종군위안소의 단초가 되었다. 眞相調査團, 『朝鮮人强制連行・强制勞動의 記錄』, 434～435쪽. 이로 볼 때 홋카이도는 토지조사사업, 강제노동, 위안소 등 한인들에게 뿌려지는 일제에 의한 악몽의 단초를 잉태한 곳이라고 할 수 있다.
15. 15세기 들어 津輕半島의 호족들이 홋카이도를 침입해 수렵민족으로서 채취경제를 통해 원시공산제의 순박한 생활을 하고 있던 아이누족의 공동생활체를 파괴했다. 이 때문에 15세기까지 침입한 일본인들에 대한 아이누족의 저항전쟁이

100여 년 동안 계속됐다. 16세기 중엽, 홋카이도 서남부에 기반을 구축하고 있던 蠣崎慶廣이 조선을 침략, 임진전쟁(1592~1598)을 벌이고 있던 豊臣秀吉로부터 홋카이도에서의 지위를 보장받았다. 그 후 松前으로 改姓한 蠣崎는 '松前藩'으로 자임하고 나섰다. 그는 현지의 토지는 물론 원주민인 아이누족을 상대로 약탈수법의 교역을 벌여 재정을 확보하는 특수 봉건제를 유지했다. 아이누족은 1647~1669년까지 또 다시 저항하는 전쟁을 벌였으나 끝내 패배함으로써 일본인들의 약탈은 기승을 부리게 되고 아이누족의 생활체제도 파괴되어 갔다. 1789년 千島열도의 아이누족들이 다시 한번 봉기했으나 '松前藩'이 승리함으로써 홋카이도 전역은 드디어 일본인 지배체제로 확립되었다. 그 후 德川幕府는 국방상의 중요성을 감안해 1807년 홋카이도를 막부의 직할지배하에 두었다가 14년 후 '송전번'에게 되돌려 주었다. 이때 재개된 30여 년의 '松前藩'시대는 아이누족에게 최대의 수난기였다. 봉건제의 말기로 접어든 이 시기에 '松前藩'은 아이누족을 노예화시켜 강제동원·강제노동을 강행하면서 수탈하는 한편 대학살을 자행, 아이누족 인구를 격감시켰다. 德川幕府는 다시 직할지배지역으로 부활시켜 松前藩의 횡포를 차단하고 본격적인 개발사업에 착수했다. 眞相調査團, 『朝鮮人强制連行·强制勞動の記錄』, 97~100쪽.
16. 眞相調査團, 『朝鮮人强制連行·强制勞動の記錄』, 100쪽.
17. 眞相調査團, 『朝鮮人强制連行·强制勞動の記錄』, 100~102쪽.
18. 眞相調査團, 『朝鮮人强制連行·强制勞動の記錄』, 102쪽. 당시 일본정부 내에서는 조선을 침략하는 것은 시기상조이므로 화태문제·홋카이도개척을 주력해야 한다는 주장이 설득력을 갖고 있었다. 이는 결국 조선에 출병하되 국력을 신장시켜야 한다는 주장이 우세해 征韓論은 보류되고 사이고는 鹿兒島에 물러나 있었다. 일본정부는 征韓論을 접어둔 채 대만에 출병한 다음 1875년 군함 雲揚號를 朝鮮에 파견하여 江華島事件을 일으켰고 1876년 홋카이도 개척사장관을 지낸 黑田淸隆이 사령관인 해군함대를 파견, 朝鮮을 협박한 끝에 불평등조약인 江華島條約을 체결케 했다.
19. 정치범을 홋카이도 개척에 투입하자고 제의한 사람은 당시 내무경이던 伊藤博文이다.
20. 眞相調査團, 『朝鮮人强制連行·强制勞動の記錄』, 111~124쪽.
21. 眞相調査團, 『朝鮮人强制連行·强制勞動の記錄』, 102~110쪽.

22. 1910~1928년 사이에 일본이 한국의 식민지적 토지소유 관계를 확립하기 위해 대규모로 벌인 토지조사사업. 일제는 홋카이도에서처럼 외국인의 토지소유를 법적으로 확인하는「토지가옥증명규칙」,「토지가옥저당규칙」을 반포하여 토지·가옥의 매매·저당·교환·증여에 대한 법적기초를 만든 다음「토지조사국」으로 하여금 토지조사령, 부동산증명령을 발동해 대부분의 국유지와 애매한 사유지를 일본인 또는 총독부 소유로 만들었다.
23. 眞相調査團,『朝鮮人强制連行·强制勞動の記錄』, 17쪽.
24. 각주 3 참조.
25. 眞相調査團,『朝鮮人强制連行·强制勞動の記錄』, 18쪽.
26. 1905년, 을사늑약에 이어 1907년 7월 18일, 光武皇帝(高宗)가 강제퇴위 당하고 이어 7월 24일, 사실상 입법·행정·사법·관리임명 등 통치권 전반을 탈취당하는 丁未七條約이 체결되고 8월 1일 '大韓帝國軍'의 해산식이 강행되었다. 해산식에 불참한 제1연대 제1대대장 박승환이 자결하면서 '대한제국군'을 중심으로 '義兵戰爭'이 전개됐다. 의병전쟁은 서울에 이어 경기·강원·충청도의 중부지방으로 확대됐으며 일본군의 보복 역시 잔인했다. 의병전쟁은 이후 남부·북부 등 전국적으로 더욱 확대되어 전개됐다.
27. 眞相調査團,『朝鮮人强制連行·强制勞動の記錄』, 18~19쪽.
28. 眞相調査團,『朝鮮人强制連行·强制勞動の記錄』, 17~18쪽.
29. 眞相調査團,『朝鮮人强制連行·强制勞動の記錄』, 70쪽.
30. 이 법 7조에 1939년의 징용당사자 연령은 '남자 15세~45세, 여자, 15세~25세'였으나 1943년 시행할 때는 남자 12세~60세, 여자 12세~40세로 연령을 상향시켰다.
31. 百萬人의 身世打令編輯委員會(前田憲二 等),『百萬人의 身世打令－朝鮮人 强制連行·强制勞動의 恨』, 東方出版, 1999, 331~334쪽(이하에서는 '前田憲二 等,『百萬人の身世打鈴』'으로 인용).
32. 眞相調査團,『朝鮮人强制連行·强制勞動の記錄』, 69~70쪽.
33. "징용에 끌려가지 않으려고 이리 피하고 저리 피하는데 평소 잘 아는 면서기가 우선 숫자만 채워주면 금방 빼주겠다는 거짓말에 속아 응했던 것이 그만 끌려가게 됐던 것입니다." 2003년 1월 15일, 李漢範 증언·1921년생·전남 함평군 월야면 용정리 용정마을 ; 武田幸男,『朝鮮史』, 山川出版社, 2000, 316~317쪽.

34. "면사무소 서기가 와서 경찰의 명령서를 주고 가면서 이틀 후 김제역으로 집합하라고 해서 갔지요"(尹椿基 증언 · 1926년생 · 전라북도 김제시 ; 前田憲二 等, 『百萬人の身世打鈴』, 398쪽 재인용).

35. "징용을 피해 고향으로 왔으나 1년 정도 지나니까 징용영장이 나옵디다. 징용영장을 받고 꼼짝없이 붙잡혀 여수항을 거쳐 일본 나고야(名古屋)에 있는 미츠비시 나고야 항공기제작소에서 알루미늄 페인트칠을 하는 일을 했지요"(2003년 1월 15일, 鄭東禧 증언 · 1922년생 · 전남 함평군 월야면 외치리 백야마을).

36. "그때 세상에는 면에서 부락으로 몇 명 보내라 할당하고 동네 區長이 아무개 아무개 이 참엔 니가 징용가야 하것다 그러면 그 사람이 이유 없이 가야 했지요. 나도 그렇게 간 것이여……"(2003년 1월 16일, 金才童 증언 · 1914년생 · 전남 함평군 해보면 금덕리 546-7). 김재동 씨는 1944년 3월 징용으로 끌려가 진남포항 건설공사장에서 일했다고 한다.

37. "함평경찰서 아오기(靑木) 형사가 와서 무조건 가자고 해서 경찰서로 따라갔더니 징용으로 가게 됐다는 것이여. 그 길로 여수와 시모노세키를 거쳐 홋카이도 공지군 중지택 탄광으로 끌려 갔지요. 제가 열여덟살 때지요"(2003년 3월 7일, 趙炳國 증언 · 1927년생 · 전남 함평군 함평읍 석성리).

38. 직업소개소는 민간이 운영하는 소개소가 아니라 치안기관의 하나로 설립된 기관이다.

39. 협화회는 1934년 10월 30일 각의의 결정에 의해 재일조선인 억압감시를 위해 설립되었다. 1939년 한인노동자에 대한 강제동원이 개시되자 협화회는 자유모집에 응해 도착한 (연행된) 한인 노무자들을 일상적 '지도계몽'이라는 이름 아래 감시하면서 도망을 방지하는 단체였다. 이 단체는 1939년 10월 후생성 사회국장 · 내무성 경보국장 연명으로「협화사업의 확충에 관한 건」을 시달하고 중요한 지역에 협화사업지도직원을 배치하는 한편 시모노세키(下關)에는 도항자를 위해 '알선소'를 두었다. 조선총독부는 여기에 매년 보조금을 지급했다. 또한 협화회는 1943년부터 한인에 대한 징병제가 실시되자「장정예비훈련」업무를 맡기도 했다. 활동 방침은 내지에 거주한 외국인과의 융화를 도모한다는 취지를 내세우고 있지만 실제는 '한인의 指導'를 통한 억압과 단속이 주업무였다. 眞相調査團,『朝鮮人强制連行 · 强制勞動の記錄』, 70~71쪽.

40. "1943년 봄 면직원들이 나를 잡으러 왔지요. 내가 없으니까 아버지와 함께 나

를 찾으러 큰 집 사랑으로 갔다가 나를 못잡게 되자 그냥 아버지를 데리고 갔던 것입니다. 그 때 아버지는 쉰한 살이셨습니다. 아버지는 일본 규슈(九州) 가고시마현(鹿兒島縣)까지 끌려가서 토목공사판에서 일하시다 해방 후 귀국하셨고 나는 같은 해 5월에 끌려가 함경북도 청진 정어리공장에서 일했지요"(2003년 1월 14일, 鄭潤默 증언·1925년생·전남 장성군 삼서면 보생리).

41. 前田憲二 等, 『百萬人の身世打鈴』, 334쪽.
42. 杉本幹夫, 『日本支配 36年－植民地朝鮮の 硏究』, 展云社, 1997, 101~102쪽.
43. 前田憲二 等, 『百萬人の身世打鈴』, 334쪽. 원칙적인 3단계 형태를 보면 다음과 같다. 제1단계 자유모집은 전국의 탄광·광산·댐건설·터널공사에 필요한 노무자를 선금을 주고 모집하는 강제동원이다. 노무자 모집 전문의 주선업자가 전도금을 주고 한인을 모집해서 탄광·광산·토목건설회사의 노무책임자에게 연행(모집)한 한인을 넘기는「인신매매」였다. 이 경우 일본내지의 토목공사장에는 한인 노무자 1인당 소개비조로 100원~120원, 탄광·광산에는 150원, 홋카이도 토목공사장에는 200원, 천도·화태공사장에는 250원~300원씩 받고 넘겼다. 제2단계는 官 알선의 통제법규에 따라 탄광·광산·군수산업 등의 사업소가 징용 인원을 현·도 지사를 통해 후생성에 요구해 한인 노무자 사용허가증이 교부되면 조선총독부 및 도청관리(경무부 노정과원)의 지시를 받아 모집했다. 제3단계는 육해군의 비행장건설·방공시설·항만시설 공사를 위해 내려지는 노무동원 명령에 의한 강제동원을 말한다. 吉田淸治, 『私の戰爭犯罪－朝鮮人强制連行』, 三一書房, 1983, 12~14쪽.
44. 151만 명설의 근거는 다음과 같다. 1939년 5만 3,120명(第86 議會說明資料), 1940년 8만 1,119명, 1941년 12만 6,092명, 1942년 24만 8,521명, 1943년 30만 654명(이상 高等外事月報), 1944년 37만 9,747명(日帝의 經濟侵奪史), 1945년 32만 9,889명(朝鮮經濟統計要覽) 도합 151만 9,142명이다. 이 밖에 480만 명, 심지어 680만 명이 연행됐다는 설도 제기되어 있다. 眞相調査團, 『朝鮮人强制連行·强制勞動의 記錄』, 88~89쪽.
45. 각주 10 참조.
46. 특징은 다음 네 가지다. (1) 모집인은 대도시의 실업자를 상대로 노동조건이 좋다고 속여 응모토록 한 후 한바(飯場)에 수용했다가 토굴에 가두는 것. (2) 폭력을 배경으로 육체적 한계없이 혹사시키는 것. (3) 임금을 지불하지 않는 것. (4)

외출의 자유를 인정하지 않는 등 피연행자의 인권을 완전히 무시하는 것이다.
47. 眞相調査團, 『朝鮮人强制連行・强制勞動の記錄』, 111~114쪽; 前田憲二 等, 『百萬人の身世打鈴』, 335쪽.
48. 前田憲二 等, 『百萬人の身世打鈴』, 335쪽.
49. '다코베야'식 노무관리제도는 태평양 전쟁이 끝난 3년 후인 1948년 3월 1일부터 「직업안정법」 제44조에 의해 금지됐다.
50. "식사로는 삶은 감자 몇 개가 나왔습니다. 가끔 냄새 나는 기름이 떠 있는 것을 보고 고기로 끓였다는 것을 알 수 있는 국이 나오기도 했습니다. 쌀밥은 전연 먹어본 적이 없습니다." 홋카이도로 끌려갔던 박영배(朴英培・1925년생・충남 부여군 마산면)의 증언이다. 서남현, 『누가 역사를 낯선 땅에 묻었는가』, 명상, 2003, 68쪽에서 재인용.
51. "콩깨묵 같은 것으로 지어준 '밥'이라는 것을 먹었는데 어떻게 배가 고프든지 아무 생각이 없었습니다"(2003년 1월 15일, 李漢範 증언・1921년생・전남 함평군 월야면 용정리 송정마을); "쌀 밥은 쌀 밥인디, 말 뿐이제. 콩도 섞어 있고 어떤 때는 깨묵도 들어 있었어······. 그런데 어찌나 적게 주든지 배고파 죽겠제"(2003년 3월 5일, 陳治國 증언・1919년생・전남 장성군 장성읍 유탕리 908). 진치국 씨는 1945년 1월에 끌려가 일본 후쿠오카(福岡)의 비료공장에서 일했다고 한다.
52. '飯場'란 한문만을 해석하면 먹는 장소 즉 식당이다. 그러나 먹는 장소만이 아니라 숙소를 겸하는 숙식장소였다. 건설공사장에 임시로 지어진 판자집 건물이 대부분이었다. '한바'에서 발전한 것이 '다코베야(擔痛部屋・監獄部屋)'라 할 수 있다. 眞相調査團, 『朝鮮人强制連行・强制勞動の記錄』, 262~271쪽.
53. 朝鮮人强制連行眞相調査團, 『强制連行された朝鮮人の證言』, 明石書店, 1990, 17~19쪽.
54. 眞相調査團, 『朝鮮人强制連行・强制勞動の記錄』, 269쪽.
55. "한 번은 사문실에 들어갔더니 일본 관리인이 내가 잘 아는 사람을 거꾸로 매달아 놓고 마구 두들개 패요. 까무라치면 물 붓고 또 치고 그래요. 정말 못보겠습디다"(2003년 3월 7일, 金芝杓 증언・1922년생・전남 함평군 손불면 산남리 2471).
56. 후쿠오카에 있는 대정(大正)광업소의 경우 해마다 몇 번이고 발생하는 도망사건에서 미수자로 붙잡힌 사람에게는 철저한 징계를 가했다. 밥을 주지 않고 굶기

는 것은 물론이고 집단구타와 기합은 보통이었다. 갱도 입구에 징계대를 설치하고 무지한 린치를 가하면서 승강기에서 징계상황을 모든 한인 노동자들로 하여금 보도록 했다. 도망미수자나 비도망자 모두에 대한 위협을 가하는 징벌이었지만 이는 철저한 인권유린 행위였음은 말할 것도 없다. 前田憲二 等, 『百萬人の身世打鈴』, 335～336쪽.

57. 이 글 뒷 부분의 '일본강관회사 스트라이크 사건' 내용 참조.
58. 일본강관회사는 강제동원된 조선인 노동자를 '훈련공'이라 부르며 강제동원으로 온 노동자가 아니라고 했다.
59. 前田憲二 等, 『百萬人の身世打鈴』, 336쪽.
60. 前田憲二 等, 『百萬人の身世打鈴』, 337쪽.
61. 前田憲二 等, 『百萬人の身世打鈴』, 337쪽.
62. 朝鮮人强制連行眞相調査團, 『强制連行された朝鮮人の證言』, 明石書店, 1990, 19쪽.
63. 한인 노동자들에 대한 임금차별은 강제동원이 아니던 1910년대부터 홋카이도탄광에서 이미 관행으로 행해지고 있었다. 진상조사단, 앞의 책, 120쪽.
64. "하루 품삯으로 1원 50전을 받지만 밥값 공제하고나면 몇 푼 안남아……." 2003년 3월 6일, 金源玉 증언·1928년생·전남 장성군 장성읍 기산리 287 ; "월급을 받기는 받았지만 거지꼴이여……. 그러니까 돈 벌러 간 것이 아니라 징용간 것이 분명하지"(2003년 3월 5일, 陳治國 증언·1919년생·전남 장성읍 유탕리 908).
65. "나는 급료를 받아본 적이 없습니다"(2003년 1월 14일, 羅正煥 증언·1923년생·전남 장성군 삼서면 대곡리). 노정환 씨는 1943년 나가사키 고야기시마 조선소에서 일하다가 귀환하였다. "급료를 집으로 보내준다고 했지만 해방 후 귀국해 보니 한 푼도 오지 않은 사실을 알았습니다. 겨우 급료라며 주는 것은 한 달 동안 빵이었습니다"(2003년 1월 14일, 羅承煥 증언·1923년생·전남 장성군 삼서면 우치리). 나승환 역시 나정환과 함께 끌려가 같은 조선소에서 일하다가 함께 귀국하였다고 한다. ; "급료는 월 40원을 준다고 했으나 한 푼도 받은 적이 없습니다. 집으로 부쳐준다고 했으나 나중에 집에 와서 보니 한 푼도 보낸 것이 없었습니다. 공장에서 일하면 신발이 부족해 짚신도 직접 삼아 신었습니다"(2003년 1월 14일, 朴榮淳 증언·1930년생·전남 장성군 삼서면 학성리). 나영순 씨는 구장이 아버지더러 징용가라니까 대신 열다섯 살 나이로 징용가서 후쿠시마

비행기공장에서 일을 했다고 한다. ; "처음에 규슈에 있는 이츠카탄광으로 끌려 갔을 때는 한 푼도 받지 못한데다 하도 배가 고파서 도망나와 가지고 인근에 있는 비행기 공장으로 갔더니 거기서는 하루 4원 50전인가 5원씩을 줍디다"(2003년 3월 7일, 金芝杓 증언 · 1922년생 · 전남 함평군 손불면 산남리 2471). 김지표 씨는 탄광으로 갔다가 배가 고파 도망나와 비행기 공장으로 갔다고 한다.

66. "한 달 월급이 30원이었는데 식사비 20원을 공제하면 실질적으로 남는 것이 없어……. 그나마 남는 것은 저금한다며 도로 가져가 버렸고 통장도 자기들이 보관한다며 주지 않았지요"(2003년 1월 14일, 盧興來 증언 · 1929년생 · 전남 장성군 삼서면 대도리). 노흥래 씨는 1944년 2월 군청에서 무조건 가라고 해서 일본 후쿠오카현에 있는 탄광으로 끌려가 징용생활을 했다고 한다.

67. "급료는 전연 받지 못했습니다. 밥은 공짜로 먹었고 옷도 지급 받았으나 어떠한 명목으로든지 현금은 받은 적이 없습니다. 다만 해방돼 귀환할 때 회사에서 여비는 주었습니다"(朴種寬 증언 · 1922년생 · 전남 함평군 기각리). 박종관 씨는 1943년 11월 13일 눈이 내릴 때 군청직원이 와서 가자고 해서 징용으로 끌려갔다고 한다.

68. 前田憲二 等, 『百萬人の身世打鈴』, 338쪽.

69. 이때의 파업 사건 후 누군가가 독립운동의 지도자로 옹립돼 연행됐다는 소문이 나돌았다. 1943년 4월호 『特高月報』에는 15명이 체포됐다는 내용이 실려 있으나 실제 인원수는 알려지지 않았다. 김경석은 이 가운데 조창기 · 김선재와 친한 사이었다.

70. "그 날 비가 왔습니다. 비옷을 입고 권총을 찬 헌병들이 가득 태운 트럭에서 내렸습니다. 나는 헌병 · 경찰 · 회사직원 · 회사하청업자들에 의해 노무과 사무실로 끌려가 '왜 이런 책을 돌려 읽었는가' '독립운동을 하려는가' '너희들 독립이 된다고 생각하는가' 등등의 말이 쏟아져 나왔습니다. 나는 5명의 남자에 의해 木刀로 구타당하고 구둣발로 치였습니다. 머리가 핑 돌았지요. 결국 의식을 잃은 채 내 팔은 골절돼 움직일 수 없었습니다. '병원에 보내달라'고 말했더니 '너 같은 비국민은 절대로 병원에 보낼 수 없다'는 것이었습니다. 결국 일본 강관회사 병원에서 수술을 받았지요. 병원에서 나오니까 같은 방 지도원이 냉대를 해요. 현장에서는 일본 공원들이 조롱하기도 하고요. '심지어 유서를 써라' 그래요. 결국 해고됐지요. 그러면서도 귀국을 시키지 않아 몇 번이고 싸운 끝에 해방 전에 귀국선

을 탈 수 있었습니다. 부산항에 내리니까 헌병이 지키고 있다가 '너는 집에 갈 수 없다. 부산의 근로보국대로 가라'고 해요. 어쩔 수 없이 창녕군 근로보국대로 들어갔지요." 앞의 김경석의 증언이다(前田憲二 等, 『百萬人の身世打鈴』, 427~437쪽에서 재인용). 그 후 김경석은 1944년 7월 귀국해 부산 초량상업학교에 수용돼 있던 창녕군 근로보국대의 서무를 보다가 해방을 맞았다.

71. 明石博隆・松浦總三 編, 『昭和特高彈壓史－朝鮮人に對する彈壓, 1943~45년』 第8卷, 太平出版社, 1976, 264~265쪽. 일본 경찰은 이들 29명을 검거해 공무집행방해죄・상해 및 폭력 혐의로 구속했다.
72. 明石博隆・松浦總三 編, 『昭和特高彈壓史』, 175쪽.
73. 明石博隆・松浦總三 編, 『昭和特高彈壓史』, 264쪽.
74. 樋口雄一, 『日本の朝鮮・韓國人』, 182~183쪽.
75. 이들도 남자들의 '징용'과 비슷하지만 10대의 소녀들이 강제동원됐다는 점, 이들 중 상당수가 나중에 군대위안부로 차출되는 비극을 안게 된다는 점 때문에 별도의 항목으로 다루었다.
76. 前田憲二 等, 『百萬人の身世打鈴』, 344쪽.
77. 前田憲二 等, 『百萬人の身世打鈴』, 461쪽.
78. "헌병하고 일본인 교장이 같이 교실 안으로 들어오더니만 '너희들 좋은 곳에 안 갈래' 그래요. 학생들이 귀를 쫑긋이 세우고 들어요. 저도 말똥말똥 쳐다보면서 교장선생님 말씀을 열심히 들었지요. '너희들 일본에 가면 미츠비시라는 비행기 만드는 큰 공장에서 돈도 벌고 공장에서 중학교도 보내준단다. 그러니 집에 가서 부모님의 허락을 받고 아버지 도장을 가지고 와서 지원서를 내라. 이처럼 좋은 기회가 없다' 그래요. 저는 하학한 후 집에 가서 부모님께 말씀드렸더니 절대로 안된다는 것이에요. 이틀인가 울고불고 떼를 쓰다가 그래도 아버지가 허락을 해주지 않으니까 사흘째 되는 날 아버지 도장을 훔쳐다가 찍고 지원했지요. 그런데 공장에 와보니까 월급도 제대로 안주고 공부는커녕 일만 시켜서 고생 많이 했습니다"(2003년 1월 14일, 禹英子 증언・1931년생・전남 화순군 남면 벽송리 389).
79. "학교 보내준다는 것도 거짓말이고 월급 준다는 것도 거짓말이었어요. 월급 준다고 해서 봉투를 열어보면 칫솔하고 치약 살 정도의 돈밖에는 안되더라고요. 특히 시집간 후 「여자정신근로」로 갔다왔다는 사실이 들통나면서 '위안부로 공출 갔

다왔다'고 오해를 받아 이혼을 당했습니다. 저 양반(우영자를 지칭)은 나처럼 이혼까지 당하지는 안했지만 2년 동안 별거생활을 하는 등 시집살이가 심했답니다"(2003년 1월 14일, 李留女 증언 · 1930년생 · 광주시 동구 학동 664-15).
80. 明石博隆 · 松浦總三 編, 『昭和特高彈壓史』, 242쪽.

전남지역 한인의 강제동원과 귀환

지금까지 일제에 의해 강제동원된 한인의 수가 얼마인지 정확히 파악하기는 쉽지 않다. 일제는 자신들의 악행을 감추기 위해 관련자료들을 모두 소각·파기했기 때문이다. 사실 이러한 통계수치는 이 분야의 연구에서 가장 기본적인 것이다. 그렇기 때문에 연구자들은 그 나름대로 통계를 제시하려고 하였으며, 상당한 진전을 보았다.

정부 측의 공식 입장은 아니지만 '일제강점하 강제동원 피해진상규명 등에 관한 특별법' 제정을 위한 국회 청원자료에는 총 787만 9,708명으로, 국내 노무자 동원 612만 6,180명, 국외 노무자 동원 139만 63명, 군인·군속 동원 36만 3,465명으로 나와 있다. 여기에는 일본군 '위안부'의 숫자가 포함되어 있지 않다. 반면 북한에서는 일본군 '위안부' 항목을 추가하여 840만 명 정도로 추산하고 있다.[1] 이는 1965년 한일협정 때 조사된 수보다 훨씬 많은 것이다.

1965년 한일협정을 준비하면서 청구권소위원회가 결성되었는데, 이 위원회는 1962년 2월 13일부터 27일에 걸쳐 '피징용자 등 관계전문위원회'를 열고, 그 대상자들을 조사해 발표하였다. 이때 일본 측은 군인·군속 24

만 2,341명, 사망자 2만 2,182명, 노무자(1939년 9월 이후, 모집기 이후) 66만 7,684명 등 총 90여만 명으로 추산하였고, 한국 측은 군인·군속 36만 5,000명, 사망자 6만 5,000명, 사망한 노무자 1만 2,603명, 부상한 노무자 7,000명이라고 하였다.[2] 이때도 일본군 '위안부'에 대한 언급은 없었다. 이때와 비교해 현재 그 수는 엄청난 차이를 보이고 있는데, 이는 계속되는 자료 발굴과 수집의 결과라고 할 수 있다. 최근에는 증언자료를 통해서도 동행했던 동원자와 귀환자들의 수를 어느 정도는 유추해 볼 수 있다. 이 귀환 문제 연구는 문헌자료와 함께 구술자들의 구술내용을 서로 비교할 때 좀더 나은 결과를 낳을 수 있을 것이다.

구술조사된 자료를 바탕으로 1940년대 강제동원과 귀환과정, 귀환 후 정착과정 등을 살펴보았다. 강제동원은 시기별로 모집기, 관알선기, 강제징용기로 나누고, 다시 각 시기별로 군인·군속·노무자 등 동원 대상을 밝혀 보고자 한다. 일제의 식민정책과 비교해 실제 어떻게 전개되었는지를 이해할 수 있을 것이다. 귀환은 1945년 8월부터 1946년 초에 걸쳐 이뤄졌기 때문에 시기별로 먼저 해방 전과 해방 후로 나누어 보았다.

구술조사 과정

구술자료는 일단 구술자의 기억력에 절대적 비중을 두고 있으며, 아울러 구술자 개인의 감정이 개입될 여지가 많다는 점에서 1차 자료로서 이용하기에는 조심스러운 면이 없지 않다. 또한 나이가 들면서 약간은 자기중심적인 사고로 굳어져가고 객관성을 잃는 면도 간과할 수 없다. 현재 조사된 귀환 생존자들의 연령이 평균 82세 정도이기 때문에 이 분들의 기억력에는 한계가 있다. 특히 숫자에 대한 기억은 의심스러운 점이 많다.

한편 몸소 겪었던 일이라 하더라도 당시 처한 상황에 따라 뇌리에 깊이 각인되는 사건이 있는가 하면 그렇지 않은 것도 있다. 이러한 문제는 여러 분들의 증언 내용을 서로 비교해 보면서 좀더 객관성 있는 당시의 상황을 구성해 볼 수 있을 것이다. 아울러 문헌자료와의 비교도 수반되어야 할 것이다.

전라남도 지역의 귀환 생존자 구술조사는 네 차례에 걸쳐 실시되었다. 제1차로 2003년 1월 13~17일 함평·장성군 내 19명, 제2차로 3월 4~7일 함평·장성군 내 26명, 제3차로 2004년 2월 2~3일 제주도 2명, 제4차로 2004년 2월 9~11일 나주·보성·광양시 내 25명 등 총 72명을 조사하였다.

구술 조사과정에서 가장 큰 문제였던 구술자 섭외는 현지인이나 면장, 태평양전쟁희생자유족회(이하 유족회라 칭함)의 도움을 받았다. 특히 전남지부장의 도움이 컸는데, 함평·장성·나주·광양·보성군 등의 지회장을 섭외하고 본 조사의 내용과 목적을 주지시켰고, 이들 지회장이 다시 구술자들을 섭외하는 방법으로 이루어졌다.

조사과정에서 보상금을 받게 해준다는 사기사건이 유독 전라도에서 빈번한 것을 알 수 있었다. 이는 비교적 이 지역의 생존자들이 다른 지역에 비해 많고, 유족회의 조직이 잘 갖추어져 있기 때문일 것이다. 지금은 전남유족회가 재정이 빈약하여 광주유족회와 사무실을 같이 사용하고 있지만 전남지부에 비치된 회원 명부는 시·군별로 잘 정비되어 있다. 앞으로 이들 명부도 조사하려고 한다.

면담 내용은 크게 강제동원 부분과 귀환 문제로 나누었다. 지금까지 학계와 사회는 일제 강제동원의 침탈사를 중심으로 연구하고 관심을 가져왔는데, 여기에서는 폭을 넓혀 귀환의 문제까지 살펴보았다. 강제동원 부분에서는 구술자의 이력, 강제동원의 과정, 노동 실태, 작업환경, 일본인과의 관계 등을 살폈고, 귀환 문제에 대해서는 귀환과 귀국 후 사회화 과정, 보상 및 미해결 과제, 미귀환의 문제 등을 살펴보았다. 그런데 침탈사 중심의 관심은 귀환 생존자들에게도 예외가 아니었지만, 귀환과정과 이후의 기억은 동원에 대한 기억보다 상당히 부족하였다.

면담 장소는 구술자의 자택을 우선으로 삼았으나 일정과 구술자의 상황에 따라 한 곳에서 이루어지기도 하였다. 자택으로 했을 경우에는 사시는 모습과 당시의 유품을 볼 수 있는 기회가 있다는 장점도 있었다. 한편 후자의 경우에는 전자의 장점은 없지만 구술하는 동안에 주위 분들로부터 보충 설명을 들을 수 있고, 사투리 이해의 어려움도 조금은 해소할 수 있었다.

조사에는 녹음기, 디지털카메라, 캠코더 등을 기본 자재로 이용하였다. 어느 하나가 작동되지 않았을 경우를 대비한 것이다. 조사 시간은 구술자의 기억력과 관계가 있는데, 나이가 많은 관계로 장시간에 걸친 조사는 불가능하였다. 그리고 동원되어 사고로 다친 분이나 6·25전쟁으로 몸이 불편한 분들은 오랜 시간 조사가 불가능하였다. 이러한 개인차로 구술 시간 및 내용에서 다소 차이가 났다.

조사 내용

일제에 의해 강제동원된 인원의 수나 귀국하지 못하고 국외에 잔류했던 동포의 수를 정확히 파악하기란 거의 불가능하다. 그만큼 오랜 시간이 흘렀고, 자료도 의도적으로 폐기된 것이 많기 때문이다. 최근 새로운 자료들의 발굴로 그 숫자가 수정되고 있다. 일제 강제동원자의 명부 및 자료는 거의 일본 측에 의존하고 있다. 현재 국가기록원이 소장하고 있는『일제 강제동원자명부』도 일본 측으로부터 전해받은 것들이다. 총 13종의 명부에는 총 48만 693명의 명단이 기재되어 있으며, 서로 중복된 이들도 있다. 이들 자료에 따르면 당시 제주도를 포함한 전라남도에서 총 5만 3,009명이 강제동원되었다. 이 숫자는 경상북도 5만 7,956명에 이어 두 번째로 많은 것이다. 각 부府·군郡별 강제동원자의 수는 표 1과 같다. 이 숫자는 5만 3,009명에 대한 것이기 때문에 전체의 실상과는 많은 차이가 있다.[3]

조선총독부가 1944년 5월 1일 기준 인구조사를 실시했을 때, 전라남도는 총 53만 5,417세대에 274만 9,969명이었고 성별로는 남자 133만 6,418명, 여자 141만 3,551명으로 조사되었다(표 1 참조).[4] 연령별 남녀의 수를 비교해보면 1세부터 14세까지는 남자가 여자보다 많으나 15세부터 46세까지는 남자보다 여자의 수가 많다(표 2 참조).

43세부터 47세까지 100~200여 명의 차를 보이다가 48세부터는 점차 남자의 수가 여자보다 많아진다. 그 차가 4,000명이 넘는 연령은 18, 21, 22, 23세뿐인데, 21~23세는 같은 징용연령층으로 이해되지만 18세의 경우는 의외인 면이 없지 않다.[5] 특히 21세의 경우 여자가 남자보다 6,246명이 많다. 그러한 이유로는 여러 가지가 있을 수 있겠으나 일제의 강제동원과 관련된 것을 부인할 수 없다.

표 1 지역 부군별 인구와 동원자 수(단위 : 명)

(1944. 5. 기준)

府·郡	세대수	남자	여자	총인구수	동원자수
浦府	14,847	34,861	34,408	69,269	546
光州府	16,366	39,049	43,382	82,431	2,859
光山郡	21,243	52,841	55,182	108,023	
潭陽郡	17,903	44,512	46,699	91,211	2,189
谷城郡	14,459	35,444	37,368	72,812	1,705
求禮郡	10,598	25,763	27,773	53,536	1,186
光陽郡	12,359	31,265	32,879	64,144	1,587
麗水郡	27,083	75,167	73,751	148,918	2,786
順天郡	28,398	71,762	74,168	145,930	2,661
高興郡	27,026	72,119	77,440	149,559	2,866
寶城郡	23,014	54,558	58,402	112,960	2,344
和順郡	22,160	54,733	55,334	110,067	1,530
長興郡	18,451	47,257	49,313	96,570	2,118
康津郡	16,375	42,723	45,112	87,835	1,470
海南郡	28,235	74,721	79,005	153,726	2,597
靈巖郡	18,932	48,021	50,730	98,751	1,814
務安郡	39,257	102,252	110,323	212,575	3,028
羅州郡	36,611	92,738	96,718	189,456	3,280
咸平郡	18,619	48,054	49,826	97,880	1,761
靈光郡	22,778	58,477	60,082	118,559	1,951
長城郡	19,693	50,179	51,240	101,419	2,259
莞島郡	17,848	47,016	50,757	97,773	1,695
珍島郡	13,024	30,787	34,412	65,199	1,080
濟州島	50,138	102,119	119,247	221,366	5,669
기타					2,028
계	535,417	1,336,418	1,413,551	2,749,969	53,009

강제동원　　전라남도 지역에서 조사된 72명은 노무자 42명, 군속 21명, 징병 7명, 근로정신대 2명이다. 동원지역은 국내, 중국, 동남아시아, 태평양 군도, 일본 등 당시 일본이 진출한 곳이면 모두 망라하고 있으며, 다른 지역에 비해 일본 내의 동원이 압도적으로 많다. 일본 내의 공장과 탄광에는 미군 포로들도 있었다고 한다. 후쿠이福井현 대동화학주식회사(진치국 구술, 장성), 후쿠오카福岡현 미츠비시탄광(한만귀 구술, 장성), 나가사키長崎 군함제작소(조길환 구술, 나주) 등에서는 미군 포로들이 작업을 하였다고 한다.

특히 나고야名古屋 미츠비시 항공기제작소는 구술자 72명 중 6명이 끌려가 한 공장에 가장 많이 동원된 경우였다. 이곳에는 근로정신대 2명, 징용노무자 4명이 동원되었다. 또한 규슈九州 나가사키현·가고시마鹿兒島현 등의 조선소에 동원된 자도 많았다. 가장 많은 사람들이 동원된 곳은 탄광이었는데, 주로 홋카이도北海道와 규슈 등지의 여러 탄광에서 노역을 하였다. 중국으로의 동원은 군인과 군속이었으며, 남양군도 등 태평안 연안의 여러 섬에 동원된 자들은 모두 군속의 신분이었다.

동원은 1941~1945년에 행해졌는데, 특히 1944년에 집중적으로 이뤄졌다. 이때 '국민징용령'에 의해 징병·징용이 본격적으로 실시되었기 때문이다. 동원 당시 51세인 사람도 있었지만 20~22세의 젊은이들이 많았다. 거의 부산과 여수에 각 지역의 병력이 집결하여 시모노세키下關·하카다博多까지 연락선을 타고 갔다.[6] 간혹 군함을 이용하기도 하였다.

강제동원의 방법은 시기별로 모집시기·관알선시기·강제징용기로 나누어 볼 수 있다(표 3 참조).

표 2 연령별 분포(단위 : 명)

(1944. 5. 기준)

나이	한 인		남자-여자	일본인	
	남자	여자		남자	여자
11	34,425	32,356	2,069	486	491
12	33,835	31,454	2,381	466	466
13	32,900	31,308	1,592	440	478
14	34,953	32,229	2,724	347	417
15	23,575	26,353	−2,778	364	457
16	24,689	25,867	−1,178	323	362
17	21,405	23,155	−1,750	359	438
18	19,308	23,677	−4,369	370	453
19	20,167	20,561	−394	309	414
20	19,121	21,543	−2,422	174	444
21	17,990	24,236	−6,246	78	371
22	15,304	19,797	−4,493	76	384
23	15,056	19,270	−4,214	99	382
24	14,667	18,313	−3,646	147	412
25	13,687	16,863	−3,176	189	346
26	13,263	16,322	−3,059	181	338
27	14,600	17,642	−3,042	193	355
28	13,143	16,235	−3,092	219	389
29	14,092	17,032	−2,940	239	380
30	14,148	16,906	−2,758	225	423
31	14,127	17,918	−3,791	220	344
32	14,273	17,157	−2,884	243	406
33	13,882	16,319	−2,437	213	371
34	12,820	15,226	−2,406	248	348
35	13,712	15,157	−1,445	216	345
36	13,247	15,200	−1,953	233	308
37	12,374	14,278	−1,904	215	289
38	14,675	15,800	−1,125	222	265
39	11,873	12,995	−1,122	264	268
40	10,997	12,400	−1,403	269	263
계	542,308	603,569	−	7,627	11,407

표 3 구술자의 강제동원 당시 출신지역별 분포

지역	강제징병				강제징용		계
	지원병	학도병	군속	군인	근로정신대	노무	
광주시	-	-	-	-	1	-	1
나주시	-	-	1	2	1	7	11
영암군	-	-	-	-	-	1	1
무안군	-	-	-	-	-	1	1
제주도	-	-	3	-	-	-	3
장성군	-	-	5	-	-	17	22
함평군	-	-	2	4	-	13	19
보성군	-	-	4	-	-	1	5
광양시	-	-	6	1	-	2	9
계	-	-	21	7	2	42	72

① 모집 시기(1939. 9~1942. 1)

1939년 6월 일본 석탄광업연합회가 상공대신에게 한인 노무자에 관한 진정서를 제출하였고, 7월에 「조선인 노무자 내지 이입에 관한 건」이 발표되면서 한인노무자의 집단동원이 시작되었다. 9월에 「조선인 노무자 모집요강」이 발표되었고, 한인들을 모집하여 10월 「국민징용령」 시행에 맞추어 처음으로 홋카이도 무구탄광에 한인 70명이 모집되어 갔다. 2년의 계약만기가 되는 1941년 9월에 석탄광업연합회는 한인 노동자들의 정착을 회유하는 장려반을 각 지역에 파견하기도 하였다. 이 시기에 동원된 것은 1941년 10월과 11월 각 한 차례씩 모두 2건인데 노무와 군속으로 지원해 간 경우이다.

② 관알선 시기(1942. 2~1944. 8)

모집 방식이 1942년 2월 기존의 자원自願에서 관알선으로 바뀌면서 노무 동원이 강화되었다. 이 시기에는 모두 38건이 이뤄져 노무·군속·징병·근로정신대 등으로 동원되었다.

③ 강제징용기(1944. 9~1945. 8)

일제는 1944년 9월 관알선을 폐지하고 징용령을 실시하였다. 이 시기에는 17건의 동원이 있었으며, 이 외에 시기가 분명하지 않은 3건이 있었다. 이 시기에는 대부분 징용장 발부를 통한 동원이었다. 간혹 징용장이 발부되지 않았는데도 강제동원된 사람들이 있었다.

일제의 인력동원은 병력동원과 노무동원으로 나뉜다. 병력동원은 지원병·학도병·군인·군속 등으로 나누어 볼 수 있다. 조사한 72명 중에는 지원병과 학도병은 없고, 군인·군속이었다. 노무동원은 노무와 근로정신대·근로보국대로 끌려간 것으로, 일반노무자가 대부분을 차지한다. 이를 동원 당시 지역별로 보면 표 3과 같다. 강제동원될 당시의 출신 지역은 현 거주지와 태생지가 달라 조사지역보다 다양하다.

지원병 일제는 먼저 지원의 방법을 취하였다. 일제는 처음에 한인을 군인으로 받아들이지 않았다가 전선이 확대되자 한인의 지원을 유도하였다. 이는 한민족을 열등한 민족으로 보는 그들의 대한인관對韓人觀과 관련있으며, 한편으로는 강제적으로 시행할 경우 야기되는 반발을 우려했기 때문이다.[7]

초기의 육군 지원은 다분히 친일적인 모습이었다고 할 수 있다. 그들은 황국신민이 되었다는 자랑스러움을 과시하며 일왕에게 충성을 서약하고 군인이 되었다. 그렇기 때문에 이 시기 지원병들의 증언을 듣는다는 것은 거의 불가능했다. 이는 자신의 친일 성향을 드러내는 것을 꺼린 때문이기도 하다. 물론 반강제적으로 지원할 수밖에 없는 상황도 있었다. 지금까지 조사한 72명 중에는 지원병으로 동원된 사람은 한 명도 없었다.

강제 징병을 앞두고 고향집에서 마지막 기념 사진을 찍는 농촌 출신의 한인 청년

학도병 일본 육군성은 1943년 10월 한인 학도 지원병제를 실시하였다. 학도병 징병검사 실시를 하고, 이듬해 1월 학도병의 입소가 시작되었다. 조사된 사람들 중 지원병 출신은 한 명도 없고, 1940년 8월쯤에 학도병으로 남양군도 부잉지구에 끌려간 김행진(영암군 영암읍 출신)의 증언 내용이 독립기념관에 수집되어 있다. 그 내용을 보면, 김행진은 혜화전문학교에 재학 중 학교별로 학도병 인원이 배당되었고, 혜화전문학교에서는 추첨을 통해 배당 인원 4명을 뽑았다고 증언했다.[8]

군속 군속은 비전투원으로서 임무와 역할에 따라 연합군 포로 감시원과 부대 내 군사시설의 작업에 동원된 일반 군속으로 나누어 볼

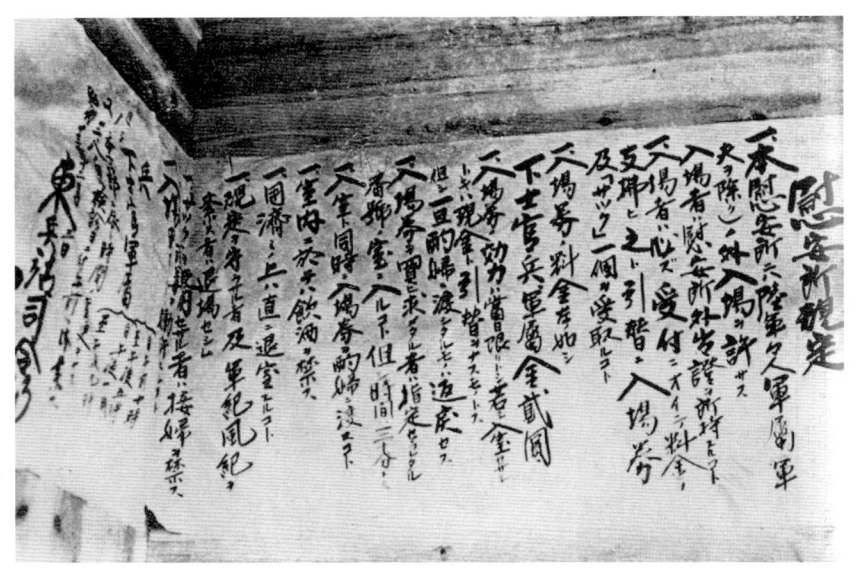
전쟁터 위안소에 설치된 위안소 규칙

수 있다. 일제의 군속 모집은 1942년 5월 영·미군 포로감시원 채용방침 발표, 7월 해군 군속 채용 결정을 거쳐 실시되었다.

조사된 72명 중 포로감시원이었던 사람은 없고,[9] 21명 모두 군사시설, 부대시설 작업에 동원되었다. 현재 국가기록원에 보관되어 있는 육군 군속 선원의 개인별 이력履歷을 기록한 명부인 『군속선원명표』에 따르면, 총 7,046명 중 전남이 2,415명(34.3%)으로 전국에서 가장 많다.[10] 이 명부를 좀 더 분석할 필요가 있으나 이들 대부분은 해안가 지역 출신이었을 것으로 생각된다.

일제는 군속 채용방침이 결정도 되지 않은 상황에서 모집, 동원해 갔던 것으로 보인다. 이는 1941년 10월 28일에 군속으로 남양군도 춘도春島에 동원되었던 이귀갑李貴甲과 김봉옥의 구술에서 알 수 있다.

당시 군속 모집이 있어 지원하였다. 이것이 보성군에서의 군속 1차 모집이었으며, 이후 2차, 3차 모집이 있었다.
1941년 9월 9일(음) 군에서 출발하여 전주에서 다시 병력을 싣고, 부산에 도착, 남양군도 춘도로 향하였다. 이때 부산에 모인 병력이 4,000명 정도였다. 춘도에 도착해서 보니 이미 경상남도 병력이 준비조로 와서 식당·숙사 등 부대시설을 만들고 있었다.[11]

위의 이귀갑의 구술에 따르면 전라도의 병력이 남양군도로 가기 이전에 이미 경상남도 병력이 와 있었다. 이는 법령 공포 훨씬 전에 군속 채용이 실시되었다는 것을 말해준다. 이귀갑이 군속으로 동원된 춘도라는 섬 주위에는 남양군도에서 가장 큰 섬인 팔라우섬이 있고, 춘도 외에 월月부터 일日까지의 요일曜日 이름을 붙인 7개의 섬이 있다. 춘도에는 편의시설이 없었기 때문에 외출을 할 경우나 필요한 비품을 구입해야 할 경우 팔라우섬으로 나갔다고 한다. 처음 팔라우섬에는 일본군 '위안부'가 없었으나, 1944년 돌아올 때 섬에 있다는 이야기를 들었다고 한다.[12] 1944년 귀국 도중에 도쿄 시내를 구경시켜 주기도 하였다고 한다. 귀국 후 그는 1945년 1월에 돈을 벌기 위해 만주로 건너가 펄프 재료를 만들기 위한 벌목을 하기도 하였다.

일제의 군속 채용에 관한 법령 공포 시기에 즈음하여 군속으로 지원한 사람도 있었다.

이공석·서상형은 1942년 5월 20일쯤 제주도 내에 붙은 군속 모집 광고를 보고 지원하여 6월 3일에 동원되어 갔다. 이들은 계약기간 1년, 월급 120원을 조건으로 해군 군속이 되어 마셜군도 윗제섬으로 가게 되었다. 이때 제주도 58명, 경북 80명, 전남 완도·진도 출신 80명 등 전라남·북도와 경상남·북도에서 총 2,000여 명이 부산에 집결해 추방환을 타고 갔다. 도중에 트럭섬에도 병력을 내려놓았다고 한다. 제주도 병력 58명 중 26명만이 3년 6개월이 지난 1945년 12월 21일에 히쇼우마루日昌丸를 타고 돌아왔다.[13] 이공석은 해군 군속을 지원하게 된 이유를 다음과 같이 말했다.

> 당시 군인·군속·탄광노무자 중 그 어느 하나도 면할 수가 없었다. 그러한 심경은 그 해 3월 봄에 마을 청년 봉사대원으로 선발되어 제주비행장 건설현장까지 걸어가 7일간의 근로봉사임무를 마치고 돌아왔을 때부터였다. 그러던 중 5월 20일쯤 해군 군속 모집공고가 거리에 나붙었다. 해군 군속이라면 그 당시 남양방면으로 간다는 것은 이미 상식화되어 있었다. 광고는 신체검사와 구술시험 후 합격자를 발표한다는 것이었다. 기한은 1년, 보수는 미미했다. 그러나 어차피 가지 않을 수가 없을 바에야 앉아서 고민하는 것보다는 나을 것이라 생각하고 가족들이 극구 만류함에도 불구하고 응모하기로 결심했다.[14]

이공석처럼 '어차피 갈 바에는 좀더 편한 곳으로 가자'라는 군속 지원 이유는 다른 구술자료 등에도 보인다. 이를 통해 당시 청장년층의 한인들은 징용령이 발효되기 전에 모두 강제동원될 것이라는 압박감을 느꼈던 것을 알 수 있다. 이공석보다 앞서 간 이귀갑 또한 군속을 지원해 갔는데, "군郡에서 신청하구. 인자 그 계원들이 나와갔고 신청함시로 부락별로 와서 '일본인디 이런디 좋다' 그렇게 했어"라고 하였다. 정학성도 이렇게 지원해 1944년 4월 11일 북만주 흑룡강성 백성자시 336부대로 갔다.

> 잡아갈라 항게. 지원해갖구 군에 가서 시험 보았소. 해군 지원 했다가 시험

봐갖고 한번 떨어졌제. 집에 들어가니까 자꾸 성가시게 일본 탐라로 끌고 갈라고. 그래서 지원해 가지고 장성군에서 시험 봤어라. 장성하고 영광하고 군청에서. 지 다리가 조까 길어요. 그래서 기마병으로 합격해가지고. 71명이 시험을 보았는데 19명이 합격을 했어.

정학성이 근무했던 북만주 336부대는 말을 훈련시키는 곳이었다. 그는 처음 15일간 훈련을 받은 후 말 1필을 받았는데, 훈련을 게을리 한다고 안장을 지급하지 않았고, 석 달이 지난 후에야 지급되었다고 구술했다. 그렇게 1년 반 정도 훈련시킨 말은 남양군도로 보내졌다고 한다. 그는 말에서 떨어져 가슴을 다쳐 한 달간 입원하였다가 입대한 지 15개월 만에 의가사제대로 조기 귀향하였다.[15]

한편 노무자로 갔다가 현지에서 군속으로 채용된 경우도 있었다. 1941년 11월 1일 김봉옥은 일본 남양흥발주식회사의 사탕수수 재배를 위한 모집에 응해 노무자로 마리아나 군도 티니안섬으로 갔다. 이후 해군성 소속의 군속으로 임무가 변경되었다.

김봉옥은 1941년 11월 1일에 마리아나군도 티니안섬에 군속으로 동원되었다. 당시 일본 흥발주식회사가 모집을 하였는데, 같은 마을에서 3명이 지원하였다. 여수에서 집결했을 때에는 전라북도 병력도 있었다. 이때 3만 톤급의 배를 타고 티니안섬으로 갔다. 섬에 도착해서는 일당 80전을 받기로 하고 사탕수수를 재배하였는데, 이후 군부대에서 사용할 기름을 하역하거나 부대진지로 운반하는 작업을 하였다고 한다.

사탕수수를 재배하는 것보다 군 부대일을 하면 돈을 더 받았다. 이때까지만 하더라도 군인들이 많지 않았고, 미군과의 전투가 본격화되면서 군인들이 오기 시작하였다. 미군의 상륙 시기를 1944년 6월쯤으로 기억하고 있는데, 이때 40여 일 동안 동굴에서 지냈고, 수차례 미군의 항복 권유 방송을 듣고 동굴에서 내려왔다고 한다. 나는 이때부터 미군의 포로가 되었고, 철조망으로 격리된 수용소 내에서 텐트로 임시 숙소를 만들고 1946년 1월 귀국할 때까지 지냈다. 대우는 적국으로 표현한 일인보다 나은 편이었으며, 가끔 미군부대에 사역을 나가기도 하였다.[16]

한편 일본 회사에 다니다가 회사가 전쟁에 동원되면서 직원이 그대로 군속으로 편입된 사례도 보인다.[17]

강제로 납치, 구인되어 간 사례도 있었다. 박노수는 1943년에 "잽혀 갔지. 여기서 잽혀가. 아~ 잽혀 갔단께. 그라고 가본께 군속이라"라고 하였다.[18]

포로감시원이 아닌 일반 군속에 대한 동원방법은 모집과 강권적인 동원, 현지조달 등이었다.[19] 이는 본 조사를 통해서도 확인되고 있다.

특히 당시 군속 모집에 많은 사람들이 지원했던 것을 볼 수 있는데 그 배경으로 우선 경제적 이유를 들 수 있다. 1년 계약, 월 120원은 당시 한인들에게 파격적인 대우였다. 실제로 많은 구술자들은 지원 배경으로 집안형편을 이야기하였다.

1943년 7월 국민징용령 개정 이전의 군속은 징용노무자에 비해 학력과 생활조건이 높았다.[20] 학력이 있는 사람들이 지원한 데는 당시 분위기가 언젠가는 한 번 갔다와야 되는 상황이고, 그렇다면 좀더 대우가 좋고 편한 곳으로 가는 것이 낫겠다는 생각이 크게 작용하였다. 일제는 학력이 높은 사람들을 우선 모집하고 이를 이용해 전시효과를 노리기도 하였다. 실제로 면장이나 관리들은 마을의 지식인 계층, 유지들을 설득하면서 다른 사람들에게 모범을 보이라는 식으로 지원을 강요하기도 하였다.

그런데 같은 군속이라도 해군 군속과 육군 군속은 대우면에서 상당한 차이가 있었다고 한다.

> 해군 군속들은 뭘 주는고 하믄 비스켓 비스켓또를 주고, 과자를 주고, 우는 감빵을 줘 육군은. 해군 군속들은 돈을 벌러간 사람들이야.[21]

박노수는 1943년 2월쯤(음) 군속으로 강제 채용되어 광양군 출신 33명과 함께 남양군도 팔라우·사이판섬으로 동원되어 갔다. 그는 해군 군속과 달리 한 푼도 받지 못했으며, 계약기간도 지켜지지 않아 1945년 12월에나 돌아올 수 있었다.

군인   일제는 1942년 5월 조선인에 대한 징병제 시행을 의결하고, 같은 달에 조선총독부 내에 징병제도시행준비위원회를 설치하였으며, 11월에 「조선징병제도 실시 강령」을 확정하였다. 일제는 1943년 8월 지원병제도를 없애고 징병제를 시행하였다.

전라남도 출신의 구술자 72명 중 군인으로 강제동원된 사람은 모두 7명이었다. 이들 7명이 배치된 곳은 중국(2명), 일본(4명), 국내(1명)였다. '묻지마라 갑자생'이라는 유행어가 나올 정도로 1924년생은 거의 징병영장을 받고 훈련소에 입대하였다.[22] 만 20세 되는 1944년부터 입대하여 전장으로 내몰렸다. 신체검사에서 불합격되는 경우도 있었지만 특별한 신체적 결함이 없는 한 거의 징집되었다. 신체검사에 합격해 영장을 기다리는 동안 일반인들은 물론이고 순사·관리들도 노무자로 끌려가는 사람은 무서워하지 않은 반면 군인으로 가는 사람들은 무서워했다고 한다.

대부분 징병영장을 받고 입대하였지만 노무자로 끌려가는 것보다는 군속·군인으로 가는 것이 대우면에서 좋다고 생각하여 군에 지원 입대하는 경우도 있었다. 사실 일반노무자보다 대우가 나았다. 또한 연성소[23]에서 훈련 도중 신사神社에 소변을 본 사건이 빌미가 되어 훈련관과 사이가 좋지 않게 되자 군에 지원해 간 사람도 있었다.

근로정신대 1941년 2월 조선총독부는 이른바 '내선일체정신대'라는 이름으로 소학교 6학년 졸업생 600명을 선발하여 일본의 공장·사업장에 파견키로 결정하고, 1944년 5월 여자정신대 경남반을 조직, 일본 후지현富士縣 동재銅材공업에 보냈다. 이어 6월 8일에는 경북반을, 7월 6일에는 경기반을 동원하였다. 실제로 실시되고 있는 상황에서 일제는 법적 근거를 마련하기 위해 8월에 '여자정신대근무령'를 공포하고, 만 12세 이상 40세 미만의 배우자 없는 여성을 일본·남태평양 등지로 보냈다.

전라남도에서도 1944년 6월 광주·화순·순천·나주·여수 등지에서 140~150여 명을 근로정신대로 모집해 갔는데, 동원장소는 나고야 미츠비시 항공기제작소였다.[24] 이곳에는 전남 병력 외에 충남 병력도 같은 시기에 150여 명이 동원되었다.

조사된 72명 중 근로정신대로 동원된 사람은 나주와 화순 출신의 2명이다. 이들은 1944년 6월 국민학교 6학년 재학 중 동원되었다.

먼저 일본 회사나 기관이 필요한 인원을 요구하면 총독부가 각 시·군에 인원을 할당하였다. 각 시·군은 다시 최하급기관인 읍·면 단위로 인원을 차출하였다. 일본 직원이 직접 모집원으로 파견되어 오기도 하였고, 순사 혹은 헌병이 협박조로 강제 구인하기도 하였다.[25] 그들은 온갖 감언이설이 통하지 않을 때에는 협박도 서슴지 않았다.

모집 대상이 6학년 재학생과 졸업생이었기 때문에 모집에 적극적인 사람은 각 학교의 일본인 교장과 선생이었다. 이들은 먼저 학생들을 상대로 중학교에 진학시켜 주고, 돈도 벌 수 있다는 말로 어린 학생을 현혹시켰다. 그러나 부모들이 자식이 너무 어리다는 이유로 반대하자 헌병을 대동하고 다니며 협박하였다.

당시 월급은 칫솔·치약 등을 살 정도(약 50전)였으며, 노동은 하루 15시간이고, 식사는 양이 아주 적어 배가 몹시 고팠다고 한다. 이러한 작업 환경도 문제였지만 이들을 더욱 불안하게 만든 것은 지진과 미군의 공습이었다. 1944년 12월 7일 동남해東南海 지진으로 동료 6명(나주·목포·광주 출신 각 2명씩)이 죽었고, 미군의 폭격으로 공장이 완파되자 도야마富山현 다이몬大門 공장으로 옮겨 같은 일을 하였다.[26] 이들은 해방이 되자 기숙사에 머물면서 회사 측에 저금을 돌려줄 것을 요구하였고, 회사 측에서는 집으로 보내준다고 하였으나 그것은 말뿐이었다.

노무자 미츠비시 항공기제작소에 노무자로 동원된 사람들도 있었다.[27] 이들은 모두 강제징용 시기에 동원된 사람들이다.

당시 일본 회사가 필요한 인원을 군郡에 요청하면 군에서 면 단위로 인원을 차출하였다. 그러나 징용을 피해 도망하는 사례가 빈번해 차출인원이 부족해지는 경우가 많게 되자 가족 중 대리자를 구해 가거나, 면 직원이 가기도 하였다. 그래도 안 될 경우에는 무작위로 사람을 잡아갔다. 심한 경우에는 부자·형제가 모두 끌려가기도 하였다. 간혹 아버지나 형 대신 가는 경우도 있는데, 이것을 보면 동원되기 전에 실시하는 신체검사는 별 의미가 없었던 것으로 보인다. 그리고 드문 경우이지만 돈을 받고 대신 가는 사례도 보이고 있다.

우리 면에서는 (돈)있는 사람이 면장에게 논을 너마지기 주고 안 가. ○○이가 그 대신 왔거든. 박○○이 알지? 그랬거든. 살림(재산)은 있는 사람이니까 그 논 너마지기 줘 봤자……, 그래갖고 논 너 마지기 주고 안 갔거든.[28]

지원자 중에는 경제적으로 곤란했던 사람들이 많았다는 것이다. 특히 나주군에는 동양척식주식회사·동산농장주식회사가 대토지를 소유하고, 다른 지역에 비해 일본인들이 농장과 과수원을 경영해 이 지역 주민들의 자작 비율은 낮았다. 이러한 사회·경제적 배경에서 경제적으로 어려운 사람들이 지원을 하였다.[29]

모집과 관알선 시기에는 가난한 한인들에게 많은 호응을 얻었던 것으로 보인다. 가면 생활비를 주고, 갔다 오면 논 다섯 마지기를 살 수 있는 돈을 벌 수 있다는 소문 때문이었다. 이러한 소문이 돌았다는 것은 지원한 사람들이 정확한 계약조건을 알지 못했다는 점을 알려준다. 구술자들 중에는 계약조건이나 처우 문제에 대해 알고 있는 사람이 거의 없었다. 간혹 현지에서 계약조건이 지켜지지 않아 태업怠業이나 파업을 하는 경우도 있었다. 남양군도에 군속으로 동원된 이 중에는 다음과 같이 증언하는 이도 있었다.

> 일년 계약하구 갔재. 그런디 안 보내줘. 그래서 이럴 수가 있냐. 보내줘라 땡깡을 부렸재. 이렇코는 안 되겠다. 내가 인자 안 되겠다. 그랑께 (서류를) 뺑돌려서 딱 보니께는 그대로 딱 씌어있거든. 요새식으로 그래갔구 데모를 했어. 안 되겠다. 일도 안 허구 못도 안 하구······.[30]

당시 한인에 대한 차별과 저항에 대해서는 다음과 같이 증언하는 이도 있었다.

> 거기서 일본 사람들은 덜 먹는 편이었어. 그 사람들은 정량을 다 주고 우리 한국 사람들은 양이 적어. 딱 그것 때문에 폭동이 한 번 일어났어요. 왜 차별대우 하느냐. 거기서 거시기한 사람은(주모자를 말함) 싹 뽑아서 남방으로 전쟁 바로 일선, 최일선으로 보내부러. 하루는 근로시간 때문에 싸움이 나서, 싸움도 저녁에 일 마치고 했으면 형이 가벼울 건디. 아침에 일 들어가자 마자 난리가 났거든. 그러니께 작업방해죄로 몰려가지고, 말하자면 공무방해지. 그래가지고 군법재판까지. 군속 거시기라 군법으로 6개월, 1년 살고. 본 소속으로 돌아오고. 도망한 사람도 잽히면 도로 돌아오고······.[31]

파업과 태업의 원인은 작업시간, 식사량, 임금, 한인에 대한 차별 등이었다. 그러나 이귀갑의 태업은 별 효과가 없어 그는 계약기간이 무시된 채 해방 이후에 돌아오게 되었다. 한인들의 파업과 태업에 대한 탄압으로 일제는 회유하기도 했지만 주동자를 전선으로 보내거나 형무소에 투옥하였다.

또한 태평양전쟁 말기에는 노동력의 부족을 한인들로 메우려고 계약기간이 끝나도 강제적으로 연장시키거나 재차 징용장을 발부하기도 하였다.

박해주는 사세보佐世保 해군진수부사령부 101부대에서 2년을 계약하고 해군 군속으로 근무하였다. 계약기간이 만료되자 부대에서 하사관으로 진급시켜 준다며 그에게 잔류하기를 권하였다.[32]

노무자의 경우로, 2년의 계약만기가 되는 1941년 9월에 석탄광업연합회는 한인 노동자들의 정착을 회유하는 장려반을 각 지역에 파견해 잔류를 적극 권장하였다. 그러나 한인들은 계약기간이 끝나면 귀국하고자 했고, 이를 저지했던 회사 측과 무력대립을 벌이기도 하였다. 귀국하고 난 이후에 재차 징용장이 발부되기도 하였다.[33]

이번 구술조사에서 확인된 특이한 사례는 근로보국대의 일원으로 동원된 경우이다. 전남 나주시 다도면 태생인 박세봉朴世峯의 경우로, 그는 1942년 근로보국대로 후쿠오카현 신수광업소에 2년 계약으로 갔다가 계약 만기로 귀국하였다. 그리고 경제적인 이유로 재차 도일渡日하여 신수광업소에서 일을 하다가 다시 야하다八幡제철소로 옮겼다.[34] 홋카이도 치토세군千歲郡 祝梅비행장으로 동원된 피해자의 구술 내용에서도 근로보국대의 존재를 확인할 수 있다.

(근로보국대는) 우리하고는 다른데 돈 받아 먹고 간 사람이지. 한국 사람은 한국 사람인데 그 사람들은 돈 벌려고 보국대를 간 사람이지. 왜놈 말로 탄꼬비라고 그래. (우리나라에서 보국대로 일본에 갔어요?) 많지. 돈벌이 할려고 잡혀 간 거라. 일을 시키는데 그 사람들은 옷도 제대로 안 주니까 짚을 어디서 났는지 짚을 집어 넣어버려. 참 그 사람들 고생 많이 했어. 짚을 넣으면 발이

덜 시리거든.[35]

위의 내용을 보면 홋카이도 비행장 건설현장에도 근로보국대가 파견된 것을 알 수 있다. 그런데 이들은 일반 노무자로 징용되어 간 사람들보다 처지와 대우가 상당히 열악하였다. 노무자들은 한 겨울에 1인당 모포 8장과 방한화를 지급받았지만, 근로보국대들은 방한화가 지급되지 않아 신발에 짚을 넣었다는 것이다. 그 대상의 연령과 출신지역 등 구체적인 내용은 알 수 없으나, 근로보국대와 일반 노무자는 대우에 차이가 있었다는 사실은 주목된다.

귀환 과정

해방 이전의 귀환 1939년 10월 '국민징용령' 공포 이후 1943년까지 일본 탄광·공장 등으로 동원된 노무자들 중에는 2년 정도의 계약기간이 만료된 후 귀국하는 경우도 있었다. 그러나 그 이후가 되면 계약기간은 무시되었고, 연장 근무라는 명목으로 강제노역에 시달렸다. 간혹 귀국 후 다시 징용장이 발부되기도 하였다. 따라서 해방 이전에 귀국한 사람은 극히 적었다.

먼저 해방 이전에 귀국한 사례(박동섭)는 계약 만기에 따른 경우였다. 이들 중에는 박세봉·이귀갑처럼 다시 일본이나 만주로 돈을 벌기 위해 간 사람도 있었다.

둘째, 병이 들거나 더 이상 작업할 수 없을 정도로 몸을 다치거나 집안의 우환으로 조기 귀향한 사례이다.

함평군 월야면 출신인 고연석高連錫은 함바집을 운영한 반장의 인솔하에 반원 30~40명과 함께 노무자로 함북 무산탄광까지 갔다. 징용간 지 6개월 후 병으로 작업을 하지 못하자 귀가 조치되었다.[36] 함평군 대동면 출신인 조병철趙炳喆은 1943년 3월쯤 함경북도 유성탄광으로 징용되었다. 이듬해 10·11월쯤 탄광 막장에서 사고로 다친 후 병원에서 한 달가량 치료를 받았으나, 그 상처가 깊어 치료도 받지 못한 상태에서 귀향하였다.[37] 앞에서 본 정학성도 말을 훈련시키던 중 말에서 떨어져 갈비뼈를 다쳤고, 고향의 아버지가 각기병으로 고생하여 일본인 소대장과 면장에게 부탁해 1945년 6월쯤 귀향하였다.

셋째, 강제동원에 저항하여 작업장에서 탈출한 경우이다. 함평군 해보면 출신인 김재표金在杓는 1944년 음력 2월쯤, 일본회사 직원에 의해 평남 진남포항 건설 현장에 동원되었다. 그는 음력 3월쯤 새벽에 작업장에 다른 사람을 대리로 보내고 2~3명과 함께 도망하다가 반장에게 붙잡혔다가 다시 점심 시간을 이용해 도망하였다. 감시가 심해 평양에서 열차를 타지 못하고 여포역까지 걸어가 기차를 타고 귀향하였다.[38] 장성군 삼서면 출신인 봉용구奉用九는 1943년 1월 2일 후쿠오카에서 온 순사에게 형 대신 가겠다고 하여 1월 12일 여수에서 배를 타고 시모노세키를 거쳐 후쿠오카 탄광으로 갔다. 탄광에서 허리를 다쳐 치료를 받다가 간호사가 길을 알려주어 탈출하였다. 그는 이후 현지에서 살던 강원도 사람(부인 奉씨)과 경상도 사람 하야시(林)씨의 도움을 받아 품팔이도 하고, 방공호 작업장이나 농장·과수원 등지에서 일을 하였다. 1945년 8월 9일, 나가사키의 원폭투하로 돈을 모두 잃고, 해방 후 한 달 동안 귀국 여비를 마련하려고 애썼다. 나가사키에서 이삿짐을 꾸리는 작업을 도와 주고, 이사하는 차를 타고 하카다로 와 3~4일 만에 목선(400톤, 400명 탑승)을 타고 1945년 9월 3일쯤 부산에 도착, 대전을 거쳐 귀향하였다.[39]

영암군 삼호면 출신인 김지표金芝杓도 형 대신에 간 사례이다. 그는 1943년 7월 20일(음) 면面에서 21명과 함께 후쿠오카현 미츠비시 이이즈카 탄광에 동원되었다. 10개월 동안 탄광생활을 하며 우등상을 받기도 하였고, 사감이 아들이라고 부를 정도로 친화력을 인정받았다. 또한 동료들 사이에서도 의리가 있어 일본인들과 싸움도 자주 하였다. 처음 도망하기로 했을 때 동료인 서하관이라는 사람 때문에 못 하고, 동료 다섯 명을 도망 보냈다. 이들은 이시하라산에 있는 비행기 유리 만드는 도판공장에서 일을 하다가 밀고로 붙잡혀 돌아왔고, 구타를 당하였다. 그는 또다시 1944년 4월쯤에 4명과 함께 도망쳐 비행장에서 1년간 일을 하였다. 해방 후 배밭에 일하고 품삯으로 배를 받아 귀환하려는 한인에게 팔아 1,000원 정도를 벌었다. 1945년 9월쯤 하카다에서 배를 타고 돌아왔다.[40]

해방 이후의 귀환   해방 소식은 일왕의 항복 방송을 직접 들은 사람도 있으나 대부분 일인의 반응을 보고서 알거나 일인이나 한인을 통해 알게 되었다.

해방 후 작업하던 곳에서 바로 나오지 않고 기숙사에서 어느 정도 체류하였다. 이때 작업은 하지 않았다. 이 기간에 식사를 지급한 곳이 있는가 하면 전혀 지급이 되지 않는 곳도 있었다. 지급되지 않는 곳에서는 사비로 사 먹기도 하였다. 거의 공황상태인 곳도 있었으며, 차분히 작업을 하는 일본인들도 있어 지역에 따라 차이를 보였다고 한다.

하시마端島 탄광에서는 한인 수천 명이 모여 웅성웅성하자 소요를 방지하기 위해 술 1병씩을 지급하기도 하였다. 나가사키 군함제작소에서는 해방이 되자 돼지를 잡아 날마다 주고 밥도 조금 주던 것을 많이 주었다.[41] 광업소 같은 곳은 계속 작업하기를 원했던 사람들에게 급여를 지급해 주기도 하였다. 치안은 유지되지 않고, 한인들이 폭동을 일으킬 정도가 되자 회사 측에서 빨리 귀국시키려고도 하였다.

> 일본 사람 다 죽여 버린다. 일본 다 죽여버린다. 이게 이렇게 되니까 회사 사장이라는 영감이 '조선 사람들 빨리 내보내야지 큰일났다구. 무법천지가 되어 버리겠다구' 했어. 개판되어버리지. 조선 사람들이 떼로 다니면서 들판에 가서 똑같이 남의 것 주워 먹구, 들판에 가서 단감도 따 먹구 오이도 따 먹구, 북감자 이렇게 큰거 있더만. 캐다가 쪄먹구. 일본은 다 때려 죽여야 한다구…[42]

당시 일본인들은 '코 큰놈들에게 고개를 숙이냐'는 식으로 흥분하는 경우도 있었지만 대부분은 고개를 숙인 채 기가 죽어 있었다. 10년 후에 또 만난다고 말하는 일인도 있었다. 심한 경우에는 한인의 스파이활동으로 일본이 망했다고 한인들을 몹시 미워했고, 죽이려고까지 했다.[43] 배가 없어 상당 기간 동안 하카다항에 머물러 있던 한인들과 일본 깡패들 사이에 싸움이 붙어 한인 여러 명이 죽기도 하였다.[44] 미군이 들어오면 군인·군속들 전부 잡아다가 롤러로 땅에 눕혀 놓고 깔아뭉갠다는 유언비어가 돌아 그런 일을 당하지 않으려고 피하고 도망다니는 일본인도 있었다.[45] 그러나 일본인들 중에도 일본의 항복을 좋아하는 사람이 있었는데, 이들은 전쟁으로 가족들이

죽었기 때문이라고 하였다고 한다.[46]

　귀국하기 위해 한인들은 항구로 모여들었다. 시모노세키나 하카다항에는 한인들을 수용할 수용소가 제대로 갖추어 있지 않아 한인들은 천막을 치고 지내거나 길 바닥에 거적을 깔고 잤다. 항구는 귀국을 서두르는 한인들로 매우 혼잡했고 취사시설이나 화장실 등은 없었다.

　귀환은 크게 일본 정부·회사·연합군최고사령부 등 기관의 귀환 정책에 따라 귀환하는 경우와 사선(야미배, 밀항선 혹은 무허가의 소형 선박, 木船)을 타고 개인적으로 귀환하는 경우로 나뉘었다.

　우키시마마루의 침몰 이후 연합군최고사령부는 8월 25일 오전 0시를 기해 100톤 이상의 선박 운항을 금지하였다. 시모노세키항과 주요 항만에는 무수한 미군의 기뢰가 설치되어 운항이 어렵자 대체 항구로 하카다와 센자키가 선정되었다. 이에 미군은 8월 28일 센자키-부산간에는 흥안환興安丸, 하카다-부산간에는 덕수환德壽丸의 운항을 허가하였고, 30일부터 운항이 개시되었다. 흥안환은 정원 1,750명이었는데, 많을 때에는 9,000명까지 승선하였다.[47] 한편 일본 운수성은 9월 1일에 한인의 귀환 방침을 발표하였다. 그 내용은 귀환자의 수송은 주로 관부연락선을 이용할 것, 부산까지는 반드시 사업주 측에서 인솔자를 붙여, 부산에서 인도할 것 등이었다.

　먼저 공식적인 절차를 거쳐 귀환한 사례를 보면, 일본 회사 측에서 뱃삯을 지불하거나 탑승할 때까지 도움을 주어 귀환했다고 증언한 사람들은 부산까지 인솔자가 왔다는 기억이 없었다. 배를 탄 이후부터는 각 지역부대별 반장이 인솔하였다. 증언에 의하면 나가사키현 고야기시마香燒島 조선소, 후쿠오카현 미츠비시 신수탄광, 후쿠오카현 우에다탄광, 후쿠이현 대동화학주식회사, 홋카이도 소라치空知군 우다세나이쵸歌志內町 나카노자와中之澤 스미토모住友탄광 등이 편의를 제공했다고 한다. 그리고 귀국 여비로 한 달 치 월급을 지급한 곳도 있었으나 많은 사람들이 무일푼으로 돌아와야 했다.

다음으로 개인적으로 귀국한 사례이다. 이때 밀선을 타고 오거나 연락선을 타고 왔다. 그나마 밀선을 이용하는 사람들은 뱃삯을 지불할 돈이 있었던 사람들이다. 몇 명이 돈을 모아 돛단배와 같은 목조의 기범선機帆船이나 소형의 발동선을 타고 귀환하였다. 그런 과정에서 바로 귀국하지 못하고 1~5개월씩 일본에 체류하였다.

여비를 마련하기 위해 장사를 하기도 했다.[48] 해방 이후 비교적 자유를 누릴 수 있는 사람들은 미국 담배를 팔거나, 과수원에 일을 해주고 받은 과일을 팔고, 쌀 장사로 돈을 벌어 여비로 사용하였다. 당시 여비가 없어 귀국하지 못한 사람들도 상당수였던 것으로 보인다. 나고야 미츠비시 비행기공장에 징용되었던 정동희는 당시 회사 측에서 나누어준 낙하산 등 귀한 물건을 팔아 여비를 만들어 80톤 정도의 목선(발동선)을 타고 귀국하였다. 동료에게 돈을 빌리거나, 일본 내 거주하는 친척의 도움을 받아 여비를 마련하기도 하였다.

당시 뱃삯은 200~300원으로 기억하고 있었다.[49] 밀선 중에는 전라남도 출신 사람들의 배도 있었다. 이들 가운데는 시모노세키·하카다 등지에서 한인 운송 사업을 하는 사람들도 있었다. 완도 사람이 운항하는 배를 타고 돌아온 사람도 있다.[50] 전라남도 출신의 선주인지는 알 수 없으나 하코다테函館와 아오모리青森 등지의 항구에는 한인들이 운항하는 배가 많았다고 한다.

귀환시의 출항지 및 귀항지는 동원된 지역에 따라 달랐다. 규슈 및 혼슈의 경우는 시모노세키·하카다항을, 홋카이도의 경우는 하코다테가 출항지로 사용되었다. 귀항지로는 부산항을 많이 이용했으나, 마산·울산·군산 등지로 들어오는 경우도 있었다.

부산에서는 귀환자들을 환영하는 대규모의 환영행사가 있었고, 항구에는 각 군·면 단위로 접대소를 차려놓고 귀환자에게 주먹밥을 주기도 하였다. 고향에 돌아오면 군郡에서도 환영식을 열어주었다. 고향으로 가는 기차는 무료였으며, 경부선·호남선이 이용됐다.

귀국 후 사회에 정착하는 과정에서 동원되어 습득한 기술을 활용하거나 그것을 사용하는 직업을 선택한 사람은 없었다. 이는 국내에 그것을 사용할 만한 여건이 조성되어 있지 않았기 때문이다. 저축을 착실히 한 사람은 그 돈으로 논을 사기도 하였고,[51] 말 수레를 구입했다는 사람도 있었다. 그러나 상당수는 거의 무일푼으로 동원 전에 비해 나아진 게 하나도 없었다.

네 차례에 걸쳐 전남 함평·장성·나주·보성·광양·제주도 등의 귀환 생존자 72명의 구술을 녹취하였다. 이 숫자는 당시 강제동원된 숫자 중 현재 확인되는 5만 3,009명과 비교하면 매우 미미한 수치다. 그런 면에서 본 내용의 한계는 분명하다.

구술자료는 최근 많은 연구자들이 인용하면서 그 중요성이 부각되기 시작하였다. 현재 생존자들의 연령이 80세 이상으로 이들의 증언 녹취는 더욱 시간을 다투어야 할 사안이다. 앞으로 기회가 되는 대로 이 일을 해나갈 것이다. 유관 단체의 협조를 받아 실시하는 것도 좋은 방법이라 생각한다.

그리고 국외 미귀환자들에 대한 구술자료 수집도 필요하다. 생존자들의 증언은 물론이고, 유족들의 증언도 참고하여야 한다. 아울러 증언자들의 개인소장 자료 및 유품 등도 수집할 필요가 있다.

- **여 성 구**(국민대학교 한국학연구소 연구교수)

■ 주

1. 『로동신문』 2004년 1월 31일자. 강제징병자수는 육군(지원병) 1만 7664명, 육·해군(징병) 24만 847명, 학도병 4,385명, 육·해군 군속 15만 4,186명, 강제징용자는 778만 4,839명, 일본군 '위안부'는 20만 명 등 840만여 명이다.
2. 高崎宗司, 『檢證日韓會談』, 岩波新書, 1996 ; 김민영, 「강제동원 피해자에 대한 조사 및 인원 추정」, 미발표문 참조. 이를 보면 정부에서는 일본 측보다 16만 6,000여 명이 많은 106만여 명으로 본 것 같다.
3. 동원자는 거의 남자이며, 연령별·시기별에 대한 분석은 이루어지지 않고 있다. 당시 징용연령층을 11~40세까지 가정한다해도 전체 10%에 해당하는 숫자이다.
4. 조선총독부 편, 『소화 19년 5월 1일 人口調查結果報告』, 선인출판사 영인본, 2000, 105~106쪽. 반면 연령 및 民籍·國籍별 인구현황을 보면, 전라남도 총 274만 7,819명, 남자 133만 7,780명, 여자 141만 39명으로 서로 2,150명의 차이를 보이고 있다. 당시 한인은 131만 8,078명(남), 138만 7,658명(여), 일본인은 1만 9,295명(남), 2만 2,238명(여), 외국인은 407명(남), 143명(여)이다. 노영종, 「일제하 강제동원자 현황에 대한 검토 – 정부기록보존소 소장 명부를 중심으로」, 『기록보존』 16, 2003.
5. 이 조사결과 연도가 1944년이므로 조사시점은 1943년일 것이다. 그렇다면 1942~1943년의 시대 상황과 관련이 있을 것이다. 앞으로 이 문제에 대해서도 밝혀보려고 한다. 18세에 징용노무자로 간 사람들도 있지만 그렇게 많은 숫자는 아닌 것으로 보인다. 이들은 신체검사와 면접에서 나이가 어리다는 이유로 탈락하기도 하였다.
6. 부산에서 시모노세키까지의 소요 시간은 초기에는 11시간 30분 정도였으나, 점차 배의 성능이 좋아지면서 주간은 8시간, 야간은 9시간으로 줄었다. 『關釜連絡船史』, 廣島鐵道管理局, 1979, 36쪽. 그러나 1944년 하반기 이후에는 미군의 공격과 기뢰 설치로 지체되기도 하였다.

7. 일본은 1938년 2월「육군특별지원병령」을 공포하였다. 이에 조선총독부는 4월 「육군지원자훈련소규정」등 훈련소 생도 채용과 훈련소 관제를 공포하였고, 9월 에 육군특별지원병훈련소를 준공하였다. 1943년 6월에는 해군으로까지 확대되 어 조선총독부는「해군지원병모집요강」을 발표하였다. 이에 따라 10월에 해군 지원병 1기생 1,000명이 진해 해군지원병훈련소에 입소하였다. 1944년 4월 강 제징병제가 시행되어 지원병제도가 끝날 때까지 6년간 1만 7,644명이 배출되었 다.
8. 김행진 외에 박순동(전남 순천군) · 이종실(전남 영암군) 등도 학도병이었다고 한 다(김도형,「하와이 한인 전쟁포로의 활동과 귀환」, 제3회 귀환문제 학술심포지 엄 발표문, 국민대 한국학연구소, 62쪽).
9. 이 책에 실린「한인 포로감시원의 B · C급 전범 처리와 문제점」을 보면, 포로감 시원으로 전남 구례와 강진 출신 2명이 보인다. 일제는 일본인이 아닌 식민지국 인 한국과 대만의 청년을 포로감시원으로 뽑아, 그 행위와 책임을 이들에게 돌리 려했다고 한다.
10. 또한『임시군인군속계』에는 전남 출신 4,183명이 등재되어 있으며,『병적전시명 부』에는 1,658명이 기록되어 있다.
11. 이귀갑(1920년생, 전남 보성군 보성읍 거주) 구술, 2004. 2. 10 녹취. 보성군에 서 제2차, 3차에 걸쳐 실시된 군속 모집의 자세한 내용과 정황에 대해서는 새로 운 구술자들의 증언을 필요로 하고 있다.
12. 1944년 9월 15일 팔라우제도의 펠레리우섬이, 17일에는 구안가울섬이 미군에 점령되었다. 구술자는 미군에 대해 일절 언급하고 있지 않았는데, 아마 9월 이전 에 귀국했기 때문이 아닐까 한다.
13. 徐相炯 · 李共石(제주도, 2004. 2. 2 녹취)과 박윤서(독립기념관 구술자료)의 구 술 내용. 이공석은 자신의 강제동원기를 책으로 냈다. 이공석,『역사의 뒤안길에 서 – 마셜군도 윗제섬에서의 구사일생』, 열림문화, 2001.
14. 이공석,『역사의 뒤안길에서 – 마셜군도 윗제섬에서의 구사일생』, 8~9쪽.
15. 구술자가 귀향한 지 한 달이 지나 '전방에 가서, 군에 가서, 외국 가서 있었다는 것의 표시로' 부인들 옷 한 벌이 지급되었다고 하는데, 다른 구술에서는 확인되 지 않는 내용이다.
16. 김봉옥(1924년생, 전남 보성군 웅치면) 구술, 2004. 2. 10 녹취.

17. 金羽鍾(1923년생, 전남 장성군 북하면) 구술, 2003. 3. 5 녹취. 1937년 제주도 북제주군 舊左面 下道보통학교 6년 졸업 후 渡日하였고, 1940년 大阪府 日新商業學校 3년을 중퇴한 후 오사카 대광상사주식회사에 취직하였다. 1943년 9월 25일 회사가 전시체제에 동원되면서 日本曉제2940부대(佐伯부대)로 편제되면서 군속이 되어 군수물자 수송 임무를 맡았다. 압록강 유역의 중국과 한국을 연결하는 다리를 놓는 현장에 자재를 운반하기도 하였으며, 남경, 싱가포르, 마닐라, 보르네오, 뉴기니 등지를 돌아다니며 군수물자를 수송하였다. 운송 도중 미군의 어뢰공격으로 부상를 당해 구사수온천에서 휴양을 취하다가 해방을 맞아 제대하고, 일본 시모노세키에서 密船을 타고 부산에 도착, 귀향하였다.
18. 박노수(1922년생, 전남 광양시 옥룡면) 구술, 남양군도 팔라우·사이판섬 군속.
19. 정혜경, 「일제 말기 조선인 군노무자의 실태와 귀환」, 『한국독립운동사연구』 20, 2003, 65~72쪽.
20. 정혜경, 「일제 말기 조선인 군노무자의 실태와 귀환」, 73쪽.
21. 朴魯洙 구술. 현재 해군 군속과 육군 군속의 대우에 차이가 있었다는 연구가 없는 상황에서 이 구술 내용은 주목된다.
22. 징병 1기는 갑자생(1923.12~1924.12)이었고, 2기는 대체로 을축생(1924.12~1925.12)이었다고 하며, 신체검사의 결과 갑종은 징병 제1기생, 을종은 징병 제2기생으로 갔고, 병종은 노무자, 정종은 장애인이었다는 상반된 구술이 있다.
23. 1942년 10월, 「朝鮮青年特別鍊成令」을 공포하여 17세 이상 21세 미만의 한국남자들을 심신의 鍛鍊, 기타 훈련이란 이름으로 1년간 青年特別鍊成所에 입소시켜 장래 일본군에 복무할 경우에 필요한 자질의 鍊成을 도모하고 근로에 적응하는 소질의 鍊成을 기하도록 하였다. 朝鮮總督府 『官報』 1942년 10월 1일, 『號外』 제령 제33호.
24. 1944년 5월쯤 梁錦德(나주 출신)도 5지역에서 모인 150여 명과 함께 이곳에 근로정신대로 왔는데, 모집 지역별로 소대를 구성하였다고 한다. 『百萬人の身世打鈴』, 百萬人の身世打鈴編集委員, 東方出版, 1999, 462쪽. 양금덕의 증언 내용은 한국태평양전쟁희생자광주유족회 후원회, 『내 生前에 이 恨을』 제1집, 2000, 92~97쪽에도 소개되어 있다. 이때 충남지역에서도 150여 명이 동원되었고, 이들은 도아마현 福野공장으로 옮겼다고 한다. 『내 生前에 이 恨을』은 일본 정부와 기업에 소송을 제기하면서 증인으로 참가한 근로정신대 5명의 증언 내용을 수록

한 책이다. 당시 이 공장에서는 기(キ)46 육군 100식 사령부정찰기를 만들었다.
25. 순천에서는 근로정신대 참가를 거부했다가 교장으로부터 "부모가 대신 경찰에 잡혀 갈 것이다"라는 협박을 받고 가족들 몰래 참가하는 경우도 있었다(박해옥 구술, 『내 生前에 이 恨을』, 68~69쪽).
26. 한국태평양전쟁희생자광주유족회 후원회, 『내 生前에 이 恨을』, 77~102쪽. 이때 충남지역에서도 150여 명이 동원되었고, 이들은 도야마현 福野공장으로 옮겼다고 한다. 『내 生前에 이 恨을』제1집, 62쪽. 당시 지진으로 기숙사 소대장 崔貞禮와 金香南이 목숨을 잃었다. 도토쿠공장(현재 日淸 방적 나고야공장)에는 도난카이 지진 희생자 추도기념비에 6명 소녀의 이름이 새겨져 있다(『내 生前에 이 恨을』제1집, 177쪽). 나고야는 1944년 12월 13일 처음 공습이 시작된 이래 38일의 공습을 받았다. 나고야는 112일간 공습을 받은 도쿄 다음으로 미군의 공습을 가장 많이 받았다. 朝日新聞社 編, 『1億人の昭和史』4, 1975년 9월호, 91쪽.
27. 장성군에서 임술진(1943년 11월쯤 징용, 군에서 72명 동원), 함평군에서 정동희·오종근·정춘석(1944년 9, 10월쯤 동원. 정춘석은 사망, 군에서 220명 동원), 나주군에서 朴桂準(1943년 9월 18일(양) 동원) 등이 이곳에 동원되었다. 동원시기와 작업 내용, 귀국시기 등은 서로 다르지만 이 분들의 구술 내용을 종합하면, 다음과 같다. 분대장—소대장—중대장—대대장의 군사조직 편제를 하였고, 공장에는 대만 남자도 끌려와 작업을 하였다. 당시 미군의 공습과 지진으로 잠을 제대로 못잤고, 신발을 거의 벗지 못하고 지냈다. 1944년 12월 공장이 폭격으로 무너지자, 이후 후쿠이[福井]현, 아오모리[青森]현·이바라키[茨城]현으로 옮겨 작업을 계속 하였다.
28. 박영래(1920년생, 전남 광양시 진월면) 구술, 2004. 2. 11 녹취.
29. 당시 회사에 내는 소작료는 1마지기당 두 가마니 반 정도였다고 한다. 金孝炳(1924년생, 전남 나주시 왕곡면) 구술, 독립기념관 소장 구술자료.
30. 이귀갑(1920년생, 전남 보성군 보성읍) 구술, 2004. 2. 10 녹취
31. 박해주(1922년생, 전남 보성군 보성읍) 구술, 2004. 2. 10 녹취.
32. 朴海柱는 당시 상황을 "해군 군속으로 왔으니까. 해군을 지원하면 해군하사의 지위를 준다 이것이여"라고 하였다.
33. 정동희, 2003. 1. 15 녹취. 언제 징용되었고 돌아왔는지 기억을 하지 못하였다. 특히 6·25전쟁 중에 귀를 다쳐 구술조사가 쉽지 않았다.

34. 박세봉(1923년생, 전남 나주시 다도면) 구술, 2004. 2. 10 녹취. 그는 집안 형편이 어려워 지원하였는데, 당시 나이든 분들도 형편상 가려고 하였다. 21살부터 지원을 받았는데, 나이가 어린(당시 호적 나이로 18세, 실제 나이 20세) 구술자는 日語를 조금 한다는 이유로 합격하여 후쿠오카 오나군 중간정 신수광업소에 2년간 일을 하였고, 1945년에 다시 도일하여 신수탄광에서 일을 하다가 급여를 많이 주는 야하다제철소로 옮겼다.
35. 이기택(1926년생, 전남 광양시 옥곡면) 구술, 2004. 2. 11 녹취.
36. 고연석(1922년생, 전남 함평군 월야면) 구술, 2004. 1. 15 녹취.
37. 조병철(1925년생, 전남 함평군 대동면) 구술, 2003. 3. 7 녹취. 고향에 돌아온 이후 큰 문제는 발생하지 않았다고 한다.
38. 김재표(1922년생, 전남 함평군 손불면) 구술, 2003. 3. 7 녹취.
39. 봉용구(1922년생, 전남 장성군 삼서면) 구술, 2004. 3. 4 녹취.
40. 김지표(1922년생, 전남 함평군 손불면) 구술, 2004. 3. 7 녹취.
41. 조길환(1923년생, 전남 나주시 금천면) 구술, 2004. 2. 10 녹취.
42. 박영순은 후쿠시마[福島]의 비행기 부속품을 만드는 공장에서 발전시설을 담당하였고, 이후 시즈오카[靜岡]현으로 이동하여 군수품 저장창고 건설 공사장에서 일하던 중 사장에게서 '昭和가 졌다'라는 말을 듣고 해방되었음을 알게 되었다고 한다. 박영순(1930년생, 전남 장성군 삼서면) 구술, 2003. 3. 4 녹취.
43. 박계준(1922년생, 전남 나주시 금천면) 구술, 2004. 2. 9 녹취.
44. 임재훈(1928년생, 전남 나주시 다도면) 구술, 2004. 2. 10 녹취.
45. 박해주 구술.
46. 김용록(1923년생, 전남 나주시 금천면) 구술, 2004. 2. 9 녹취.
47. 『關釜連絡船史』, 廣島鐵道管理局, 1979, 117쪽.
48. 당시 일본 내에서도 국민총동원법이 시행되어 여러 곳으로 동원되어, 농촌에서는 일할 남자들이 없었다. 그만큼 사람이 귀하게 되자, 하루 가서 일하고 일당을 받았다고 한다.
49. 전영옥은 해방 후 가고시마에서 후쿠오카까지 걸어와 1차로 200톤급 목선을 뱃삯 300원을 주고 탔다가 다시 뱃삯 200원을 주고 3000톤 배를 하카다항에서 타고 돌아왔다. 전영옥(1924년생, 전남 장성군 북하면) 구술, 2003. 3. 4녹취.
50. 나가사키현 고야기시마 강아나미조선소로 동원된 나승환은 해방 후 10일이 지나

자 조선소 측에서 맘대로 가라고 하여 나가사키에서 배를 탔다. 이때가 1945년 9월로 회사에서 뱃삯을 지불하였고, 완도 사람들이 인도하는 화물선(150톤)을 타고 부산에 도착, 대기해 놓은 기차를 타고 대전을 거쳐 귀환하였다. 한편 1945년 1월쯤(양) 마을일을 보고 있던 이한범은 징용을 피해 다니다가 숫자를 채워주어야 한다는 말에 속아 나카사키 하시마 탄광에 징용되어 갔다. 이때 함평군에서 80명 정도가 갔으며, 돌아올 때 120명이 돈을 모아 배를 샀다고 한다. 그 분들 모두 함평군 출신이었는지, 지원자를 받았는지는 기억하지 못하였다.

51. 당시 논 한 마지기(300평)가 1,000원이었다고 한다. 정왕엽(1924년생, 전남 보성군 보성읍) 구술, 2004. 2. 10 녹취.

전남지역으로 귀환한 해외한인의 실상

1945년 일본이 패망한 후 대규모로 그리고 일시에 이루어진 해외 한인의 귀환 문제는 한국현대사의 주요 쟁점이다. 해방은 되었지만 국가를 수립하지 못해 강대국에 휘둘린 군정시기에 이루어진 해외 한인의 귀환은 많은 문제점을 안은 채 뒷전으로 밀렸다. 정확한 귀환자 숫자도 파악하지 못하고 있는 것이 오늘날의 실정이다.

해외 한인의 귀환에 대한 기존의 연구는 미군정과 일본 정부의 정책 규명에 치중되어 있다. 귀환에 관한 초기 연구는 해외 한인의 이주사 내지 재일한인의 역사로 다루어졌다. 재일한인의 귀환에 대해서는 미군정 자료를 활용한 와그너의 연구와 일본 측 자료를 중심으로 전개한 모리타 요시오의 연구가 대표적이다.[1] 한국 학계에서 귀환 문제에 주목하기 시작한 것은 1989년이었다. 귀환 한인에 대한 미군정의 구호정책,[2] 재일 한인의 귀환,[3] 일본 정부와 연합군 최고사령부(GHQ)의 초기 한국인 귀환정책[4] 등을 주제로 귀환 연구가 진행되었다. 재일 한인의 귀환 문제가 중심을 이루고, 중국과 자바, 하와이지역 한인의 귀환 문제도 추적되고 있다.[5] 지역적으로는 서울과 부산에 집중되었으며, 신문을 통한 인천지역 귀환동포 구호활동 연구,

구술을 통한 전남지역 귀환 연구 등이 추진되었다.[6]

1948년 전라남도에서 발간한 『도세일람道勢一覽』에 수록된 전남지역으로 귀환한 해외 한인 자료를 기초로 전남지역 귀환자의 실태를 다각도로 분석하여 특징을 밝혀내고자 한다. 그리고 그들이 전남에서 어떠한 생활을 하였는지 추적하고자 한다. 『도세일람』은 다른 도에서도 만들었으리라 여겨지는데 아직은 발견하지 못하였다. 전라남도의 『도세일람』에 군별, 성별, 귀환지별로 귀환자가 조사되어 있는 것으로 보아 다른 도에서도 이러한 조사를 하지 않았을까 여겨진다. 이 조사는 후생과에서 했을 것이다. 당시 후생과의 관련 자료가 남아 있다면 귀환 문제에 대한 많은 정보를 얻을 수 있겠지만, 현재까지 확인된 것이 없어 아쉽다. 귀환자에 관한 연구가 도 단위로 진행된다면 해외 한인의 귀환에 관해 더 정확한 자료를 얻을 수 있을 것이며, 이는 한국인의 해외이주, 징용과 징병, 강제동원에 관한 역추적의 정보도 제공할 것이다. 하지만 몇몇 지역의 귀환 생존자의 구술 조사에 머무르고 있어 아쉬움이 크다.

해방 당시 전남은 2개의 부府(목포·광주)와 21개 군郡(광산·담양·곡성·구례·광양·여수·순천·고흥·보성·화순·장흥·강진·해남·영암·무안·나주·함평·영광·장성·완도·진도), 1개 도島(제주도)로 이루어져 있었다. 1944년 5월 1일 현재 13개도(총인구 2,591만 7,881명) 중 309만 2,000명이던 경기도(서울 포함) 다음으로 인구가 많은 지역이었다(275만 명, 제주도 포함). 이 글에서는 현재의 전남지역만을 대상으로 하고 1946년 7월 4일 군정법령 제94호에 의해 분리, 도로 승격된[7] 제주도는 제외하였다.

전남에서의 해외이주

일제하 전남에서 해외로 이주한 이들이 몇 명인지는 알 수 없다. 또한 농업이민과 강제징용자의 비율이 어느 정도인지도 알 수 없다. 징용이 강제되기 이전 시기에 생계를 목적으로 해외로 이주한 이들에 대해서는 증언자료도 부족하고 문헌자료도 확보하기 어려운 실정이다. 한반도의 어느 지역에서 해외의 어느 지역으로 어느 시기에 얼마나 이주했는지를 조사해 놓은 자료는 없다. 따라서 조선총독부에서 작성한 통계연보와 일본의 패망 이후 미군정 또는 대한민국 정부가 작성한 각종 통계자료를 토대로 역추적할 수밖에 없다.

표 1에서 확인할 수 있듯이 1911년 147만 347명으로 집계된 전남의 한국인은 1942년 254만 8,852명, 일제가 패망한 이듬해인 1946년 319만 1,661명으로 1911~1946년 연평균 3만 8,603명씩 증가하였다. 그런데 1911년부터 1942년까지는 연평균 3만 4,790명 증가하여 1.28%의 증가율을 보였다. 그러나 이후 1946년까지 4년 동안은 연평균 16만 702명 증가하여 증가율이 6.3%나 되었다. 증가수는 1911~1942년의 4배 이상이고 증가율은 5배나 되었다. 1911~1942년 한반도 전체의 인구증가율이 1.36%이니 전남의 인구증가율은 한반도 전체의 평균보다 낮고, 중일전쟁 발발 이듬해부터 1942년까지는 평균증가율에도 미치지 못하였다. 이는 1942년 강제징용이 본격화되기 이전부터 전남에서는 해외이주를 포함하여 다른 지역으로의 인구유출이 많았다는 것을 의미한다. 1925년과 1931년, 1935년은 한반도 전체 그리고 전남에서도 전년 대비 인구증가율이 일제식민지 시기 전체와 비교하여 상당히 높다. 특히 1921년 전남의 인구증가율은 전년과 대

비하여 상당히 높은데, 이는 한반도 전체와 다른 현상이다. 그러나 그 이유에 대해서는 알 수가 없다.

1942년 약 254만 명이던 전남의 인구는 1946년 약 319만 명으로 65만 명 증가하였다. 귀환자가 약 25만 명이니 순수 자연증가는 40만 명이다. 1911~1942년 연평균 증가수의 4배 이상이다. 따라서 1942~1947년 전남의 급격한 인구증가는 출생과 사망에 의한 자연적인 증가만으로는 설명이 어렵고 강제징용과 징병, 그리고 해방 이후 해외 한인의 귀환에서 그 이유를 찾아야 할 것이다. 전라남도에서 1948년에 발간한 『도세일람』에 의하면 1946년 말 현재 전남으로 돌아온 해외 한인은 약 25만 명이다. 1945년 해방 당시 약 500만 명을 헤아리던 해외 한인 중 약 300만 명이 돌아온 전반적인 상황을 전남에도 적용하면 해외로 이주한 전남인은 약 40~50만 명으로 추정된다.

1946년 말까지 전남으로 돌아온 귀환자들의 통계를 통해 이들이 이주한 지역을 역추적할 수 있다. 물론 농업이민을 목적으로 이주한 이들과 강제징병과 징용으로 이주한 이들이 일본의 패망 이후 한반도로 돌아오는 사정이 같지는 않았을 것이다. 또한 해외에서 삶의 토대를 마련한 이들과 그렇지 못한 이들은 귀환하는 데 같은 상황이 아니었을 것이다. 따라서 전남 전체 귀환자의 약 3/5으로 여겨지는 25만 명의 상황을 분석하여 전남에서 이주한 40~50만 명의 이주 내용을 설명하는 것은 비록 무리가 있지만 현재로서는 다른 자료가 없으므로 이러한 방법을 취할 수밖에 없다.

1946년 말 현재 전남으로 돌아온 해외 한인의 75%는 일본에서, 14%는 만주에서, 2%는 중국에서, 1%는 하와이에서, 그리고 6%는 기타지역에서 온 이들이었다. 전체로는 일본에서의 귀환자 46%, 만주에서의 귀환자 33%,

표 1 식민지 시기 한국인 수

연도	전남 인구	증가수	증가율	전국 인구	증가수	증가율
1911	1,470,347			13,832,376		
1917	1,647,018	176,671	12.0	16,617,431	2,785,055	24.1
1919	1,660,001	12,983	0.8	16,783,510	166,079	1.0
1921	1,727,421	67,420	4.1	17,059,358	275,848	1.6
1923	1,758,270	30,849	1.8	17,446,913	387,555	2.3
1925	1,878,119	19,849	6.8	18,543,326	1,096,431	6.3
1927	1,879,745	1,626	0.1	18,631,494	88,168	0.5
1929	1,896,117	16,372	0.9	18,784,437	152,943	0.8
1931	2,005,500	109,383	5.8	19,710,168	925,731	4.9
1932	2,040,077	34,577	1.7	20,037,273	327,105	1.7
1933	2,052,473	12,396	0.6	20,205,591	168,318	0.8
1934	2,088,865	36,392	1.8	20,513,804	308,213	1.5
1935	2,187,922	99,057	4.7	21,248,864	735,060	3.6
1936	2,175,575	−12,347	−0.6	21,373,572	124,708	0.6
1937	2,212,245	36,670	1.7	21,682,855	309,283	1.4
1938	2,242,028	29,783	1.3	22,098,310	415,455	1.9
1939	2,242,028	0	0	22,098,310	0	0
1940	2,306,759	64,731	2.9	22,954,563	856,253	3.9
1941	2,395,401	88,642	3.8	23,913,063	958,500	4.2
1942	2,548,852	153,451	6.4	25,525,409	1,612,346	6.7

출전: 『朝鮮總督府 統計年報』, 1911~1942년.

중국에서의 귀환자 3%, 하와이 등에서의 귀환자 3% 등이었고,[8] 남한만의 귀환 현황을 보면 일본에서 91%, 만주에서 1%, 중국에서 5%, 하와이 등에서의 귀환자가 3%였다.[9] 따라서 한반도 전체의 귀환 현상 또는 남한만의 귀환 현상과 전남의 귀환 현상은 차이를 보인다. 지정학적인 입지 조건 때문이라 여겨진다. 즉 전남은 농업지대였고, 일본과의 거리가 가까워 징병과 징용이 강제되기 이전에도 일본으로의 이주가 많았다. 그러나 현재 확보할 수 있는 증언 자료와 문서자료는 대부분 징용과 징병이 강제되던 시기의 것들이다. 14%를 점한 만주에서의 귀환자들은 1930년대 농업 공황시기에 생존을 목적으로 이주한 이들이었다고 생각된다. 또한 중국에서의 귀환자가 한반도 전체와 비교할 때 상당히 낮은데 그것은 거리상 멀기 때문에 중국으로의 이주가 적었기 때문일 것이다. 하와이와 기타지역에서의 귀환자가 꽤 많은 편인데 이들은 징용과 징병에 강제동원되던 시기의 이주자들일 것이다.

전남의 각 군별 인구 변동상황을 살펴보면 표 2와 같다. 전체적으로 1931년까지는 1927년 대비 약간의 감소를 보인 담양을 제외하고는 모든 군의 인구가 상당히 증가하였다. 그러나 1933년에는 1931년과 대비해 곡성·구례·화순·무안·함평·장성이 감소했다. 1937년에는 곡성·화순·장성이 1935년과 대비해 감소하였고, 담양·구례·광양·강진은 소폭 증가하였다. 1939년에는 1937년과 대비해 곡성·구례·보성·나주·함평·장성은 감소하고, 광양·화순은 소폭 증가하였다. 그러나 1942년에는 1939년 대비 모든 군에서 증가하였는데 이는 자연증가나 해외이주 인구의 감소라기보다는 1938년부터 시작되어 1940년 국민총력연맹으로 강화된 국민정신총동원에 의한 애국반 편성 등 철저한 인구조사로 그동안 누락되거나 계산되지 않았던 숫자까지 포함되었기 때문이라 여겨진다.

1917년 대비 1942년에 인구가 가장 많이 증가한 곳은 목포로 약 7배 증가하였고, 이어 광주(광산 포함)와 여수가 2배 증가하였다. 고흥·해남·무안·완도는 2/3 증가, 강진·나주·영광은 1/2 증가, 담양·함평·진도·순천·보성·장흥·영암·장성이 1/3 내외 증가, 구례·화순은 1/4 증가, 광양은 1/5 증가하고 곡성이 1/6 증가로 가장 낮았다. 목포와 광주의 인구증가

표 2 각 군별 인구 변동상황

	1917	1927	1931	1933	1935	1937	1939	1942	1947
목포	9,037	21,178	24,805	44,535	49,967	53,541	59,832	63,836	125,856
광주	80,696	108,395	121,926	126,700	44,715	48,923	52,513	69,744	115,511
광산					95,236	96,502	95,214	111,157	144,007
담양	73,816	82,994	82,685	81,345	83,674	83,990	81,733	92,399	114,548
곡성	64,177	70,432	71,803	71,569	73,464	70,918	67,647	75,497	90,621
구례	44,312	49,954	51,359	51,153	50,982	51,098	49,188	55,201	64,831
광양	49,229	55,022	58,352	58,658	59,341	60,126	60,783	66,558	81,336
여수	74,154	89,359	104,987	105,314	112,062	118,890	126,691	144,229	186,291
순천	107,116	114,588	117,479	118,789	124,834	126,772	128,568	144,814	187,488
고흥	93,492	104,106	113,569	120,235	128,952	134,402	138,739	158,814	184,159
보성	83,316	89,918	93,397	98,963	102,342	103,559	102,472	116,538	147,756
화순	92,246	97,004	98,804	97,071	101,693	101,106	101,327	111,840	130,838
장흥	71,939	76,533	79,557	83,051	86,988	88,178	90,077	100,712	115,847
강진	60,604	65,301	67,378	69,254	74,188	75,741	77,477	87,608	109,404
해남	95,065	106,178	112,082	115,630	122,975	128,257	131,347	154,061	178,592
영암	69,873	77,568	78,548	81,707	88,749	89,479	88,562	98,280	123,329
무안	138,514	164,270	186,300	177,253	188,061	192,863	196,216	222,222	253,058
나주	121,691	142,993	154,305	159,444	164,137	168,322	167,468	188,292	253,903
함평	66,468	74,254	78,679	77,647	82,827	83,321	83,301	97,210	127,608
영광	70,367	78,867	84,510	84,823	93,662	94,724	96,534	114,326	141,955
장성	74,298	87,187	88,796	88,457	93,317	93,033	93,031	105,118	125,542
완도	56,629	69,741	77,318	80,962	84,843	86,846	90,112	101,630	89,685
진도	49,979	53,903	58,861	59,913	60,913	61,654	62,196	68,766	79,440
계	1,647,018	1,879,745	2,005,500	2,052,473	2,167,922	2,212,245	2,241,028	2,548,852	3,191,661

출전 : 『朝鮮總督府統計年報』, 1917·1927·1931·1933·1935·1937·1939·1942 ; 全羅南道,
『道勢一覽』, 1940·1948년.

율이 높은 것은 행정과 경제의 중심지였기 때문이다.

　이제 1942년 대비 1947년의 급격한 인구 증가를 설명할 수 있는 징용에 대하여 살펴보자.[10] 1940년대 전남에서 징용된 이들에 대한 조사연구는 여성구에 의해 추진되었다.[11] 여성구의 구술조사 연구에 의하면 전남에서 징용된 이들은 일단 각 군에 집결하였다가 열차편으로 경부선을 이용하여 대전–부산으로 가거나, 호남선을 이용하여 여수로 이동하여 배편으로 일본의 시모노세키나 하카다博多항으로 갔다.[12] 돈벌이를 목적으로 간 경우도 있지만, 1940년대에는 대개 협박에 의한 강제 징집이었다. 몇 개의 구체적인 사례를 보면 다음과 같다.

　1942년에 돈벌이를 목적으로 장흥에서 군에 지원한 김용균은 뉴기니 해군 군속이 되었다.[13] 구례 사람 문태복文泰福(군속 당시는 文元哲이라는 이름 사용)은 1942년 군수와 경찰서장이 부친을 협박하자 군에 지원하여 포로감시원이 되었다. 강진 사람 윤동현尹東鉉(군속 당시 伊東東鉉)도 순사부장이 부친을 협박하자 군에 지원하여 포로감시원이 되었다. 이러한 형식으로 1942년 전반기 동안 한반도 전체에서 3223명이 동원되었다.[14]

　1943년에 봉용구는 큰형 앞으로 징용영장이 나오자 형 대신 갔다. 그는 장성에서 기차를 타고 여수로 이동하여 이틀을 머문 후 1월 12일에 배를 타고 시모노세키에 도착한 뒤 후쿠오카의 일미나 탄광으로 갔다. 나정환은 장성군 삼서면의 임시서기로 임업계에서 근무하고 있었는데, 1943년 가을 장성군에서 78명이 징용될 때 함께 끌려갔다. 장성에 모인 78명은 기차를 타고 대전을 거쳐 부산으로 이동하였고, 나가사키에 미군의 공습이 심해 배를 운항할 수 없게 되어, 부산에서 1주일을 머물며 훈련을 받은 후 출항하여 하카다에 도착하였고, 다음날 나가사키 고야기시마香燒島 조선소에 도착해

3개월 동안 군사훈련을 받았다. 조선소에는 한국인 1만 3,000여 명이 있었다. 임술진은 1943년 11월쯤 징용 소집되었는데 아이치愛知현 나고야 항공기 제작소의 직원이 장성군에 왔으며, 이때 장성군에서 72명이 징집되었다고 구술했다. 그는 군청에 집결한 뒤 송정리에서 기차를 타고 여수로 이동한 후 신체검사를 받았다. 다음날 시모노세키에 도착하였고 이어 나고야공장에 도착하였다. 정을휴鄭乙休는 규슈 가고시마 만세정 토공土工으로 징용되었는데, 장성군에 집결하여 기차편으로 여수항으로 이동하였다가 배편으로 일본에 갔다.[15]

1943년 4월 26일에 징용된 노희필盧熙弼은 함평군청에 집합하여(30명), 여수로 이동한 후 이틀간 체류하고 총 200명이 배를 타고 시모노세키에 도착하였다. 이근옥은 1944년 7월쯤 징용장을 받고 함평에서 부산으로 이동한 후 밤에 나가사키에 도착하였다. 정병춘도 1944년 7월쯤 징용장을 받았는데 당시 1922년생 1,600명이 징용되었다. 함평군청에 집결하여 대전을 거쳐 부산에서 후쿠오카福岡에 도착한 뒤 기차를 타고 나가사키로 갔다. 정동희는 1944년 9월쯤 동원되었다. 그는 함평군청에 집결해 기차를 타고 여수에 도착한 뒤 당시 일본 내 미군의 폭격으로 3~4일간 여수항에 머물다가 배를 타고 시모노세키항에 도착해 나고야 미츠비시 항공기 제작소로 갔다. 이한범은 1년을 연기하다가 1945년 1월쯤 징용되었는데 일본인 직원이 면으로 파견나와 인원을 파악하였고, 함평군 월야면 서기들이 추천하였다. 함평군에서 80명이 모여 여수로 이동하였고 배편으로 나가사키현長崎縣 하시마 조선소에 도착하였다.

나주에서는 1944년 5월에 마쓰야마松山 손상옥孫相玉이 헌병과 함께 학생들을 일본 공장까지 인솔해갔다. 당시 나주(24명), 목포, 광주, 순천(7명), 여

부산항에 정박 중인 관부연락선. 많은 징용한인들이 이 연락선을 타고 일본으로 끌려갔다.

수 등 전남에서 총 150여 명의 학생들이 모집되었다. 이들은 여수에 집결하여 밤에 여수항을 출발하여 다음날 아침 야마구치山口현 시모노세키로 간 뒤 다시 기차를 타고 나고야 미츠비시 항공기 제작소에 도착하였다. 1945년 2월 말~3월에는 장성(15명)·함평(7명)·해남(18명)·진도(35명)에서 총 75명이 동원되어 나고야 미츠비시 조선소에 도착하였다.[16]

이와 같이 1940년대에 전남에서 일본으로 강제동원된 이들은 여수와 부산항을 통하여 동원지로 갔다. 같은 해일지라도, 그리고 같은 지역에서의 징용일지라도 그때그때의 상황에 따라 여수에서 출항하기도 하고 부산으로 이동하여 출항하기도 하였다. 전남에서 징용된 이들은 탄광, 조선소, 비행기제작소 등 주로 군수공장에서 노동력을 착취당하였는데, 일부는 포로감시원이

해방 후 재일한인들의 귀환선으로 사용된 흥안환(興安丸). 이 배는 재일한인들을 한국까지 실어 나르고 한국에서 다시 일본인들을 실어 일본으로 돌아갔다.

나 남방파견보국대원이 되기도 하였다. 전남 귀환자의 7%를 차지하는 하와이와 남양군도 등 기타지역으로의 이주는 대개 1940년대 강제징용 시기에 이루어졌을 것으로 보인다. 그리고 이들은 대개 현지에서 삶의 토대를 마련하지 못한 채 일본의 패망과 더불어 여러 가지 어려움을 겪다 돌아왔으리라 여겨진다.[17] 즉 전남에서 해외로 이주한 이들은 공황에 의한 농업이민과 일제의 징용·징병에 의한 것으로 대별된다. 그러나 그 비율이 어느 정도이고, 어느 지역에 몇 명이 이주하였는지는 알 수 없다. 다만 지역적으로 전남에서는 거리가 가까워 일본으로의 이주가 많았는데, 귀환자비율은 남한 전체의 일본에서의 귀환자비율보다는 낮다. 그것은 강제징용 시기 이전에 일본으로 건너간 이들이 비교적 많았고, 일본에서 삶의 터전을 마련할 수 있었던 이들이 해방 이후 한반도의 불안한 정세, 전염병, 일본에서 마련한 경제적인 토대를 가져갈 수 없다는 연합군총사령부의 규제 등에 영향받아 귀환을 포기한 때문이었다고 여겨진다. 만주로의 이주는 강제징용 시기의 이주라기보다는 공황에 의한 농업이민이라 여겨진다. 1930년대 경제공황이 남부지방 주민의 만주 농업이민을 크게 자극하였기 때문이다.

전남의 군별郡別 귀환 실태

해외 한인의 귀환과 한반도에 거주하던 일본인의 송환은 거의 동시에 이루어졌다. 먼저 일본인의 송환을 살펴보자. 표 3에서 볼 수 있듯이 일제하 전남에 거주한 일본인은 1911년 1만 2,053명에서 1917년 2만 4,418명으로 두 배 증가하였고, 1933년 4만 9,303명으로 다시 1917년의 두 배로 증가하였다. 한편 1932년에는 전년 대비 약 500명이 감소하였다가 1933년에는 전년 대비 약 8,000명이 증가하였다. 중일전쟁이 발발한 1937년에는 전년 대비 약 6,000명이 감소하였다. 전남 거주 일본인의 수는 만주침략이 있었던 1931년부터 1945년 일본이 패망하기까지 1933년과 1937년을 제외하고 소폭의 감소와 증가를 반복하였다. 1911년부터 1931년까지 연평균 1,430명씩 증가하다가, 1931년부터 1937년까지는 286명씩 증가하였고, 1937년부터 1942년까지는 연평균 288명씩 증가하였으며, 1943년에는 전년 대비 1,262명이 감소하였다. 일본의 대륙침략이 감행되면서부터 전남 거주 일본인은 전 시기에 비해 크게 감소하였고 태평양전쟁 발발 이후에는 급격한 감소세를 보였다.

표 3 1911~1943년 전남지역의 일본인 현황

연도	1911	1917	1919	1921	1923	1925	1927	1929	1931	1932	1933
목포	5,126	5,909	4,853	5,685	7,021	6,709	7,809	7,963	8,045	8,479	8,414
광주	1,751	3,663	3,939	4,462	5,143	5,653	6,351	7,125	9,310	8,750	8,788
여수	385	1,637	2,582	2,228	2,431	2,107	2,138	2,652	3,830	3,657	3,222
순천	352	822	621	726	837	936	1,143	1,317	1,473	1,534	1,538
나주	1,370	3,169	3,594	3,239	3,245	3,358	3,425	3,651	3,747	3,729	3,709
전남 전체	12,053	24,418	25,905	27,870		31,628	33,485	37,428	42,083	41,554	49,303

연도	1934	1935	1936	1937	1938	1939	1940	1941	1942	1943
목포	8,534	8,836	8,885	8,821	8,587	8,587	8,018	8,138	8,182	
광주	9,220	7,735	7,973	8,449	7,878	7,868	8,293	8,667	9,121	
여수	3,259	3,481	3,727	4,088	4,310	4,310	4,291	4,160	4,262	
순천	1,678	1,881	2,536	2,683	3,034	3,043	3,297	3,799	3,827	
나주	3,739	3,678	3,565	3,690	3,533	3,533	3,588	3,545	3,496	
전남 전체	48,574	48,807	49,887	43,802	43,967	42,662	43,603	44,687	45,244	43,982

출전 : 『朝鮮總督府 統計年報』, 1911~1942년 ; 全羅南道, 『道勢一覽』, 1948. 8 .
비고 : 1913년과 1915년은 군별 통계가 없어 제외하였다.

전남에서도 일본인이 많이 거주한 지역은 목포, 광주, 여수, 순천, 나주이다. 표 3에서 볼 수 있듯이 1942년 현재 전남 거주 일본인 4만 5244명 중 목포에 18.1%, 광주에 20.2%, 여수에 9.4%, 순천에 3.4%, 나주에 8.2% 등 59.3%가 5개 지역에 거주하고 있었다. 이러한 비율은 일제 초기부터 말기까지 비슷하다. 이들 5개 지역 중에서도 일본인이 가장 많이 거주한 곳은 1931~1934년과 1940~1942년을 제외하고 목포이다. 목포는 일본과의 교역이 활발한 곳이었고 도시지역이었기 때문이다. 1920년대 말 이후 목포와 광주에 거주한 일본인의 수에 큰 차이가 없는 것은 광주가 전남의 중요 지역으로 부각되면서 일본인들의 거주가 많아진 때문이다. 순천과 여수 거주 일본인은 일제의 강점 초기만 하더라도 수적으로 큰 차이가 없었는데 1910년대 말부터 3 : 1의 격차를 보였다. 항구라는 입지조건 때문에 여수 거주 일본인의 수가 증가하였을 것이며, 일본인의 증가는 1923년 3월에 여수를 지정항指定港으로 한[18] 주요 이유이기도 할 것이다. 한편 나주에 일본인이 많은 것은 동양척식주식회사와 동산농장주식회사 소유의 대토지가 있었기 때문이다.

1946년 말 현재 전남에서 송환된 일본인은 4만 3,982명(남자 2만 1,699명, 여자 2만 2,283명)이고 잔존 일본인은 480명(남자 55명, 여자 425명)이었다.[19] 한반도 전체로는 1945년부터 1947년까지 88만 3,576명의 일본인이 축출되었는데[20] 한반도 전체 중 전남에서 축출된 일본인의 비율은 5%이다. 한국인 귀환의 경우와 마찬가지로 일본인들도 대개는 1946년 말까지 축출되었을 것이므로 1946년 말 기준 전남에서 축출된 일본인의 비율을 1947년 말 기준 한반도 전체에서 축출된 일본인과 비교하여도 큰 무리는 없을 것이다. 그런데 1942년 한반도에 거주하던 일본인은 75만 2,823명이고 전남 거주 일본인은 4만 5,244명이었으므로 일본인의 전남거주율은 6%로, 거주 비율과 축출 비율이 거의 같다고 할 수 있다.

일본이 패망하자 서울에 있던 일본인들은 상호 연락·협조와 부조를 도모하기 위해 일본인 세와카이世和會를 조직하였다. 10월 중순에는 서울·인천·대구·군산의 일본인 세와카이 대표가 부산에 모였고, 인천·대전·대구·군산의 일본인 세와카이 연락원이 부산에 상주하며 일을 보았다.[21] 전남 각지에서도 세와카이가 조직되었는데 목포 세와카이의 경우 회장 중도건삼中島健三(전 목포경찰서장), 부회장 촌상직조村上直助(상공회의소 회두), 총무부장 박귀작泊龜作(상공회의소 이사), 총무 판본희일랑坂本喜一郎, 수송부장 이목정길二木正吉 등으로 조직되었다.[22]

전남 거주 일본인들도 자구책을 강구하였다. 여수에 거주하고 있던 일본인들은 '일본인귀환알선회'라는 조직체를 만들어 민간인들부터 귀국시키고 관공리와 군은 마지막에 귀국한다는 계획을 세운 후 1945년 9월 20일쯤부터 일본으로의 귀국을 시작했다. 처음에는 소형 발동선을 이용해 2~3세대씩 출발하다가 나중에는 종포에 있는 우다세배를 이용해 5~6세대씩 귀국길에 올라 그해 11월 중순쯤에는 여수에 살던 5,000여 명의 민간인들은 거의가 돌아갔고, 연말에는 군인들도 모두 귀국하였다.[23]

전국적으로 일본인들의 귀국은 비교적 순조로웠다. 한국인들이 민족감정을 억누르고 일본인들의 철수에 끝까지 협조적이었던 이유는 일본인 세력을 하루속히 쫓아내고, 동시에 그들을 철수시키는 것이 한국인 해외동포의 귀환을 돕는 길이라고 판단하였기 때문이다. 광복 이튿날인 8월 16일 서울에서 조직된 건국준비위원회 부위원장 안재홍安在鴻은 서울중앙방송을 통해 "현재 일본에 있는 우리 동포가 무사히 돌아올 수 있도록 조선에서 떠나는 1백 수십만 명의 일본인의 생명과 재산을 보호해 줄 필요가 있다"고 한국인들에게 호소하였다. 물론 모든 지역에서 일본인이 편하고 쉽게 귀국할 수 있었던 것은 아니다. 전남에서 배를 이용하여 일본으로 갈 경우 거리상 가장 가까운 곳은 여수였다. 광주에서 여수로 가려면 화순 이양역을 거쳐야 했는데 이양역에서 번번이 무장해제를 당한 일본인들은 이 노선을 포기하고 훨씬 돌아가야 하는 목포로 방향을 바꾸기도 했다.[24] 또한 장흥에서는 장흥건국준비위원회를 중심으로 일본인들을 수문해창水門 海倉에서 세 차례에 걸쳐 출항시켰는데 10월 중순 수문포水門浦에서 목선 수척으로 출발하던 중

1척이 전복되어 일본인들이 희생되기도 하였다.[25]

그러나 전남에서도 일본인의 귀국은 전반적으로 순조로웠다. 해남에서는 일본인들이 본관사本觀寺에 집결하자 치안대가 무장대원을 파견하여 일본인들이 해남을 떠나는 1946년 2월까지 보호하고 대마도까지 호송하였다. 일본인들은 해남군 화산면花山面 해창海倉에서 제3해남호를 타고 떠났는데 호송 책임자는 치안대원 박형구였다.[26] 진도에서는 오야마大山 부대를 비롯한 일본 관헌과 일반인들이 읍내에 집결하여 목포를 경유, 퇴거하였다.[27] 목포 거주 일본인들은 미군 진주 전에 2척의 배를 전세내어 귀국작전을 시작하였으나, 미군이 남한의 모든 일본인들을 부산으로 집결시켜 부산에서만 일본으로 수송한다고 발표한 이후 중지하고 기차를 이용하여 부산으로 가서 그곳에서 배를 타고 일본으로 건너갔다.[28]

한편 전남지역으로 돌아온 해외 한인은 1946년 말 현재 24만 6,776명이었다.[29] 아마도 도道 차원에서 귀환자를 조사한 것은 주택 문제 등 해방 이후 많은 문제들이 귀환자들로 인해 발생하였고, 따라서 문제 해결을 위해서는 정확한 귀환자 수를 파악해야 한다고 여겼기 때문일 것이다.

해방 후 제주도가 도道로 승격 분할된 1946년 전남의 인구는 294만여 명으로 추정되었으나 1947년 319만 1,661명이었고, 첫 번째 인구센서스를 실시했던 1949년에는 340만 2,442명으로 나타났다. 이 기간의 인구 증가는 3년 동안 약 45만 명으로 연평균 5.2%의 증가율을 보였다. 이러한 증가는 자연증가라기보다는 해외유출 인구의 귀환에 따른 것이었다. 그러다 1949~1955년에는 약 27만 명이 감소되어 연평균 1.4%의 감소율을 보였다. 그리고 1955~1960년에는 약 42만 명이 증가되어 연평균 2.6%의 증가율을 보였다. 1949년 전남인구는 전국인구의 15.1%를 점하여 15.9%의 경북, 15.5%의 경남에 이어 3위를 차지하였다. 1km² 인구밀도는 1949년 전국이 205명인 데 비해 전남은 253명이었다.[30]

1946년 말 현재 전남지역으로 귀환한 한인의 수는 24만 6,776명이다. 물론 귀환자 모두를 정확하게 파악한 수치는 아니다. 1945년에 들어온 귀환자 수는 해방 직후의 혼란 속에서 행정처리를 체계적으로 못했기 때문에, 그리고 밀항자가 상당수 존재했기 때문에 정확하게 헤아릴 수 없다. 미군정이나 일본 정부의 통계는 공식적인 귀환자들만을 대상으로 한 것이었는데, 귀환자들의 귀환 형태를 보면, 비공식적으로, 즉 개인적으로 귀국한 이들도 상당히 많았다. 미군정청의 업무시행 이전에 이미 돌아왔거나 공적 수속없이 온 사람은 이 통계에 빠져 있다. 빠진 사람을 60만 명으로 보면 귀환동포의 총인원은 277만 9,263명이 된다. 그리고 이 통계 이후에도 계속 돌아왔으니 일본에서의 귀환동포는 약 200만 명으로 추산하고 있다. 그렇다면 광복 이후의 귀환동포의 전체 수는 300만 명이 훨씬 넘는다. 그러나 현재로서는 이들 자료를 토대로 귀환자 실태를 파악할 수밖에 없다.

전남으로의 귀환자를 군별, 남녀별, 출발지 등으로 나눠 보면 표 4와 같다. 1개 군 평균 귀환자는 1만 729명이다. 귀환자가 가장 많은 지역은 화순으로 2만 3,895명으로 전남 전체 귀환자의 9.4%를 차지하였다. 일본에서 화순으로 돌아온 이들 중에는 탄광노동자들이 많았으리라 여겨지는데, 1934년부터 채굴이 시작된 화순탄광은 1946년 탄광노동자가 2,600여 명을 헤아렸다.[31] 화순탄광에서의 숙련노동자들이 일본의 여러 탄광으로 징용되었으리라 짐작된다. 이어 순천 2만 619명, 해남 1만 9,555명, 여수 1만 7,387명, 나주 1만 7,091명, 보성 1만 6,049명, 영암 1만 6,016명, 강진 1만 2,806명, 무안 1만 2,540명, 광양 1만 208명 순이다. 가장 적은 곳은 완

표 4 1946년 말 전남지역 귀환자 현황

府·郡	일본에서 귀환				만주에서 귀환				중국에서 귀환				하와이에서 귀환			
	남	여	계	A	남	여	계	B	남	여	계	C	남	여	계	D
목포	2,375	2,010	4,385	63.1	909	785	1,694	24.4	780	57	837	12.2	1	1	2	0.0
광주	3,944	3,945	7,889	81.1	820	831	1,651	17.0	11	16	27	0.3	3	2	5	0.0
광산	2,282	1,141	3,423	65.7	738	396	1,134	21.8			0	0.0	43		43	0.8
담양	3,650	886	4,536	74.3	690	396	1,086	18.5	35	14	49	0.8	60	1	61	1.0
곡성	3,700	1,105	4,805	79.2	694	385	1,079	17.8	23	10	33	0.0	67	11	78	1.3
구례	3,941	2,837	6,778	79.3	626	508	1,134	13.3	5		5	0.0	8	1	9	0.1
광양	5,517	3,605	9,122	89.3	457	370	827	8.1	12	4	16	0.2	30	5	35	0.3
여수	9,401	6,733	16,134	92.8	452	299	751	4.3	138	75	213	1.2	34	10	44	0.3
순천	6,975	7,781	14,756	71.6	1,655	1,709	3,364	16.3	390	473	863	4.2	80		80	0.4
고흥	7,780	3,200	10,980	88.9	469	307	776	6.3	19	13	32	0.3	20	120	140	3.0
보성	8,828	5,281	14,109	87.9	1,098	549	1,647	10.3	75	28	103	0.6	68	5	73	0.5
화순	10,000	3,500	13,500	56.5	3,500	2,000	5,500	23.0	265	35	300	1.3	90	5	95	0.4
장흥	5,360	2,541	7,901	86.9	600	362	962	10.6	26	9	35	0.4	51	3	54	0.6
강진	6,923	3,810	10,733	83.8	1,008	257	1,265	9.9	60	7	67	0.5	124	6	130	1.0
해남	8,816	5,786	14,602	74.7	689	404	1,093	5.6	52	13	65	0.3	171	110	281	1.4
영암	5,231	1,724	6,955	31.8	3,502	380	3,882	24.2	2,472	10	2,482	15.5	72	2,138	2,210	13.8
무안	5,678	3,398	9,076	72.4	1,286	707	1,993	15.9	192	81	273	2.2	10	1	11	0.1
나주	9,322	3,988	13,310	77.9	1,831	1,363	3,194	18.7	117	43	160	0.9	19		19	0.1
함평	2,723	1,238	3,961	70.9	385	728	1,113	19.9	75	17	92	1.5	139	24	163	2.9
영광	2,851	300	3,151	84.6	263	131	394	10.6	21	1	22	0.6	65	30	95	2.6
장성	4,331	1,070	5,401	79.4	800	391	1,191	17.5	41	4	45	0.7	84	3	87	1.3
완도	2,659	847	3,506	94.1	87	25	112	3.0	42	9	51	1.4	45	1	46	1.2
진도	2,626	1,189	3,815	80.4	426	330	756	15.9	40	8	48	1.0	6	2	8	0.1
계	124,915	67,915	192,830	75.6	23,585	13,586	37,171	14.6	4,890	927	5,817	2.3	1,290	2,479	3,769	
비율			75				14				2				1	

출전 : 전라남도, 『道勢一覽』, 1948, 13~15쪽.

府·郡	기타 외지			E	귀환자 계			F	전체호수 및 인구				G
	남	여	계		남	여	계		호수	남	여	총계	
목포	24	6	30	0.4	4,089	2,859	6,948	2.7	24,142	65,328	60,528	125,856	5.5
광주	63	67	130	1.3	4,841	4,861	9,702	3.8	20,933	57,609	57,902	115,511	8.4
광산	493	146	639	12.3	3,556	1,656	5,212	2.1	23,325	72,084	71,923	144,007	3.6
담양	119	14	133	2.3	4,554	1,311	5,865	2.3	19,291	57,907	56,641	114,548	5.1
곡성	69	3	72	1.2	4,553	1,514	6,067	2.4	15,235	45,749	44,872	90,621	7.3
구례	403	221	624	7.3	4,983	3,567	8,550	3.4	11,723	31,646	32,185	64,831	13.2
광양	130	78	208	2.0	6,146	4,062	10,208	4.0	14,066	41,189	40,147	81,336	12.6
여수	154	91	245	0.6	10,179	7,208	17,387	6.8	20,314	93,534	92,757	186,291	9.3
순천	708	848	1,556	7.5	9,808	10,811	20,619	8.1	31,294	95,059	92,429	187,488	11.0
고흥	323	97	420	3.4	862	3,737	4,599	4.8	28,251	91,968	92,191	184,159	2.5
보성	106	11	117	0.7	10,175	5,874	16,049	6.3	25,523	74,426	73,330	147,756	10.9
화순	4,200	300	4,500	18.8	18,055	5,840	23,895	9.4	22,826	66,020	64,818	130,838	18.2
장흥	117	23	140	1.5	6,154	2,938	9,092	3.6	20,542	58,693	57,154	115,847	8.6
강진	495	116	611	4.8	8,610	4,196	12,806	5.2	18,413	55,128	54,276	109,404	11.8
해남	1,808	1,706	3,514	18.0	11,536	8,019	19,555	7.7	30,418	89,072	89,520	178,592	10.9
영암	488		488	3.1	11,764	4,252	16,016	6.3	21,902	61,754	61,575	123,329	13.0
무안	815	372	1,187	9.5	7,981	4,559	12,540	4.9	41,165	125,801	127,257	253,058	5.0
나주	149	58	207	1.2	11,638	5,453	17,091	6.7	40,587	128,011	125,892	253,903	6.7
함평	244	14	258	4.6	3,568	2,022	5,590	2.4	21,208	64,749	62,859	127,608	4.4
영광	59	2	61	1.6	3,259	464	3,723	1.5	23,481	71,132	70,823	141,955	2.6
장성	70	7	77	1.1	5,326	1,475	6,801	2.7	21,1□3	63,082	62,460	125,542	5.4
완도			0	0	2,833	882	3,715	1.5	17,849	54,316	35,369	89,685	4.1
진도	106	13	119	2.5	3,204	1,542	4,746	1.9	14,281	39,385	40,055	79,440	6.0
계	11,143	4,194	15,337	6.0	157,674	89,101	246,776		537,990	1,604,698	1,586,963	3,191,661	8.0
비율			6				100						

비고 : ① A : 전체 귀환자 중 일본에서의 귀환자 비율(%), B : 전체 귀환자 중 만주에서의 귀환자 비율(%), C : 전체 귀환자 중 중국에서의 귀환자 비율(%), D : 전체 귀환자 중 하와이에서의 귀환자 비율(%), E : 전체 귀환자 중 기타 외지에서의 귀환자 비율(%), F : 전체 귀환자의 군별 비율(%), G : 전체인구 중 귀환자 비율(%)

② 전체호수 및 인구는 1947년 12월 말 기준. 이 숫자는 한국인만을 가리킨다. 이외에 전남에는 중국인 156호 520명(남 315, 여 205), 일본인 80호 480명(남 55, 여 425), 기타 외국인 3호 11명(남 3, 여 8) 등이 있었다.

③ 기타 지역은 필리핀, 남양군도, 동남아 등이다.

도로 3,715명이고 이어 영광 3,723명이었다. 귀환자들이 많다는 것은 해외 이주자들이 많았고, 특히 해외에서 삶의 터전을 마련할 시간적 여유를 갖지 못한 1940년대의 강제징용자들이 많았다는 것을 말해준다. 특히 1만 명 이상의 귀환자를 기록한 지역은 지리적으로 해안에 위치하여 그만큼 해외유출이 심한 곳이었으며 따라서 귀환자도 많았다.

귀환자를 남녀로 구분해 보면 남자 15만 7,674명, 여자 8만 9,101명으로 약 1.8 : 1의 비율이었다. 수적으로는 많지 않지만 남녀의 비율 차가 가장 큰 곳은 영광으로 약 7 : 1이다. 그러나 순천과 고흥은 여자가 각각 약 1,000명과 2,900명이 더 많은데 그 이유는 알 수 없다. 남녀 비율이 비슷한 지역은 가족이주였을 것이고, 강제징용 이전의 이주가 많았을 것이다. 그러나 남자 혹은 여자가 압도적으로 많은 지역의 귀환자들은 강제징용 시기의 징용자들임이 분명하다. 전남 전체의 남녀 비율을 보면 일본에서의 귀환자는 1.8 : 1, 만주에서의 귀환자는 1.7 : 1, 중국에서의 귀환자는 5.3 : 1, 하와이에서의 귀환자는 1 : 1.9, 기타지역에서의 귀환자는 2.7 : 1이다. 중국과 기타지역에서의 귀환자 중 남자의 비율이 높은 것은 이들이 강제징용 시기에 징용되었기 때문이다. 그리고 하와이에서의 귀환자 중 여자의 비율이 높은 것은 사탕수수 농장의 노동자로 징용된 것이 아닌가 여겨진다.

전남으로의 귀환자들이 출발한 곳을 보면, 일본이 19만 2,830명으로 전남 전체 귀환자의 75%이다. 이어 만주에서의 귀환자가 14%, 중국에서의 귀환자가 2%, 하와이에서의 귀환자가 1% 그리고 필리핀·남양군도·동남아 등 기타지역에서의 귀환자가 6%이다. 한반도 전체의 귀환자 현황을 보면, 귀환자가 300만 명 정도였는데 일본에서의 귀환자가 약 140만 명(이들 중 40만 명은 연합군총사령부가 통치권을 이양받기 전에 개인적으로 귀환하였고, 100

만 명은 1945년 9월부터 연합군총사령부에 의해 공식 송환된 것으로 알려져 있다), 만주에서 100여만 명, 중국대륙에서 10여만 명, 하와이·대만·오키나와·남태평양 군도 등에서 10만여 명이었다.[32] 귀환자 중 일본에서의 귀환자가 46.7%, 만주에서 귀환자가 약 33.3%, 중국에서 귀환자가 약 3.3%, 하와이 등에서의 귀환자가 약 3.3% 등이다.

남한만으로의 귀환 현황을 보면, 1948년까지(1945.8~1948.12) 귀환자는 일본에서 111만 7,819명(91.6%), 중국에서 5만 9,372명(4.9%), 만주에서 1만 572명(0.9%), 대만에서 3,440명(0.3%), 하와이에서 2,642명(0.2%), 호주에서 3,051명(0.2%), 오키나와에서 1,755명(0.1%), 남양군도에서 1만 4,058명(1.2%), 기타에서 7,918명(0.6%) 등 122만 627명이었다.[33] 중국에서 북한 경유 월남자는 1만 3,476명, 만주에서 북한 경유 월남자는 30만 6,755명이었다.[34]

한반도 전체의 귀환현황과 전남지역에의 귀환현황을 비교하면 전체 귀환자 중 전남지역으로의 귀환자 비율은 10%가 되지 않는다. 일본에서의 귀환자가 압도적으로 많다. 전체적으로는 46.7%인데 전남지역의 일본에서의 귀환율은 75%로 매우 높은 수치다. 반면 만주에서의 귀환자 비율은 전체적으로 33%인데 전남은 그것의 1/2 이하였다. 중국에서의 귀환자도 전체적인 비율보다 낮다. 또한 하와이 등 기타지역에서의 귀환자도 중국의 경우와 유사하다. 북한지역에는 일본보다 중국이나 만주에서의 귀환자들이 많았을 것이므로 한반도 전체로 본다면 일본에서의 귀환율이 낮아지고 만주에서의 귀환율이 높아진다.

한편 남한으로의 귀환현황과 전남지역에의 귀환현황을 비교하면, 남한 전체 귀환자 중 전남지역으로의 귀환자 비율은 약 17%이다. 일본에서의 귀환자 비율은 남한 전체의 비율보다 상당히 낮은 편이고 중국에서의 귀환자 비율도 낮은 편이다. 반면 만주에서의 귀환율은 매우 높고, 하와이에서의 귀환율도 높다. 일본에서의 귀환자 비율이 낮은 것은 강제징용 이전에 이주한 이들이 삶의 터전을 마련하여 귀환하지 않았는데 그들의 숫자가 적지 않은 때문이며, 만주에서의 귀환자 비율이 높은 것은 1930년대 농업이민이 많은 점과 중국의 공산화와 관련이 있을 것이다.

일본에서 전남으로 귀환한 사람은 여수 1만 6,134명, 순천 1만 4,765명, 해남 1만 4,602명, 보성 1만 4,109명, 화순 1만 3,500명, 나주 1만 3,310명 순이다. 수적으로 보면 순천은 여자가 더 많고, 남녀 비율 차는 영광이 9:1로 가장 크다. 1945년 재일한인의 95%가 남한 출신이었는데, 경상도 출신자가 과반수를 차지하여, 경상도와 전라도 출신자를 합하면 전체의 80%에 이르렀다. 재일한인의 귀환은 해방 직후 수개월 간에 집중되었다. 귀환한 재일한인의 61.4%가 1945년 말 이전에 이동을 완료했으며, 1946년 3월까지는 전체의 90.4%, 1946년 말까지는 98.4%가 귀환했다.[35] 따라서 일본에서 전남으로 귀환한 숫자도 1946년 말의 통계와 큰 차이가 나지 않을 것이다.

만주에서 전남으로 귀환한 사람은 화순 5,500명, 영암 3,882명, 순천 3,364명, 나주 3,194명 순이다. 순천과 함평은 여자가 더 많고, 남녀비율 차는 영암이 9:1로 가장 크다. 해방 직후 만주에서 귀환한 사람은 조선족 인구의 40%에 해당하는 70만 명에 달하는 것으로 추정된다.[36] 만주에서 화순으로 많은 이들이 귀환한 것은 이유는 알 수 없지만 화순에서 만주로 이주한 이들이 많았다는 것을 의미한다고 하겠다. 영암과 나주로의 귀환자가 많은 것은 일본인들의 농장이 이들 지역에 많아 농업이민자가 많은 때문이

표 5 식민지 시기 영암의 남녀 인구

연도	1911	1913	1915	1917	1919	1921	1923	1925	1927	1929	1931
남	33,642		35,980	35,920	37,463	38,011	39,670	39,270	38,916	39,914	
여	30,281			33,893	34,404	34,926	35,352	32,413	38,298	37,766	38,634
연도	1932	1933	1934	1935	1936	1937	1938	1939	1940	1941	1942
남	40,930	41,380	42,794	44,616	44,451	45,220	44,468	44,468	45,120	46,140	48,419
여	39,618	40,327	41,761	44,133	43,612	44,259	44,094	44,094	44,909	46,436	49,861

출전 : 『朝鮮總督府 統計年報』, 1911~1942년.

라고 여겨진다.

중국에서 전남으로 귀환한 사람은 영암 2,482명, 순천 863명, 목포 837명 순이다. 순천은 여자가 더 많았다. 남녀 비율은 일본이나 만주에서의 귀환자 비율과 달리 5 : 1로 차이가 큰데 영암은 귀환자 대부분이 남자이고 목포는 남녀비율이 약 13 : 1이나 된다. 이는 중국으로의 이주가 생계형이 아니라 주로 강제징용이었다는 것을 의미한다. 만주에서의 귀환자가 생계형 이주자들이었다면 중국에서의 귀환자는 강제징용자들이 대부분이었다고 할 수 있다.

하와이에서 전남으로 귀환한 사람은 영암 2,210명, 해남 281명, 고흥 140명, 강진 130명 순이다. 다른 지역과 달리 여자가 남자의 두 배이다. 특히 영암은 하와이에서의 귀환자 대부분이 여자인데 이유는 알 수가 없다. 『도세일람』의 기록 오류가 아닌가 여겨지기도 하지만 단언하기 어렵다.[37] 일제하 영암의 인구 변동 상황을 남녀별로 살펴보면 표 5와 같다.

1911년부터 1942년까지 매년 1,000명 안팎의 여성인구가 증가하고 있다. 따라서 하와이에서 영암으로 귀환한 2,138명의 여성들에 대해서도 개

연성을 말할 수는 있지만 확언하기는 어렵다.

하와이에는 미군의 전쟁포로가 된 3,000여 명의 한인 청년들이 있었는데 이들은 군인과 군속이었다. OSS에서는 재미 한인을 한국에 침투시키려는 냅코작전을 계획하였고 이 프로젝트는 1944년 하반기에 확정되었다. 공작원 침투는 목포 앞바다로의 목포 침투 등 여러 조를 계획하였었다.[38] 하와이로 강제징용된 전남인들은 이 작전과도 무관하지 않으리라 여겨진다.

기타지역에서 귀환한 사람은 화순 4,500명, 해남 3,514명, 순천 1,556명, 무안 1,187명 순이다. 순천은 여자가 더 많고, 남녀 비율은 전체적으로 2.7:1인데, 화순은 14:1이나 되고 영암은 남자들뿐이다. 그 이유는 이들 지역 귀환자들은 강제동원 시기에 동원되었기 때문일 것이다. 동남아시아와 남태평양지역에 갔던 한국인들의 귀환은 1946년 말 이전에 사실상 완료되는데 1946년 말 현재 귀환인구는 유구열도 1,755명, 필리핀 1,406명, 호주 3,051명, 기타 태평양지역 1만 3,986명, 대만 3,449명, 홍콩 302명, 북인도차이나 118명, 기타 지역 6,954명이었다. 이 수치들은 1947년 말까지도 거의 변화가 없었다.[39]

해방 당시 전남은 생활권역별로 보면 목포권역(목포·장흥·강진·해남·영남·무안·함평·영광·완도·진도), 광주권역(광주·광산·담양·화순·나주·장성), 순천권역(순천·여수·곡성·구례·광양·고흥·보성)으로 나누어진다. 전남 전체 귀환자 중 그 비율이 높은 군부터 귀환자들이 온 곳을 살펴보면 다음과 같다.

목포권역을 보면, 일본에서의 귀환율이 상당히 높다. 군별로 보면 목포로의 귀환자는 전남 전체 귀환자의 2.7%이다. 이들을 출발지별로 보면 일본 63.1%, 만주 24.4%, 중국 12.2%이다. 무안으로의 귀환자는 전남 전체 귀환자의 4.9%이며, 이들을 출발지별로 보면 일본 72.4%, 만주 15.9%, 기타지역 9.5%이다. 함평으로의 귀환자는 전남 전체 귀환자의 2.4%이고, 출발지는 일본 70.9%, 만주 19.9%이다. 영광으로의 귀환자는 전남 전체 귀환자의 1.5%이며, 출발지는 일본 84.6%, 만주 10.6%이다. 장흥으로의 귀환자는 전남 전체 귀환자의 3.6%이며, 출발지는 일본 86.9%, 만주 10.6%이다. 강진으로의 귀환자는 전남 전체 귀환자의 5.0%이며, 출발지는 일본 83.8%, 만주 9.9%이다. 영암으로의 귀환자는 전남 전체 귀환자의 6.3%이며, 출발지는 일본 31.88%, 만주 24.2%, 중국 15.5%, 하와이 13.8%이다. 해남으로의 귀환자는 전남 전체 귀환자의 7.7%이며, 출발지는 일본 74.7%, 기타지역 18.0%이다. 완도로의 귀환자는 전남 전체 귀환자의 1.5%이며, 출발지는 일본 94.1%, 만주 3.1%이다. 진도로의 귀환자는 전남 전체 귀환자의 1.9%이며, 출발지는 일본 80.4%, 만주 15.9%이다.

　순천권역을 보면, 일본에서의 귀환자비율이 높은 반면 만주에서의 귀환자비율은 전남 전체보다 낮고 기타지역에서의 귀환율이 상당히 낮다. 이는 이 지역에서는 여수항을 통해 일본으로 이주하는 것이 쉬웠기에 강제징용 이전에도 일본으로의 이주가 많았기 때문이라 여겨진다. 군별로 보면 순천으로의 귀환자는 전남 전체 귀환자의 8.1%이며, 출발지는 일본 71.6%, 만주 16.3%, 기타지역 7.5%이다. 여수로의 귀환자는 전남 전체 귀환자의 6.8%이며, 출발지는 일본 92.8%, 만주 4.3%이다. 곡성으로의 귀환자는 전남 전체 귀환자의 2.4%이며, 출발지는 일본 79.2%, 만주 17.8%이다. 구례로의 귀환자는 전남 전체 귀환자의 3.4%이며, 출발지는 일본 79.3%, 만주 13.3%, 기타지역 7.3%이다. 광양으로의 귀환자는 전남 전체 귀환자의 4.0%이며, 출발지는 일본 89.3%, 만주 8.1%이다. 고흥으로의 귀환자는 전남 전체 귀환자의 4.8%이며, 출발지는 일본 88.9%, 만주 6.3%이다. 보성으로의 귀환자는 전남 전체 귀환자의 6.3%이며, 출발지는 일본 87.9%, 만주 10.3%이다.

　광주권역을 보면 전남 전체와 비교할 때 만주에서의 귀환자비율이 높다. 이는 강제징용 이전 전남의 내륙에 속하는 광주권역에서는 농업이민자들이 많았다는 것을 의미한다. 군별로 보면 광주로의 귀환자는 전남 전체 귀환자의 3.8%이며, 출발지는 일본 81.1%, 만주 17.0%이다. 광산으로의 귀환자는 전남 전체 귀환자의 2.1%이며, 출발지는 일본 65.7%, 만주 21.8%, 기타지역 12.3%이다. 담양으로의 귀환자는 전남 전체 귀환자의 2.3%이며, 출발지는 일본 74.3%, 만주 18.5%이다. 나주로의 귀환자는 전남 전체 귀환자의 6.7%이며, 출발지는 일본 77.9%, 만주 18.7%이다. 장성으로의 귀환자는 전남 전체 귀환자의 2.7%이며, 출발지는 일본 79.4%, 만주 17.5%,이다. 화순은 전남에서 귀환자가 가장 많은 곳으로 전남 전체 귀환자의 9.4%이며, 출발지는 일본 56.5%, 만주 23.0%, 기타지역 18%이다.

　한편 군 전체 인구 중 귀환자가 차지하는 비율은 화순이 18.2%로 가장 높고, 이어 구례 13.2%, 영암 13.0%, 광양 12.6%, 강진 11.8%, 순천 11%, 보성과 해남 10.9%이다. 화순의 인구 동향을 살펴보면, 1917년부터 1939년까지 22년 동안 9,081명이 증가하여 연평균 412명이 증가한 셈이고, 1940년부터 1946년까지 7년 동안에는 2만 9,511명이 증가하여 연평균 4,215명이 증가한 것으로 계산된다. 이렇게 갑자기 1917~1939년의 증가 수에 비해 10배 이상 증가한 것은 화순의 해외이주자가 이 기간에 많았고 그들이 일본 패망 이후 귀환한 때문일 것이다. 화순에는 1934년부터 채굴이 시작된 화순탄광이 있었기에 화순에서 일본의 탄광으로 징용되었고, 그들이 해방과 함께 돌아왔기에 화순의 귀환자 수가 많았다고 추정된다.

징용될 때 일단 군郡에 집결하였다가 열차편으로 경부선을 이용하여 대전-부산으로 가거나, 호남선을 이용하여 여수에 간 뒤 배편으로 일본의 시모노세키나 하카다항으로 갔는데 귀환할 때에도 이들 항구를 이용하여 부산·마산·여수·울산 등으로 돌아왔다.[40] 전남으로의 귀환은 목포항과 여수항을 통하는 방법, 부산항으로 입항하여 경부선을 타고 대전에 도착한 뒤 호남선을 바꾸어타고 귀향하는 방법이 이용되었다. 해방 직후 한국인들이 사선私船으로 귀환하고 있던 중 1946년 1월 15~17일에 GHQ(연합군최고사령부)가 한국인 귀환자를 귀향지별로 나누어 송환시키기로 결정하였다. 귀향지가 경상도·충청북도인 귀환자는 센자키仙崎·하카다·하코다테函館·마이즈루舞鶴에서 부산으로, 전라도와 충청남도 귀환자는 사세보佐世保에서 군산이나 목포로, 경기도와 강원도 귀환자는 사세보에서 인천항으로 수송하기로 합의한 것이다.[41]

여수는 1923년 3월에 지정항이 되면서 목포-오사카 간의 기미가요마루(669톤)가 시항하여 일본으로의 항로가 개설되었다. 1924년 11월에는 조선우선주식회사 소속 함경환咸鏡丸(756톤)이 제주-오사카 사이를 왕래하면서 여수항에 월 2회 정기 기항하였고, 그후 영보환永保丸도 일본과 정기 직항으로 운항하였다. 1930년대에는 경전慶全 서부선 및 전라선의 개통과 함께 여수-시모노세키 간의 정기 여객선이 취항하였다. 1940년에는 소련과의 전쟁에 대비한다는 명목으로 대소 선박 60여 척(약 30만 톤)에 군마, 무기, 탄약 등을 여수항에 하역한 뒤 경전서부선 철도를 이용하여 야간열차(극비보장상)로 수송하였으며, 1943년 6월 이른바 전시대륙화물 전기轉嫁 수송업무가 시작되어 만주·비지산非支山 물자(양곡, 석탄, 선철 등)가 철도로 여수·마산·부산항으로 수송된 뒤 선박을 이용해 일본으로 수송됨으로써 이들 항구는 군항으로서 이용되기도 하였다.[42] 그리고 1941년 7월 관동군 특별연습 시작 때는 나진·영흥·부산과 함께 전쟁대비를 위해 화포가 배치되는[43] 등 일제하 여수항은 중요도가 더해갔다.

귀환항으로 이용되었던 목포는 1944~1946년 인구증가율이 전국 최고였다. 귀환자들이 들어오는 관문 중의 하나이자 이들이 빠져나갈 마땅한 배후지가 없었던 목포는 가장 높은 인구증가율과 가장 높은 실업률을 보였다. 부산항도 귀환동포의 주요한 입국관문이었지만 원조물자라는 가장 큰 물동량의 도입관문이었기에 여기서 파생되는 일자리가 실업인구를 부분적으로 흡수하였다. 부산항은 부산의 높은 인구증가율에도 불구하고 다른 도시에 비해 낮은 실업률을 유지하는 데 일정한 역할을 하였던 것이다.[44]

여수로 들어온 경우를 보면, 1944년 징용되어 사가佐賀현 탄광에서 생활하였던 익산 출신 K 노인은 해방이 되자 방치된 상태에 놓여 있다가 자력으로 배를 구해 1946년 10월에 여수를 거쳐 귀환하였다.[45] 1946년 3월쯤 목포에는 인천·군산과 마찬가지로 어선과 화물선들이 중국 청도靑島와 대련항大連港을 드나들었고, 이 배들은 한인 귀환자들을 실어날라 한동안 재미를 보기도 하였다.[46]

여성구의 연구에 의하면, 부산으로 입항하여 경부선을 타고 대전에서 내려 다시 호남선으로 귀환하는 사례도 많았다. 예컨대 1943년 1월 징용된 이들은 후쿠오카 일마니 탄광에서 일하다 해방 후 한 달 동안 귀국 여비를 마련하고자 애를 썼고, 나가사키에서 하카다로 이동하여 3~4일 만에 목선(400톤, 400명 탑승)을 타고 1945년 9월 3일쯤 부산에 도착, 대전을 거쳐 귀향하였다. 1943년 11월에 징용된 장성인 임술진은 아이치愛知현 나고야名古屋 항공기 제작소에서 일하다 해방을 맞아 9월쯤 교토에서 하카다까지 와 배편으로 부산에 입항, 대전을 경유하여 귀향하였다. 1944년 7월쯤 징용된 함평인 이근옥은 나가사키에서 부산으로 입항한 뒤 대전을 경유하여 귀향하였다. 1944년 7월쯤 징용된 정병춘은 나가사키현에서 일하다 해방 후 시모노세키에서 배를 타고 부산에 도착, 삼랑진-순천을 경유하여 광주로 돌아왔다. 1944년 5월 전남 각지에서 징용된 150여 명의 학생들은 나고야 미츠비시 항공기 제작소에서 일하다 시모노세키에서 1945년 10월 7일쯤 부산으로 입항하였다.

  마산으로 입항한 이들도 부산으로 입항한 이들과 비슷한 경로를 통해 귀향하였다. 예컨대 1945년 2~3월 전남 각지에서 동원된 75명은 나고야 미츠비시 조선소에서 일하다 해방 후 효고兵庫현 고베神戶에서 후쿠오카까지 와 80톤 목선을 타고 4일 걸려 마산에 도착하였다. 당시 탑승인원은 처음 동원되었던 75명과 선원 5명 등 80명이었다. 마산에서 기차를 타고 삼랑진-부산-대전을 경유하여 귀향하였다.

  귀환비용은 대개 개인적으로 마련하였는데, 회사에서 경비를 제공하는 경우도 있었다. 예컨대 1943년 가을에 징용된 장성인 나정환은 나가사키현 고야기시마 조선소에서 일하다 해방 후 기차를 타고 하카다까지 와서 회사에서 내준 배를 타고 부산으로 왔다. 1944년 9월쯤 징용된 함평 출신 정동희는 나고야 미츠비시 항공기 제작소에서 일하다 해방 후 공장 측에서 나누어준 낙하산 등을 팔아 귀국 여비를 만들었다. 나고야에서 기차를 타고 시모노세키까지 와서 배를 타고 부산에 입항, 대전을 거쳐 귀향하였다. 그러나 대개는 개인적으로 비용을 마련하고 한국으로 가는 배가 있는 항구를 찾아가 귀국선을 탔다. 예컨대 1943년 4월에 징용된 함평 출신 노희필은 시모노세키에서 일하다 해방 후 3개월 동안 쌀장사를 하여 시모노세키에서 사선을 타고 귀국하였다. 1945년 1월 징용된 함평 출신 이한범은 나가사키현 하시마 조선소에서 일하다 해방 후 3~4개월간 체류하다가 10월 쯤에 함평사람 120명, 선원 2~3명과 함께 80톤 목선을 타고 부산에 도착한 뒤 호남선을 타고 송정리로 돌아왔다.[47]

귀환자 정착을 위한 활동

일본이 패망하였지만, 한국인들은 주권을 곧바로 장악하지 못하였다. 미국과 소련은 한반도에 그들에게 적극 협력하는, 그들이 통제할 수 있는, 그들의 국익에 가장 도움이 되는 구도를 만들고자 하였다. 특히 미군정은 대한민국임시정부를 인정하지 않았다. 결국 군정은 형태만 바뀐 식민통치였다고 할 수 있다. 그들에게는 해외에 거주하고 있던 한국인들의 귀환 문제가 중요하지 않았다. 식민통치가 끝났지만, 또 다른 형태의 식민통치라 할 수 있는 군정이 행해지면서 해외 한인들의 귀환은 계획적으로 추진되지 못하였다.

해방 이후 한국사회는 귀환자들에 대해 깊은 관심을 기울이지 않았다. '다 같이 겪은 어려운 시절'이라는 일반적인 인식이 당연하게 받아들여졌다. 살아서 돌아온 자는 다행이고 그렇지 못한 경우에는 할 수 없다는 식이었다.[48] 300만 명에 달하는 귀환동포, 수백만 명에 달하는 월남동포의 유입, 물자부족에 따른 매판자본가들의 매점매석, 누적된 미군정의 재정적자와 통화팽창, 북한의 단전 등으로 1948년 가을 여순사건이 발생하기까지 민중들은 혁명이 진행 중인 중국 다음으로 세계에서 가장 높은 물가상승,

실업난, 식량난 등의 민생고를 겪었다. 1945년 8월 해방 이후 1948년 1월 현재 만 2년 5개월 동안 서울의 생필품 가격은 평균 25.2배나 폭등했으며 곡물가는 11.6배나 올랐다. 이에 따라 전체인구의 70~80%에 달했던 농민들은 기아에 허덕이면서도 강제공출을 당해야 했고 그나마 곡물을 시장에 팔아도 제값을 받지 못했다. 일제식민지 말기에는 임금상승률과 물가상승률이 거의 비슷한 수준이었으나 해방 후 3년이 채 못되어 실질임금상승률은 물가상승률의 1/5 이하로 떨어지고 있었다. 특히 전남은 해방을 전후한 시기부터 1946년까지 인구변동률, 지주의 수취율을 나타내는 소작률 등 사회정치적인 지표를 통해 살펴볼 때 전국의 다른 지역보다 갈등의 정도가 높았다.[49]

300만 명의 귀환자는 '사회적 부양인구의 증가'를 의미하는 것이었는데 남한사회는 이들을 원조할 사회적 기틀을 마련할 수 없는 구조적 문제를 안고 있었다.[50] 이에 따라 국가, 사회 전체가 동원되는 대규모의 구호활동이 전개되었다. 1945년 8월 31일에 '조선재외전개동포구제회'가 결성된 것을 시작으로 수십 개의 구호단체가 결성되었다. 귀환자들의 자족적인 조직들도 다수가 만들어졌는데, 대표적인 것이 '전재동포총동맹'이었다. 전국에 징용자후원회, 재외동포구제회, 조선국민후생대, 조선구휼총본부, 조선인민원호회 등 귀환자들의 구호를 담당하는 민간단체들이 결성되었다. 1945년 8월 17일에 서울에서 결성된 조선건국준비위원회는 귀환자 구제를 위해 후생부를 설치하였다. 이후 건준의 활동이 정지되면서 후생부의 업무는 조선인민원호회로 인계되었다. 재외동포구제회가 우익 성향이라면, 조선인민원호회는 좌익적 성향을 띠었다.[51]

전남에서 귀환자들의 정착을 위해 전개한 활동들을 살펴보면 다음과 같다.

　여수에서는 군청에 근무하던 한국인 직원들이 1945년 8월 16일 군청회의실에 모여 정상적으로 중앙에서 체계적으로 기구가 확립될 때까지 남은 직원만으로 여수군의 행정을 지장없이 맡기기로 하고 책임자들을 선정했다. 이들에게 가장 바쁜 일은 해외로 징용갔던 동포들이 돌아오는 데 편의를 제공하는 것이었다. 담당직원들은 부산·순천·일본 가라츠唐津에 출장하여 귀환자들의 편의를 도모했다. 조양래趙良來는 법과 질서가 수면상태에 들어갔고 사회혼란이 막심한 때 가라츠에 개인 배를 타고 가 그곳에서 한인들의 귀환업무를 맡았고, 노용배盧用培(나중에 좌경 사망)는 부산에서 귀환자들을 싣고 오는 열차가 대구역 구내에서 사고를 일으켜 수많은 사상자를 냈을 때 양쪽 다리가 골절되기도 하였다.[52] 그러나 귀환자들이 문제를 일으키기도 하였는데 목포로 귀환한 이들은 목포부윤에게 1인당 3,000원의 위자료를 내라고 요구하였으며, 정미공장과 일화제유 등에서 강탈행위를 자행하기도 하였다.[53]

　1946년 4월 1일 계몽운동의 일환으로 전라남도 민전에서는 광주극장에서 재일본조선인연맹 대표 송성철을 초청하여 재일본조선인 동포 상황을 듣는 강연회를 개최하였다.[54] 그리고 귀환자의 생활을 위한 더욱 구체적인 방안을 모색하였다. 가장 중요한 것은 먹고 사는 문제를 해결해주는 것이었다.

　고흥과 화순에서도 구호대책위원회가 조직되어 귀환자들로 귀환동포회를 구성하고 출신지에 따라 귀환하도록 알선하였으며, 남은 이들은 적산가옥에 수용하여 취업을 알선하고 의식을 도와 정착의 길을 열어나가도록 했다.[55] 1945년 8월 16일에 조직된 화순 건준은 해외귀환동포들의 힘으로 그

활동이 순조롭게 진행되었다. 화순 건준과 같은 날 조직된 장흥청년단의 주임무는 치안유지와 일본인을 보호 송환시키는 것, 적산을 관리하는 것이었다. 해외에서 돌아온 일본군지원병 등은 청년단에 가입하여 활동하기를 청했다가 거부당하자 '국군준비대'를 조직하였다. 국군준비대는 당시 장흥경찰서 앞 '무덕관'에 본부를 설치하고, 무덕관에서 합숙훈련까지 하였다. 이들은 장흥 건준에 몰려가 지원을 요청하였으나 군 건준에서 치안대를 보내어 해산시키려 하자 8월 31일 새벽 5시를 기해 장흥경찰서를 습격, 총기 60여 자루를 강탈했다. 그리고 무덕관에서 실력행사의 일환으로 공포탄을 쏘아 주민들을 놀라게 하였다. 장흥청년단과 장흥국군준비대의 마찰은 10월 28일 미군이 사령부를 설치하고 군정을 본격적으로 실시한 뒤 끝났다.[56] 1945년 8월 20일에 조직된 여수 건준도 귀환동포들의 수용 등의 업무를 해 나갔다.[57]

극도의 혼란 속에서 귀환자들의 주거는 사회적인 큰 문제로 대두했다. 여수에서는 건준에서 김관평金寬枰과 백해천白海天 등이 구항 부두에 귀환동포임시접수소를 마련하고 귀환자들을 맞아들여 구 마루보시丸星(현 수정동 연탄공장 부지 일대)와 종화동鍾和洞 자산紫山공원 밑에 있던 일본군병사 및 해월루(이충무공 비각 밑에 있었다) 등에 수용했다.[58] 그리고 신월리의 옛 일본군 부대에서 식량과 모포 등을 가져와 이들을 구호했다. 그래서 그 지역을 '귀환정歸還町'이라 불렀다.[59] 1967년 귀환민 일부가 당국의 강제철거 이주책에 따라 신월동 새마을촌으로 옮겨야 했는데 강제철거를 반대하는 주민들과 철거반원들 간에 투석전이 벌어지기도 하였다.[60]

목포에서도 귀환자들의 주택 문제는 심각하였다. 목포의 인구는 해방전 7만 2,981명에서 1946년 10만 3,000명으로 급증하였다. 이같은 인구증가는 많은 문제를 야기하였는데 무엇보다도 주거 문제가 컸다. 특히 1947년 쯤부터 월남한 이들의 주거 문제는 더욱 심각하였다. 목포에서는 군민들이 귀환자들의 주택을 마련하였다. 남교동 공설시장 상인들이 집없이 방황하는 극빈 귀환자들을 돕고자 10여만 원을 갹출하여 중정시장 부근에 단독주택을 마련하고 30여 세대를 입주하게 하였다. 또한 시장 상점 사용도 귀환자들에게 우선적으로 알선하고 직장도 주선하였으며, 학교에 가지 못하는 귀환자촌의 취학아동들을 위하여 2만여 원을 모아 야학을 개설하였다. 전재민과 부락민들이 자진하여 강사로 나서 무보수로 봉사하였다.[61] 목포부에서도 망운비행장에 가건물 50동을 지어 귀환자들을 수용하고자 하였다.[62] 망운의 임시 이재민구호소는 1947년 7월에 개소하였는데 3~4개월 내에 약 5만 명이 입소할 것으로 예상하였다. 당시 목포로의 인구집중이 얼마나 폭발적이었는가를 능히 짐작하게 한다. 그런데 때로 전재민을 위해 마련된 주택들이 전재민에게 주어지지 않고 문제를 일으키는 원인이 되기도 하였다. 1947년 11월에 목포 만호동에 전재민 수용을 목적으로 건립된 장옥長屋이 건립된 지 불과 2년 후 사회악의 근원으로 비난을 받았다.[63]

광주에도 귀환자들을 위한 주거지가 마련되었는데 백범 김구 선생의 후원으로 이루어졌다. 1946년 광주를 찾은 백범은 시국강연을 위해 대성소학교로 가던 도중 사직공원 일대에서 노숙하는 귀환자들을 보고 이들이 정착할 수 있도록 광주시에 현금·쌀 등을 자신에게 들어온 정치자금으로 기탁하였다. 그리하여 광주천변 학3동(당시 학강정2구, 계동, 갱생부락 등으로 불림) 일대 천변의 푸서리(무서리) 땅, 솔밭 등에 100여 세대의 속칭 '말집'이 건설되었고 1947년 말 187가구가 입주하였다. '말집'이란 집 구조가 한 지붕 아래 6가구가 나란히 이어져 마구간 같다 해서 붙여진 이름으로 방 한 칸에 부엌이 있었고 화장실과 우물은 공동으로 사용하였다. 백범은 전재민촌이 완성된 후 "비록 가난하지만 100가구가 평화롭고 화목하게 살라"며 마을 이름을 '백화百和'라 하였다. 이후 마을민들이 '백범白凡'의 뜻을 새기자는 취지에서 '백화마을'로 변경하였다.[64]

그런데 귀환자들의 생활을 안정시키기 위해서는 귀속재산의 처리가 중요했다. 귀환동포에게 주택을 마련해주고 피구호 대상자에게 생활을 가능케 하는 사업을 마련해주기 위해서라도, 당시 경제에서 절대적 비중을 차지하던 귀속재산을 어떻게 처리하느냐는 중요한 문제였다.[65]

해방 후 전남지역 귀속사업체를 알 수 있는 자료는 1949년판 『조선경제연감』이다. 전남지역의 귀속사업체는 중앙관할 49개 사업체, 지방관할 201개 사업체 등 모두 250개였다.[66] 일본인 소유였던 이들 기업의 경영자와 간부들이 대부분 일본으로 떠나가자 한국인 노동자들은 자주적으로 노동조합을 구성하고 공장을 관리하였다. 이들 중 8개를 제외하고는 민정이 수립될 당시까지 모두 가동되었는데 그 공장들은 주로 광주, 목포, 나주, 순천, 여수에 집중되어 있었다. 적산관리에서 목포시인민위원회가 확보한 경제적 이익은 대단했다고 한다. 당시 목포시인민위원회는 목포에서 가장 큰 두 개의 출판사를 운영했고, 24개의 극장, 거대한 소비조합, 목포유류공급회사, 목포목화씨기름회사, 안좌화학회사, 목포화학회사를 관리 운영했다. 이에 따라 목포시인민위원회는 큰 이익을 얻었다.[67] 그러나 전남지역의 적산이 귀환자들의 삶을 정착시키는 데 기여했다는 기록은 찾기 어렵다. 해방 당시 여수에는 약 5,000명의 일본인이 있었는데 시내 중심가의 땅이나 건물들은 물론 공장, 점포 등 제법 규모가 큰 부동산은 거의 일본인 소유였다. 해방이 되어 일본인들이 귀국하자 여수에도 여수군 귀속재산 관재서가 생겨 김중섭金仲燮이 초대 서장을 맡았고 2대 서장은 장말수張末洙였다.[68] 그러나 역시 여수에서도 귀속재산이 귀환자들의 경제적인 고충을 해결하는 데 도움이 되었다는 기록은 찾을 수 없다. 1940년판 『전남통계연보』에 의하면 1938년의 일본인 세대는 1만 600가구였다. 그동안의 세대 증가를 생각하더라도 해방 당시 일본인소유가옥은 1만 2,000~1만 3,000채라는 추측이 가능하다.[69] 따라서 귀속재산을 잘 처리하였더라면 귀환자들의 주택 문제는 어느 정도 해결이 가능했을 것이지만 실제로는 그렇지 못하였다. 그것은 미군정의 정책 때문이었다. 미군정은 1946년 12월 31일에 귀속재산처리법을 만들어 일본인 소유의 대지, 건물, 기업체, 잡종지(농지는 신한공사), 기타 일본인 소유의 모든 재산을 찾아내어 정당한 연고권자에게 불하해 주고 대금은 연부로 국고에 납부토록 하였다. 그리고 이와 같은 귀속재산의 관리기관으로 중앙과 도, 부, 군 등에 귀속재산관재서를 두게 하였다. 따라서 자본이 거의 없는 귀환자들이 귀속재산을 불하받는다는 것은 거의 불가능하였다.

　식량 문제도 심각하였다. 식량 공출과 배급제가 실시되고 있었는데 양이 적었을 뿐 아니라 배급을 제대로 받지 못하는 이들도 상당수 있었다. 귀환자들을 돕기 위해 전재동포후원회를 조직하고, '남하동포 구제주간'을 설정하여 동정금을 모금하기도 하였지만[70] 귀환자들의 배고픔을 해결할 수는 없었다. 목포의 경우 해방 전 7만 2,981명이던 인구가 1946년에 10만 3,000명으로 급증하였고 1949년에는 11만 1,000명으로 증가하였다. 1948년 목포부에서는 식량미 수배자의 통계를 보고용으로 작성하였는데, 그 통계를 보면, 4월 현재 미수배자 총수가 2만 3,411명이었고 이들 중 일본에서의 귀환자가 145세대 671명, 남하동포가 145세대 1,482명, 교외의 타지

방 전입자가 412세대 2만 1,254명이었다.[71]

　구제금을 확보하는 일도 중요하였다. 미군정은 1945년 10월 27일자로 조선총독부 경무국 위생과의 명칭을 보건후생과로 변경하고, 전재민구호 업무를 담당하게 하였다. 또 미군정 법령 제25호로 각 도에 보건후생국을 설치하게 하였다.[72] 약 1,700만 명의 남한에 300만 명에 가까운 인구가 새롭게 편입되면서 남한은 생활난에 직면하게 되었고, 귀환자들에 대한 구호가 해방정국에서 가장 시급한 사회문제로 대두되었다.[73] 사회부 후생국 조사연구과에서 1948년 3월에 발간한 『후생厚生』 제3호에 기재된 바에 의하면, 당시의 이재민罹災民 및 빈곤자의 수는 414만 2,833명이었고 당시의 인구를 약 2,000만 명으로 추산한다면 전체 인구의 1/5 이상이 이재민 및 빈곤자였다.[74]

　전남의 상황도 마찬가지였다. 53만 7,990호 319만 1,661명을 기록하였던 1946년 말 현재 긴급구호 대상자는 8만 1,542가구로 거의 1/7을 차지하였다.[75] 1947년 4월 20일에 함평군 후생과가 전재귀환동포상담소를 설치하였다. 중학기성회 소유인 이전의 열빈루 가옥을 매입하여 전재동포 13세대를 입주시키고, 함평면에 전재귀환동포상담소를 설치한 것이다.[76] 그러나 기대와 희망을 가지고 돌아왔으나 생활기반이 전혀 없었기에 방황하는 귀환자들에게 구체적인 구호정책을 펼 수는 없었다. 미군정 시기였고, 귀환자 구호정책은 미군정에 그다지 중요한 문제가 아니었기 때문이다. 따라서 구체적이고 체계적인 귀환 또는 구호정책 없이, 단지 밀려들어 오는 귀환자들의 열악한 상황을 지켜보며 동포애에서 이루어지는 도움을 바랄 뿐이었다.

　귀환동포 구제가 사회적으로 큰 과제였지만, 구제의연금을 보기 어려웠던 1947년 5월에 전남의 불교계와 각 학교에서 전재민구제의연금을 모금하여 도 후생과에 기탁하였다. 모금액은 조선불교 전남교구 1만 6,400원, 나주공립중학교 3,145원 50전, 광주공립농업학교 150원, 응세應世축산중학교 270원, 수피아여중교 1,970원, 대성초등학교 894원, 중앙초등학교 2,731원이었다.[77]

생활의 터전이 되는 농지의 제공도 시급히 해결해야 할 문제였다. 1945년 말 현재 남한의 순소작농은 101만 호로 전체 호수 206만 호의 49%였고, 자작농(지주 포함)은 28만 5,000호로 전체의 14%에 불과했다. 자소작농은 71만 6,000호로 34.6%를 차지했다.[78] 해방 후 일본인 소유 토지를 관리하던 신한공사 소유 토지가 전남지역 경지면적의 23.5%였다. 이것은 전국 평균 13.4%보다 높은 것으로 전남지역이 타지역보다 일인의 토지침탈이 심했음을 시사해준다.[79] 한편 1945년 전남의 농가는 전국(남한) 농가 226만 1,000호의 20%인 41만 3,000호였다. 경지면적은 답 20만 2,557ha, 답 11만 8,268ha, 합 32만 865ha로 전국 경지면적의 약 16.5%였다. 0.5ha 미만인 영세농가가 전체농가의 42%였다.[80]

고토를 찾아 농촌으로 모여드는 귀환자들의 홍수는 일대 사회문제화하였다. 귀환동포 중 귀농을 희망하는 사람들이 30여만 호를 헤아리자 농무부에서는 1947년 초 각 도지사회의와 각 도 농정과장회의를 열어 귀환동포의 귀농에 대한 특별 알선을 지시했다. 전남에서는 4월 21일에 각 군 담당자들이 토의 연구한 결과 전남도 내 귀농희망자 2만여 호 중 일부를 1947년에 급속히 귀농시키기로 하였다.[81] 각 도에서는 경지면적, 작권 이동, 주택, 농양, 영농자금 등 여러 가지 난관에 봉착하면서도 적극 알선한 결과 1947년 하반기에는 표 6과 같은 결실을 이루었다.

표 6 1947년 도별 귀농귀환 동포수와 경지면적

도명	알선호수	알선 면적	도명	알선호수	알선 면적
경기	2,656	877	전북	365	17,122
충남	3,259	600	경북	18,146	22,995
전남	7,600	470	강원	250	1,440
경남	30	250	제주	未着	
충북	109	10	합계	32,395	23,795町

출전 : 『朝鮮日報』 1947년 10월 8일.

알선호수로 보면 전남은 경북에 이어 두 번째이다. 그러나 알선 면적을 보면, 8개(제주 제외) 도道 중 여섯 번째이다. 1호당 알선면적은 전국적으로는 2,203.6평인데 전남은 전국 평균의 약 1/13인 185.6평에 불과하다. 1호당 알선 면적이 가장 높은 전북은 1호당 14만 728.8평으로 전남의 758배나 되며, 강원도는 1호당 1만 7,280평으로 전남의 93배이다. 왜 이러한 차이가 나는지 알 수 없으나 당시 각 도의 경작지 현황과 경작지의 자소작 현황 등이 복합적으로 작용한 때문이라 여겨진다.

귀환자 문제가 사회 문제로 크게 부각되자 다양한 기술과 자원을 가진 전재동포들을 산업기술 방면에 동원하여 산업선진국을 이룩하자는 의견도 제시되었다.[82] 광주에서도 귀환 이재민을 위하여 활동을 하고 있던 귀환이민동맹歸還羅民同盟 전남 본부에서 영문번역사업을 시작하였는데[83] 귀환자들의 생존을 위한 자구책의 하나였다고 생각된다. 그러나 전국적으로 여러 구호활동에도 불구하고 1947년에도 귀환자 문제는 거의 해소되지 않았다. 1947년 11월쯤 서울의 전재민과 실업자는 40만 명에 달하였고 해방 직후

부터 제기된 문제 중 해결된 것은 거의 없었다.[84]

식민지시기 전남에서 해외로 이주한 인구는 40~50만 명으로 추정된다. 그들 중 몇 명이 언제 어디로 이주했는지는 정확히 알 수 없다. 다만 1946년 말을 기준으로 할 때 전남으로 귀환한 이들의 통계를 토대로 역추적은 가능하다고 본다. 귀환자의 75%는 일본에서, 14%는 만주에서, 2%는 중국에서, 1%는 하와이에서 그리고 6%는 남양군도 등 기타지역에서 돌아왔다. 이러한 전남의 귀환자 실태를 한반도 전체와 비교하면 일본에서의 귀환자 비율이 높은데 그것은 지정학적으로 일본과 거리가 가깝기 때문이다.

남한만의 귀환자 실태와 비교하면 일본에서의 귀환자 비율이 낮은데 그것은 강제동원 이전에 생계를 목적으로 이주한 이들이 일본에서 삶의 토대를 마련하여 귀국하지 않았기 때문이다. 또한 만주에서의 귀환자 비율이 높은 것은 1930년대의 농업이민에 의한 이주자들이 많았다는 것을 의미한다. 일본에서의 귀환은 부산항으로 입항한 뒤 대전을 경유하여 호남선으로 귀향하는 방법과 여수나 목포항으로 입항하여 귀향하는 방법으로 이루어졌다.

전남의 1개 군 평균 귀환자는 약 1만 명이다. 가장 귀환자가 많은 곳은 화순이다. 또한 영암은 하와이에서 귀환한 여자들이 대부분이다. 귀환자의 남녀 비율은 1.8:1인데 중국과 남양군도 등 기타지역에서의 귀환자는 남자가 압도적으로 많다. 이는 강제징용시기에 끌려갔기 때문으로 여겨진다.

대부분의 귀환자들은 고향으로 돌아갔다. 그러나 고향에 돌아가보았자 삶이 막막했던 이들은 도시지역을 배회하였다. 귀환자들에게 가장 중요한 것은 주택 문제와 생계 문제였다. 전남의 각지에서도 귀환동포회가 조직되어 구호활동을 전개하였고, 목포·광주·여수 등에는 귀환자들의 집단 거주지가 마련되기도 하였다. 그러나 다른 곳과 마찬가지로 전남에서도 귀환자 문제는 조직적이며 체계적으로 해결되지 못하였다. 해방은 되었지만 귀환자 문제에 큰 관심을 기울이지 않은 미군정의 통치정책 때문이었다.

또한 귀환자들이 당시 인구의 1/6에 육박하여 빈곤했던 당시 상황에서는 적극적으로 귀환자의 정착을 위해 노력할 수 없었다. 귀속재산이 잘 처리되어 귀환자들과 빈곤자들의 생활터전을 마련해주는 방향으로 사용되었더라면 귀환자 문제는 해방공간에서 한국인들의 고민이 되지 않았을 것이다.

1948년 대한민국 정부가 수립되었지만, 정부는 새 국가체제 확립에 총력을 기울였고 귀환자 문제에는 그다지 관심을 기울이지 않았다. 게다가 전남은 1948년 여순사건이 발발하면서 이 사건에 온통 휘말려 들어갔고 귀환자 문제는 거론도 되지 않았다. 그리고 1953년 한국전쟁으로 대부분의 한국인이 구호를 받아야 할 처지에 놓이게 됨으로써 귀환자는 더 이상 특별한 구호를 필요로 하는 대상이 될 수 없었다.

― **윤 선 자**(전남대학교 사학과 교수)

■ 주

1. Edward W. Wagner, The Korean Minority in Japan, 1951 ; 「日本における朝鮮少數民族1904~1950年」, 東京 : 淸溪書舍, 1989(復刊板) ; 『現代日本・朝鮮關係資料集』 1, 고려서림, 1990 ; 森田芳夫, 「在日朝鮮人處遇の推移と現狀」, 『法務硏究』 第三號, 1954 ; Richard Hanks Mitchell, The Korean Minority in Japan, 1967(金容權 譯, 『在日朝鮮人の歷史』, 彩流社, 1981).
2. 이영환, 「미군정기 전재민 구호정책의 성격 연구」, 서울대학교 석사학위논문, 1989 ; 허원구, 「미군정시대의 복지행정에 관한 연구」, 대구대 박사학위논문, 1991 ; 이연식, 「해방직후 해외동포의 귀환과 미군정의 정책」, 서울시립대학교 석사학위논문, 1998.
3. 최영호, 『재일한국인과 조국광복 – 해방 직후 본국귀환과 민족단체활동』, 글모인, 1995 ; 金太基, 『戰後日本政治と在日朝鮮人問題 – SCAPの對日朝鮮人政策 – 1945~1952』, 勁草書房, 1997.
4. 金太基, 『戰後日本政治と在日朝鮮人問題SCAPの對在日朝鮮人政策 1945~1952年』, 勁草書房, 1997 ; 진희관, 「재일한국인 사회형성과 조총련 결성배경 연구」, 『통일문제연구』 11-1, 1999 ; 강만길・안자코 유키, 「해방직후 '강제동원' 노동자의 귀환정책과 실태」, 『아세아연구』 108, 고려대 아세아문제연구소, 2002.
5. 국민대학교 한국학연구소가 주최한 다음의 학술심포지엄에서 다양한 주제들이 발표되었다. 제1회 『해방 후 해외 한인의 귀환문제 연구』(2003. 5 24) ; 제2회 『해방 후 중국지역 한인의 귀환문제 연구』(2003. 11. 28) ; 제3회 『해방 후 해외 한인의 귀환과 정착』(2004. 3. 26). 위에 발표된 저술논문들은 본 귀환총서에 수록되었다.
6. 이현주, 「해방 후 인천지역의 전재동포 구호활동」, 『한국근현대사연구』 29, 2004 ; 여성구, 「전남지역 귀환 생존자의 구술사례 연구」, 『전남사학』 22, 2004.
7. 「濟州道의 설치」, 1946년 7월 4일 공포, 1946년 7월 31일 시행, 군정법령 제

94호.
8. 장석흥,『한국근현대사연구』25집, 2003. 6 참조.
9. 『朝鮮日報』1949년 3월 27일자.
10. 현재 정부기록보존소가 소장하고 있는 일제강제동원자 명부에는 48만 693명의 명단이 기재되어 있는데, 전남은 4만 9,368명이다. 전남의 각 군별 동원자수는 목포 546명, 광주·광산 2,859명, 담양 2,189명, 곡성 1,705명, 구례, 1,186명, 광양 1,587명, 여수 2,786명, 순천 2,661명, 고흥 2,886명, 보성 2,344명, 화순 1,530명, 강진 1,470명, 해남 2,597명, 영암 1,814명, 무안 3,028명, 나주 3,280명, 함평 1,761명, 영광 1,951명, 장성 2,259명, 완도 1,695명, 진도 1,080명, 장흥 2,118명이다. 따라서 1946년 말 현재 전남으로의 귀환자 25만 명 중 최소 1/5은 강제동원시기에 동원된 이들이라는 것을 확인할 수 있다.
11. 이 책에 수록된 여성구,「귀환 생존자의 구술 사례 – 전남 함평·장성지역을 중심으로」참조.
12. 「귀환 생존자의 구술 사례 – 전남 함평·장성지역을 중심으로」, 314쪽.
13. 정혜경,「강제동원시기 조선인 군노무자의 실태 및 귀환」, 한국학술진흥재단 2002년도 기초학문육성 인문사회분야 한국근현대과제 학술심포지엄, 국민대학교, 2003년 5월 24일, 252쪽.
14. 訴狀, 韓國·朝鮮人B·C級戰犯者の國家補償等請求事件, 121~123쪽 ; 이 책「한인 포로감시원에 대한 B·C급 전범처리와 문제점」, 154쪽.
15. 「귀환 생존자의 구술 사례 – 전남 함평·장성지역을 중심으로」주석 11 참조.
16. 「귀환 생존자의 구술 사례 – 전남 함평·장성지역을 중심으로」참조.
17. 하와이 등에 징병·징용된 한인들이 일본의 패망 이후 곧바로 귀환하지 못한 이유에 대해서는 김도형,「하와이 한인 전쟁포로의 활동과 귀환」참조.
18. 麗水·麗川鄕土誌編纂委員會,『麗水麗川鄕土誌』, 1982, 623쪽.
19. 全羅南道,『道勢一覽』, 1948, 8쪽의 표 6.
20. 이외에도 중국인 1,940명, 오키나와인 274명, 포모산인 103명, 유구인 274명이 자국으로 축출되었다. 이동원·조성남 지음,『미군정기 사회이동』, 이화여자대학교 출판부, 1997, 54쪽.
21. 부산시사편찬위원회,『釜山市史』上, 1974, 1118쪽.
22. 『朝鮮終戰の記錄』2권, 278쪽.

23. 金鷄有, 『麗水麗川發展史』, 圖書出版 半島, 1988, 310~311쪽.
24. 전남일보 광주전남현대사 기획위원회, 『광주전남현대사』, 1991, 147쪽.
25. 長興郡誌編纂委員會, 『長興郡誌』, 1990, 127쪽.
26. 海南郡, 『海南郡史』, 1995, 63쪽.
27. 珍島郡誌編纂委員會, 『珍島郡誌』, 1976, 217쪽.
28. 『朝鮮終戰の記錄』 2권, 278쪽.
29. 全羅南道, 『道勢一覽』, 1948, 13~14쪽의 표에는 25만 4,924명으로 표기되어 있는데 필자가 계산한 바에 의하면 24만 6,776명이다.
30. 『全南道政 40年』, 全羅南道, 1987, 88~90쪽.
31. 『중앙일보』, 1999년 10월 7일.
32. 장석흥, 「해방 후 귀환문제 연구의 성과와 과제」, 11쪽.
33. 조선은행 조사부, 『경제연감』, 1945 ; 강만길·안자코 유키, 「해방 직후 '강제동원' 노동자의 귀환정책과 실태」, 71쪽.
34. 『朝鮮日報』 1949년 3월 27일자.
35. 이광규, 『재일한국인』, 일조각, 1983, 43쪽 ; 정인섭, 『재일교포의 법적 지위』, 서울대학교 출판부, 1996, 28쪽.
36. Kwon Tai Hwan, 2001, "The Uncertain Furture of the Korean Chinese, Korean Diaspora in China : Ethnicity, Identity and Change", *Korean and Korean American Studies Bulletin* 12, no.1.
37. 정확한 상황은 당시 하와이에서 돌아온 2,100여 명의 여자들을 찾아 증언을 들어야 알 수 있다. 이는 별고에서 다루고자 한다.
38. 김도형, 「하와이 한인 전쟁포로의 활동과 귀환」, 77쪽.
39. 김두섭, 「미군정기 남한인구의 재구성」, 1996, 24쪽 ; 강인철, 「미군정기의 인구이동과 정치변동」, 『한신논문집』 15집 2권, 한신대학교, 1998, 573쪽.
40. 여성구, 「귀환 생존자의 구술사례 연구-전남 함평·장성지역을 중심으로」, 314쪽.
41. 김인덕, 「재일 한인의 귀환과 재일조선인연맹」(본 총서 1권 수록), 120~121쪽.
42. 麗水·麗川鄕土誌編纂委員會, 『麗水麗川鄕土誌』, 1982, 624~625쪽.
43. 박민영, 「해방 후 만주 관동군 출신 한인의 귀환」, 『해방 후 해외 한인의 귀환과 정책』, 41쪽.

44. 배석만, 「미군정기 부산항과 도시민 생활」, 『지역과 역사』 참조.
45. 정혜경, 「해방 후 강제동원 생존자의 사회적응과정」, 『한국근현대사연구』 29, 2004, 79쪽.
46. 承日範, 『無休八十年』, 裕進文化社, 1991, 299·307쪽; 박민영, 「해방 후 만주 관동군 출신 한인의 귀환」, 51쪽.
47. 여성구, 「귀환 생존자의 구술사례-전남 함평·장성지역을 중심으로」, 47~55쪽.
48. 정혜경, 「해방 이후 강제연행 생존자의 사회적응과정」, 89쪽.
49. 순천시사편찬위원회, 『순천시사』, 1997, 726·731쪽.
50. 이연식, 「해방 직후 해외동포의 귀환과 미군정의 정책」, 96쪽.
51. 민주주의민족전선 편, 『조선해방연보』, 문우인서관, 1946, 299쪽 ; 최영호, 『재일한국인과 조국광복』, 105·112쪽.
52. 麗水·麗川鄕土誌編纂委員會, 『麗水麗川鄕土誌』, 302~303쪽.
53. 社團法人 浦百年會, 『浦開港百年史』, 1997, 331쪽.
54. 全羅南道誌編纂委員會, 『全羅南道誌』 第9卷, 81쪽.
55. 和順郡誌編纂委員會, 『和順郡誌』, 1980, 421쪽; 高興郡史編纂委員會, 『高興郡史』(上), 2000, 755~756쪽.
56. 전남일보 광주전남현대사 기획위원회, 『광주전남현대사』, 106~108쪽.
57. 전남일보 광주전남현대사 기획위원회, 『광주전남현대사』, 53~58쪽.
58. 여수상공회의소, 『麗川商議五十年史』, 1991, 132쪽.
59. 金鷄有, 『麗水麗川發展史』, 313~314쪽.
60. 麗水·麗川鄕土誌編纂委員會, 『麗水麗川鄕土誌』, 653~654쪽.
61. 『東光新聞』 1947년 5월 25일자.
62. 社團法人 浦百年會, 『浦開港百年史』, 340쪽.
63. "장옥 중 20여 호에 달하는 다수가 주류 판매점이 아니면 무허가 음식점으로 되어 있으며 그곳 음식점에는 府 후생계에 등록하지 않은 業態婦들이 2~3명씩 있다고 한다. 그들은 업태부 폐지령으로 고급요정에서 이곳으로 불과 몇 천 원의 빚으로 팔려온 여성들이며 모두가 창백한 낯빛으로 손님을 고대하고 있는데 급기야는 병에 걸려 누워 있는 자도 있음으로 보아 사회악의 근원인 사창과 매음 소굴로 추측되는 바 있어 일반의 비난을 받고 있다. 또 하나 모순된 현상은 전

재민 수용의 목적으로 지은 장옥에 전재민은 없어지고 손님 꾀기에 능한 마담들의 모습만이 흥성거리며 부민들에 기아와 의혹을 사게 하고 있다."『湖南日報』 1949년 2월 23일자.

64. 『광주타임즈』 2004년 4월 26일자.
65. 全羅南道誌編纂委員會, 『全羅南道誌』 第9卷, 338~339쪽.
66. 全羅南道誌編纂委員會, 『全羅南道誌』 第9卷, 337쪽.
67. 전남일보 광주전남현대사 기획위원회, 『광주전남현대사』, 74·82·193쪽.
68. 金鷄有, 『麗水麗川發展史』, 227~228쪽.
69. 全羅南道誌編纂委員會, 『全羅南道誌』 第9卷, 337쪽.
70. 社團法人 浦百年會, 『浦開港百年史』, 340쪽.
71. 『東光新聞』 1948년 5월 21일자.
72. 『대중일보』 1945년 11월 11일자.
73. 장석흥, 「해방 후 귀환문제 연구의 성과와 과제」, 14~15쪽.
74. 『光州市史』 第3卷, 1995, 1054쪽.
75. 全羅南道誌編纂委員會, 『全羅南道誌』 第9卷, 338~339쪽.
76. 『東光新聞』 1947년 5월 13일자.
77. 『東光新聞』 1947년 5월 11일자.
78. 장상환, 「해방 후 대미의존적 경제구조의 설립과정」, 『해방40년의 재인식』 I, 송건호·박현채 외 지음, 돌베개, 1985, 87쪽.
79. 全羅南道誌編纂委員會, 『全羅南道誌』 第9卷, 337쪽.
80. 『全南道政 40年』, 全羅南道, 1987, 562~563쪽.
81. 『東光新聞』 1947년 4월 30일자.
82. 『동아일보』 1946년 3월 19일자, 「실업자 대책 문제에 대한 동아일보 사설」.
83. 『東光新聞』 1946년 8월 7일자.
84. 『獨立新報』 1947년 11월 20일자, 「룸펜의 도시 서울―실업자·전재민 물경 40만」.

귀환 생존자의 구술 사례
– 전남 함평 · 장성 지역을 중심으로

    1980년대 중반 이후 세론과 학계에 관심을 끌었던 강제동원 문제 연구가 이제는 본궤도에 들어서고 있다. 2003년 2월 21일 평양에서 남북한 학자와 관계자들이 '일제의 조선인 강제동원'이라는 주제로 공동학술토론회를 개최하였다. 또한 41만여 명의 '강제동원자 명부'가 같은 해 2월 28일 국회의원회관에서 공개되었다. 그럼에도 이 분야 연구는, 종전 직후 일본의 관련자료 소각 및 폐기로 인한 문헌자료의 부족으로 어려움을 겪고 있다. 따라서 최근에는 그것을 보완해줄 수 있는 구술자료의 수집 및 활용을 통한 연구가 각광을 받고 있다.

    강제동원 및 귀환과 관련하여 구술자료의 중요성이 강조된 것은 최근의 일만은 아니다. 일본의 경우, 패전 직후부터 관련자들의 증언 채록에 힘을 쏟아 상당한 양의 성과를 축적하였다.

    국내에서 증언 녹취는 크게 네 가지 방향으로 진행되었다. 첫째, 일본군 '위안부'를 중심으로 한 증언 녹취를 들 수 있다. 이것은 강제동원의 구분(노무·군속·군인·위안부)에 의한 연구 중에서 가장 활발하게 진행되어 왔다.

1990년대부터 일본군 '위안부'와 근로정신대 관련 단체들에서 증언집을 내놓았다. 1993~2001년 한국정신대연구소·한국정신대문제대책협의회는 일본군 '위안부'들의 증언집 6권을 발간하였다.[1] 2002년에는 오키나와·해남도 등지의 일본군 '위안부' 피해자 실태조사가 이루어졌다.[2] '위안부' 구술자료는 지금까지 진행된 강제동원 관련자 증언 녹취 중 가장 많은 분량을 차지하고 있다. 2000년 5월 31일 기준으로 정부에서 조사된 167명 정도의 일본군 '위안부' 증언 녹취 및 조사가 이루어졌다. 이에 비해 '근로정신대'에 대한 구술조사는 미약한 편이다. 일본 정부와 회사를 상대로 과거사에 대한 사죄와 미지불 임금 청구권을 법원에 제기하면서 근로정신대 5명의 증언 내용을 수록한 책이 발간되었다.[3] 이들 5명은 모두 나고야名古屋 미츠비시 항공기제작소에 강제동원되었다. 현재 동원된 근로정신대의 인원 파악조차 제대로 되어 있지 않다. 앞으로 이에 대한 조사도 필요할 것으로 보인다.

둘째, 지역을 단위로 하여 강제동원자의 출신지역·동원지역에 따른 구술조사를 실시하였다. 1997년에 한국정신문화연구원 근현대자료팀이 '영구귀국 무의탁 사할린 한인에 대한 구술자료' 수집(17명)과 '강원도 평창지역의 강제동원 및 강제노동의 실태'조사(7명)를 실시하였다. 2000년에는 강제동원생존자증언집편찬위원회에서 창녕군을 중심으로 강제동원자 55명의 증언을 녹취한 자료집을 발간하였다.[4] 그리고 독립기념관에서도 시베리아 삭풍회 회원을 중심으로 시베리아 한인 포로들의 증언을 녹취하였다.

셋째, 위의 두 가지 방법으로 구분하지 않고 구술조사를 실시하기도 하였다. 2001년에는 독립기념관의 지원을 받은 '일제강점하 강제동원 피해진상규명 등에 관한 특별법 제정 추진위원회' 조사연구실을 중심으로 '식민지

시기 강제동원 진상조사를 위한 구술면담'을 실시, 55명의 증언을 녹취하였다. 2002년에는 태평양전쟁 피해자 보상 추진협의회 회원 2,600명 중 69명에 대한 인터뷰 자료가 발간되었다.[5]

이상에서 볼 때, 정확한 숫자는 파악되지 않지만 대략 1990년 초부터 시작되어 2003년까지 300명 남짓의 구술 녹취가 이루어진 것을 알 수 있다. 이제까지 조사된 숫자는 강제동원자에 비하면 매우 적은 것이라고 할 수 있다. 그 조사 내용도 강제동원에 초점이 맞추어져 있어 앞으로는 포괄적으로 접근해야 할 필요가 있다. 아울러 귀환 문제에도 관심의 폭을 확대해야 할 것이다. 또한 그 대상도 관련 단체에 소속된 회원 중심으로 이루어져 있기 때문에 단체에 가입하지 않은 사람들도 조사할 필요가 있다.

이러한 문제의식을 갖고, 2003년 전남 함평·장성군 내의 귀환 생존자 45명의 구술조사를 실시하였다. 이 글은 그 자료를 바탕으로 먼저 조사 과정과 내용을 살펴보고, 다음으로 구술자료의 활용방안과 문제점 등을 서술하고자 한다. 그리고 앞선 연구들에서 소홀히 다루었던 귀환과정의 사례들을 개략적으로 살펴본다.

조사 과정 및 내용

전남 함평·장성군 내의 귀환 생존자 구술조사는 두 차례 실시되었다. 제1차는 2003년 1월 14~17일에 19명을, 제2차는 3월 4~7일에 26명을 대상으로 이뤄졌다.

군 단위로 조사를 실시한 이유는 분산적으로 이곳저곳을 조사하는 것보다 귀환자 섭외는 물론이고 시간과 경제적으로도 효율적이기 때문이다. 특히 함평군을 선정한 것은 좌우익의 대립과정에서 양민학살사건이 있었던 곳으로 강제동원과의 관련성을 추적해보는 데 유효한 자료가 나올 것으로 기대했기 때문이다.

구술자의 섭외는 현지인[6]과 태평양전쟁 희생자 유족회(이하 '유족회'라 칭함) 함평군·장성군지부를 통해 이루어졌다. 구술자들 중에는 모 기관을 사칭한 사람들로부터 보상금을 받게 해준다는 명목으로 돈을 사기당한 사례가 있어 조사팀을 의심하는 사람도 있었다.[7] 구술자들의 주된 관심사는 보상금·체불임금의 지급이었으며, 유족의 입장에서는 유해봉안이었다. 최근 10여 년 동안 끌어온 일본과의 보상금 지급 문제에 대한 재판에서 패소하였고, 정부를 상대로 관심을 촉구하는 시위나 성명서 발표 등도 효과가 없게 되자 구술자들의 불만은 매우 컸다. 이들은 특히 정부에서 6·25 참전용사에게는 월 6만 원이 지급되는데 일제징용자에 대해서는 무관심하다고 불만을 토로하기도 하였다. 서울로 올라와 일본 대사관이나 국회 앞에서 시위를 할 때 드는 비용을 모두 자비로 충당함으로써, 구술자들은 경제적 부담을 느끼고 있었다.

또한 사전에 연락을 취해 구술조사의 목적과 취지를 알렸지만 증언을 꺼리는 분도 있었고, 구술해보았자 보상금 수령은 불가능할 것이라는 생각으로 대충 하려는 분도 있었다. 물론 '동원될 당시의 인원이 모두 돌아오지 못했는데, 어떻게 해서 죽었고, 왜 못 돌아왔는가'에 대해 자세히 규명하지 못하는 경우도 있었으나 이들은 자신들의 이야기가 단순한 이야깃거리에서 벗어나, 진정한 의미의 보상이 이루어졌으면 하는 바람을 갖고 있었다.

유족회 전남지부에는 1990년부터 귀환 생존자 및 희생자 유족들을 회원

표 1 구술자의 강제동원 당시 출신지역별 분포

지역	근로정신대	노무자	징병	군속	계
광주시	1				1
나주군	1				1
영암군		1			1
무안군		1			1
북제주군				1	1
장성군		17(1)		5	22(1)
함평군		12	4	2	18
계	2	31	4	8	45

주 : (1)은 작고한 분으로 그 아들이 증언.

으로 모집하여 그 명부를 비치하고 있다. 함평군 회원명부에는 2003년 1월 조사 당시 총 203명이 등재되어 있었으나 생사가 확인되어 이번에 조사된 인원은 20명이었다. 유족회 함평군 지부장 김영각 씨(함평군 대동면 덕산리 거주)는 생존자가 30여 명밖에 안될 것으로 말하였다. 장성군의 회원명부에는 99명이 기재되어 있으나 장성군 지부장(정윤묵, 표 3 관리번호 1-3 참조. 이하의 번호는 표 3의 관리번호를 의미함)이 확인한 생존자는 23명이었다. 실제 명부와 차이가 나는 것은 그 사이에 많은 분이 작고했기 때문이다. 이번에 조사된 45명 중에는 '유족회'에 가입하지 않은 분들도 있었는데, 구술자들의 소개로 조사가 가능하였다.

표 3에서 보듯이 구술자들의 평균 연령은 80세이다. 최고령자는 올해 90세의 김재동(1-16), 최연소자는 73세의 우영자(여, 1-2)였다. 1922~1924년 생이 전체의 73%를 차지했다. 특히 1924년생(갑자생)의 경우는 징병·군속이 많았다. 면담시간은 30~90분 정도로 구술자의 건강상태와 기억력에 따라 차이가 났다. 특히 연로하다는 이유도 있지만 강제동원되어 불구가 되신

표 2 구술자의 동원지역별 분포

		지역	근로정신대	노무	징병	군속	계
일	九州 長崎縣	香燒島 조선소		1			1
		端島 조선소		1			1
		長崎 (미츠비시) 조선소		1			1
		(島名) 조선소		1			1
		万世町 마세히키工事場		(1)			(1)
	鹿兒島縣	강아나미 조선소		1			1
		해군 403부대				2	2
		해군 80항공대				1	1
	福岡縣	日滿탄광		1			1
		미츠비시 신유탄광		1			1
		미츠비시 이츠카탄광		1			1
		미츠비시 탄광		1			1
	本州 愛知縣	上田탄광		4			4
		나고야 미츠비시비행기제작소	2	4			6
		나고야 미츠비시 조선소				1	1
	大阪府	日本曉第2940부대(佐伯) 외		2	1	1	4
	靜岡縣	훈련소			2		2
	岩手縣	宇津修野철도공사		1			1
	福島縣	비행기부품공장		1			1
	福井縣	大同化學株式會社		1			1
	北海道	札幌			1		1
		西春別비행장	1				1
		탄광	1				1
		函館			1		1
		空知郡 歌志內定中之澤住友탄광	2				2
	사할린	사할린탄광	1				1
		소계	2	27	3	7	39
중국	福建省	福家隊 제2307부대		1			1
	흑룡강성	북만주336부대			1		1
		소계			1	1	2
국내	함북	무산	1				1
		청진	1				1
		유성	1				1
	평남	진남포	1				1
		소계	4				4
		총계	2	31	4	8	45

분이나, 6·25전쟁으로 몸이 불편하게 되신 분들에게 장시간 구술을 받는다는 것은 무리였다.

성별로는 근로정신대로 나고야 미츠비시 항공기제작소에 동원되었던 두 분의 할머니 외에는 모두 남자들이다. 이 분들은 단지 '정신대'라는 명칭만으로 주위 사람들에게 '위안부'로 오인을 받아 이중의 고통을 겪었다고 했다. 이러한 이유로 여자분들은 자신의 동원사실을 숨기는 경우가 많다고 한다. 앞으로는 구술자들의 소개로 조사 기회를 마련해야 할 것 같다.

이렇듯 구술 녹취는 구술자들의 연령으로 볼 때 가능한 한 빨리 실시해야 한다. 또한 구술이 기억력에 의존하는 것인 만큼 증언 녹취는 시간을 다투어야 할 사항이다.

증언 녹취에 앞서 구술자들에게 본 조사의 취지를 충분히 이해시키고, 조사내용을 미리 알렸다. 구술장소는 구술자 자택에서 하는 것을 원칙으로 하였다. 그것은 구술자들이 연로하여 장소를 옮기는 번거로움을 줄이고, 편안하게 구술을 유도할 수 있으며, 사는 모습을 직접 볼 수 있기 때문이었다.

면담내용은 크게 강제동원(이력, 강제동원 관계, 노동의 실태, 생활환경)과 귀환(귀환과 사회화 과정, 보상 및 미해결 과제)으로 나누었다.[8]

강제동원의 내용만을 보면, 45명 중 노무자가 31명으로 다수를 차지하며, 군속 8명, 징병 4명, 근로정신대 2명이다. 동원지역은 일본이 39명으로 가장 많고, 국내 4명, 중국 2명이었다(표 2 참조). 일본 내에서도 규슈九州지역이 다른 지역에 비해 그 수가 많았다.

동원 시기는 1942~1945년이며, 특히 1944년에 집중되었다. 동원 당시의 나이는 20~22세 전후였다. 근로정신대 두 분은 13~14세에 갔으며, 최고령자는 51세에 노무자로 징용된 정윤묵(1-3)의 부친 정을휴였다.[9]

동원방법을 보면, 징용장이 발부되어 노무자로 끌려가는 것보다는 군속·군인으로 가는 것이 대우 면에서 좋았다고 생각하여 군에 지원한 사례가 있었다. 또한 일본에 건너가 유학한 후 운수회사에 취직을 했다가 전시동원체제로 말미암아 그 회사가 전시에 동원되자, 군속으로 징용된 사례도 있다.

다음으로 관 알선으로 동원된 경우는 근로정신대 2명뿐이고, 대부분 징용장 발부를 통한 동원이었다. 그러나 징용장이 발부되지 않았는데도 강제동원된 사람들이 있었다. 당시 강제징용은 일본 회사에서 필요한 인원을 군에 요청하면 군에서 면 단위로 징용장을 발부해 인원을 차출하였다. 그러나 징용을 피해 도망하는 사례가 빈번해 차출인원이 부족하게 되자, 무작위로 사람을 잡아갔으며 가족 중 대리자를 구해 가거나 면 직원이 가는 경우도 있었다.

이렇게 동원된 사람들은 일본에서 파견나온 회사 직원의 인솔하에 동원지로 가거나, 아니면 일본에서 동원자들이 도착하기를 기다렸다가 데리고 갔다. 고향에서 차출되면 일단 군청에 집결하였다가 경부선을 이용해 대전-부산으로 가거나, 호남선을 이용해 여수로 갔다. 그리고 부산과 여수에서 여객선·군함을 타고 일본 시모노세키下關·하카다博多항으로 갔다. 이곳에 도착하면 각자 정해진 동원지로 기차를 타고 갔다. 귀환할 때에도 이들 항구를 이용하여 부산·마산·여수·울산으로 돌아왔다.

노동은 작업장에 따라 약간의 차이가 있지만 1일 8~15시간 이상 했으며, 식사는 콩깻묵에 현미를 조금 섞어주는 정도여서 배가 고파 아무 생각이 나지 않을 정도였다고 한다. 노무자들에 비해 군속·군인으로 갔던 사람들은 그나마 나은 편이었다.

구술자료의 활용

　구술자료를 그대로 2차 자료로 이용하기에는 불충분한 점이 많다. 여기에는 구술자 개인의 주관적 감정 개입이 있을 수 있고, 역사적 사실을 잘못 이해하고 있는 부분도 있다. 그리고 나이가 많아 기억력이 흐리거나 잘못된 기억력을 갖고 있는 경우도 있기 때문이다.

　먼저 개인감정이 개입된 사례는 배우지 못해 잡혀갔다고 생각하거나, 임시 면서기였기 때문에 차출되었다고 생각하는 것이다. 다음으로 잘못된 역사 사실을 갖고 있는 경우는 노무자와 징용자를 구분해 인식하고 있었다. 징용자는 징용영장이 발부된 사람이고, 노무자는 영장 없이 끌려가 사역했던 사람으로 이해하고 있는 것이다. 당시 징용영장(파란색) 발부 대상자는 모두 노무자·군속으로 동원되었고, 소집영장 혹은 징집영장(붉은색) 발부 대상자는 군인이 되었다.

　구술자료의 활용은 증언자의 기억이 어느 정도 신빙할 수 있는가와 관련된다. 구술자들 중에는 같은 곳에 동원되었지만 급여를 지급받았다고 하는 사람이 있는가 하면 전혀 없었다고 하는 사람도 있다. 특히 징용 시기 및 귀국 시기, 귀국과정, 이후 사회화 과정에 대해서는 확실한 기억을 갖고 있지 못했다. 이것은 지금까지의 연구경향과 마찬가지로 강제동원의 역사에만 치우쳐 있었던 것과 관련이 깊다. 이런 경우 동원지별로 구술자들의 여러 구술내용을 서로 비교해가며 살펴보아야 한다. 여기서는 대표적인 사례로 나고야 미츠비시 항공기제작소 도토쿠道德공장과 나가사키長崎 조선소에 동원된 두 가지 사례를 살펴보고자 한다.

나고야 미츠비시 항공기제작소 도토쿠공장

나고야 미츠비시 항공기제작소 도토쿠공장에는 동원시기는 다르지만 근로정신대 2명과 일반 노무자로 3명이 징용되었다.

① 근로정신대

근로정신대로 동원된 분은 나주와 화순 출신의 두 명이 있었다. 이들은 1944년 5월 하순쯤 국민학교 6학년 재학 중에 동원되었는데,[10] 이유녀(나주 대정국민학교)와 우영자(화순에서 3세 때 광주로 이주, 광주 대정국민학교)는 당시의 동원과정을 다음과 같이 회고하였다.

> 일본인 교장이, 우리보고 일본 가면은 공부도 중학교까정 할 수 있고, 또 공장에서 돈도 벌 수 있고, 공장에서 학교도 보내주고 그런다고…… 그런께…… 가면 어떠냐고. 그래서 인자 그때 당시에는 어리고 그런께 우선 중학교 간다한께 좋아하고, 집에서는 돈이 없어서 중학교를 못가잖아요. 그러니까 부모한테 말할 수도 없고, 나는 말도 안했죠. 말도 안하고 모르게 아버지 도장을 훔쳐가꼬, 도장을 찍으라 그러는디…… 나중에 몇 시에 어디 몇 일날 나오라 그래서…… 학교에서 모여가꼬는 그래가꼬는 나중에…….[11]

> 그래가꼬 인자 도장을 갖고 오라고 해서, 아부지가 죽어도 도장을 안줘요. 요것이 좋은 일인지 알고 이틀간을 울면서 아버지를 졸랐지요. 조르니께 아버지가 몇 년 거시기가 되안께 일년만 있다가 보낸다고 그러데요. 그래서 공부할 욕심으로 갔제.[12]

일본군 '위안부'로 끌려 간 한국인 여성들의 모습

당시 일본의 다른 회사들과 마찬가지로 미츠비시회사 역시 돈도 벌게 해주고, 중학교에 진학시켜 준다고 학생들을 꾀어 데리고 갔다. 회사 측은 강제가 아닌 자원 형식을 취하려고 부모의 도장을 받아오라고 하였다. 일단 신체 건강한 학생을 뽑았는데, 교장이나 담임선생들의 추천이 강하게 작용하였다. 선발 과정에서 헌병들은 협박도 서슴지 않았다.

이유녀의 경우, 마츠야마 선생(한국명 손상옥孫相玉)이 헌병과 함께 학생들을 일본 공장까지 인솔해갔다고 한다. 이때 나주(24명)·목포·광주·순천(7명)·여수 등 전남에서 총 150여 명의 학생들을 모집하였다.[13] 각지에서 모집된 인원은 여수에 집결하였다. 밤 9시에 여수항을 출발하여 다음날 아침 6시 야마구치山口현 시모노세키에 도착하였다. 다시 기차를 타고 나고야 미츠비시 항공기제작소에 도착하였다.

당시 임금은 칫솔·치약 등을 살 정도인 약 50전이었다. 노동은 하루 15시간이나 했으며, 취침은 밤 9시부터 다음날 오전 6시까지였다. 기숙사 방 하나에서 7~8명이 기거하였으며, 기숙사 밖 외출은 금지되었다. 고향으로 보내는 편지는 검열을 받았으며, 식사는 콩깻묵으로 그 양이 아주 적어 배가 몹시 고팠다고 한다. 또한 1944년 12월 7일에 있었던 지진으로 동료 6명(나주·목포·광주 출신 각 2명씩)이 죽었다. 미군의 폭격으로 공장이 완파되자[14] 도야마富山현 다이몬大門공장으로 옮겨 같은 일을 하였다.[15]

해방이 되자 기숙사에 머물면서 회사 측에 저금을 내줄 것을 요구하였는데, 회사 측에서는 집으로 보내준다고 하였으나 그것은 말뿐이었다. 귀환은 도야마현에서 기차를 타고 시모노세키에 도착해 몇 개월을 이곳에서 체류하다가 1945년 10월 7일쯤 부산으로 왔다.[16] 시모노세키까지는 회사 측에서 편의를 보아주었으며, 이후 부산까지는 각자 알아서 왔다고 한다.

② 노무

이곳에 노무자로 동원된 사람은 임술진(표 3의 1-5)·정동희(표 3의 1-6)·오종근(표 3의 1-13) 등 세 명이었다.

임술진은 1943년 11월쯤 징용 소집되었다. 이때 일본에서 직원이 장성군에 왔으며, 장성군에서만 72명(삼서면 12명)이 징용되었다. 군청에 집결한 후 송정리에서 기차를 타고 여수항에 도착하였고, 다시 신체검사를 받았다. 다음날 시모노세키까지 간 뒤 나고야 공장에 도착하였다. 당시 공장에는 대만 남자도 끌려와 작업을 하였으며, 작업은 분대장-소대장-중대장-대대장의 군사조직 편제하에 이행되었다. 처음 1개월 동안은 작업을 하지 않고,

실습훈련만 받았다. 1944년 12월 공장이 미군의 폭격으로 완파되자, 이후 아오모리靑森현·이바라키茨城현으로 옮겼고, 다시 교토 미츠비시 제14제작소에서 일을 하였다. 해방을 맞아 1945년 9월쯤 교토에서 하카다까지 와 배편으로 부산을 거쳐 대전→장성으로 귀향하였다.

정동희는 외가(나주군 삼도)에 있다가 징용을 피해 고향으로 돌아온 지 1년 후에 영장을 받았고, 1944년 9~10월쯤에 동원되었다. 함평군청에 집결해 기차를 타고 학다리를 거쳐 여수항에 도착하였다. 당시 일본 내 미군의 폭격이 심해 3~4일간 여수항에 머물렀다. 배를 타고 시모노세키항에 도착해 나고야 미츠비시 공장으로 갔다. 이곳에서 알루미늄판에 페인트를 칠하는 작업을 했으며, 식사는 주먹밥이었다. 당시 미군의 공습과 지진으로 잠을 제대로 못 잤고, 신발을 거의 벗지 못하고 지냈다. 한번은 식당에 폭격을 맞아 죽은 사람이 있었다. 공장이 폭격으로 무너지자 도쿄의 숲속에 기계를 숨겨놓고 비행기를 만들었다. 해방 소식은 나고야·오사카 등지의 한국인에게 들었다. 해방 후 공장(정확하게 기억을 못함) 측에서 낙하산 등 귀한 물건을 주었고, 이것들을 팔아 귀국여비를 만들었다. 당시 이들 물건의 판매는 한인들에게 부탁했으며, 이들이 귀국하는 배편을 제공했다. 나고야→시모노세키→부산에서 대전을 거쳐 임곡, 함평에 1945년 9월 말~10월 초 도착하였다.

정동희와 함께 동원된 사람으로 오종근·정춘식(작고)이 있다. 오종근은 1944년 가을쯤 함평군청에 모인 220여 명과 함께 나고야 미츠비시공장에 징용되었다. 처음 석달 반 정도 견습훈련을 받았고, 20~22명이 한 조가 되어 쇠를 절단하는 작업을 하였다. 당시 식사는 쌀에 감자를 섞어 주었으며, 패(식권)를 이용하였다. 오종근은 공장이 무너졌을 때의 상황을 기억하지 못

하시마[端島]섬은 마치 군함같이 생겼다 하여 군함도라고도 불린다. 나가사키에 있는 이 섬에 수많은 한인들이 강제동원되어 노역에 종사하였다.

했다.

③ 나가사키 조선소

규슈九州 나가사키현에 소재한 조선소에서 일을 했다는 4명(장성 1명, 함평 3명)의 구술내용을 살펴보고자 한다. 나정환은 고야기시마香燒島 조선소에서 일을 하였다. 고야기시마에는 지금도 조선소가 있다. 정병춘은 섬(이름을 기억 못함)에서 군함을 만들었다. 이근옥은 나가사키 조선소에서 일을 하였다. 이한범은 하시마端島(혹은 군함도)에서 배를 제작하였다. 이 분들은 모두 노무자로 동원되었다.

나정환(표 3의 1-4)은 징용 당시 장성군 삼서면 사무실 임시서기로 임업계에서 근무하였다. 1943년 가을에 장성군에서 78명(삼서면 12명)이 징용되어 기차를 타고 대전을 거쳐 부산항으로 갔다. 이때 나가사키에 미군의 공습이 심해 배가 운항할 수 없자,[17] 부산에서 1주일을 머물며 훈련을 받았다. 하카다에 도착한 후 여관에서 1박(한 방에 5명 기숙)하고, 다음날 나가사키현 고야기시마 조선소로 향했다. 조선소에 도착해 3개월 동안 군사훈련을 받았다. 당시 조선소에는 한국인 1만 3,000명 정도 있었으며, 이 중 3,000여 명이 도망하였다고 한다. 임금은 받아본 적이 없으며, 기숙사 방 하나에서 11~12명이 기거하였다. 식사는 콩깻묵과 현미를 섞어 주었다. 한번은 총독부에서 감독이 나온다고 하자 회사 측에서 술 1잔을 주었다. 해방 후 작업은 하지 않았고, 10여 일 후에 기차를 타고 하카다까지 와 회사에서 내준 배를 타고 부산으로 왔다.

정병춘(표 3의 1-7)은 1944년 7월쯤에 징용장을 받았고, 이때 1923년생 총 1,600명이 징용되었다. 함평군청에 집결하여 대전을 거쳐 부산에 도착하였다. 부산에서 1~2일 체류하면서 일본에서 오는 배를 기다렸다. 동원 인원은 두 척의 배에 나누어 탔고, 후쿠오카(福岡)에 도착한 뒤 다시 기차를 타고 나가사키로 갔다. 파견 장소는 나가사키 군함제작소로 섬에 있었다. 도착 후 2~3일은 공장을 견학하였다. 임금은 없었다. 당시 출근패가 있어 작업 여부를 확인했으며, 숙소 1칸에 12명 정도 기거했고, 흥국료·애국료라고 불리는 기숙사에서 800명씩 기숙하였다. 식사는 밀보리밥·쌀·정어리·생강 등이었고, 그 양은 매우 부족했다. 정병춘은 흥국료 12대 반장이었고, 반원은 12명이었다. 해방은 8월 15~16일쯤 알았으며, 귀국시 여비 지급은 없었고, 시모노세키에서 배를 타고 부산에 도착, 삼랑진→순천→광주로 돌아왔다.

이근옥(표 3의 1-8)은 1944년 7월쯤 징용장을 받고, 함평군 → 학다리(표 3의 1박) → 부산(공습으로 3일 체류했다가 배를 탐) → 밤에 일본에 도착하였다. 파견 장소는 나가사키 조선소였다. 남녀 모두 검은 작업복을 입었다. 도망하다 붙잡혀 오는 사람도 있었다. 월급은 낮은 편이었고, 일은 수월하였다. 식사는 콩밥이었다. 부산에서 1박을 하고 귀향하였다.

이한범(표 3의 1-10)은 영장이 나온 후 1년을 연기하다가 1945년 1월쯤(양력)에 징용되었다. 당시 일본인 직원이 면으로 파견나와 인원을 파악하였고, 함평군 월야면 서기들이 추천하였다. 군에서 80명이 집결, 학다리를 거쳐 여수에 도착하였다. 여수에서 1박을 하고, 배편으로 나가사키현 하시마 조선소에 도착하였다. 며칠 동안은 공장 구경을 하고 작업은 하지 않았다. 월급의 액수는 정확히 기억하지 못하지만 지급되었으며, 아침식사가 끝나고 6시부터 작업을 시작하였다. 식사는 깻묵으로 그 양이 매우 적었다. 나가사키에 원폭이 투하되었을 때 하시마에서 120리(48km) 떨어진 곳에서 번갯불 같은 섬광을 보았다. 일본의 항복성명 발표 2일 전에 회사 간부 등은 미리 알고 피난하였다. 해방은 2일 후에 알았고, 수천 명이 모여 시위를 벌이려고 하자 회사 측에서 소요 방지를 위해 술을 1병씩 지급하였다. 해방 후 3~4개월 체류하다가 10월쯤에 함평 사람 120명, 선원 2~3명이 80톤 목선을 타고 부산에 도착하였다. 부산에서 호남선을 타고 송정리 고향으로 돌아왔다.

이상에서 구술자들은 나가사키 고야기시마·하시마 조선소, 나가사키 조선소, 섬에 있는 조선소 등에 동원되었다고 하였다. 여기서 나가사키 조선소를 나가사키 미츠비시 조선소로 보는 데는 무리가 없을 듯하다.[18] 정병춘과 이근옥의 동원시기가 비슷한 것으로 보아 같은 장소가 아닐까 생각되지만 부산까지의 노정과 월급 지급 부분에서 서로 차이를 보인다. 하시마에도 조선소가 있었는지 문헌에서는 확인되지 않지만 이한범의 구술 내용 중 120리 정도 떨어진 곳에 원폭이 투하되었다면 거리상으로 하시마가 맞다. 그러나 당시 이곳은 해저탄광지대였고, 조선소는 아니었다.

  이렇듯 확실한 기억이 아닐 경우에는 자료로 이용하기에 주저된다. 따라서 문헌자료와 함께 기타의 구술자료를 비교해 보아야 좀더 충실한 자료가 될 수 있을 것이다. 또한 개인 소장자료나 유품 등도 보완 자료로 의미가 있다. 당시의 학적부[19]나 기타 이력을 기재한 서류,[20] 협화회회원장,[21] 군대수첩,[22] 편지, 영수증 등은 충분히 활용 가능한 자료이다.

귀환 사례

  구술자들은 강제징용지에서의 일들을 비교적 잘 기억하고 있는 반면 해방 이후 귀향하는 과정과 사회정착 과정에 대해서는 거의 기억하지 못했다. 이것은 즐거운 기억보다 고통의 기억을 오래 유지하는 기억력 체계 때문일 것이다. 또한 지금까지 우리 사회가 안고 있는 문제 인식과도 어느 정도 관련이 있다. 구술자 및 관련 단체는 보상금 지급 등의 문제로 강제동원되었던 사실에 너무 집착하였고, 연구자들 또한 이 문제에 국한하여 증언을 녹취하였다. 그러다 보니 자연히 강제동원에 대한 기억을 잘 정리하게 되었던 것으로 보인다.

  본 구술녹취에서도 이러한 문제점을 지적할 수 있다. 따라서 귀환과정에 대한 내용은 빈약하다. 계속적인 보완조사를 실시해 보충하고 있다. 여기서는 해방 이후 동원지의 상황과 귀환하는 과정 등에 한하여 살펴보았다.

해방 이전의 귀환   1939년 말 '국민징용령'이 발효되고, 1942~1943년 일본으로 건너갔던 노무자들 중에는 2년 정도의 계약기간 만료 후 귀국하는 경우도 있었다. 그러나 그 이후에는 계약기간이 무시되었고, 연장근무라는 명목으로 강제노역에 시달렸다. 따라서 해방 이전에 귀국한 사람은 극히 적었지만, 그 사례는 두 가지 경우를 들 수 있다.

첫째, 도망해 온 경우이다. 사실 도망은 강제동원에 대한 적극적인 저항의 하나였다. 징용장 발부에 맞서 도망하거나 피해 다니는 경우도 이러한 사례로 들 수 있지만 여기서는 일단 강제동원지에서 도망나온 경우에 한하였다. 45명 중 2명이 있다.

김재표는 1944년 음력 2월쯤, 일본회사 직원이 와서 필요 인원을 차출하였고, 평남 진남포항 건설현장으로 동원되었다. 음력 3월쯤 어느날 새벽에 작업장에 다른 사람을 대리로 보내고(교대로 작업을 했기에 가능했다) 2~3명이 도망하다가 다른 반 반장에게 붙잡혔으나 구타나 가혹 행위는 심하지 않았다. 다시 점심시간을 이용해 홀로 도망하였다. 감시를 피해 평양에서 열차를 타지 않고 여포역까지 걸어가 송정리(차비 13원 20전)까지 기차 타고 귀향하였다. 이때 차비는 고향에서 징용갈 때 가지고 간 돈으로 충당하였다.[23]

봉용구는 1943년 1월 2일 큰형 앞으로 징용영장이 나오자 후쿠오카 순사에게 형 대신 가겠다고 하였다. 장성(5~6일 체류)에서 기차를 타고 여수에 집결하여 이틀을 머문 후 1월 12일 배를 타고 하루 저녁에 시모노세키에 도착한 뒤 후쿠오카 탄광으로 갔다. 탄광에서 허리를 다쳐 치료를 받다가 도망을 결심하였다. 이때 김창갑(장성군 삼서면 석마리, 사망)도 다쳐서 병원에 있었다. 수해리에서 온 강성모라는 사람과 함께 도망하려고 했으나, 강성모는 친척이 다쳐 병원에 있으므로 두고 갈 수 없다 하여 혼자 도망하였다. 간호사가 길을 알려주었고, 병원 뒤 목욕탕에서 목욕한 후 행장을 차려 도망했다. 산에서 형사들에게 잡힐 뻔하였으나 벙어리 흉내를 내어 잡히지 않았다. 도망 후 현지에서 살림을 하는 강원도 사람(부인 봉泰씨)과 경상도 사람 하야시(林씨)의 도움을 받아 품팔이(방공호 작업·농장 1달·과수원 보름)를 하며 자유롭게 다녔다. 1945년 8월 9일, 나가사키의 원폭 투하로 돈을 모두 잃고, 해방 후 한 달 동안 귀국여비를 마련하려고 애썼다. 나가사키에서 이삿짐을 꾸리는 작업을 도와주고, 그 차를 타고 하카다로 온 지 3~4일 만에 목선(400톤, 400명 탑승)을 타고 1945년 9월 3일쯤 부산에 도착, 대전을 거쳐 귀향하였다.[24]

둘째, 병이 들거나 더 이상 작업할 수 없을 정도로 몸을 다쳤을 경우, 혹은 집안의 우환으로 조기 귀향한 경우는 세 가지 사례를 들 수 있다.

고연석(표 3의 1-9)은 반장 인솔하에 반원 30~40명과 함께 노무자로 함북 무산탄광까지 갔다. 같이 갔던 사람들보다 비교적 나이가 어린 관계로(지금도 체구가 작은 편임) 갱도에서의 작업은 하지 않고, 밖에서 흙·바위 등을 제거해 운반하는 작업을 하였다. 징용간 지 6개월 후 한쪽 고환이 커지는 병으로 작업을 하지 못하자 귀가조치되었다.

조병철은 1943년 3월쯤 함경북도 유성탄광으로 징용되었다. 다음해 10·11월쯤 탄광 막장에서 사고로 다친 후 병원에서 한 달가량 치료를 받았으나, 그

상처가 깊어 제대로 된 치료도 받지 못한 상태에서 귀향하였다.[25]

정학성은 두 차례나 지원시험을 보아 북만주 336부대(말을 훈련시키는 곳)에서 군속으로 근무하였다. 훈련중 말에서 떨어져 갈비뼈를 다쳤고, 설상가상으로 고향의 아버지가 각기병으로 고생하여 본인 소대장과 면장面長에게 부탁해 1945년 6월쯤 귀향하게 되었다. 해방 후 8월 26~27일에 다시 소집영장이 나왔다.[26]

해방 이후의 귀환 국내와 중국으로 강제동원된 경우를 제외하고 일본으로 징용갔던 사람들을 중심으로 살펴보고자 한다.

해방 소식은 일본 왕의 항복방송을 연병장에 집합시켜 놓고 듣게 했다고 기억하는 분도 있었으나[27] 대부분은 일본인이나 주변 사람들을 통해 들었다. 일본 항복 후 일본군들은 코 큰놈들에게 고개를 숙이냐는 식으로 흥분했으며,[28] 일반인들은 고개를 숙인 채 기가 죽어 있었다. 한편 10년 후에 또 만난다고 말하는 일본인도 있었다.[29]

해방이 되어서는 작업을 하지 않았고, 통제도 받지 않아 작업장을 나와 다른 직업을 갖기도 하였다. 그리고 수천 명이 모여 시위를 벌이려고 하자 소요를 방지하기 위해 술 1병을 지급받았다고 기억하는 분도 있었다. 그러나 광업소 같은 곳은 계속 작업하기를 원했던 사람들에게 급여를 지급하기도 하였다. 해방 후 조선인은 휴업상태였고 치안이 유지되지 않았으며, 조선인들은 야채서리를 하거나 일본인들을 구타하기도 하였다. 당시의 상황을 박영순은 다음과 같이 구술하였다.

일본 사람 다 죽여버린다. 일본 다 죽여버린다. 이게 그냥(이렇게 되니까 – 정리자) 회사 사장이라는 영감이 조선 사람들 빨리 내보내야지 큰일 났다구. 무법천지가 되어버리겠다구(라고 하였다 – 정리자). 개판되어버리지. 조선 사람들 떼로 다니면서 들판에 가서 똑같이 남의 것 주워 먹구, 들판에 가서 단감도 따먹구 오이도 따먹구, 북감자 이렇게 큰 거 있더만 캐다가 쪄먹구. 일본은 다 때려 죽여야 한다구……. [30]

일본은 일왕의 항복방송 이후 사회질서가 무너져버렸다. 한인들은 귀환을 위해 항구로 몰려들었고, 일본 군인들은 모두 도망쳤고, 제재를 가하는 사람도 없었다.[31]

귀환은 크게 일본 정부·회사·연합군최고사령부 등 기관의 귀환정책에 따라 귀환하는 경우와 사선私船(야미배, 밀항선 혹은 무허가의 소형 선박)을 타고 개인적으로 귀환하는 경우로 나뉘었다.

8월 21일 우키시마마루浮島丸에 탑승했던 3,700여 명 중 1,000여 명이 귀환 중 침몰하여 사망하였다(일본 측은 549명이라고 보도). 이후 연합군총사령부는 8월 25일 오전 0시를 기해 100톤 이상의 선박운항을 금지하였다. 한편 일본 운수성은 9월 1일에 한인의 귀환 방침을 발표하였다. 그 내용은 귀환자의 수송은 주로 관부연락선을 이용할 것, 부산까지는 반드시 사업주 측에서 인솔자를 붙이고, 부산에서 인도할 것 등이었다.

구술자들 중에는 회사 측에서 뱃삯을 지불하거나 탑승할 때까지 도움을 주어 귀환했다고 증언한 사람도 있지만, 부산까지 인솔자가 왔는가에 대해서는 기억하지 못했다. 당시 증언에 의하면 나가사키현 고야기시마 조선소, 후쿠오카현 미츠비시 신유탄광, 후쿠오카현 우에다上田탄광, 후쿠이福井현

대동화학주식회사,[32] 홋카이도北海道 소라치空知 군 스미토모住友광산 등이 편의를 제공했다. 그러나 탑승하기까지 다른 곳으로 가지 못하도록 감시하기도 하였다.

 나승환(표 4의 2-1)은 나가사키현 고야기시마 강아나미조선소에서 10일 이상을 묵은 후 맘대로 가라고 하여 나가사키에서 배를 탔다. 이때가 1945년 9월 초로 회사에서 뱃삯을 지불하였고, 완도 사람들이 인도하는 화물선(150톤)을 타고 부산에 도착, 대기해 놓은 기차를 타고 대전을 거쳐 귀환하였다.[33]

 김영찬(표 4의 2-3)은 1945년 2월쯤 군속으로 홋카이도 삿포로札幌 부근에서 미군의 폭격에 대비해 길을 위장하기 위해 잔디를 덮는 작업을 하였다. 해방은 일왕의 항복방송을 듣고 알았으며, 귀국을 위해 농성하였다. 해방 후 2~3개월을 체류하면서 북감자를 캐어 먹기도 하였고, 하코다테函館에서 의복 장사를 하기도 하였다. 회사에 찾아가 떼를 쓰자 1만 원을 주었다. 오타루小樽에 1,000명 정도가 화물선을 타고 아오모리에 도착, 식량과 물을 보급받고 부산으로 향했다. 오타루에서 부산에 도착할 때까지 18일 걸렸다.[34]

그러나 대부분은 자신의 힘으로 돌아왔다. 몇 명씩 돈을 모아 돛단배와 같은 목조의 기범선機帆船이나 소형의 발동선을 타고 귀환하였다. 그런 과정에서 바로 귀국하지 못하고 1~5개월씩 일본에 체류하였다. 노희필은 개인 수완을 발휘하여 쌀장사로 우리 돈 5,000원을 벌어 여비로 사용하였으며, 당시 여비가 없어 귀국하지 못한 경상도 사람을 보았다고 한다. 나고야 미츠비시 비행기공장에 징용되었던 정동희는 당시 회사 측에서 나누어준 낙하산 등 귀한 물건을 팔아 여비를 만들었고, 그 여비로 80톤 정도의 목선(발동선)을 타고 귀국하였다. 전영옥은 해방 후 가고시마鹿兒島에서 후쿠오카까지 걸어와 1차로 200톤급 목선을 뱃삯 300원을 주고 탔다가 다시 3,000톤 배를 뱃삯 200원을 주고 하카다항에서 타고 고향으로 귀환하였다.

박상구(표 3의 1-12)는 1945년 2월 말~3월 초에 장성(15명), 함평(7명), 해남(18명), 진도(35명) 등에서 동원된 총 75명과 함께, 나고야 미츠비시 조선소에 도착하였다. 해방 당일 오전 11시에 식사를 하고 11시 30분 연병장에 집합해 일왕의 항복 방송을 들었다. 해방 후 효고兵庫현 고베神戶에서 오카야마岡山까지 와 80톤 목선을 타고 4일이 걸려 마산에 도착하였다. 당시 탑승인원은 처음 동원됐던 75명과 선원 5명, 총 80명이었다. 마산에서 기차를 타고 삼랑진 → 부산 → 대전을 거쳐 1945년 10월 25일(음력)에 귀향하였다. 부산에서 석탄차를 타서 얼굴이 온통 검은 자국이었다.[35]

귀환시의 출항지 및 귀항지는 동원지역에 따라 달랐다. 규슈 및 혼슈本州의 경우는 시모노세키·하카다항을, 홋카이도의 경우는 하코다테가 출항지로 사용되었다. 귀항지로는 부산항을 많이 이용했으나, 마산·울산·군산 등지로 들어오는 경우도 있었다.

부산에서는 귀환자들을 위한 대규모의 환영행사가 있었다. 고향으로 가는 기차는 무료였으며 경부선·호남선을 이용해 각각의 고향으로 돌아왔다. 특히 석탄차를 탈 경우 얼굴에 온통 검은 탄가루가 묻었고, 자리가 없어 지붕 위까지 올라탔다고 한다. 징병자는 물론 징용자·군속 등 귀환자들은 일본에서 입었던 작업복(군복)을 그대로 입고 들어오거나 현지에서 옷을 사입고 고향으로 돌아왔다.

귀환 문제 연구는 문헌자료가 부족한 상황에서 구술자료의 활용빈도가 늘어가고 있다. 따라서 구술자료를 2차 자료로 이용할 수 있도록 그 완성도를 높이는 작업이 필요하다. 그러기 위해서는 여러 문제점을 해결하여야 한다.

첫째, 조사의 취지를 구술자들에게 충분히 설득시켜야 한다. 구술자 중에는 태평양전쟁희생자유족회와 일제강제동원한국생존자협회에 회원으로 가입한 분이 있다. 따라서 이들 기관의 협조를 통해 조사를 실시하는 것도 한 방법이라 생각한다.

둘째, 구술조사는 문헌연구의 충분한 이해가 바탕이 되어야 한다. 일본·중국·남양군도 지역에 대한 위치 및 배경을 숙지할 필요가 있다. 또한 귀환 생존자들은 사투리를 쓰고 있어 현지인의 도움을 받는다 해도 한계가 있다. 아울러 당시의 용어에 대해서도 해박한 지식이 있어야 원활한 조사가 이루어질 것이다.

셋째, 국내뿐만 아니라 해외의 미귀환자들에 대한 구술자료 수집이 필요하다. 그리고 생존자들의 증언을 1차적으로 수집해야겠지만 그 유족들의 증언도 참고하여야 한다. 아울러 증언자들의 개인소장 자료 및 유품 등도 수집할 필요가 있다.

넷째, 현재 생존자들의 연령이 80세 이상이어서 이른 시일 내에 증언을 녹취할 필요가 있다. 구술이 기억력에 의존하는 것이기에 더욱 시간을 다투어야 할 것이다. 또한 구술자와 수시로 연락을 취하며, 보완조사를 꾸준히 실시하여야 한다.

다섯째, 구술자들이 많은 기억을 갖고 있지 못한 해방 후 귀환과정과 정착, 정부의 대책 등에 대해서도 충분한 조사가 이루어져야 한다. 이는 귀환 문제에 대한 올바른 이해를 가져다 줄 수 있기 때문에 2차, 3차에 걸친 조사가 필요하다.

- **여성구**(국민대학교 한국학연구소 연구교수)

표 3 제1차 구술조사자 인적 사항(2003년 1월 14~17일)

관리번호	성명	주소 생년월일	면담		동원		귀국		구분	비고
			일시	장소	시기(陰)	장소	시기(陰)	장소		
1-1	李留女	광주시 동구 1930.6.2	1.14	유족회 전남 지회	1944. 5~6 월쯤	名古屋三菱 비행기공장	1945.10. 7일쯤	下關 -부산	근로 정신대	
1-2	禹英子	화순군 남면 1931.9.1					1945.10. 28일쯤			회사에서 배 주선
1-3	정윤묵	장성군 삼서면 1925.4.13		자택	1944. 여름 (1944.4)	청진/父(일본 鹿兒島縣 만세정 土工)	해방 후 (1945년 9월 초)	?	노무	父 (협화회 회원장)
1-4	羅正煥	장성군 삼서면 1923.4.8			1943. 가을 장성군 78명	부산-博多- 長崎 香燒島조선소		博多- 부산		회사에서 배 주선
1-5	林戈鎭	장성군 삼서면 1922.4.5		나정환 씨댁	1943. 11월쯤	여수-下關- 名古屋三菱 비행기공장 -靑森-茨城 -京都	1945년 9월쯤	京都-博 多-부산		
1-6	鄭東禧	함평군 월야면 1923.1.27 (22년생)	1.15	자택	1944. 9·10월	여수-下關- 名古屋三菱비 행기-東京	1945년 9월 말 10월 초	下關 -부산		
1-7	鄭丙春	함평군 월야면 1919.8.26 (23년생)			1944. 7월쯤, 총1,600명	부산-福岡- 下關 -長崎조선소		下關 -부산		
1-8	李根玉	함평군 월야면 1923.9.15			1944. 7월쯤	부산 -長崎조선소		?-부산		
1-9	高連錫	함평군 월야면 1927.6.10 (원래 22년생)				함북 무산탄				광병으로 조기 귀향
1-10	李漢範	함평군 월야면 1921.5.19			1945. 1월쯤	長崎 端島 조선소	1945년 10월쯤	?-부산 (80톤목 선)120명		

관리번호	성명	주소 생년월일	면담		동원		귀국		구분	비고
			일시	장소	시기(陰)	장소	시기(陰)	장소		
1-11	李金才	함평군 월야면 1924.1.20	1.15	자택	1945. 봄	부산-후지산 훈련소		東京-下關-부산	위병 육군	
1-12	朴相九	함평군 월야면 1927.9.6			1945. 2월 말 3월 초, 75명	여수-下關- 名古屋三菱 조선소	1945. 10.25 (75명, 선원 5)	兵庫-岡山-마산 (80톤 목선) -부산	군속	
1-13	吳鍾根	함평군 월야면 1923.5.8		자택	1944. 가을 220명	여수-下關 -名古屋三菱 비행기공장	해방 후 추수 후	下關 -부산 (?)	노무	정동희, 정춘식 동행
1-14	朴贊吉	함평군 월야면 1923.2.28			1945. 1월쯤	용산-부산 -下關-大阪 후지산	1945. 9월쯤	下關	위병 육군	
1-15	盧熙弼	함평군 월야면 1928.12.16 (원래 26년생)	1.16	박찬길 씨댁	1943. 4. 26 30명	여수-下關- 大阪-나라- 長野-岐阜 등지	1945. 10월쯤	下關 -부산 (목선)	노무	
1-16	金才童 (在杓)	함평군 해보면 1914.11.26			1944. 2	평남 진남포	1944. 3월쯤	여포- 송정리 (기차)		도망옴
1-17	朴昇東	함평군 해보면 1923.1.3		자택	1944	부산-下關- 靑森-函館- 북해도	1945. 추석 (9.20)전	북해도- 下關- 부산	군속	
1-18	鄭東禧	함평군 나산면 1924.7.5			1945. 1월 쯤	용산-부산 靜岡-후지산	1945. 가을	下關 -부산 (발동선)	위병 육군	
1-19	金大云	함평군 함평읍 1924.2.9	1.17		1944. 9. 1	나남-일본- 중국 복건성	해방 후	광복군과 귀국		군대수첩

표 4 제2차 구술조사자 인적 사항(2003년 3월 4~7일)

관리번호	성명	주소 생년월일	면담 일시	면담 장소	동원 시기(陰)	동원 장소	귀국 시기(陰)	귀국 장소	구분	비고
2-1	羅承煥	장성군 삼서면 1923.5.21	3.4	나정환 씨댁	1943. 가을	鹿兒島縣 강아나미 조선소	1945. 9월 초	長崎-부산 (私船) 360명	노무	회사에서 배 주선
2-2	奉用九	장성군 삼서면 1916.2.20 (22년생)			1943.1.12	福岡縣 日滿(일마니) 탄광	1945.9.3	博多-부산		도망
2-3	金永燦	장성군 삼서면 1924.8.15			1945.2	北海道 삿포로 부근	1945. 9월쯤 (1,000명)	오타로(小樽)-청森-부산	군속	회사에서 배 주선
2-4	盧興來	장성군 삼서면 1929.3.28 (30년생)		자택	1944.2월쯤 삼서면 10여 명	福岡縣 三菱신유탄광	1945. 10. 중순	?-부산 (발동선) 50명 탑승		兄노무 회사 배 주선
2-5	朴圭喆	장성군 삼서면 1923.6.25			1943	岩手縣 大川村宇津修野 철도공사	1945년 9월쯤	函館(?) -군산 300명	노무	
2-6	朴榮淳	장성군 삼서면 1936.1.6 (30년생)			1944.2월쯤	福島縣 비행기 부품공장	1945년 가을	?-부산 (군함)		父대신 감
2-7	丁學聲	장성군 삼서면 1927.8.20 (24년생)			1944. 4.11(양)	북만주 336부대(흑룡강성 백성자)	1945. 6월 제대	?		의가사 제대
2-8	全永玉	장성군 북하면 1924.12.1	3.5	전영옥 사무실	북하면 7명 1945. 1.12(양)	鹿兒島 해군 403부대	1945. 9.13(양)	福岡-부산	군속	여비 700원 지급
2-9	金海龍	장성군 북하면 1924.8.19						福岡-부산		
2-10	姜大澣	장성군 북하면 1927.9.20 (25년생)			1943.9	鹿兒島 해군 80항공대-大分	1945	下關-울산 (私船)		귀국여비 200원
2-11	金羽鐘	장성군 북하면 1923.2.25	3.5	전영옥 사무실	1943.9.25	대광상사 주식회사 日本曉第2940부대(佐伯)	1945.8.15 제대	下關-부산 (私船)	군속	1,070원 저축
2-12	韓晩貴	장성군 북하면 1916.10.23		자택	1942. 북하면100명,장성읍 50명	福岡縣 三菱탄광	1945. 9월쯤	福岡-下關-부산 (私船)	노무	

관리번호	성명	주소 생년월일	면담 일시	면담 장소	동원 시기(陰)	동원 장소	귀국 시기(陰)	귀국 장소	구분	비고
2-13	陳致國	장성군 장성읍 1923.5.21	3.5	자택	1945.1	福井縣 南條郡	1945. 9.14.	福井-下關 -부산		회사에서 배 주선
2-14	金源寬	장성군 장성읍 1928.2.23		자택	1945.4	北海道 西春別 비행장	1945. 추석 (9.20)지나서	函館-부산 (私船)		
2-15	金源玉	장성군 장성읍 1928.10.6		박춘태씨 아들집	1944. 가을 장성군 48명	福岡縣 上田탄광	1945. 10월쯤	博多 -부산군함, 3,000명	노무	회사에서 배 주선, 환자부터 송환
2-16	崔容寬	장성군 동화면 1927.3.27 (24년생)								
2-17	宋周洛	장성군 동화면 1926.2.9 (24년생)	3.6							
2-18	朴春泰	장성군 동화면 1927.10.7								
2-19	崔宗鎬	장성군 북일면 1923.6.5 (22년생)		자택	1944.겨울 북일면 7~8명	下關-靑森- 사할린 탄광→ 九州탄광	1945	九州-부산		
2-20	李丁鉉	장성군 진원면 1928.5.20 (27년생)		자택	1944.2월	下關 -大阪 久保多 철광소	1945.9월 초순	下關-부산 (私船)		
2-21	朴鍾寬	함평군 함평읍 1922.12.10 (21년생)		자택	1943. 11.13	여수-下關 -名古屋三菱 第535台		下關-여수		퇴원후 50원 지급
2-22	李宗才	함평군 대동면 1917.7.18			1942 60명	下關-靑森北 海道탄광 (歌志內驛)	1945. 10월쯤	函館-?		가족동거 가능
2-23	趙炳喆	함평군 대동면 1925.10.17	3.7	자택	1943.3 장성군 21명	함북 유성탄광	1945. 10, 11월	?	노무	한달반 입원후 귀향
2-24	洪仁厚	함평군 대동면 1927.4.13			1944. 8.16 60명	여수-北海道 空知郡 歌志 內町 中之澤탄광	1945. 11.26	북해도-仙崎 -下關-부산 -여수		仙崎 수용소 1박
2-25	金芝杓	함평군 손불면 1922.4.5			1943. 7.20 21명	여수-博多- 福岡縣 三菱 이츠카 탄광	1945.9	博多		형대신 감
2-26	趙炳國	함평군 함평읍 1927.7.6			1944. 8.16	北海道 空知郡 탄광	1945. 11.26	仙崎港-부산		홍인후 씨와 동행

■ 주

1. 한국정신대연구소·한국정신대문제대책협의회 엮음, 『강제로 끌려간 조선인 군위안부들: 증언집』(1-3, 한울, 4-5, 풀빛, 1993~2001)에는 총 68명, 『중국으로 끌려간 조선인 군위안부들』(한울, 1995)에는 10명의 증언이 수록되어 있다. 이 외에도 웹사이트에 계속해서 증언을 게재하고 있다.
2. 한국정신대연구소 편, 『2002년 국외거주 일본군 '위안부' 피해자 실태조사』, 여성부 권익기획과, 2002 ; 한국정신대문제대책협의회 편, 『그 말을 어디다 다 할꼬』, 여성부 권익기획과, 2002. 이외에도 여성부에서는 일본군 '위안부'의 자료를 계속 수집하고 있다.
3. 한국태평양전쟁희생자광주유족회 후원회, 『내 生前에 이 恨을』(나고야 미츠비시 朝鮮女子勤勞挺身隊 訴訟 제1집), 2000.
4. 강제동원생존자증언집편찬위원회 편, 『채인돌-태평양전쟁중 창녕군에서 강제동원당한 생존자증언집』, 창녕박물관, 2000.
5. 김인덕 편저, 『강제동원사 연구』, 경인문화사, 2002.
6. 신영호(함평읍 거주, 목포대 사학과 대학원 재학)·鄭根旭(함평 거주, 함평군 月也面長)·김정임(광양 거주, 태평양전쟁희생자유족회 전남지부장)·李炫石(함평읍 거주, 영산강 문화연구소 소장) 등의 도움을 받았다. 특히 이현석은 이 방면에 글을 썼던 분이다(「광주직할시·전남지역의 정신대 출정실상-학력부를 중심으로」, 『제7회 국사편찬위원회 사료조사위원회의-광주직할시·전라남도』, 국사편찬위원회, 1992. 6).
7. 실제 SBS에서 2002년 8월 18일에 '일제 징용 피해보상금 사기 기승'이란 제목으로 그 내용을 방영하였다(『2002년도 활동보고집』, 일제강점하 강제동원피해 진상 규명 등에 관한 특별법 제정추진위원회, 2003. 2, 93쪽 참조). 특히 전라도 지역이 심하다고 한다.
8. 면담 내용은 정혜경의 설문 양식을 많이 참고, 보완하였다.
9. 정을휴(1980년 88세로 사망)는 51세에 구주 녹아도현 만세정 土工으로 징용되었

다. 1943년 4월쯤(아들 정윤묵이 보관하고 있는 협화회회원장에는 1944년 4월에 일본에 왔다고 하였다. 이 기록이 맞을 듯싶다) 면직원이 정윤묵 앞으로 징용장을 가지고 왔는데, 이때 정윤묵이 들에 일을 하러 나가 집에 없자 대신 아버지를 붙잡아갔다. 그러나 정윤묵 또한 이듬해(그해가 아닌가 한다) 여름, 청진 정어리공장에 노무자로 강제동원되었다. 父子가 강제동원된 사례이다.

10. 이유녀(1-1) 구술. 동원시기는 1943년 5월(6월쯤)로 기억하고 있었지만 당시의 학적부를 보면 1944년에는 6학년 재학중이었고, 출석일수가 75일로 기재되어 있는 것으로 보아(학년 수료일은 3월 25일이었고, 새학년의 시작은 4월 1일) 1944년 7월쯤이 아닐까 한다. 그러나 『매일신보』와 『내 生前에 이 恨을』 등에는 동원시기가 1944년 5월 하순, 6월초로 기록되어 있다. 실제 1943년 9월 22일에 '여자근로정신대'의 조직에 관한 내용이 발표되었기에 1944년이 맞을 것이다.
11. 이유녀(1-1) 구술.
12. 우영자(1-2) 구술. 우영자의 이야기는 김인덕 편저, 『강제동원사연구』, 경인문화사, 2002, 187~188쪽에 우○○으로 소개되어 있다.
13. 1944년 5월쯤에 梁錦德(나주 출신)도 5개 지역에서 모인 150여 명과 함께 이곳에 근로정신대로 왔는데, 모집 지역별로 소대를 구성하였다고 한다(『百萬人の身世打鈴』, 百萬人の身世打鈴編集委員, 東方出版, 1999, 462쪽). 양금덕의 증언 내용은 『내 生前에 이 恨을』 92~97쪽에도 소개되어 있다.
14. 이유녀(1-1)·우영자(1-2)는 지진으로 공장이 무너졌다고 했으나, 이곳에 동원된 다른 구술자(정동희·임술진)들에 의하면 공장이 무너진 것은 지진 때문이 아니라 미군의 폭격 때문이라고 하였다.
15. 한국태평양전쟁희생자광주유족회 후원회, 『내 生前에 이 恨을』, 77~102쪽 참조. 이때 충남지역에서도 150여 명이 동원되었고, 이들은 도야마현 福野공장으로 옮겼다고 한다(『내 生前에 이 恨을』, 62쪽).
16. 우영자(1-2)는 10월 28일쯤에 들어왔다고 한다(김인덕 편저, 『강제동원사연구』, 188쪽).
17. 미군의 일본 본토 공격은 1945년 2월 이후에 본격화되며, 이때는 미 잠수함에 의한 관부연락선의 폭침으로 인한 것이 아닐까 한다.
18. 官營 나가사키 조선소가 1887年 미츠비시 조선소에 불하되어 미츠비시 長崎조선소(長崎縣 長崎市 飽の浦町 1-1 소재)가 되었다. 1908년 준공의 天洋丸은 조

선기술의 세계수준 도달을 표시하는 것으로 주목되었다. 그뒤 거대 전함 무사시[武藏]도 건조되었다. 이 사실을 보면 '미츠비시 長崎조선소'가 '長崎조선소'라고도 불렸던 것은 아닐까 한다.

19. 이유녀(1-1)는 나주 대정국민학교 학적부를 복사해 가지고 계셨다. 여기에는 가족사항 및 1~6학년까지의 학업성적 등이 기재되어 있다. 뒷면 가정환경난에는 '挺身隊動員中ナリ'라고 기재되어 있었다.
20. 김우종(2-11)이 주신 경찰관 신분카드(경찰관으로 봉직)에는 '4276. 9. 25 日本曉第2940部隊佐伯部隊軍屬, 4278. 8. 15 解放으로 除隊'라고 기재되어 있다.
21. 정윤묵(1-3)은 부친(정을휴)의 당시 유품으로 고향에 보낸 편지(현재 겉봉만 남아 있음)와 '鹿兒島縣 協和會 會員章'(1942년 8월부터 조선인노동자들의 이동방지를 위해 협화회에서 배포한 노무수첩)을 보관하고 계셨다. 여기에는 취직 연월일, 직업, 취로장소 등이 기재되어 있다. 그러나 돌아올 때 가지고 오신 저금통장은 최근 燒失되었다고 한다.
22. 金大云(1-19)은 징병 1기생으로 중국 복건성에서 복무했다. 당시 지급된 '군대수첩'을 보관하고 계셨다. 이 수첩에는 나남에서 복건성까지 가게 된 일정이 상세히 기록되어 있다.
23. 김재표(1-16) 구술.
24. 봉용구(2-2) 구술.
25. 조병철(2-23) 구술. 지금도 그 상처가 완쾌되지 않았고, 상처부위에서는 진물이 나오고 있어 많은 고통에 시달리고 있다.
26. 정학성(2-7) 구술. 해방 후 영장을 받고도 나가지 않았는데, 해방이 되지 않았으면 또 끌려갔을 것이라고 하였다.
27. 朴相九(1-12) 구술.
28. 李金才(1-11) 구술.
29. 전영옥(2-8) 구술.
30. 박영순(2-6)은 후쿠시마[福島]의 비행기 부속품을 만드는 공장에서 발전시설을 담당하였고, 이후 시즈오카[靜岡]현으로 이동하여 군수품 저장창고 건설 공사장에서 일하던 중 사장에게서 '昭和가 졌다'라는 말을 듣고 해방되었음을 알게 되었다.
31. 전영옥(2-8) 구술.

32. 후쿠이縣 대동화학주식회사는 석회질소비료를 만드는 곳이었는데, 이곳에는 한인뿐만 아니라 미군 포로들도 있었다(진치국 2-13 구술). 후쿠오카현 미츠비시 탄광에서도 미군 포로들이 작업을 하였다(한만귀 2-12 구술).
33. 나승환(2-1) 구술.
34. 김영찬(2-3) 구술.
35. 박상구(1-12) 구술.

인천지역의 '전재동포' 구호활동
― 『대중일보』 기사를 중심으로

인천은 부산과 더불어 해방 직후 해외 전재동포戰災同胞[1]가 가장 많이 들어온 항구도시이다. 특히 지리적으로 중국과 가까웠기 때문에 화북지역의 많은 해외 전재동포(이하 '전재동포')들이 인천항을 통해 귀환하였다. 이 글에서는 1945년 8·15 해방부터 중국(화북華北)과 남양군도, 일본 등지로부터 대규모의 전재동포 귀환이 일단락되는 이듬해 12월까지 인천의 전재동포 귀환에 따른 구호활동을 살펴보려고 한다.

기존 연구들은 주로 전재동포에 대한 미군정 당국의 정책 규명에 치중하였다. 또한 지역적으로도 서울과 부산에 집중되었다.[2] 이를 감안하여 여기에서는 인천지역을 중심으로 민간단체의 구호활동과 그 연장선상에서 전재동포 단체가 출현하는 양상에 초점을 맞추어 살펴보려고 한다. 이를 위해 1945년 10월 7일 인천에서 창간된 『대중일보』를 주된 자료로 활용하였다.

전재동포의 인천 귀환

인천항에 입항하는 전재동포의 규모는 평균 4일마다 수송선이 인천에 입항할 것으로 예측될 정도였다.[3] 대중일보에 따르면 특히 천진天津 등 중국 각 개항장에 집결되어 있는 한인 전재동포는 상해上海 5,000명, 천진 2만 5,000명, 대련大連과 기타 3,000명으로 3만 5,000명에 달하였다. 이에 따라 1946년 3월께 미군정은 당분간 일본에 남아 있는 전재동포의 귀환 수송력을 중국지역으로 돌려 매주 약 3,000명씩 인천항을 통해 귀환시키기로 했다.[4]

당초 미군정의 계획은 재중국 조선 전재동포들을 5월 초순까지 전부 귀국시킨다는 것이었다. 그러나 중국 동포의 다수를 차지하는 만주지역은 제외되었다. 이와 관련하여 중국의 전재민 송환문제를 담당하는 미군 대좌 리처드 위트맨은 "1946년 4월 14일 현재 중국에서 본국으로 송환된 조선인은 1만 2,000명이며, 현재 5,000명이 대기 중이고 대만臺灣·광동廣東·불인佛印에 있는 조선인들도 머지않아 송환될 것"이라고 밝혔다. 그러면서 그는 "다만 만주에 관하여는 우리의 권한이 미치지 못하는 만큼 단언할 수 없다"[5]고 했다. 동북 만주에서의 중국 국민당과 공산당 사이의 내전이 장기화되면서 미군정 당국의 개입이 불가능한 상황이었다.

10만여 명에 달하는 중국 화북지방의 조선인 전재동포들은 여러 지역에 나뉘어 생활하고 있었다. 이들 가운데 일찍이 북경과 천진, 당산 등의 지방에서 살고 있던 동포들의 형편은 오히려 조선 국내보다 나은 것으로 평가되었다. 농촌도 5~6년 전부터 뿌리를 내리고 산 지역은 별 문제가 없었으나 2~3년 전에 개척한 곳은 아직 안정이 되지 않은 데다 현지 일본 점령군과

인천항. 광복 후 인천항에는 일본과 중국에서 귀환하는 수많은 해외한인들로 붐볐다.

의 대립과 갈등에 따른 중국인들의 박해도 심했다. 이들 수만 명이 해방 직후 맨몸으로 피난하여 북평과 천진지방으로 쇄도하고 있었는데, 생활이 보장되지 않아 상당한 어려움에 처해 있었다.

이들의 귀환은 패망에 따른 일본군의 퇴각, 중국 국민당과 공산당 사이의 내전 때문에 인천에서 천진으로 가는 해로가 유일하였다. 이 때문에 1945년 11월 말 이 지역의 전재동포들을 인솔하여 인천에 들어온 최철崔鐵은 인천 미군정 당국에 화북지역 동포들의 어려운 처지를 호소하면서 천진과 청도 등지에 미군 수송선을 파견해 줄 것을 요청하였다.[6]

표 1 인천항에 입항한 전재동포 규모

입항일	출항·출발지	귀환자 수
1945. 11. 5	중국 대련항	
1945. 11월 말	중국 천진항(북경, 천진, 당산 등)	3,000여 명
1945. 12. 28	일본	3,000여 명
1946. 1. 9	일본	3,000여 명(귀환선 3척)
1946. 1. 21	일본(미야기 현 등)	1,600여 명
1946. 2. 1	중국 청도	2,000여 명
1946. 2. 16	중국 천진(북경)	2,011명
1946. 4. 16	중국 청도	1,600여 명
1946. 4. 25	중국 천진	1,471명
1946. 4. 28	중국 천진	1,476명
1946. 4. 29	중국 천진	1,651명
1946. 5. 6	중국 천진	3,378명
1946. 5. 6	중국 천진	1,294명
1946. 5. 29	중국 천진(천진, 북경)	1,300여 명
1946. 6. 19	중국 상해	791명
1946. 12. 27	중국 천진	2,162명

※ 출전 : 『대중일보』(1945.10~1946.12)

    1945년 9월부터 이듬해 12월 말까지 인천항으로 입항한 전재동포는 신문에 보도된 것만 총 6만 5,779명에 달하였다. 이들을 출발지역별로 살펴보면 중국 4만 4,772명, 일본 1만 6,007명, 남양군도 5,700명으로 중국, 특히 화북지역이 단연 압도적으로 많았다. 이 기간 중 인천항에 입항한 대규모 전재동포 수송선의 현황을 『대중일보』 보도를 통해 살펴보면 다음과 같다.

귀환 전재동포에 대한 구호

미군정 구호대책의 실태   인천항에 입항한 전재동포들은 바로 상륙할 수 없었다. 이들은 수송선 안에서 짧게는 3~4일, 길게는 9~10일이 걸리는 검역(방역)을 받고 상륙하였다. 검역 절차를 마치고 육지를 밟으면 미군정청 후생과와 인천시 사회과에서 전재동포들을 인계하였다. 인계된 전재동포들은 다시 조선인민원호회 인천지부 등 민간 구호단체 회원들의 안내로 별도의 수용시설에서 2~3일간 지낸 뒤 열차 편으로 각자의 고향에 보내졌다. 이처럼 귀환하는 전재동포들에 대한 미군정·시 당국의 임무는 입항과 검역, 일시적 수용과 고향으로의 귀향이라는 과정을 기계적으로 반복하는 것이었다.

당시 인천에는 유곽이 밀집되어 있던 부도정敷島町(선학동)에 화릉花菱, 상점商店, 화옥花屋, 금강장金剛莊, 어조련漁組聯, 국옥菊屋 등 6개소의 전재동포 수용소가 있었는데,[7] 모두 일본인 경영의 유곽과 여관 등을 개조한 것이었다. 수용소 안에는 숙소와 식당·부엌·화장실과 목욕실 등이 갖추어져 있었지만, 비좁은 데다 위생상태도 매우 열악하였다. 이는 1945년 11월 28일 경기도 사회과에서 부도정의 전재동포 수용소를 시찰한 뒤, 수용소의 관리를 맡은 민간 구호단체 회원들에게 "음식을 요리하는 부엌과 목욕실 등을 좀 더 깨끗하게 하도록 주의시키는 것이 좋겠다"는 주문을 했다고 하는 것으로 보아도 알 수 있다.

더 큰 문제는 수용소를 나와도 마땅히 갈 곳이 없는 전재동포들이었다. 시에서는 수용소를 나와 시내를 떠도는 전재동포들에게 친족 등 연고가 전혀 없는 사람이 아무런 계획도 없이 인천지역에 머물러 있는 것은 자신을 위해서도 불행한 일이니 하루바삐 고향으로 돌아갈 것을 설득하고 때로 이를 강박하기도 하였다. 그러나 취업 등 근본적 해결책이 나오지 않는 이상 소용이 없었다.[8] 인천으로 들어온 대부분의 중국 화북지역 전재동포들은 현지에서 재산을 빼앗긴 채 거의 빈털터리인 데다[9] 고향에 농사 지을 토지마저 없었기 때문에 인천 시내를 배회하며 도시의 빈민층을 형성, 적지 않은 사회문제를 야기하였다.

겨울철이 다가오면서 주택 부족은 심각한 문제로 떠올랐다. 시 당국에서는 거리에서 방황하는 전재동포들을 수용할 숙소를 마련하기 위해 인천에서 일본인들의 철수를 주관하고 있던 일본인세화회日本人世和會의 간부들을 불러 일본인 소유의 빈 가옥들을 조선인 전재민들을 위해 비워 주도록 요구하기도 했다.[10] 1945년 11월에는 시내에 있는 일본인 경영의 여관 네 곳을 개방하여 전재동포를 수용하였다. 급증하는 주택수요에 충당하기 위해 적당한 시기에 약 3,000호에 달하는 일본인 주택을 접수하여 전재동포들을 대상으로 저렴한 가격에 임대한다는 것이 전재동포 주택문제에 대한 인천 미군정의 구상이었다.[11]

그러나 부작용도 적지 않았다. 귀환 전재동포를 비롯한 주택 수요자들에게 본래의 일본인 소유의 주택을 알선해 준다는 방침이 발표되자 '모리배'들이 미리 일본인에게 돈을 주고 여러 채의 주택을 차지하였는데, 그 수효가 1,000여 호에 달했던 것이다. 그런 와중에 주택이 절실한 전재동포들은 배제되었다. 심지어 시 적산관리국장의 배려로 전재동포가 거주하던 일본인 기업의 사택이 습격을 당하는 사태까지 벌어졌다.

인천의 주택난은 귀환 전재동포의 급증뿐만 아니라 태평양전쟁 말기 미군기의 공습을 피하기 위해 소개疏開했던 주택의 원소유자들이 돌아오면서 더욱 심각해졌다. 1944년 여름 이후 미군기의 대규모 공습이 조선에까지 감행되자 조선총독부는 서울·인천·부산·평양 등지에 총 27개 노선의 소개공지대疏開空地帶를 지정하였다. 이 가운데 인천은 1945년 4월 19일 ①북부공장방공선지대(만석동·송현동, 100×2,300m), ②경인선연선지대(만석동·숭의동, 30×2,500m), ③인현사동선지대(인현동·사동, 50×7,500m) 등 3개의 소개공지대가 지정되어 이 구역 안의 주택이 모두 철거되고 주민들은 1945년 4월 말 이전에 강제 퇴거당했다.[12] 이 때문에 해방 직후 인천에 남아 있던 5,000여 호의 일본인 주택도 크게 부족한 형편이었다.[13]

군정 당국은 새로운 주택의 건설 등 전재동포들의 주거문제를 해결할 근본적인 대책을 갖고 있지 못했다. 인천에 거주하던 일본인들이 본국으로 돌아가면 거기에서 거주하게 한다는 것이 고작이었는데, 그마저도 적산관리법에 묶여 제대로 시행되지 못했다. 전재동포 주택난을 해결하기 위해 남는 방을 가진 시민과 동거하도록 알선한다[14]는 등의 비현실적인 땜질식 처방에 급급했다.

수용소를 나왔으나 일자리가 없어 거리에서 구걸로 연명하는 전재동포들이 급증하면서 이들의 취업 대책마련도 시급해졌다. 그렇지만 군정청과 시 당국은 이에 대해서도 근본적인 대책을 내놓지 못했다. 직업 알선에 노력하고 있다는 다짐뿐, 전재동포 가운데 100여 세대를 귀농시켜 고농雇農으로 만든 것이 고작이었다.

인천에 상륙하는 전재민은 그때마다 자기네들의 고향으로 돌려보내는 고로 원 인천 거주자이던 전재민만이 인천에 남게 되는 터인데, 그네들의 취업 알선은 대단히 곤란한 것으로 당시 시립 직업소개소에서 기능별로 카드를 작성하여 직업알선에 노력하고 있으며, 그중에는 귀농 희망자도 적지 않으므로 농업에 적당한 사람으로 관내 142세대를 선출하여 부평 36세대, 문학 24세대, 서곳 42세대, 남동 40세대, 부천군 영흥면 12세대를 입식시키기로 타협이 되었으므로 불일에도 출발시킬 것이며 앞으로도 계속하여 귀농 알선을 할 계획이다.[15]

이러한 주먹구구식 대응은 기본적으로 해외에서 귀환하는 전재동포들에 대한 미군정의 민족 차별적인 인식과도 무관하지 않다. 인천 미군정 내에 해외 한인 전재민의 귀환을 담당하는 부서인 후생계는 일본인과 중국인의 본국 송환 업무까지 담당하였다. 해방 직후 본국으로 철수하는 일본인들의 귀환업무를 돕기 위해 인천 일본인상조회를 조직한 고타니 마스지로小谷益次郎의 회고는 미군이 '적국'인 일본인들을 얼마나 '우대'했으며, 일본으로부터 '해방된' 한인들을 어떻게 인식했는지를 짐작하게 한다.

일본인들에게 친절하고 일본인들이 감사할 정도로 도와준 프라친스키 중위(대위로 승진)의 사연을 쓰려고 한다. 중위는 일본인뿐만 아니라 일본에서 귀환한 조선인이나 중국인계도 맡고 있었다. 처음부터 그는 일본인 편에서 마지막까지 우리를 특별히 배려해 준 잊을 수 없는 고마운 사람이었다. …… 대위는 조선인이나 중국인을 다루는 태도와 일본인을 대하는 태도가 완전히 달랐다.[16]

귀환 이후 야기된 전재동포 문제의 심각성을 제대로 파악하지 못했다는 점에서는 시 당국의 한국인 관리들도 다르지 않았다. 1946년 12월 26일 인천시청에서 열린 정례 기자단 회견에서 겨울철 전재동포의 식량 및 주택 문제를 우려하는 질문에 시 당국자는 "다수의 전재동포가 품팔이를 하는 데다 배급을 받고 있으며, 주택도 전혀 부족하지 않다"고 하여 빈축을 샀다. 같은 시기에 거리의 노숙자가 80여 세대이고 직업을 필요로 하는 전재동포가 1,000세대가 넘으며, 집이 없어 그대로 두면 굶어죽을 전재동포가 600명에 이른다고 한 민간단체의 실태 조사와는 전연 딴판이었다.[17]

게다가 담당 공무원의 부정은 이러한 산발적인 노력마저 물거품으로 만들었다. 시 당국은 전재동포들이 인천항에 입항하기 시작한 1945년 9월부터 시 유지와 시민들을 대상으로 의연금을 거두어 1년이 채 되지 않아 11만 3,000여 원의 큰돈을 모금했다. 그런데 의연금 모금을 주관한 사회과 과장 김종순金鍾淳이 전재동포들을 위해 들어온 구제금품을 몰래 팔아먹는 수법으로 1년 간 모금한 금액의 3배에 달하는 거금을 착복한 것이다.[18] 이 일로 시 당국의 귀환 전재동포 행정에 대한 신뢰는 바닥으로 떨어졌고, 때문에 이역만리 타국에서 전쟁의 어둡고 긴 터널을 벗어나 부푼 꿈을 안고 고국으로 돌아온 전재동포들의 삶은 자신들의 희망과는 정반대로 고단할 수밖에 없었다.

다음의 다소 긴 노래는 해방 직후 인천으로 귀환한 전재동포의 뼈아픈 현실과 그들의 간절한 바람을 묘사한 것이다.

조국이 해방되었다는 환희의 소식을 가슴에 안고 산 넘고 바다건너 국경 넘어서
내 고향 그리운 고향에 찾아왔건만 - 집 없고 벌이 없는 전재민 신세
오늘도 부두에 쪼그리고 앉아 기한飢寒과 번민에 하루 해 지네

삼천리 강산이 내 나라이고 삼천만 민족이 내 동포이거니
고국의 산천을 밟기만 하면 내 살집 내 할일 응당 있겠지
그리워 밤잠 못 자며 찾아왔건만- 찾아왔건만-
기한과 노숙露宿에 처자는 병든 채 찬서리 맞아가며 밤 맞이하네.

낙엽 실은 찬바람이 황혼을 몰아내고 첫 겨울 싸늘한 밤이 흑막을 펼치면
파도 위에 갈매기도 하나 둘 날아가고 월미도 산 너머로 초승달 지는데
담요 한 폭에 세 몸을 싼 채 하늘의 별만을 쳐다보면서
공상과 비애로 밤을 새우네
오! 거룩한 조국의 신령이시여! 오! 위대한 이 나라의 지도자여!
나도 조선의 아들이요 내 처도 조선의 딸이요 내 자식도 조선의 손자이거늘
집 없고 먹이 없어 걸인 되라고 그 누가 운명을 내리었나이까?
그 누가 이렇게 만들었나이까

내 지금 두 주먹 불끈 쥐고 결심하였나이다. 나라를 위하여 대장부의 생명을 바치려고
이를 악물고 결심하였나이다. 어서 불러주소서, 나를 불러주소서.
수많은 전재민과 함께 조국의 일터로, 독립전취의 역군으로 어서 불러주소서.[19]

민간단체의 구호활동　　전재동포의 귀환이 급증함에 따라 인천에서도 징용자후원회, 재외동포구제회, 조선국민후생대,

조선구휼총본부, 조선인민원호회 등 전재동포의 구호를 담당하는 민간단체들이 지부를 결성하였다. 1945년 8월 17일 서울에서 결성된 조선건국준비위원회는 전재동포 구제기구로 후생부를 설치하였는데, '조선인민공화국'의 출범으로 건국준비위원회의 활동이 정지되면서 후생부의 업무가 조선인민원호회로 인계되었다. 이념적으로 재외동포구제회가 우익 성향이라면 조선인민원호회는 좌익적 성향을 띠었다.[20] 이들 가운데 인천에서 전재동포 구호활동을 주도한 민간단체는 조선인민원호회였다.

인천지역의 유지들이 1945년 9월 창립한 조선인민원호회 인천지부에서는 지부장 김기선(뒤에 장완순), 부지부장 정우○, 총무부장 서병훈, 사업부장 차태열, 선전부장 최경득 등이 임원으로 활동했다.[21] 조선인민원호회 인천지부는 전재동포들에 대한 구호를 위해 지역 유지와 시민들을 대상으로 의연금 모금운동을 전개했는데 1945년 말까지 『대중일보』에 보도된 의연금 모금의 대표적 사례를 보면 다음과 같다.

1945. 10. 18 : 전재동포 구제의연금, 조선인민원호회 인천지부 취급분 다수
1945. 11. 9 : 동포는 우리 손으로, 전재동포 구제한 강의순 씨 미거美擧
1945. 11. 10 : 인민원호회 인천지부에 이재민이 자진 의연
1945. 11. 20 : 인천인민원호회에 이재罹災 수녀가 의연
1945. 12. 7 : 전재동포 원호하자, 감격의 눈물로 조성현趙聖鉉 씨 의연

이러한 활동으로 조선인민원호회 인천지부는 전국적으로 가장 우수한 민간 전재동포 구호단체라는 평가를 받았다. 1945년 11월 28일 경기도 사회과는 군정관 2인을 인민원호회 인천지부에 보내 시의 위탁을 받아 인민

원호회가 관리하는 부도정의 전재민수용소를 시찰하고 전재동포에 대한 구호실태를 조사했다. 이 자리에서 군정관은 "귀지 인천의 원호사업 실적은 전 조선에서 수집한 보고서를 보아서 제일 으뜸인 고로 특별히 시찰을 온 것인데, 과연 여러분의 노력에 대하여는 진심으로 감사하고 찬양하여 마지 않는 바이다"라고 하면서 칭찬을 아끼지 않았다. 그러면서도 "음식을 요리하는 부엌과 목욕실 등을 좀 더 깨끗하도록 주의시키는 것이 좋겠다"고 하여 전재민 수용소의 위생상태에 대한 우려를 나타냈다.

1945년 11월 말까지 인민원호회 인천지부가 수행한 전재동포 구호 인원을 지역별로 살펴보면, 중국·만주·몽골에서 4,358명, 일본(본토)·사할린·홋카이도北海道·대만에서 462명, 조선 국내에서 297명 등 5,117명에 달했다. 그리고 이들은 각기 부도정의 화륭(67명), 상점(223명), 화옥(236명), 금강장(461명), 어조련(1,489명), 국옥(2,541명) 수용소에 분산 수용되었다.

그러나 이들 5,000여 명 가운데 치료를 받은 환자가 18명이고, 직업과 주택의 알선은 각각 12명과 97명에 불과했다.[22] 귀환 전재동포의 일시적 수용과 급식 등 응급처치 차원의 구호 외에 주택마련과 직업알선 등 인천에 잔류하는 전재동포들에 대한 근본적인 생활대책을 마련하는 것은 민간단체의 역량으로는 불가능한 일일 뿐만 아니라 그들의 활동 영역을 벗어나는 것이었다.

1946년 봄 인천항에 입항할 전재동포의 수가 75만 명에 이를 것으로 예상되면서 인민원호회 인천지부는 더욱 바빠졌다. 지부장 장완순은 인천 미군정 담당 과장과 함께 대중일보사를 방문, "아직도 원호사업이 무엇인지를 알지 못하는 시민이 있는 것은 유감천만이며 1946년 3월 12일부터 인민원호회 인천지부 구제금 모집주간을 정해 원호회 회원들이 출동하여 시내 각

층 각계를 방문할 것이니 시민들이 협조하게 해 달라"고 당부했다.

사실 조선인민원호회 인천지부가 중국 화북, 일본 등지로부터 귀환한 전재동포를 구제한 인원은 3만 2,000명에 이르고 이미 지출한 구제금도 22만 원이라는 거액이었다. 모금된 돈은 인천으로 귀환한 전재동포들을 위한 식사 제공과 숙소 마련, 병에 걸린 동포의 치료비와 사망자의 장례비, 인천에 잔류한 전재동포들이 취직할 때까지의 생활비 등으로 충당되었다. 게다가 귀향자 여비로 개인당 1,000원씩을 지급했기 때문에 지출이 크게 늘었다. 더욱이 이후 인천에 상륙할 전재동포는 일본으로부터 65만 명, 중국으로부터 10만 명으로 총 75만 명으로 예상되어 비용 부담도 천문학적으로 증가할 수밖에 없었다.[23]

이는 평범한 시민들이 소액의 의연금으로 전재동포 구호대열에 참여하고 있는 것과 달리 지주나 자본가 등 지역사회의 유지들이 전재동포 구호사업에 별반 협조하지 않고 있음을 염두에 둔 호소였다. 인민원호회 인천지부장과 함께 신문사를 방문한 미군 사회과장 프란치스키 대령도 "내가 수일 전 인천시내 부호 모 씨를 심방하고 해외로부터 돌아오는 조선인을 위하여 희생적으로 활동하는 인민원호회의 사업자금을 기부할 것을 요청하였으나, 그 부호는 인민원호회가 무엇인지 그 존재조차 모르고 있었다. 이러한 훌륭한 국가적 사회사업기관을 조선사람이 모르고 있는 점에 크게 놀랐다"며 유지들의 무관심에 실망감을 나타냈다.

지역에서 자타가 인정하는 재산가와 유지들이 전재동포 문제에 대해 무관심한 것은 사실이었다. 실제로 이들 중에는 식민지하에서 일제가 경찰서와 파출소 등을 짓거나 서장관사 등을 건축하는 데 수천 원, 수만 원을 아끼지 않고 자진하여 기부하던 자도 있었다. 그러나 전재동포 원호 구제금을 내 달라는 인민원호회 인천지부의 요청에는 "이마를 찌푸리고 간신히 몇십 원쯤 주거나 또는 한 푼도 내지 못하겠다"고 하면서 인민원호회 회원들을 "송충이 떼어 던지듯 쫓아낸다"는 것이 현실이었다.[24]

1946년 11월 말 현재 "중국 본토를 위시로 일본, 남양 등지에서 회항되는 전재동포에게 있어서 유일한 지침이고 기관"인 인민원호회 인천지부가 수행한 전재동포 구호활동의 실적을 보면 다음과 같다.

- 인천 입항 전재민 수 : 6만 3,617명
- 내역

일본 귀환동포 수 : 1만 6,007명, 중국 : 4만 2,610명, 남양지방 : 5,700명

주택알선 건수 : 184세대

수용 연 총인원수 : 5만 9,826명

급식 : 31만 34,833명

병자 치료건수 : 604명(9,195원)

사망자 장의비 : 56명(9,140원)

직업알선 : 104명

의류 급여 : 1,687점

두부 배급 : 4,279개

백미 급여 : 44석 9승(되)

예방주사 : 4만 2,001명[25]

지역의 재산가 및 유지들로부터의 모금이 저조하자 인천에 일시 잔류한 일본인들에게 반강제적으로 기부금을 거두어 귀환 전재동포에 대한 구호활

동을 추진한 사례도 있다. 1945년 10월 초 '징용자후원회'는 일본인들의 본국 송환을 돕고 인천에 잔류한 일본인들을 보호하기 위해 조직된 인천일본인상조회에 대해 "일본은 징용자들을 구제할 책임이 있으므로 인천에 사는 일본인들도 책임을 일부 분담하기 바란다"고 하며 한국인 징용자 구제를 명목으로 기부금을 요구하였다.[26]

1944년 징용령 발효와 더불어 인천에서 징용에 끌려간 조선인은 약 3,000명이었는데, 이듬해 9월부터 일본과 조선 각지에 송출된 조선인 징용노동자들이 인천으로 돌아오기 시작했다.

인천 일본인상조회 측은 울며 겨자 먹기로 100만 원의 기부금을 제공하기로 하고 자체적으로 모금을 시작했다가, 10월 23일 인천 미군정으로부터 "징용자의 구제는 미군정이 실행할 것이니 상조회는 모금을 중지하라"는 지시를 받고 이를 중단하였다.

인민원호회 인천지부는 시민들에 의해 조직되어 시민과 사회 유지들을 대상으로 의연금을 모집하고 자발적으로 전재동포들에 대한 구호활동을 전개했다는 점에서 기본적으로는 민간 구호단체였다. 그러나 활동의 내용을 보면 미군정의 예산으로 미군정과 시 당국의 업무를 위탁받아 대신했다는 측면에서 반관半官의 성격을 띠었다고 볼 수 있다.

귀환 전재동포 단체의 등장과 활동

미군정과 시 당국, 민간단체의 구호활동에 대한 귀환 전재동포들의 불만은 결국 자신들의 권리에 따른 이익을 보호하기 위해 단체를 결성하기에 이르렀다. 1946년 9월 3일 서울에서는 '전재동포총동맹'이 결성되었다. 이들은 그동안 각 구호단체들의 활동에 실망하여 13개 전재민 단체가 합동하여 회원을 전부 전재민만으로 구성하고 전재민들의 실태를 조사하며 취업 알선 등의 '생산운동'에 적극 나서기로 했다.[27]

인천에서도 주택문제가 심각해지면서 귀환 전재동포만으로 구성된 단체가 태동하기 시작했다. 시내의 일본인 주택들을 비우기도 전에 일부 모리배들이 문패를 붙여놓고 집을 점령함으로써 구호를 받아야 할 전재동포들은 들어갈 곳이 없었다. 이에 대해 시 당국은 사회과 주관으로 실태조사에 착수하였다. 그러나 다수의 전재동포가 개인적으로 시청에 들이닥쳐 민원을 제기하는 바람에 해결은 더욱 지연되고 겨울이 다가오는 상황에서 불안감만 가중될 뿐이었다. 이에 인천의 귀환 전재동포들은 "우리 일은 우리가 해결하자!"는 취지 아래 자치단체를 조직하기로 결의했다.[28]

마침내 1945년 12월 10일 산근정山根町 2번지 우로코에서 인천전재민동맹 결성식이 거행되었다. 행사는 200여 명의 전재동포가 모인 가운데 개회사와 경과보고, 취지문 낭독, 회원 소감발표, 토의 결행위원 선거, 내빈축사 등의 순으로 진행되었다. 참석자들 가운데에는 옷가지라도 팔아서 전재민동맹에 바치겠다는 사람도 있었다. 이 자리에 참석한 귀환 전재동포들은 한 목소리로 다음과 같이 주장했다.

> 지금까지 인민원호회에서 우리를 애써서 구원하였는데도 불구하고 구호 받는 사람들이 너무 많고 무질서하여 우리 스스로 정연한 질서를 만들어, 보호해 주는 단체의 번잡하던 수고를 덜어주도록 하자는 데 근본 목적이 있다. 지금까지 '떼를 쓰던' 태도를 버리고 원조를 받는 자로서의 정당한 질서를 세우

는 데도 목적이 있다.[29]

여기서 귀환 전재동포들이 인천전재민동맹을 결성하면서 인민원호회 인천지부를 지목하여 그들의 수고를 덜어 주어야 한다고 한 대목은 앞으로 전재민동맹이 일정 부분 인민원호회가 한 역할을 대신할 것임을 암시하는 것이다. 인천전재민동맹이 출범한 이후 인민원호회 인천지부의 활동이 인천항에 입항하는 대규모 전재동포의 수용과 고향으로의 송환에 치중되는 것도 이러한 사정과 무관하지 않을 것이다. 따라서 잔류 전재동포의 구호는 인천전재민동맹에 의한 당사자 스스로의 임무가 될 것이었다.

귀환 전재동포들의 자활능력을 기르기 위해 인천전재민동맹은 군정당국과 교섭하여 회사, 병원, 해륙운반업, 토목건축업, 정미업, 농림업, 양조업, 인쇄업, 흥행업, 음식업 등의 분야에 진출하기로 했다. 인천전재민동맹의 대표를 앞에서 본 대로 중국 화북지역에서 3,000명의 전재동포들을 이끌고 귀환한 사업가 최철이 맡고,[30] 인천시장 임홍재를 비롯하여 박한춘朴漢春과 김도인金道仁 등 지역의 유지들을 동맹의 고문으로 앉힌 것도 이러한 사업을 위한 포석이었다. 인천전재민동맹의 강령에 해당하는 「회칙요령」을 보면 다음과 같다.

① 본 회를 인천전재민동맹이라 칭함
② 본부는 시내 산수정山手町 2번지에 치置함
③ 사회에 정론을 수립하고 질서 있는 구호를 받으며 자력갱생과 상호부조를 목표로 건전한 사업을 기획 실천함
④ 본 회는 해외 전재민과 응징사應徵士의 증명이 있는 자로 조직함

⑤ 회원 각자의 직능을 발휘하여 생활방침을 수립함
⑥ 사업종사자는 전재민에 한하고 수입금으로 각자의 생활안정을 수립함
⑦ 본 회원으로 사리사욕자 또는 본 회의 위신을 손상하는 행위를 감행하는 자는 제명함[31]

인천전재민동맹이 처음 결성되었을 때만 해도 지역사회에서 일반의 관심이 높았으나 미군정과 시 당국에서는 이에 대해 의혹의 눈길로 본 듯하다. 이와 관련하여 전재민동맹은 "그간 관계방면과 접촉이 원활하지 못하여 피차의 오해가 없지 않았으나 결국 구원을 받고자 하는 전재민이 합리적인 구호방책을 인민원호회와 시청 사회과에 건의하자는 것 이외에 다른 목적이 없다는 것을 표명하고 피차의 연결을 강화하기로 절충이 진척되었다"고 하면서 악덕 모리배들에 의해 불법적으로 점령된 일본인 주택을 탈환할 것을 당국에 건의하기도 했다.[32]

인천전재민동맹은 회원들의 주택알선과 아울러 시 당국의 협조를 받아 인민원호회 등에서 수행하던 양곡을 직접 배급하기도 했다. 당시 전재동포 1인에 대한 양곡 배급량은 '1일 2홉의 쌀과 2작의 콩'이었다. 후생에도 관심을 기울여 관동官洞의 원 삼목원三木園 자리에 병원을 설치하여 전재동포 회원들은 물론 이를 시민에게도 개방하였다.[33]

그러나 귀환 전재동포들에 대한 구호가 활발해지고 지역사회의 관심이 높아지면서 내부 사정을 아는 자들이 이를 악용하는 사례도 나타났다. 전재민동맹의 명의를 참칭하여 식당에서 요리를 외상으로 먹는다든지, 전재동포를 위한다는 명목으로 금품을 사취하는 등의 행위가 그것이다. 이런 부조리를 막기 위해 전재민동맹은 동 소의 임원이나 사용 인물은 반드시 자신이

인천전재민동맹의 임원임을 명기한 신분증명서를 만들어 휴대하게 했다.[34]

인천전재민동맹은 사회·민족적 이슈에 대해서도 관심을 기울였다. 1946년 1월 말 전재戰災로 희생된 고혼孤魂의 명복을 비는 위령제를 추진하는 한편, 3월 31일부터 4월 4일까지 인천시와 『대중일보』 후원으로 3·1운동 전람회도 개최했다. 시내 송학동 무덕전武德殿에서 개막된 전람회에는 관내 초·중등학교 학생과 시민 등 5만여 명이 관람하는 성황을 이루었는데, 이는 당시 인천 인구의 5분의 1에 해당하는 큰 규모였다. 이 자리에서는 전람회뿐만 아니라 전재동포 구호를 위한 의연금 모금도 병행되어 9,000원이 모금되었다.[35]

1946년 12월 14일 현재 인천전재민동맹이 파악한 인천 잔류 전재동포는 3만 명에 육박했다. 이 가운데 전재민동맹에 가입한 사람은 절반인 1만 5,000여 명으로 적지 않은 숫자이지만, 나머지 1만 5,000여 명은 인천전재민동맹의 존재 자체도 모르고 있어서 이들을 가입시키는 일이 시급했다. 전재민동맹은 회원들의 자활을 돕기 위해 미군정 및 인천시 당국과 주택, 연료, 피복, 식량 등 전반적인 문제를 여러 차례 협의·교섭하였다. 그러나 예산 부족 등으로 그 효과는 기대에 미치지 못했다.

전재민동맹의 조사에 따르면 당장에 생계가 막막한 인천시내의 요 구호자 수는 1,000여 세대에 달했다. 이 가운데 제1호 요 구호자가 500여 세대, 제2호 요 구호자가 300여 세대, 제3호 요 구호자가 200여 세대로, 이들은 당장 겨울철에 주택이 없이 거리를 배회하는 사람들이었다. 이들에게 전재민동맹은 결성 이후 1년 동안 주택알선 약 400세대, 실업자 취직알선 746명 등의 구호실적을 올렸다.

또한 전재민동맹의 적극적인 건의로 적산관리처·시청·경찰서 등 시내 4

기관은 적산 부정점령 공방 등을 조사키 위한 위원회를 조직해 30호의 가옥을 적발하고, 200개가 넘는 공방을 색출하였다. 전재민동맹의 강력한 요구로 시 당국은 이들 가옥과 공방을 전재동포들에게 제공하기로 했다.

전재민동맹에 있어서도 가장 중요한 문제는 겨울철 주택의 확보였다. 1946년 12월께 인천시내에는 아사 직전의 상태에 직면한 전재동포의 수가 600명이 넘었으며, 이들을 방치할 경우 그대로 동사할 것은 자명했다. 이에 인천전재민동맹은 군정과 시 당국에 적극적인 대책마련을 촉구하면서, 대안으로 비어 있거나 당장에 긴급하지 않은 큰 건물들을 겨울 동안만이라도 집 없는 전재동포들을 위해 개방할 것을 요구하기도 했다.[36]

인천전재민동맹의 출현은 요 구호자 당사자들이 주체가 되어 조직을 조성했다는 점에서 큰 의의가 있다. 그러나 군정당국의 묵계와 지원으로 조직되고, 이 단체를 주도한 인사들의 면면을 볼 때 개별 회원들의 계급적 요구를 제대로 담아낼 수 있었는지는 의문이다.

해방 직후 인천의 전재동포 귀환과 이들에 대한 민간단체의 구호활동, 전재동포 단체의 출현과 활동 등을 살펴보았다. 이를 요약하면 다음과 같다.

해방 후 인천항으로 들어오는 전재동포의 규모가 총 75만 명으로 추산되는 가운데 1945년 9월부터 이듬해 12월까지 인천항에 입항한 전재동포는 총 6만 6,000여 명에 달했다. 이들이 출발한 지역은 중국 4만 4,772명, 일본 1만 6,007명, 남양군도 5,700여 명으로 중국, 특히 북경을 비롯한 화북 지역이 압도적으로 많았다.

귀환 전재동포들에 대한 미군정과 인천시 당국의 임무는 입항과 검역, 일시적 수용과 고향으로의 송환이라는 과정을 반복하는 것이었다. 이를 위해 시 당국은 부도정의 옛 일본인 경영 유곽을 개조하여 전재민수용소 6개소를 설치·운영하였다. 한편 잔류 전재동포들이 증가하면서 시 당국은 이들에 대한 주택과 일자리 마련 등에 골몰하였다. 그러나 군정당국의 차별적 사고에 따른 주먹구구식 대응, 지역 유지층의 무관심으로 인해 소기의 성과를 거두기는 어려웠다.

이 때문에 군정당국이 해야 할 귀환 전재동포 구호의 많은 부분은 민간 구호단체에 맡겨졌다. 조선인민원호회 인천지부는 전재민수용소 관리를 위탁받아 수용 전재동포들의 숙식 관리를 전담하는 한편, 시민과 지역 유지층을 대상으로 구제의연금을 모금하였다. 인민원호회는 시민과 지역유지들에 의해 조직되었다는 점에서 민간 구호단체였으나 군정의 예산으로 당국의 업무를 대행했다는 점에서 반+관변적인 성격을 띠었다. 이들은 좌익계로 분류되었지만 그러한 이념적 성향이 귀환 전재동포들에 대한 구호활동을 수행하는 과정에서 드러나지는 않았다.

잔류 전재동포들이 증가하면서 인천에서도 전재민동맹이 출현하였다. 조직결성의 표면적인 이유는 전재동포 내부의 질서를 세워 시 당국과 인민원호회를 돕겠다는 것이었다. 그러나 회원들에게 주택을 알선하고 양곡을 배급하며 병원까지 운영하는 등 활동의 규모로 미루어 결성과정에 당국의 묵계와 적지 않은 지원이 있었을 것으로 판단된다. 전재민동맹의 등장은 요구호 당사자 조직의 출현이라는 점에서 의의가 있다.

미군정과 민간 구호단체, 귀환 전재동포 단체 등 3자는 대립과 견제보다는 역할분담에 의한 상호 보완관계의 성격을 띤 것으로 보인다. 그러나 이러한 구호의 역할분담 과정이 체계적인 계획에 의한 것이라기보다 점차 요구호 전재동포 당사자들에게 전가되는 과정을 밟는 등 한계를 드러냈다.

[부록] 귀환동포 관련 대중일보 기사 목록 (1945.10~1946.12)

1945. 10. 7(창간호) : 전재동포 구출, 제2선단 10여 척 출범
1945. 10. 7 : 구제음악회
1945. 10. 9 : 전재동포 구제, 인천단체 활동
1945. 10. 11 : 전재자구제, 인원人援지부 맹활동
1945. 10. 16 : 전재동포들을 일인가옥에 수용, 시 당국이 일인 측에 명령
1945. 10. 18 : 전재동포 구제의연금, 조선인민원호회 인천지부 취급분
1945. 10. 19 : 포와布蛙(하와이)에 조선인포로 4,000명이 귀국 대기, 조선 출신 미국군 박군조 담
1945. 10. 21 : 시모노세키下關에 1만여 명, 풍찬노숙의 전재동포
1945. 10. 22 : 전재민 원호, 16개 단체가 합체
1945. 10. 24 : 군함 2척 제공, 전재민 동포 위한 미군 후의
1945. 10. 27 : 전재자 동정금, 공안서에서 본사로
1945. 10. 31 : 동포애의 발로
1945. 11. 3 : 인천시의 주택정책
1945. 11. 3 : 전재동포를 구하자, 일반의 적극 협력이 필요
1945. 11. 6 : 동포애의 발로, 귀환 두 청년이 전재구제금 의연
1945. 11. 8 : 전재동포 구제 의연금 답지
1945. 11. 9 : 동포는 우리 손으로, 전재동포 구제한 강의순 씨 미거美擧
1945. 11. 10 : 인민원호회 인천지부에 이재민이 자진 의연, 이론은 필요없다! 아름다운 이 사실
1945. 11. 10 : 귀환병 좌담회, 11일 동방극장에서
1945. 11. 10 : 귀국동포 21만 명, 퇴축 일인 27만 5,000명

1945. 11. 11 : 각 도에 후생과 설치

1945. 11. 11 : 압수한 일인물건, 전재동포 구제에

1945. 11. 11 : 전재동포 의연금, 소년군이 가두모집

1945. 11. 11 : 귀환동포를 황파荒波에 버린 천인공노할 악덕 선주

1945. 11. 12 : 본사 마크 현상금을 전재민 원호에 의연, 대화정 김수관 씨 미거

1945. 11. 14 : 갈 곳 없는 전재민에게 주택을 우선 분급하라, 모리 식매하는 간상 엄벌 요망

1945. 11. 14 : 귀환장병회 래來 일요 인천서 결성

1945. 11. 15 : 일인가옥을 우선적으로 소개자疏開者와 전재민에, 모리배 악덕 중개인의 출몰 엄계

1945. 11. 15 : 인천음악동호회, 원호사업에 협력

1945. 11. 16 : 전재동포 구하자, 인천 소년군들 가두에서 맹활약

1945. 11. 17 : 단결하라 3,000만 동포! 묵묵 실천·직장을 사수, 건국에 무언전사 되자! 분쇄하라 반역자와 모리배의 행위

1945. 11. 19 : 모리배들의 책동으로 주택알선 혼돈상태, 3,000명의 전재민 위해 자치단체 발기

1945. 11. 19 : 구휼동맹 인천지부 설치

1945. 11. 20 : 인천인민원호회에 이재 수녀가 의연

1945. 11. 20 : 이런 분자를 빨리 없애자

1945. 11. 21 : 전재원호단체 통일

1945. 11. 26 : 기근에 떠는 전재동포! 원호사업에 진력하자, 일정하 누만축재累萬蓄財 무엇에 쓰려는가?

1945. 12. 1 : 원호인원 5,000여 명 돌파, 전국의 모범적 활동, 도 사회과에서 내인來仁 시찰하고 찬양

1945. 12. 4 : 시급구제의 필요절박한 화북재류 10만 동포, 치안은 평온하나 의식주 결핍 곤란, 최철崔鐵 씨 귀환보고담

1945. 12. 6 : 화중華中동포 구제 협의

1945. 12. 6 : 귀환동포 50만 명

1945. 12. 6 : 미군 상륙용선上陸用船으로 동포 3,000명 귀국

1945. 12. 7 : 전재동포 원호하자, 감격의 눈물로 조성현趙聖鉉 씨 의연

1945. 12. 8 : 원호단체 중앙위원회 인천지부 결성

1945. 12. 10 : 왜인 가옥 3,000호 중에 불법 점유 1,000호 이상, 아직도 잔류한 자가 500 이상이다

1945. 12. 10 : 전재동포들이 금일 일당一堂의 집합 단결

1945. 12. 12 : 재화在華동포 구제에 상해上海동우회를 조직

1945. 12. 12 : 전재민의 가련한 이 실정을 보라

1945. 12. 13 : 전재민동맹을 결성하고 원호 받을 질서를 수립

1945. 12. 13 : 원호협의회 부서 진용 결정

1945. 12. 16 : 인천원호회의 장거, 가난한 전재동포에게 명절 쌀 무료분배

1945. 12. 17 : 유명무실 단체에 경고, 원호기관 15개 단체는 허가

1945. 12. 17 : 해방의 고국에 귀환, 남양 각지에서 포로가 되었던 장정들, 2,500여 명 25일 내 인천 입항

1945. 12. 20 : 전재동포 쌀 배급은 오늘까지 마감한다

1945. 12. 21 : 전재민들이 집을 습격, 가납사택嘉納社宅을 싸고돈 불법 행동

1945. 12. 22 : 전재동포 구제 위해 일오극단一五劇團 연극공연

1945. 12. 22 : 전재동포 역원役員 선정, 질서정연 활동 개시

1945. 12. 23 : 전재민동맹, 가옥 탈환을 건의

1945. 12. 25 : 생활 수품 구매전표로 미곡출하의 원활을 예상, 생필영단生必

營團 인천소장 박의균朴毅均 씨 담

1945. 12. 25 : 전재 고학생 위해 악극 상연

1945. 12. 28 : 전재민들에게 두부 무료 배급

1945. 12. 28 : 구사일생으로 귀환한 동포, 3,000여 명 금조今朝 인천에 상륙, 인민원호회에서 수용 접대에 분망 중

1945. 12. 28 : 대련大連에 전재동포 7,000명, 구제책으로 잡화와 식량과 교환설

1945. 12. 28 : 중국 전재민들 귀국

1945. 12. 29 : 상금 타서 원호비로, 인천서仁川署 우량서원들의 동포애

1945. 12. 31 : 미군 수송선 타고 온 3,000 동포, 동경의 향리로 일로귀환一路歸還, 왜지倭地 동포는 주로 인천에 계적繼績 상륙

1946. 1. 8 : 재일 조선동포, 5일부터 철귀撤歸

1946. 1. 10 : 하와이 수송선, 입항 연기

1946. 1. 10 : 제2차 귀환동포, 3,000명 금일 귀향

1946. 1. 13 : 연두 1주간 귀국한 조선인 1만 400명

1946. 1. 15 : 전재민동맹이 시량柴糧배급에 혈투

1946. 1. 18 : 동포 귀국 84만

1946. 1. 19 : 활약의 전재동맹, 배급 외에 병원도 신설

1946. 1. 19 : 동포 귀국, 85만 누계

1946. 1. 20 : 전재동포에 의복 거출, 내리교회 부인회의 미거美擧

1946. 1. 20 : 전재민에 동정금

1946. 1. 20 : 전재동포 불일 입항, 원호회지부 준비에 분망

1946. 1. 20 : 전재동포 파는 사기한詐欺漢에 주의

1946. 1. 21 : 조선인과 중국인 귀환에 일 정부의 알선 무성의

1946. 1. 22 : 전재자 인천상륙, 일본에서 동포 1,600명

1946. 1. 23 : 재 구주 조선동포, 약 반수는 귀국

1946. 1. 23 : 전재동포에 인술, 시내 공립의원장의 미거

1946. 1. 25 : 인천 일인 거의 철수한다. 군정청 명령으로 내월 초에

1946. 1. 25 : 동포 귀국 87만

1946. 1. 26 : 일본 귀환선 촉뢰觸雷, 4,000여 명 몰사

1946. 1. 26 : 전재민 위령제, 다음달 초순 인천에서

1946. 1. 28 : 일인과 동등 대우는 낭설, 재화북在華北 동포는 무사, 귀환 장병 들의 현지보고

1946. 1. 29 : 전재민 특배 소식

1946. 1. 31 : 귀국동포 90만 명, 25일 누계

1946. 2. 2 : 화북동포 2,000명 귀국, 1일 입항, 익조翌朝 8시 상륙

1946. 2. 5 : '전재동포' 특배

1946. 2. 5 : 인천 일인 거의 철귀撤歸, 잔류자 불과 300명

1946. 2. 7 : 귀환동포

1946. 2. 11 : 500만 전재동포의 수송, 2월 이내로 완료 계량

1946. 2. 14 : 재일동포 귀국 알선, 군정청에서 직원 파견

1946. 2. 15 : 화북 2만 5,000여 동포, 물가고로 생활 곤란, 작일 귀국한 천진 한교민보 기자 담

1946. 2. 18 : 화북 전재동포 2,000명, 금일 오전 9시 인천에 상륙

1946. 2. 19 : 북경北京에서 온 전재동포, 인천부두에 2,000명 상륙

1946. 3. 5 : 해외 귀환동포 자강회自彊會, 상호부조에 적극 활동

1946. 3. 12 : 인천에 상륙할 75만 명의 전재동포 위해 분발하자, 원호사업 몰이해 시민의 각성 요청

1946. 3. 19 : 전재동포를 구하자, 의연금 모집운동 전개
1946. 3. 26 : 재중 전재동포 3만 5,000명, 매주 인천에 3,000명 상륙, 재일 동포 수송 당분간 중지
1946. 3. 31 : 인천전재민동맹 주최, '3·1운동 전람회' 사고社告
1946. 4. 1 : 영양부족과 전염병에 매일 사망자가 30~40명, 북평北平에서 고국 그리는 3만 동포의 참상
1946. 4. 5 : '3·1'전展 원만 폐막, 감격에 거액 희사도 다수
1946. 4. 14 : 전재민 위해 신도의 미거美擧, 전 인천 고려불교회본부 활동
1946. 4. 15 : 재중국 전재동포, 5월 초순까지 전부 귀국, 주중 미군당국 발표
1946. 4. 17 : 청도淸島에서 돌아온 1,600명의 전재동포, 작조昨朝 인천항 외 입항
1946. 4. 21 : 화북, 중中서 온 전재동포, 고생보다 건국사업이 염려, 작조昨朝 1,400여 명 무사 인천 상륙
1946. 4. 22 : 화산동花仙洞 일대는 환희의 바다, 잠도 안 온 70노모도 있다, 인천 상륙한 전재동포 21일 출발
1946. 4. 22 : 전재소년에 얽힌 인정, 만주에서 나온 이李소년에 오대하吳大河 씨의 미거
1946. 4. 28 : 인천전재민동맹, 제1회 정기총회
1946. 4. 29 : 3,000명의 전재동포 부산 상륙, 임정 요인 가족도 동행
1946. 4. 30 : 화북 전재동포 육속陸續 귀환, 미 수송선 1척 또 입항 검역 중
1946. 5. 5 : 전재 '어린이' 위안회, 시 주최로 12일 월미도에서
1946. 5. 7 : 희비 교차한 전재민 귀환선, 화북부대華北部隊 3,378명 작조昨朝 인천 상륙, 잔류동포는 가재家財 방매하여 연명
1946. 5. 10 : 천진에서 또 전재동포 귀환, 14일 아침 1,300명 상륙

1946. 5. 12 : 전재 '어린이' 위안회, 금일 월미도 유원지에서
1946. 5. 13 : 월미도의 대향연, 전재 어린이 위안회 성황, 다 같이 우리나라 일꾼이 되자
1946. 5. 15 : 귀환한 전재동포, 16일 인천상륙
1946. 5. 17 : 귀환동포 실업대책 긴급, 기능별로 시市에서 취직 알선
1946. 5. 25 : 북경잔류 동포 전부 귀환, 공무관계자 100명 제외
1946. 5. 30 : 인천에 무관한 전재민, 속히 귀향하는 것이 득책
1946. 5. 31 : 화북 전재동포 1,300명, 명일 상륙 예정
1946. 6. 15 : 전재민 주택난 위해 남는 방 제공
1946. 6. 23 : 상해 전재동포 800명 출범
1946. 8. 4 : 동포애의 금자탑, 수해 동정금 11만 3,000원, 의연자義捐者 제씨에게 감사장
1946. 8. 8 : 전재민 구제품 팔아먹은 전 시市 사회과장 김종순, 죄상 전모 판명, 4일부로 송국送局
1946. 8. 30 : 귀환동포 108만 4,000명, 철퇴 왜인 약 79만 6,000명
1946. 10. 6 : 재일동포 송환, 철도관계로 중지
1946. 10. 18 : 시내 중등학교 의연금으로 전재민에 밀가루麥粉 무상배급
1946. 12. 4 : 천진재류 동포에 강제귀국을 통고, 대對 조선 미측 입장 곤란시困難視
1946. 12. 4 : 중국재류 전재동포, 5일 인천항에 상륙, 최후로 1만 5,000명 계속해
1946. 12. 12 : 심각한 참상, 그들을 돕자, 기한飢寒에 떠는 3만 전재민, 시급 구호 받을 5,000여 명에 대책 있나?
1946. 12. 14 : 거리의 무숙자 80여 세대! 요要 구직 전재동포 1,000세대, 엄

　　　　　동嚴冬에 그대로 방임하면 아사餓死할 자 600명, 큰 건물을 긴
　　　　　급히 개방하라

1946. 12. 14 : 인천입항 전재민 6만 3,600명, 원호회 취급과 구제는 이러하
　　　　　다!

1946. 12. 17 : 박朴 청장의 온정 전재민에 식량 알선

1946. 12. 17 : 전재민의 비가悲歌, 함효영咸孝英

1946. 12. 19 : 요要 구호 전재동포, 경기도 내에 1만 8,000여 명, 당국 시책도
　　　　　조족지혈鳥足之血

1946. 12. 21 : 전재민 동정금품, 21서署 전원이 동정금을 갹출, 제1관구청서
　　　　　솔선 미거

1946. 12. 21 : 요정을 전재민에 개방, 12개소에 2,600명 수용

1946. 12. 20 : 구제품을 주시오, 전재민 일동이 시에 진정

1946. 12. 25 : 요인을 팔고 사기詐欺, 전재민 모녀의 금품사기

1946. 12. 27 : 전재민구호 극력 주선 중, 청채시장靑菜市場 문제는 여전 미해
　　　　　결, 시정 기자단 회견담

1946. 12. 27 : 전재민에 동정금, 창영교昌榮校 아동 미거의 선물

1946. 12. 28 : 중국에서 귀환한 전재동포, 금일 2,500명 인천상륙

1946. 12. 28 : 시내 각 극장에서 갹출된 동정금 7만여 원

1946. 12. 28 : 동정금 1만 3,000원, 인천 권번券番에서 갹출

1946. 12. 29 : 작조昨朝 전재동포 인천 상륙, 중국 정부의 후의에 전원 무사
　　　　　귀환

－ 이 현 주(국가보훈처 연구관)

■ 주

1. 해외동포, 해외 전재민 등으로 다르게 사용되고 있으나 본고에서는 자료에 가장 많이 등장하며 민간단체의 자발적인 구호활동의 동기가 '동포'라는 점에 착안해 '전재동포'라는 용어를 사용했다.
2. 이영환, 「미군정기 전재민 구호정책의 성격 연구」, 서울대학교 석사학위논문, 1989 ; 최영호, 『재일한국인과 조국 광복 – 해방 직후의 본국귀환과 민족단체활동 – 』, 글모인, 1995 ; 이연식, 「해방 직후 해외동포의 귀환과 미군정의 정책」, 서울시립대학교 대학원 국사학과 석사학위논문, 1998 및 이들 논문의 연구사 정리 참조.
3. 『대중일보』 1945년 12월 31일자.
4. 『대중일보』 1946년 3월 26일자.
5. 『대중일보』 1946년 4월 15일자.
6. 『대중일보』 1945년 12월 4일자.
7. 『대중일보』 1945년 12월 1일자.
8. 『대중일보』 1946년 5월 30일자.
9. 이연식, 「해방 직후 해외동포의 귀환과 미군정의 정책」. 중국당국의 재산몰수는 화북지역 동포들의 재산을 '敵産'으로 간주한 것과도 관련이 있는 듯하다(김광재, 「중일전쟁기 중국관내 지역 한인단체 현황연구」, 수요역사연구회 발표논문, 2004.3.14 참조).
10. 『대중일보』 1945년 10월 16일자.
11. 『대중일보』 1945년 11월 3일자.
12. 인천직할시사편찬위원회 편, 『인천시사(상권)』, 1993, 인천직할시, 419~420쪽.
13. 『대중일보』 1945년 11월 14·15일자, 12월 11·21일자.
14. 『대중일보』 1946년 6월 15일자.
15. 『대중일보』 1946년 5월 17일자.
16. 小谷益次郞 지음·윤해연 옮김, 「인천철수지 : 仁川引揚誌(下)」, 『황해문화』 31,

새얼문화재단, 2001, 225~226쪽.
17. 『대중일보』 1946년 12월 14일자.
18. 『대중일보』 1946년 8월 8일자.
19. 함효영, 「전재민의 悲歌」, 『대중일보』 1946년 12월 17일자. 함효영은 한국독립당 인천특별당부 부위원장을 지낸 인물로 제헌의회 선거에 출마했다 낙선했다.
20. 민주주의민족전선 편, 『조선해방연보』, 문우인서관, 1946, 299쪽 ; 최영호, 『재일한국인과 조국 광복 – 해방 직후의 본국귀환과 민족단체활동』, 105 · 112쪽.
21. 『대중일보』 1945년 10월 11일자.
22. 『대중일보』 1945년 12월 1일자.
23. 『대중일보』 1946년 3월 12일자.
24. 『대중일보』 1946년 11월 26일자.
25. 『대중일보』 1946년 12월 14일자.
26. 小谷益次郎, 『인천철수지 : 仁川引揚誌(下)』, 203~204쪽.
27. 이영환, 「미군정기 전재민 구호정책의 성격 연구」, 62쪽.
28. 『대중일보』 1945년 11월 19일자.
29. 『대중일보』 1945년 12월 13일자.
30. 『대중일보』 1946년 4월 5일자.
31. 『대중일보』 1945년 12월 22일자.
32. 『대중일보』 1945년 12월 23일자.
33. 『대중일보』 1946년 1월 15 · 19일자.
34. 『대중일보』 1946년 1월 20일자.
35. 『대중일보』 1946년 4월 5일자.
36. 『대중일보』 1946년 12월 14일자.

일제 강제동원에 대한 피해보상소송과
그 법적 검토

　일본은 한국을 식민지로 지배한 후 침략전쟁을 도모하면서 조선인을 필요에 따라 동원하였다. 즉, 일본군 '위안부'나 전시노무자 그리고 일본군의 군인 및 군속으로 강제동원[1]하였다. 국외로 강제동원된 한인들은 징용자 150만 명을 포함하여 모두 240여만 명에 이를 것으로 추정되고 있다.[2] 이들은 자신들의 의지와는 상관없이 동원되어 사망하였거나 불구자가 되어 조국으로 귀환하지 못하고 유기되는 등 그 피해의 유형도 다양하였다. 그러나 일본은 포츠담선언에 따라 각 개인의 피해에 대한 보상을 이행해야 함에도 전혀 하지 않았다.[3]

　일본의 패전으로 강제동원 피해자들은 귀환할 수 있게 되었으나 그 과정에서 일본은 기초적 원상회복 의무마저 이행하지 않았다.[4] 그나마 조국으로 귀환한 강제동원 피해자들은 1965년 일본과 국교가 수립되기 전까지는 자신들이 입은 피해배상을 청구하려 해도 청구 상대방이 존재하지 않았다. 그 후 강제동원 피해자들은 우리의 정세변화와 빈곤, 정부의 무관심 속에서 자신들의 피해배상을 어떻게 청구해서 배상을 받을 수 있는지조차 알지 못했다. 특히 근로정신대에 끌려갔다 온 피해자들은 오히려 자신들의 피해 사실을 숨기기까지 하였다.

한국 정부는 한일협정에 근거하여 대일민간청구권에 대한 보상관계를 처리하기 위하여 1971년 1월 19일 「대일민간청구권신고에 관한 법률」과 1974년 12월 21일 「대일민간청구권보상에 관한 법률」을 제정하여 1975년 7월 1일에 군인·군속 직계가족으로 신고한 유족 8,552명에 한하여 1976년 위로금으로 1인당 30만 원씩 지급하였고, 그 후 이 법을 폐지하였다.[5] 따라서 대부분 피해보상 지급대상에서 제외된 강제동원 피해자들은 개인과 단체로 가해 당사자인 일본 정부와 일본 기업을 상대로 각자의 피해보상을 요구하였다. 그 방법은 일본 재판부에 피해배상에 관한 민사소송을 제기하는 것이었다.

그러나 일본 정부는 과거의 잘못된 역사를 반성하고 그에 합당한 책임을 이행해야 함에도 지금까지 한·일간의 과거사에 대한 책임 인정과 반성을 외면하고 있으며, 강제동원 피해자에 대한 어떠한 배상도 하지 않고 있다. 일본 재판부 역시 법의 이념인 정의를 실현하기보다는 식민지 지배와 침략전쟁에 대한 피해배상에 대하여 방어적인 법리 전개로 일관하고 있다. 즉, 강제동원 피해자 개인의 손해배상청구권은 일본 국내법상 시효나 제척기간이 경과되어 행사할 수 없을 뿐만 아니라, 1965년 한일협정에 의하여 1945년 8월 15일 이전까지의 일본에 대한 개인청구권을 포함한 모든 청구권 문제는 이미 해결되었으며, 개인은 국제법상 주체가 될 수 없다는 논리로 대부분의 청구를 기각하였다.

우리나라에서도 피징용부상자인 청구인이 피징용부상자에 대한 입법부작위의 위헌 확인을 구하는 헌법소원심판을 청구하였으나 각하되었다.[6] 강제징용 피해자나 일본군 '위안부' 피해자들은 일본 정부와 일본 기업을 상대로 미국에서도 현재 소송을 진행 중이다.[7] 향후 강제동원 피해자 문제와 관련하여 국내 법원에 청구권 행사가 많이 이루어질 것으로 생각하나,[8] 이와 관련된 연구와 국제법적 검토[9]는 다음 기회로 미루기로 한다.

이 글에서는 강제동원 피해자 소송의 의미와 일본 재판부에 민사소송을 제기한 강제동원 피해자들의 피해배상과 관련하여 민법상의 손해배상책임의 타당성을 도출해 보고자 한다.

강제동원에 따른 피해자보상 소송의 의미

강제동원 피해자의 보상소송은 반세기 넘게 치유받지 못한 피해자들의 한 맺힌 고통과, 그동안 잊고 있던 역사적 사실을 우리들로 하여금 되돌아보게 만들었다. 이 소송으로 강제동원 피해자들이 수탈당한 개인의 피해유형이 밝혀짐으로써 그 당시 일제의 만행에 대한 실태조사와 진상규명의 필요성이 제기하였다. 그리고 한·일 양국의 불행한 과거사에 대하여 책임인정을 회피하고 있는 일본 정부의 부도덕성을 고발하여 일본 정부의 반성을 촉구하게 하였다. 궁극적으로 피해보상의 문제는 인도적 차원에서 풀어야 할 과제로 부각되었다는 데 그 의미가 있다고 하겠다.

일본 정부의 책임 인정　　일반적으로 국제법상 국가책임이 성립하기 위해서는 국가기관의 행위가 존재하여야 하고,

그 행위가 국가의 행위로 귀속될 수 있는 것이어야 한다. 그것은 국가기관의 직무상 행위가 객관적으로 국제관습법 또는 국제조약을 위반하고 주관적인 고의·과실에 의한 것이어야 한다.[10] 그리고 국가의 직무상의 행위로 인하여 손해가 발생하여야 하고, 그 행위가 국제법에 위반되어야 한다.[11]

따라서 일본이 침략전쟁을 수행하면서 우리 민족에 가한 인적·재산적 수탈행위는 당연히 국제법상의 국가책임이 인정된다. 일본이 국제법을 위반한 근거는 다음과 같다.

1907년 10월 18일 체결된 「육전법규관례에관한협약」[12] 전문에서 규정한 인류의 복리와 인도의 법칙 및 공공의 양심으로부터 국제법 원칙의 준수 의무를 위반하였다. 또한 그 부속서 「육전법규관례에관한규칙」 제46조의 가족의 명예와 권리, 개인의 생명, 사유재산의 존중을 요구한 규정을 위반하였다. 그리고 강제노동의 전면적 금지 준수에 관한 조약을 위반하였다. 이 조약은 국제노동기구(ILO)에 의해 29호 조약으로서 1930년에 채택된 것으로 일본은 1932년에 비준하였다.

1945년 8월 8일 체결된 국제군사재판소 헌장(The Charter of the International Military Tribunal)은 강제노동을 전시범죄와 인도에 반하는 범죄행위로 규정하고 있다(제6조 b항, c항). 또한 상기 범죄에 대한 공동계획과 공동모의의 입안, 그리고 상기 범죄의 실행에 참가한 지도자·조직자·교사자 및 공범자는 상기 범죄의 수행상 행하게 된 일체의 행위에 대하여 책임이 있다고 규정하고 있다(제7조). 국제군사재판소 헌장은 그 당시 존재한 국제관습을 성문화한 국제관습법으로서 일본을 포함한 모든 국가에 대해서 법적 구속력이 있다.

강제동원 피해자들은 일제의 폭압에 강제로 동원되어 전쟁수행의 도구로 취급받았고, 인간 이하의 삶을 강요당하였다. 따라서 전쟁 기간 일련의 일본의 행위는 객관적으로 국제관습법이나 국제조약을 위반한 행위이므로 당연히 국제법상의 원칙에 따라 그 손해를 배상하여야 한다.

일본은 1950년 3월 21일에 체결된 「인신매매 및 타인의 매춘에 의한 착취의 금지에 관한 협약」, 즉 부녀자와 아동의 매매금지에 관한 기존의 국제조약[13]은 유효하고, 타인을 매춘의 목적으로 권유, 유인 또는 유괴한 자는 비록 본인이 이를 승낙했다 하더라도 처벌되어야 한다는 데 합의하였다.[14] 따라서 침략전쟁 당시 일본군 '위안부' 문제는 매춘행위를 위한 부녀자의 매매금지에 관한 국제조약을 위반한 것이다. 왜냐하면 일본군 '위안부' 문제[15]는 일본 정부가 계획하고 일본 군부가 자행한 것이기 때문이다. 일본군 '위안부' 문제는 일본군의 성적 욕구를 충족시키기 위하여 조선의 젊은 여성들을 강제로 동원하여 성노예 상태에서 범한 비인도적 만행이며, 국제법상의 인도에 반하는 범죄행위에 해당한다. 그러므로 일본군 '위안부' 문제는 인권을 유린한 범죄로 당연히 국제법에 반하는 행위로, 국제법상 일본의 국가책임을 면할 수 없다.

강제동원과 관련된 강제징용·징병·일본군 '위안부' 문제는 일본 정부가 관여하고 지시하여 자행한 범죄행위로 국제법상 국가책임에 대한 모든 성립요건을 충족하고 있다. 그러므로 일본 정부는 당연히 국제법상의 책임을 면할 수 없다.

일본 정부는 자기들이 저지른 과거의 범죄행위에 대하여 책임을 통감하고 피해당사자와 그 유족 및 한국민에게 사죄하고 그에 따른 법적 책임을 하루속히 이행해야 한다.

일본의 사죄와 과거사의 청산　　일본은 침략전쟁을 수행하면서 조직적으로 한인을 강제로 동원하였고, 전쟁수행에 필요한 물자를 조달하기 위하여 재산을 약탈하였다. 그러나 일본 정부는 그에 대한 법적 책임을 회피하면서 필요에 따라 임시방편적으로 과거의 식민지지배와 침략전쟁에 대해서 사과성 발언을 하는 데 그쳤다.[16] 이런 기망 행위는 강제동원 피해자들에게는 또 다른 유형의 범죄행위가 됨을 명심해야 한다. 그러므로 일본 정부는 형식적인 사과성 발언보다 과거의 침략전쟁에서 자행한 비인도적 만행에 대해 진정한 반성과 속죄를 통해 과거사를 청산하고자 하는 일련의 의지를 보여주어야 한다.

　일본 정부는 한·일관계에서 신뢰관계를 형성하는 일이 가장 중요하다는 사실을 알아야 한다. 신뢰관계를 구축하는 일은 불행한 과거사의 청산 없이는 불가능하다. 영원한 동반자관계로 나아가는 것은 불행한 과거사가 완전히 청산되었을 때에만 가능하다. 진정한 사죄와 그에 따른 보상은 함께 이루어질 때에 진정한 의미를 충족시킬 수 있다.[17] 이제라도 일본 정부는 식민지지배 시기에 자행한 모든 가해행위에 대해서 책임을 인정하고, 가해행위의 유형에 따른 구체적인 실태조사와 진상규명에 협조해야 하며, 동시에 강제동원 피해자들에게 만족할 만한 물질적·정신적 배상을 해야 한다. 그럴 때 비로소 일본이 진정한 사죄를 했다고 할 것이다.

진정한 배상　　지금까지 생존해 있는 강제동원 피해자들의 대부분이 정신적·육체적인 고통과 생활고로 이중삼중의 피해 속에서 살아가고 있다. 강제동원 피해자들의 직접적인 피해 못지않게 강제동원 피해를 면한 이들의 선택적 피해, 즉 강제동원을 피하기 위해서 부득이 선택한 2차적 피해 역시 간과해서는 안 될 것이다.

일본 정부는 피해 복구와는 별도로 자신들의 책임에 대해 도의적 견지에서라도 생계지원비와 의료비용 등 최소한의 생활자금을 우선적으로 지원해야 한다. 그런 후에 과거 식민지지배와 침략전쟁 과정에서 우리 민족에게 행한 불법적 가해행위에 대해서는 국제법상의 원칙에 따라 정당한 배상을 해야 한다. 여기서의 정당한 배상은 피해자와 그 유족에 대한 손해배상과 정신적 고통에 따른 위자료뿐만 아니라, 강제동원이 원인이 되어 발생한 노동력 상실과 그로 인하여 인간으로서 누려야 할 행복추구의 상실분 및 인간의 존엄성을 회복하기 위한 모든 조치에 대한 보상도 포함한다. 이것만이 한·일 간의 불행한 과거를 청산할 수 있는 유일한 방법이며, 국제무대에서 일본이 진정한 선진국으로서 자기 역할을 담당할 수 있는 밑바탕이 될 것이다.

일본 내의 피해보상에 관한 소송

최초의 피해보상 소송 일본을 상대로 한 최초의 한국인 피해보상에 관한 소송은 1972년 손진두에 의해 제기되었다. 손진두는 히로시마에서 원폭피해를 입고 일본 패전 후에 한국으로 귀환하였다. 귀환 후 피폭 후유증 때문에 이를 치료하기 위해 1970년 12월 사가현佐賀縣으로 밀입국하였다가 입국관리법 위반으로 수감되었다. 그는 수감생활 중 증상이 악화되어 1971년 11월 피폭자건강수첩을 신청하였으나 각하되자 이에 각하처분취소판결을 후쿠오카 지방재판소에 제기하

였다.[18]

원폭 피해자의 소송   일본 정부는 「원자폭탄피폭자 의료 등에 관한 법률」(1957)과 「원자폭탄피폭자에 대한 특별조치법」(1968) 등 피폭자 원호법을 제정하여 일본에 거주하는 피폭자에 대해서는 치료와 의료특별수당, 건강관리수당, 보험수당 등을 지급하였다. 그러나 한국을 비롯한 외국에 거주하는 원폭 피해자는 피폭자 원호법의 대상에서 제외하였다.[19]

① 손진두 소송[20]
손진두는 1972년 「원폭의료법」의 적용을 요구하는 소송을 제기하여 1978년 3월 30일 일본 최고재판소에서 승소하였다.

　일본 최고재판소는 원자폭탄의 피폭으로 인한 건강상의 장애는 전쟁이라는 국가의 행위로 이루어진 것임을 전제로, "원폭과 같은 특수한 전쟁피해에 대해서는 전쟁수행의 주체였던 국가가 스스로의 책임에 의하여 그 구제를 꾀한다는 일면이 있고, 원폭의료법은 실질적인 국가보상적 배려가 제도의 근저에 있다"며 원폭피해에 대해 국가가 보상하는 것이 국가의 의무임을 인정하였다. 그리고 "원고가 피폭 당시에는 일본 국적을 가졌다가 패전 후 1952년 샌프란시스코 조약의 발효로 본인의 의사와는 상관없이 일본 국적을 상실하였다는 사정도 고려하여 도의상으로도 원폭의료법을 적용하는 한편, 원폭의료법은 피해자를 구제한다는 인도적 목적의 입법이므로 동법 제3조 제1항은 일본에 거주지를 두지 않은 피폭자도 적용대상자로 예정한 규정"이라고 판결하였다. 이것은 피폭자로서 일본에 현재하는 자는 이유를 막론하고 동법을 적용하여 구제하는 것이 동법이 갖는 국가보상의 취지에도 적합한 것임을 인정한 것이다. 따라서 원폭의료법은 피폭자의 국적조항이 존재하지 않고, 일본에 거주지가 없는 자도 적용대상이 됨으로써 재한 피폭자를 포함한 원폭 피해자 전체를 구제할 목적으로 제정되었음을 분명히 밝혔다.

일본 최고재판소의 이같은 판결은 일본의 피폭자원호법이 사회보장적 성격과 아울러 국가보상의 성격을 띠고 있기 때문에 가능한 것이었다. 일본 최고재판소의 판결이 가지는 상징성은 본인의 의사와는 상관없이 일본 국적을 박탈당한 자도 국가적 도의에서 구제함이 마땅하다고, 원호부담공평의 견해를 표명하였다는 점이다.

원폭 피해자였던 손진두에 관한 일본 최고재판소의 판결 이후 일본 정부는 1979년 한국 내의 원폭 피해자에 대한 의료지원을 실시하였고, 일본에서 치료받을 수 있는 기반을 마련하였다. 한편 일본 정부는 일본 민간단체가 원폭 피해자를 위하여 1991년부터 모금한 40억 엔의 기금을 대한적십자사에 위탁하였고, 대한적십자사는 원폭 피해자들에게 진료보조비로 월 10만 원씩 지급하고 있지만, 이 보조금은 2003년이면 종료된다고 한다.[21] 그러나 이 기금은 원폭 피해자들이 요구하는 일본 정부의 보상금이 아니라 민간차원에서 모금한 순수한 인도적 차원의 지원금이다.

② 곽귀훈 원폭 피해자 지위확인 소송[22]
일본 밖에 거주한다는 이유로 원호대상에서 제외됐던 원폭 피해자 곽귀훈[23]은 1998년 10월 1일 일본 정부와 오사카부를 상대로 제외처분 취소와 200

나가사키[長崎]에 폭탄이 투하되어 폭발하는 모습(1945. 8. 9)

만 엔의 손해배상을 청구하는 소송을 오사카지방법원에 제기하였다.

2001년 6월 1일 오사카지방법원은 "피폭자원호법은 사회보장과 국가보상의 성격을 가진 특수한 입법이자 피폭자가 입은 특수한 피해라는 점에서 피폭자의 원호를 강구한다는 인도적 목적의 입법으로, 일본 내에 거주하고 있지 않은 사람일지라도 이를 배제한다는 것은 곤란하므로 재외피폭자의 배제는 동법의 근본취지에도 반할 뿐만 아니라 헌법 제14조에도 반할 수 있다"면서 "해외에 있는 피폭자라도 일본 후생성이 발급한 피폭자건강수첩을 소지한 사람은 피폭자로 인정하여 오사카부는 건강관리수당을 지급하기로 한 기간만큼 월 3만 4,000엔씩 지급하라"고 판결하였다.[24]

일본 정부는 한국인 등 해외거주 피폭자에 대한 건강관리수당 지급을 결정한 오사카지방법원의 판결에 대해 즉시 항소하였으나[25] 2002년 12월 5일 오사카고등법원은 1심 판결을 그대로 지지하였고, 이에 일본 정부가 상고를 포기함으로써 최종적으로 곽귀훈의 승소가 확정되었다. 따라서 일본 정부는 일본 밖에 거주하는 재외원폭 피해자에게도 원호수당을 지급하기로 결정하였고, 남북한 및 북·남미 등 일본 밖에 거주하는 약 5,000명(일본 후생노동성의 추산)의 원폭 피해자들이 매년 약 400만 원의 원호수당을 받을 수 있게 되었다.[26]

사할린에서 일본으로 귀환한 한인을 반기는 모습

사할린 억류자의 귀환 문제[27] 한국 정부는 1975년 일본 정부를 상대로 사할린 억류자의 귀환을 요구하는 소를 제기하였으나 15년을 끌다가 외교적으로 문제를 해결함으로써 1989년 6월 소를 취하하였다.

일본의 전시노무자로 사할린에 강제동원된 한인들은 일본의 패전으로 당연히 조국으로 귀환해야 했지만, 일본은 한인들을 사할린에 그대로 유기하였다. 한편 소련이 1946년 2월 3일 사할린을 소련령으로 편입시키자 강제동원된 한인들은 더더욱 조국으로 귀환할 수 있는 방법이 없었다. 이러한 과정에서도 일본은 1946년 12월 5일부터 1949년 7월 22일 사이에 29만 2,590명의 일본인을 귀환시키면서도 당시의 한인들이 일본국적을 가지고 있지 않다는 단순논리로 귀환대상자에서 제외함으로써 철저하게 유기한 것이다. 그후 소련과 국교를 회복한 일본은 1956년의 일·소 공동성명 이후 1957년부터 1959년까지 약 8만 명의 나머지 일본인을 귀환시켰다. 이 과정에서 일본인 여자와 결혼한 한국인 남편과 자녀들 약 2,000명만이 귀환할 수 있었다.[28]

한국 정부는 1988년 서울올림픽을 계기로 구소련과 수교하여 사할린 한인의 고국방문과 영구귀국을 가능하게 하였다.

징용자 소송   1991년 9월 30일 피징용자 김경식이 일본강관을 상대로 도쿄지법에 소를 제기하면서 일본 기업을 상대로 한 징용자 소송이 시작되었다.[29]

그 후 1992년 7월 31일 김순길이 일본 정부와 미츠비시三菱중공업을 상대로 나가사키長埼지방법원에 소를 제기하였고, 같은 해 9월 30일 근로정신대로 동원된 3명의 피해자가 후지코시不二越기업을 상대로 사죄와 미지불임금 및 손해배상을 청구하는 소송을 도야마富山지방법원에 제기하였다. 1995년 9월 22일에는 11명의 피해자 유족들이 신일본제철을 상대로 손해배상 청구소송을 도쿄지방법원에 제기하였고, 본건 일부 원고들이 같은 해 12월 11일 미츠비시중공업과 일본 정부를 상대로 손해배상청구 소송을 히로시마廣島지방법원에 제기하였으며, 1943년 9월 이후 일본제철의 오사카大阪제철소에 피징용자로 강제노동을 당한 여운택·신천수가 일본 정부와 일본제철의 후신인 신일본제철을 상대로 손해배상과 미지불임금 반환청구를 1997년 12월 24일 오사카지법에 제기하였다.[30]

① 후지코시 근로정신대 소송
일본 기업 후지코시는 일본에 가면 꽃꽂이·타자기술 등을 배울 수 있고, 상급학교에 진학할 수 있다고 속여 조선인을 일본의 도야마로 강제동원하여 강제노동으로 혹사하고, 임금도 지불하지 않았다. 후지코시 강제동원 피해자 3명은 1992년 미지불임금과 사죄 및 손해배상을 청구하는 소송을 도야마지방법원에 제기하였다. 후지코시 청구소송에 대한 도야마지방법원 판결의 특징은 손해배상청구권의 소멸시효에 대한 기산점을 1991년 8월 27일로 하였다는 점이다. 그것은 1991년 8월 27일 야나이 조약국장이 "개인의 청구권이 소멸되지 않았다"는 취지의 발언을 한 것을 토대로 하여 그 다음 날을 시효의 기산점으로 삼은 것이다. 그러나 도야마지방법원 역시 회사 측이 임금을 지불할 의무가 있으나 시효가 소멸하였다는 이유로 청구를 기각하였으며, 나고야名古屋고등법원도 비슷한 이유로 원고 측의 항소를 기각하였다. 이에 원고들은 일본 최고재판소에 상고하였다. 그 후 후지코시 근로정신대 소송은 후지코시 기업의 제안에 따라 화해가 성립되었지만, 사과는 없었다. 즉 2000년 7월 11일 일본 최고재판소에서 미국법원에 제소할 예정자를 포함해서 총 7명과의 화해가 성립되었다.[31]

② 일본제철 징용자 소송
한국인 징용자인 여운택·신천수는 1997년 12월 오사카지방법원에 일본 정부와 일본제철[32]의 후신인 신일본제철주식회사를 상대로 강제노역에 따른

손해배상과 미지불임금에 대한 공탁금 반환청구소송을 제기하였다. 그러나 오사카지방법원은 2001년 3월 27일 청구를 기각하였다.[33]

오사카지방법원은 청구인의 미지불임금에 대한 공탁금 반환청구에 대해서는 당연히 회사 측이 미지불임금에 대한 책임을 져야 하지만, 일본제철과 신일본제철은 회사 인수 당시에 채권·채무가 승계되지 않았기 때문에 별개의 회사로 그 책임이 없다며 원고의 청구를 기각하였다. 그리고 원고들이 주장한 강제동원 부분에 대해서는 모집광고를 보고 응모한 것이니만큼 인정할 수 없다고 했지만 열악한 작업환경 속에서 임금도 지급받지 못한 채 자유를 억압받아 가며 강제노역한 것은 '강제노동'에 해당한다고 일부 사실을 인정하였다.[34]

③ 미츠비시중공업 소송
1995년 12월 11일 강제징용 피해자들 중 한국 측 소송관련 일부 원고들이 일본 정부와 미츠비시중공업을 상대로 손해배상과 미지불임금을 청구하는 소송을 히로시마지방법원에 제기하였다. 그러나 원심재판부의 화해권고에도 피고가 응하지 않자 결국 1999년 3월 25일 청구가 기각되었고, 원고들은 히로시마고등법원에 항소하였다.[35]

④ 강제징용 피해자 소송의 특색
모든 강제동원 피해보상에 관한 소송의 결과가 그렇듯 강제징용 피해자의 소송에서도 일본 재판부는 대부분 청구를 기각하였고, 일본 기업과 화해가 성립된 소송은 고작 3건에 불과하다.

화해가 성립된 첫 소송건은 1995년 신일본제철을 상대로 한 것으로 피해자 유족 10명에게 1인당 200만 엔의 해결금 지급과 위령사업을 지원하는 조건으로 화해가 성립되었다. 이것은 일본 기업이 처음으로 피해자들의 강제노역에 대한 피해 보상을 한 것이다. 그리고 1999년 4월 6일 일본강관을 상대로 한 소송에서 일본강관 측이 원고인 김경석에게 410만 엔의 해결금을 지급한다는 조건으로 화해가 성립되어 피해당사자 개인에 대한 첫 보상이 이루어졌다. 그리고 후지코시를 상대로 한 소송에서도 원고 3명과 미국에서 소송을 준비하던 4명의 피해자에게 3,500만 엔의 해결금을 지급하는 조건으로 화해가 성립되었다.[36]

강제징용 피해자 소송에 대한 일본 재판부의 판단은 불법행위로 인한 손해배상청구에 대해서는 일본 민법 제724조 37의 규정에 의한 20년의 제척기간의 경과로 이미 청구권이 소멸되었고,[37] 미지불임금 청구에 관해서는 임금청구의 소멸시효는 1년이고, 예탁금반환의 경우에도 10년간 권리를 행사하지 않으면 시효가 완성되어 소멸하기 때문에 궁극적으로 손해배상과 미지불임금 및 예탁금 반환을 청구할 수 없다는 입장이다. 그리고 현재의 회사는 원고에게 피해를 입힌 당시의 회사와는 전혀 다른 회사이기 때문에 배상책임이 없다고 한다. 즉 신·구 회사간의 채권·채무관계가 승계되지 않았기 때문에 동일회사로 인정할 수 없다는 이유(일명 별개회사론)가 그것이다. 또한 일본의 구헌법하에서 자행된 불법행위는 국가의 공법상 행위 중에 권력적 작용에 의거한 가해행위이므로 국가의 손해배상책임이 인정되지 않고, 개인의 손해배상청구의 행사에 대해서는 개인은 국제법상의 주체가 될 수 없기 때문에 소송 당사자가 될 수 없다는 이유로 청구를 기각하였다.

일본군 '위안부' 소송 한국인 출신의 일본군 '위안부' 피해자들은 일본 정부를 상대로 공식사죄와 손해배상 등을 청구하는 소송을 제기하였다.[38]

① 관부소송(부산일본군 '위안부'·여자정신대 공식사죄 청구소송)[39]
일본군 '위안부' 3명과 근로정신대 7명이 1992년 12월 일본 정부를 상대로 야마구치山口지법 시모노세키下關 지부에 제기한 소송이다. 1998년 4월 27일 시모노세키 지부는 일본 사법부 최초로 일본군 '위안부'에 대한 손해배상 청구의 일부를 인정하였다. 즉, 일본군 '위안부' 문제와 관련하여 일본 정부의 법적 책임을 인정하여 배상판결을 명한 것이다. 시모노세키 지부는 1993년 8월 4일 고노 요헤이 관방장관이 위안부 동원에 일본군이 직·간접으로 간여했음을 시인한 담화를 발표한 것에 대하여, 일본 정부는 그 법적 책임을 인정하고 배상을 하기 위한 법을 1996년까지 제정했어야 함에도 입법을 하지 않은 책임이 있으므로 입법부작위를 이유로 들어 각각 90만 엔의 위자료를 지급하라고 판결하였다. 이것은 일본 정부가 일본군 '위안부'들을 위한 피해보상법을 제정하지 않은 그 자체가 인권침해에 해당하는 것으로, 장래의 입법에 의한 피해회복이 이루어져야 함을 인정한 것이다.

그러나 2001년 3월 29일 히로시마廣島고등법원은 "보상은 입법부의 재량적 판단에 맡겨진 것으로 적법한 항소이유가 되지 않는다"며 1심 판결과는 달리 원고의 청구를 기각하였다.[40] 이것은 일본 재판부가 지금까지 일관되게 주장한 논리가 관부재판에서도 그대로 나타난 것이다. 즉 현행헌법에 구 헌법하에서 자행된 국가의 불법행위에 대한 국가배상의무 규정이 없어 소급하여 적용할 수 없다는 것이다. 그리고 입법부작위의 책임에 대해서도 헌법의 해석상 위안부·근로정신대원에 대한 사죄와 보상에 관하여 입법의무가 명백히 존재한다고 할 수도 없기 때문에 전쟁손해에 대한 보상의 필요성에 대해서는 국가재정·사회경제·손해의 내용과 정도 등 충분한 자료를 기초로 입법부의 재량적 판단에 따르는 것이므로 사법부가 입법부의 재량권에 대하여 간섭이나 강제할 수 없다는 이유를 들고 있다.

일본 최고재판소는 2003년 3월 25일 한국인 출신 일본군 '위안부' 희생자에 대한 손해배상 상고심 재판에서 일본 정부가 배상할 책임이 없다며 원고패소 판결을 확정하였다.[41]

② 송신도 소송

일본군 '위안부'로 끌려간 재일한인 송신도는 16세에 중국의 위안소로 강제동원되어 7년간 위안부 생활을 강요받았다. 송신도는 1993년 4월 5일 위안부 피해에 대한 일본 정부의 공식사과와 1,200만 엔의 배상청구를 도쿄지방법원에 제기하였다.[42]

1999년 10월 1일 도쿄지방법원은 원고의 청구를 기각하면서 "국제법상 개인의 권리가 침해되었을 경우에는 국가가 외교보호권을 통하여 간접적으로 손해배상을 청구할 수 있을 뿐이지 개인이 국가를 상대로 손해배상을 청구할 수 없다. 구헌법하에서는 국가의 배상책임을 인정하는 법이 없었고, 민법상으로도 20년의 제척기간이 경과하여 손해배상청구권 그 자체가 소멸되었다. 입법은 국회의원 각자의 정치적 판단에 위임되어 있어 그 성질상 법적 규제의 대상이 아니다"라고, 입법부작위의 위법성을 인정하였던 시모노세키 판결보다 더 후퇴한 판결을 내렸다.

2000년 11월 30일 도쿄고등법원의 항소심 판결은 전후보상과 관련된 판결로는 처음으로 국제법상의 국가 책임을 인정했지만 송신도의 청구는 기각되었다. 그 후 2003년 3월 28일 일본 최고재판소는 송신도의 상고심을 기각하였다. 이에 따라 송신도는 패소하고 말았다.[43]

③ 태평양전쟁희생자유족회의 소송

일제의 침략전쟁에 군인·군속·일본군 '위안부'로 강제동원된 한국인 피해 당사자와 유가족 40명은 1991년 12월에 일본 정부를 상대로 아시아·태평양전쟁 한국인 희생자보상청구소송을 도쿄지방법원에 제기하였다. 그러나 태평양전쟁 희생자들의 보상청구소송은 10년이 지난 2001년 3월 26일 기각되었다. 도쿄지방법원의 기각 이유는 국제법상 가해국에 대한 피해자 개인의 손해배상청구권은 인정되지 않으며, 일부 원고가 제기한 군사우편저금과 강제동원 피해자의 미지불임금에 대한 공탁금 반환에 관해서는 1965년 한일협정 제2조 제3항의 규정과 일본내의 국내 조치법 제144호에 의하여 그 권리가 소멸되었다는 것이었다. 그리고 원고가 주장한 일본 내 국내 조치법 제144호가 일본 헌법에 위반된다는 위헌성에 대하여 일본 재판부는 "조약을 통하여 제정된 법률은 본래 헌법에서 예정하고 있지 않으므로 헌법질서의 범위 밖의 문제"라고 함으로써 위헌성을 부인하였다.[44] 이 판결 후 원고 측은 도쿄고등법원에 항소하였다.[45]

일본 재판부의 견해에 대한 법적 검토

강제동원 피해자 보상소송에 관한 일본 재판부의 판단

① 개별회사를 상대로 소송을 제기한 경우
일본 재판부는 개별회사를 상대로 손해배상을 청구한 사안에 대하여 다음과 같은 이유로 그 청구를 기각하였다.

첫째, 개인의 손해배상청구권은 일본 민법 제724조의 규정에 의해 20년의 제척기간 경과로 소멸되어 그 권리를 행사할 수 없다고 하였다. 둘째, 강제노동에 혹사당하며 받지 못한 미지불임금에 관한 청구에 대해서는 임금청구권의 소멸시효가 완성되어 행사할 수 없다고 하였다. 셋째, 예탁금 반환청구의 경우에도 10년간 권리를 행사하지 않으면 시효가 완성되어 그 권리가 소멸함으로써 행사할 수 없다고 하였다. 넷째, 신·구 회사 간의 채권·채무관계가 승계되지 않았기 때문에 신·구 회사는 별개회사로 그 책임을 물을 수 없다고 하였다.

② 일본 정부를 상대로 소송을 제기한 경우
일본 정부를 상대로 강제동원 피해자들이 소송을 제기하는 경우에 일본 재판부는 다음과 같은 이유로 기각을 결정하였다.

첫째, 1965년 6월 22일 체결된 한일협정에 의해 피해보상 문제는 해결되었다고 하였다.

둘째, 일본의 구헌법하에서 자행된 불법행위에 대해서는 국가의 공법상

행위 중에 권력적 작용에 의한 가해행위로 이는 민법 등 사법의 규율대상이 아니며, 또한 현행헌법 시행 이전의 불법행위에 대해서는 국가의 배상의무가 규정되어 있지 않기 때문에 소급하여 적용할 수 없다고 하였다.

셋째, 국제법상 개인의 권리가 침해당한 경우에는 개인이 당해 국가를 상대로 손해배상을 청구할 수 없고, 대신 해당국가가 외교보호권을 통하여 간접적으로 손해배상을 청구할 수 있을 뿐이라고 하였다.

넷째, 개인의 손해배상청구권은 일본 민법 제724조의 규정에 의하여 20년의 제척기간이 경과되어 행사할 수 없다고 하였다.

강제동원 피해자의 보상에 관한 법적 검토

① 공동불법행위의 성립 여부와 공동불법행위자의 책임

공동불법행위의 성립요건은 가해행위자 및 가해행위 상호간에 관련공동성이 필요하다. 관련공동성은 가해행위자 간에 공모 내지 의사의 공통이나 공동의 인식까지는 필요 없고, 단지 가해행위가 객관적으로 관련공동하고 있으면 공동불법행위가 성립된다. 따라서 관련공동성이 있는 행위에 의하여 손해가 발생하면 그 손해배상의 책임을 면할 수 없다.[46] 그리고 공동불법행위로 인한 손해배상책임은 공동불법행위자 상호간에 부진정연대채무가 성립한다. 그러므로 공동불법행위자는 피해자에 대하여 각자 연대책임을 부담하고, 공동불법행위자 중의 한 사람이 그 손해의 전부를 배상한 때에는 다른 공동불법행위자에게 그 부담할 책임에 따라서 구상권을 행사할 수 있다.[47]

일제강점 말기에 일본 내의 광공업 분야의 회사들은 전시하의 노동력 부족을 보충하기 위하여 조선인 노무자를 고용할 수 있도록 해줄 것을 일본 정부에 요구하였다. 회사들의 요구에 부응하여 노동자에 대한 관알선이 1942년부터 본격적으로 시작되면서 조선총독부는 「조선인 내지 이입 알선 요강朝鮮人內地移入斡旋要綱」을 발표하였다. 이에 따라 근무기간이 2년이었던 조선인 노무자를 이입고용하려는 사업주는 일본의 도道·부府·현縣의 승인을 얻어 조선총독부에 조선인 노무자 알선신청서와 도·부·현의 조선인 노무자이입고용승인서를 제출하도록 하였다.[48]

이와 같은 역사적 사실에 비추어 일본 정부와 피고 회사는 조선인 피징용자의 강제동원에 있어서 공모나 공동의 인식은 물론 객관적으로 그 행위에 관련공동성이 있고, 그에 따른 손해가 인정되기 때문에 공동불법행위가 성립한다. 그러므로 일본 정부와 피고 회사는 연대하여 그 손해를 배상해야 한다.

특히 강제동원 피해자들이 강제노역을 한 부분에 대해서는 일본 재판부도 강제노동이었음을 인정하였다. 따라서 강제동원 피해자들은 피고 회사를 상대로 불법행위에 따른 손해배상을 청구할 수 있음은 당연하다.

② 계약체결상의 과실책임에 기한 손해배상청구의 여부

고용계약에 의하여 발생하는 계약상의 의무는 주된 급부 의무만이 전부는 아니며, 기타 신의칙상의 여러 의무가 포함되어 있다. 특히 기타 신의칙상의 의무는 계약의 성립과정에서 이미 존재하는 것이다. 그러므로 고용계약상의 계약 의무로서 노무제공 의무와 보수지급 의무 이외에 노무자의 충실 의무와 사용자의 배려 의무가 인정된다. 즉 사용자는 노무자를 보호하고 부조할 의무를 부담하는 것이다.[49] 계약체결상의 과실책임이란 신의칙상 요구되는 부수 의무의 위반에 따른 책임으로 계약의 성립과정에서 당사자의 책임있는 사유로 상대방에게 손해를 준 때에는 그 손해를 배상하여야 함을 말한다.

강제동원 피해자들은 자기의 의사에 반하여 피고 회사로 보내졌다. 피고 회사는 그들에게 강제노동을 강요하였고, 그에 따른 급료를 지불하는 형식을 취하였으며, 기숙사에 입주시켜 숙식을 제공하였다. 강제동원 피해자들은 피고회사와 고용계약을 체결할 적극적 의사는 가지고 있지 않았으나 피고 회사의 강요에 따라 고용계약은 체결하였다. 그러므로 양자 사이에는 사실상의 노동관계라고 할 수 있는 법률관계가 성립되어 있었던 것이다.

피고 회사는 형식적인 모집이나 관알선으로 동원한 노무자와 강제동원 피해자를 전시노무자로 고용한 것은 고용과정에서 일방의 의사결정의 자유를 침해한 행위로서 신의칙상 요구되는 사용자의 의무를 위반하였다. 그리고 강제동원 피해자들은 인간 이하의 노동조건 하에서 육체적으로나 정신적으로 형언할 수 없는 피해를 당하였다. 강제노동과 폭행, 감금 등 가해행위를 자행한 피고 회사는 고용계약상의 계약 의무인 노무자를 보호하고 부조할 의무를 정면으로 위반한 것이다. 그러므로 피고회사는 계약체결상의 과실책임에 따라 강제동원 피해자들에게 준 손해를 배상하여야 한다. 또한 피고 회사는 그 당시의 강제동원 피해자들의 노무 제공에 따른 보수지급 의무를 이행하지 않은 것은 계약상의 주된 급부 의무를 위반한 행위로 당연히 그 손해를 배상하여야 한다. 따라서 손해배상의 범위는 육체적·정신적 손해는 물론 재산상의 손해인 미지불임금과 더 나아가 강제동원의 피해로 인해 직접적으로 야기된 일탈된 노동력과 그로 말미암아 사회에 적응하지 못한 피해까지 배상해야 한다.

③ 손해배상청구권의 소멸시효의 문제

일본 민법 제724조의 불법행위로 인한 손해배상청구권은 불법행위를 한 날로부터 20년간 행사하지 않으면 그 권리가 소멸한다고 규정하고 있다. 그리고 이 규정의 기간을 제척기간으로 파악하고 있다. 이 규정에 따르면 강제동원 피해자들은 일본 정부나 일본기업을 상대로 하여 손해배상을 청구할 수 없다. 그것은 해방 후 지금까지 단 한 번의 권리도 행사한 적이 없어 이미 20년의 시효가 완성되어 결국 권리를 행사할 수 없기 때문이다.

제척기간은 법률이 규정한 권리의 존속기간으로 피해자 측의 인식의 여하를 불문하고 그 기간 내에 권리가 행사된 사실이 없다는 점에 기초하여 존속기간의 경과로 그 권리를 당연히 소멸시키는 제도이다. 그러나 강제동원 피해자들은 귀환 후에는 도항의 자유가 없었을 뿐만 아니라 급격한 사회정세의 변화와 빈곤 등으로 일본 정부와 일본 기업을 상대로 소송을 제기할 수 있는 형편이 못 되었고, 그러한 방법에 의해 피해를 구제받을 수 있는지조차 알지 못하였다. 그러므로 권리행사가 사실상 불가능하거나 곤란한 사정이 생긴 경우까지 시효가 진행한다는 것은 권리자에게 너무 가혹할 뿐만 아니라 법적용의 형평상 부당하다. 즉 해방 후 귀환한 자들의 사정을 전혀 고려하지 않고 시간적 척도만을 기준으로 하여 개인의 손해배상청구권이 소멸하였다고 주장하는 것은 정의와 형평의 이념에 반하는 것이다. 일반적으로 국제관습법을 포함한 국제법상의 청구권에 대해서는 시효제도 자체를 부정하고 있다. 따라서 일본 민법 제724조가 제척기간을 정한 규정이라도 침략전쟁의 수행과정에서 발생한 특수한 손해인 점을 고려하면 시효제도가 적용되지 않는다고 해석하는 것이 타당하다. 만약 일본 재판부의 주장처럼 시효가 완성되어 권리를 행사할 수 없다고 하더라도 시효의 기산점을 어떻게 설정하느냐에 따라 시효완성 여부가 달라질 것이기 때문이다. 그러므로 권리자의 권리행사가 가능한 시점을 시효의 기산점으로 삼아 시효가 진행한다고 해석하는 것이 신의성실의 원칙이나 조리에 부합한다.

불법행위에 의한 손해배상청구권은 '손해 및 가해자를 알았을 때'부터 시효가 진행하지만, 강제동원 피해자들은 일정기간 동안 권리행사가 불가능했고, 또 자유롭지 않았다. 그리고 자신의 권리를 어떻게 행사할 수 있는지조차도 몰랐던 사정을 고려해야 한다. 따라서 강제동원 피해자들의 손해는 특수한 손해인 만큼 현실적으로 손해배상을 청구할 수 있음을 안 때부터 시효가 진행한다고 해석해야 한다. 그러므로 강제동원 피해자들이 객관적으로 피해보상청구가 가능한 시점을 기준으로 시효의 기산점을 정해야 할 것이다.[50]

④ 채무불이행 책임

강제동원과 관련된 일본 회사는 강제동원 피해자들에게 적은 임금을 지불하였고, 열악한 상태지만 회사 내의 기숙사에 입주시켜 노동을 강요하였다. 이 같은 사실은 피고 회사가 강제동원 피해자들의 노무를 직접 지배하고 관리했음을 의미한다. 그러므로 강제동원 피해자들과 피고 회사 간에는 사실상의 노동관계인 법률관계가 성립되어 객관적으로 하나의 노동계약이 이뤄진 것이다. 그러므로 피고 회사는 사용자의 입장에서 강제동원된 한인 노무자들을 보호해야 할 의무가 있는 것이다.

그러나 피고 회사는 이런 기초적 의무마저 이행하지 않았다. 피고 회사의 구체적인 위반내용은 강제동원 피해자들을 그들 의사에 반하여 강제노동으로 혹사시킨 것, 집단기숙사 생활을 통하여 부당한 제약으로 개인의 자유를 구속한 것, 폭행한 것, 상해를 당한 강제동원 피해자에 대하여 적절한 치료도 하지않은 것 등 헤아릴 수 없이 많다. 그러므로 피고 회사는 강제동원된 노무자를 보호하고 부조할 의무인 배려 의무를 위반하였다. 이러한 보호의무 위반은 채무불이행의 한 유형으로 불완전이행에 해당하며, 계약교섭시의 보호의무 위반은 급부 의무의 발생을 전제로 하지 않고도 채무불이행 책임이 뒤따른다.

따라서 이러한 채무불이행이 피고 회사의 귀책사유에 의하여 발생한 것인 만큼 피고 회사가 귀책사유의 부존재를 주장·입증하지 못하면 당연히 그 손해를 배상해야 한다.[51]

⑤ 한일협정에 관한 해석 문제

국가 간에 청산할 수 있는 권리는 원칙적으로 첫째 국가의 국외재산이나 국가의 청구권이고, 둘째 국가의 개인에 관한 외교보호권이다. 그러므로 개인의 청구권에는 영향을 미치지 않는다고 해석해야 한다. 그것은 국가가 개인의 권리를 위임도 받지 않고 개인에 갈음하여 개인의 권리를 포기할 수 없기 때문이다.[52]

한일협정 당시 청구권관련 의견서에서도 전쟁범죄, 인도에 반하는 범죄, 노예금지협약의 위반, 여성매매금지협약의 위반 및 국제관습 법규의 위반에 연유한 개인의 권리를 침해하는 어떠한 사항도 본 협정과는 무관하다고 하였다. 따라서 한·일 청구권협정에서 한국 정부는 국가가 갖고 있는 권리나 국가가 국민에 대하여 가지고 있는 외교보호권만을 포기한 것이다. 그것은 한국 정부가 강제동원 피해자 개인의 피해배상청구를 일본에 요구하기 위한 국제법상의 외교적 보호권만을 의미할 뿐 개인의 청구권까지 포기한 다는 것을 의미하는 것은 아니다. 따라서 개인의 청구권은 협정이든 일본의 국내조치법에 의해서든 소멸시킬 수 없는 것이다. 그러므로 강제동원 피해자들은 일본 정부나 일본 기업을 상대로 모든 개인의 피해배상청구권을 행사할 수 있다고 해석하여야 한다.[53] 더욱이 그동안의 사정 변경으로 한국과 일본의 관계나 위상 및 주변정세가 너무나 변화되었다. 그러므로 애초부터 이 조약에 내재된 문제점과 미비점에 대하여 전면적 개정이 불가피하다.

일본군 '위안부'나 전시노무자 그리고 일본군의 군인 및 군속으로 끌려간 강제동원 피해자들이 일본 정부나 기업을 상대로 제기한 민사소송에서 일본 재판부는 거의 모든 청구를 기각하였다. 일본 재판부에 일말의 사법적 정의를 기대한 것은 지나친 욕심이었을까? 연합군에 의한 중국인의 강제동원 및 강제노동의 피해에 대한 철저한 조사는 결국 하나오카 재판처럼 종합적인 해결을 도출해 낼 수 있었지만, 우리의 경우에는 피해사실에 대한 실태조사와 진상규명조차 제대로 이루어지지 않아 하나오카 재판과 같은 결과를 기대할 수는 없는 것인가?

지금도 강제동원 피해자들의 보상에 관한 소송이 진행되고 있다. 이 소송의 의미는 단순히 과거의 피해에 대한 금전상의 배상만을 의미하는 것이 아니라 일본의 양심과 도덕성을 회복할 수 있는 기회를 제공한 것이며, 불행한 한·일간의 과거사를 청산할 수 있는 기회인 것이다.

물론 한·일간의 불행한 과거사의 모든 문제가 피해자들의 소송만으로 해결될 수 있는 것은 아니다. 식민지지배와 침략전쟁으로 인한 피해복구의 목적은 인간의 존엄성에 대한 성찰과 상호의 신뢰회복에 있다고 할 수 있다. 따라서 불행한 한·일간의 과거사에 대해 일본이 반성하지 않으면 양국 간의 좋은 관계는 영원히 기대할 수 없다. 한·일간의 우호관계의 시작은 상호신뢰가 불가결한 요소이며, 이를 위해 일본 정부는 과거청산을 위한 선결문제로 일제강점기에 자행한 인적·물적 피해에 대해서 책임을 인정하고, 진정한 반성과 사죄를 해야 한다. 그리고 국제법상의 배상책임에 따라 피해배상은 물론 책임자 처벌, 재발 방지를 위한 교육 등이 실현되어야 한다. 결국 한·일 양국의 선린우호관계를 확립·발전시키기 위해서는 불행한 과거를 청산할 수 있는 제조건의 실현이 불가피하다. 강제동원 피해당사자들이 고령인 점을 고려하여 피해보상소송의 결과에 관계없이 이른 시일 내에 일본 정부의 전향적인 조치를 기대한다.

– **최 계 수**(국민대학교 한국학연구소 연구교수)

■ 주

1. 강제동원이란 자국이나 점령군이 폭력이나 기타 강압수단으로 개인이나 대중을 그들의 목적지에서 특정의 목적지로 계획적으로 이송하는 것으로 식민지 주민을 전쟁수행의 병력이나 강제노동에 동원하는 것도 이에 포함된다(韓亨健,「日帝下 朝鮮人 强制徵用에 대한 日本의 戰後補償에 관한 國際法的 問題」,『國際法論叢』 40~1, 1995, 324쪽). 그러나 강제동원은 마치 범죄를 저지른 자에 대한 인신구속의 의미를 내포하고 있다. 그러므로 일제에 의해 강제로 동원된 사람들의 명칭으로 사용해서는 안 된다. 따라서 강제동원은 강제동원으로 표기해야 한다.
2. http://www.hani.co.kr/section-003100000/ 참조.
3. 高木健一(최용기 옮김),『戰後補償의 理論』, 한울, 1995, 48쪽.
4. 예컨대 일본군 '위안부'로 현지에 유기된 자, 사할린에 그대로 유기된 자들과 우키시마호 폭침사건 등이 그 예이다.
5. 태평양전쟁희생자유족회,「광복56주년 한·일과거청산의 문제와 과제」-아시아태평양전쟁 한국희생자 보상청구소송 10년-민족대토론 세미나, 2001. 8. 14, 3쪽 참조. 대일민간청구권신고에관한법률과 대일민간청구권보상에관한법률은 1982년 12월 31일 법률 제3614호와 제3615호로 폐지하였다.『대중일보』1946년 4월 15일자.
6. 헌재 1996. 11. 28. 95헌마161 ; 청구인은 대한민국으로서는 한일협정에 의하여 일괄타결된 피징용부상자의 청구권의보상에관한법률을 제정할 의무가 있음에도 불구하고 이를 제정하지 아니한 입법부작위로 인하여 헌법상 보장된 청구인의 평등권 등 기본권을 침해받고 있다고 주장하면서 그 입법부작위의 위헌확인을 구하는 헌법소원심판을 청구하였다. 이에 대해 헌법재판소는 "피징용부상자의 청구권은 피징용사망자의 청구권과 마찬가지로 대한민국과 일본국 간의 재산 및 청구권에 관한 문제의 해결과 경제협력에 관한 협정(조약 제172호)에 의해 일괄 타결된 대일민간청구권의 하나임에도 불구하고, 위 대일민간청구권신고에 관한 법률이 피징용사망자의 청구권에 대하여는 이를 신고대상으로 규정하면서도

피징용부상자의 청구권을 신고대상에 포함시키지 않은 데에는 피징용부상자의 청구권에 대한 보상을 거부한다는 입법자의 소극적 응답이 포함되어 있다고 보아야 할 것이다. 따라서 피징용부상자의 청구권이 신고 및 보상의 대상에 포함되어 있지 않고 그 결과로 청구인이 보상을 받지 못하게 된 것은 입법자가 위 협정에 의하여 일괄타결된 청구권에 대한 보상관계입법을 하면서 피징용부상자의 청구권을 신고대상에서 제외하여 보상을 하지 않기로 보상입법을 불충분하게 함으로써 입법의 결함이 생겼기 때문이지 보상입법을 하지 않았기 때문은 아니므로 이른바 부진정입법부작위에 지나지 않는다"고 하여 각하를 결정하였다.

7. LA 대일보상청구소송은 1999년 9월 7일 신일본제철, 미츠비시중공업 등 일본 회사를 상대로 워싱턴 연방지법에 손해배상을 청구하면서부터 시작되어, 2000년 9월 18일 한국인 피해자 6명, 중국인 피해자 4명, 대만인 피해자 4명, 필리핀 피해자 1명 등이 포함된 일본군 '위안부'들이 워싱턴 연방지법에 일본 정부를 상대로 소송을 제기한 것이다. 서남현, 『누가 역사를 낯선 땅에 묻었는가』, 명상, 2003, 227~230쪽.

8. 강제징용 피해자 6명이 2000년 5월 1일 미츠비시중공업회사를 상대로 미지불임금과 손해배상 청구소송을 부산지방법원에 제기하여 현재 심리중에 있다.

9. 관련 연구로는 다음의 논문 등이 참고된다. 金明基, 「國際人道法上 女子挺身隊에 대한 日本의 非人道的 行爲와 國家責任의 成立」, 『人道法論叢』, 國際赤十字社 人道法研究所, 2001 ; 김창록, 「한국 및 한국인에 대한 일본의 법적 책임」, http://www.humanrights.or.kr/HR Library/HRLibrary15-crkim4.htm ; 박원순, 「일본군 '위안부'문제의 해결전망」, http://witness.peacenet.or.kr ; 韓亨健, 「日帝下朝鮮人强制徵用에 대한 日本의 戰後補償에 관한 國際法의 問題」.

10. 여기서 '고의'는 국가기관이 직무상의 행위를 함에 있어서 그 행위를 인식한 경우이고, '과실'은 국가기관이 부주의로 그러한 사실을 인식하지 못한 경우를 말한다.

11. 金明基, 「國際人道法上 女子挺身隊에 대한 日本의 非人道的 行爲와 國家責任의 成立」, 5~8쪽 ; 김창록, 「한국 및 한국인에 대한 일본의 법적 책임」, http://www.humanrights.or.kr/HRLibrary/HRLibrary15-crkim4.htm 참조.

12. 육전규칙은 점령지에서 점령군으로서의 교전국이 준수하여야 할 특정의 형태를 규정한 것으로 1907년에 개최된 제2차 헤이그 평화회의에서 채택되었고, 1910

년부터 발효되었다. 일본은 1912년에 비준하였다.
13. 기존의 국제조약은 1904년 5월 18일 파리에서 13개국에 의해 締結된 未成年 婦女子의 賣買에 대한 실효적 보장을 위한 行政規制에 관한 協定, 1910년 5월 4일 파리에서 締結한 추업을 행하게 하기 위한 부녀자매매금지에 관한 국제조약, 1921년 9월 30일 제네바에서 締結된 婦女子와 兒童의 賣買禁止에 관한 국제협정 등이다.
14. 韓亨健,「日帝下 朝鮮人 强制徵用에 대한 日本의 戰後補償에 관한 國際法的 問題」, 336~337쪽 참조.
15. 일본 정부는 일본군 '위안부' 문제가 제기될 당시에는 민간업자에 의한 것일 뿐 일본 정부와는 무관하다고 하면서 일본 정부의 책임을 인정하지 않았다. 그러나 계속되는 여론의 압력에 굴복하여 일본 정부는 1992년과 1993년 두 차례의 보고서를 발표하였다. 특히 1993년 8월 4일의 보고서에서는 일본군부에 의해 자행된 것임을 시인하였다. 즉 1993년 일본의 고노관방장관은 위안부제도에 일본군부가 위안소의 설치, 경영, 관리 및 위안부의 이송에 직·간접으로 간여했음을 시인하였다.
16. 일본 정부나 대표자들의 사과발언록은 다음과 같다. 1965. 2. 20. 한일회담 당시의 외무상, 양국의 불행한 관계에서 연유하는 한국국민의 대일감정에 유념하고 깊이 반성하는 바이다 ; 1983. 1. 11. 나카소네 총리의 방한만찬답사, 과거에 불행한 역사가 있었던 것은 사실로서 우리는 이것을 엄숙히 받아들이지 않으면 안 된다 ; 1984. 9. 6. 히로히토 일왕, 우리는 귀국과의 교류에 의해 많은 것을 배웠다. 그런데도 금세기의 한 시기에 있어서 양국간의 불행한 역사가 있었던 것은 유감이다 ; 1984. 9. 7. 나카소네 총리, 우리의 잘못에 깊은 유감을 새기고 장래에 이런 일이 없도록 굳게 결의하고 있다 ; 1990. 5. 24. 아키히토 일왕, 일본에 의해 초래된 과거 불행했던 시기에 귀국의 국민이 겪었던 고통을 생각하여 본인은 痛惜의 念을 금할 수 없다 ; 1990. 5. 24. 가이후 총리, 우리의 행위로 견디기 어려운 고난과 슬픔을 체험하게 된 데 대해 겸허히 반성하며, 솔직히 사죄를 드리고자 한다 ; 1991. 1. 9. 가이후 총리, 과거를 잊지 않고 그 반성을 현재에 살림으로써 미래를 향한 시야가 열릴 것이다 ; 1992. 1. 16. 미야자와 총리, 일본은 반성하는 마음을 잊지 않도록 해야 할 것이며 귀국 국민께 반성과 사과의 뜻을 말씀드린다 ; 1993. 11. 6. 호소카와 총리, 과거 우리는 식민지지배 시절

에 한반도의 여러분에게 참을 수 없는 고통을 강요한 데 대해 가해자로서 우리가 한 일을 깊이 반성하며 이번 기회에 다시 한번 진사드리는 바이다. 박원순, 「일본군 '위안부'문제의 해결전망 – 배상에 관한 국제법적 논의를 중심으로」, http://witness.peacenet.or.kr.

17. 양미강, 「전후처리 무엇이 문제인가? 일본군 위안부 문제와 관련하여」, 『殉國』 100, 1999, 18쪽.
18. 김은식, 「한국인 징용자 소송과 향후의 과제」, http://victim.peacenet.or.kr.
19. 高木健一, 『戰後補償의 理論』, 111쪽 ; 서남현, 『누가 역사를 낯선 땅에 묻었는가』, 179쪽.
20. 高木健一, 『戰後補償의 理論』, 112~114쪽 ; 장완익, 「전후 배상소송에 관하여」, 20~21쪽.
21. 서남현, 『누가 역사를 낯선 땅에 묻었는가』, 180쪽.
22. 곽귀훈 재판보고서, http://victim.peacenet.or.kr.
23. 곽귀훈은 21세인 1944년 9월에 일본군 히로시마 서부 제2부대로 징병되었고, 1945년 8월 6일 히로시마에 있는 공병대 연병장을 행진하던 중 원폭투하로 피폭되어 상반신에 심한 화상을 입고 귀환하였다. 그후 1998년 5월 피폭 치료차 도일하여 오사카부로부터 피폭자건강수첩을 교부받아 건강관리수당으로 월 3만 4,000엔을 받았으나, 치료 후 귀국하자 오사카부가 수당지급을 중지하는 처분을 내리자 訴를 제기하였다.
24. www.sayaga.net/sokbo15.html No. 20, 2001. 6. 15.
25. 항소이유로 첫째, 원호법의 입법취지는 재외피폭자를 대상으로 하고 있지 않다, 둘째, 의료수당을 받을 수 없는 사람이 건강관리수당만을 받을 수는 없다, 셋째, 1999년 3월 히로시마지방법원 판결에서는 일본국이 승소했다는 점을 들고 있다. www.sayaga.net/sokbo15.html No. 21, 2001. 6. 30.
26. 『동아일보』 2002년 12월 6일자.
27. 法務部, 「사할린 僑胞의 現況과 法的地位」, 『法務資料』 第72輯, 1986 ; 장완익, 「전후배상소송에 관하여」, 21쪽 ; 양미강, 『전후처리 무엇이 문제인가』, 15쪽.
28. 홍석조, 「사할린잔류 한인귀환에 관련된 제문제점 및 대책」, 『통일한국』 1988년 1월호, 평화문제연구소, 56~57쪽.
29. 일본강관재판, http://victim.peacenet.or.kr.

30. 김은식, 「해외에서의 한국징용자소송과 향후의 과제」, http://victim.peacenet.or.kr.
31. http://www.jca.apc.org.
32. 일본제철은 일제하에 약 1만여 명의 조선인들을 강제징용하여 강제노동을 시켰을 뿐만 아니라, 임금을 지불하지 않고 공탁시킨 기업이었다.
33. http://victim.peacenet.or.kr/osakaj/osakaj2.htm 참조.
34. 국제노동기구(ILO)에 의해 29호 조약인 강제노동에 관한 조약을 위반하였음을 인정한 것이다. 즉 이 조약에서 강제노동이란 "어떤 자가 처벌의 위협 아래 강요되거나 스스로 자청하지 않은 일체의 노동 또는 서비스"이다(제2조 제1항). 그리고 체약국은 강제노동을 가능한 한 단기간 내에 폐지할 의무(제1조 제1항), 폐지할 때까지의 과도기적 기간 중에도 여성은 제외할 것 등을 준수할 의무와 강제노동의 불법한 강요를 형사범죄로서 처벌할 의무와 그것을 위한 입법의무, 엄격한 처벌 실시의무 등이 있다 ; 김창록, 「한국 및 한국인에 대한 일본의 법적 책임」.
35. http://victim.peacenet.or.kr/mitsubishi/Kmitsu/so3.htm ; 김은식, 「해외에서의 한국인 징용자소송과 향후의 과제」; 장완익, 「전후배상소송에 관하여」, 22~23쪽.
36. 이러한 화해의 움직임은 가지마 하나오카 광산 중국인 강제동원 등 손해배상청구소송에서 피고회사인 가지마건설이 강제동원·강제노동의 역사적 사실을 인정하여, 기업으로서도 책임이 있음을 시인하고 사죄의 뜻을 표명하면서 본격적인 논의가 이루어졌다. 그리고 도쿄고등재판소는 소송상의 화해를 도모하여 2000년 11월 29일 중국인 강제노동 피해자 원고 11명 이외에 900여 명의 피해자 전원에 대하여 5억 엔의 기금을 중국의 적십자를 통해 지급하는 조건으로 화해가 성립되었다. 이 기금은 하나오카광산 출장소의 현장에서 수난당한 자에 대한 위령 및 추도, 수난자와 그 유족들의 자립, 간호, 및 자제육성 등의 자금에 충당하기로 하였다. 하나오카사건의 화해는 전체 해결을 위해서 신탁법리를 도입하였다. 하나오카사건은 역사적으로 986명의 동원 피해자가 존재한 역사적 사실에 근거함으로써 그 법적 구성에 신탁법리를 인용한 것이다. 신탁법에 의하면, 불특정 또는 부존재의 수익자에 대해서도 신탁행위는 가능하며, 수익자의 권리는 신탁행위에 의하여 무조건 성립되는 것으로 되어 있기 때문이다. 하나오카사건은 향후 유사한 사건의 해결에 하나의 지침이 될 것으로 보인다 ; 「하나오카사

건(花岡事件) 화해의 경위와 의의」, http://victim.peacenet.or.kr.
37. 일본 민법 제724조는 "불법행위로 인한 손해배상청구권은 피해자 또는 그 법정 대리인이 손해 및 가해자를 안 날로부터 3년간 행사하지 아니하면 시효로 인하여 소멸하고, 불법행위를 한 날로부터 20년을 경과한 때에도 소멸한다"고 규정하고 있다.
38. 최봉태, 「일본에서 진행되고 있는 일본위안부 재판의 현황과 과제」, 한국정신대문제대책협의회 편, 『일본군 위안부 문제에 대한 법적해결의 전망』, 풀빛, 2001, 211~237쪽.
39. 「일본군 '위안부' 피해자 등에 관한 일본 야마구치[山口]지방재판소 시모노세키[下關]지부 판결」, http//hanara.kmaritime.ac.kr.
40. www.sayaga.net/sokbo15.html No. 15, 2001. 3. 31 ; 『한겨레신문』 2001년 3월 30일자.
41. www.sayaga.net/sokbo15.html No. 63, 2003. 3. 31 ; 『동아일보』 2003년 3월 27일자.
42. 「일본의 전쟁책임자료센터」, http://www.jca.apc.org.
43. www.sayaga.net/sokbo15.html No. 63, 2003. 3. 31.
44. http://victim.peacenet.or.kr.
45. www.sayaga.net/sokbo15.html No. 15, 2001. 3. 31.
46. 대판, 1988. 4. 12, 87다카2951.
47. 대판, 1972. 11. 28, 72다939 ; 대판, 1983. 5. 24, 83다카208.
48. 강정숙·서현주, 「일제 말기 노동력 수탈 정책」, 『한일간의 미청산 과제』, 아세아문화사, 1997, 133~140쪽.
49. 郭潤直, 『債權各論 再全訂重版』, 博英社, 1986, 395쪽.
50. 실제로 후지코시 손해배상청구 소송의 경우에는 시효의 기산점을 1991년 8월 27일 다음날로 삼았다.
51. 대판 1964. 4. 28, 63다617.
52. 高木健一, 『戰後補償의 理論』, 33~34쪽.
53. 김창록, 「한일청구권협정으로 개인의 청구권은 소멸하지 않았다」, 한일심포지엄, 미츠비시중공업한국인징용자재판지원회, 2000. 12. 19.

독일 나치정권하 강제 노동자의
임금청구와 법적 고찰

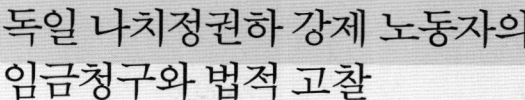

　강제노동 또는 노예제도가 불법행위라는 것은 20세기 초에 분명히 밝혀졌다. 그러나 개인의 인권보호 문제는 각국의 국내법 및 국제법에서 꽃피우기도 전에 제2차 세계대전을 통해 독일과 일본의 제국주의자들에 의해 또 다시 철저히 무너졌다.
　우리의 경우 식민지시기 수많은 사람들이 징병, 징용, 일본군 '위안부' 등으로 강제동원되어 혹독한 조건에서 희생을 강요당하였다. 해방된 지 60여년이 흐른 지금 우리 후세들은 강제동원된 한국인 희생자들에 대한 정확한 실상을 파악하고 이들의 인권을 되찾아 주어야 할 의무를 지고 있다.
　태평양전쟁 기간 중 일제의 한인 강제동원에 따른 임금청구 문제는 일본 정부의 지금까지 주장과 일본의 국내법 및 국제법규 등을 근거로 하여야 한다. 독일도 나치정권 지배 하에서, 특히 제2차 세계대전 기간 중에 일본과 마찬가지로 강제동원을 통한 노동착취를 자행했다. 그러나 일본과 달리 독일의 현정부는 이 문제를 포괄적이고, 실질적으로 해결하기 위한 여러 방안을 제시하여 실행하고 있다.

이 논문에서는 일제에 의해 강제동원된 한인 희생자들(군인, 군속, 징용자, 일본군 '위안부' 등)의 해방 후 귀환처리 과정에서의 법적 문제를 큰 주제로 삼고 다음과 같은 내용을 단계적으로 고찰하고자 한다. 먼저 일본제국주의에 의해 강제로 동원된 한인 징용자들의 손해배상청구권(특히 미지급 임금 청구, 부적절한 금액이 지급된 경우 등)을 국제법·일본법의 측면에서 검토한다. 다음으로 독일 나치정권하 강제노동자들의 임금 청구에 관한 내용을 분석해 본다. 마지막으로 한인 강제징용 피해자들의 권리를 찾을 수 있는 방안을 모색한다.

지금까지 독일에서 벌어진 과거 강제노동에 따른 미지급 임금 청구 등 법적 논쟁의 핵심은 첫째 강제노동이 일차적으로 국가책임이라는 점에서 공무상의 책임 여부, 둘째 국제적 합의로 손해배상청구권을 규정한 국제협약, 셋째 청구권 소멸시효의 적용 유무이다.

이 핵심 문제들을 짚어보고 과거 강제노동자들의 손해배상, 위자료, 임금청구 등과 관련한 독일의 입법례, 판례 및 대안을 집중 검토한다. 먼저 독일 나치정권하 강제노동의 현황을 살펴보고 강제노동과 관련된 배상청구 소송의 전개과정을 추적해 본다. 그리고 2000년 8월 2일「재단법(Stiftungsgesetz : Gesetz zur Errichtung einer Stiftung "Erinnerung, Verant-wortung und Zukunft")」을 제정하여 배상문제를 해결하고 있는 독일의 방안도 살펴본다. 이어서 독일의 강제노동의 법적·정책적 해결방안을 분석하여 한국과 일본에서 진행되고 있는 한인 강제징용 피해자 손해배상청구권[1]의 해결방안을 모색해 본다. 미국의 집단소송제도와 독일의 재단법은 한인 강제동원 피해자의 임금청구 문제를 해결하는 데 모델이 될 수 있을 것으로 생각한다.

강제노동의 개관

명백한 국내법[2]과 국제법[3]이 있음에도 불구하고 독일 제3제국은 전시경제를 유지하기 위해서 국가적·국제적 규정들을 파기하고 강제노동과 노예제도를 다시 도입하였다. 제2차 세계대전 중 나치 정권은 군수산업을 유지하기 위해 강제노동을 통해 인력을 착취하고, 정치적·인종적으로도 차별하였다.

제2차 세계대전 동안 독일이 점령한 국가들, 특히 동유럽의 많은 시민들은 남녀를 불문하고 강제로 동원되어, 독일기업에서 무임금 또는 약간의 보수를 지급받으며, 열악한 노동조건 속에서 일을 강요당하였다. 더구나 소련에서 동원되어 온 강제노동자들은 종전 뒤 고국으로 귀환한 이후에도 독일에 부역하였다는 이유로 또 다른 박해를 당하였다.

전쟁 초기에 나치정권은 주변의 많은 국가들을 점령함으로써 수많은 인력을 얻을 수 있었으나 출신 국가별로 차등대우를 하였다. 나치 정권은 이들을 활용하기 위해 고용정책을 이미 사전에 치밀히 계획하였다. 이 계획에 따라 폴란드 및 점령 소련지역에서는 수많은 사람들을 무자비한 방법으로 계속 보충하여 강제노동을 시켰다. 다른 점령지에서는 그보다는 덜 잔인한 방법을 취하였다.

강제노동자들은 일반적으로 크게 셋으로 분류한다. 군수산업체에서는 '강제수용소노동자(KZ-Häftlingsarbeiter)' 또는 '민간인/외국인노동자(Zivilarbeiter)/(Fremdarbeiter)'라는 명칭으로 구분하기도 하였다.

이들은 구체적으로 다음과 같이 분류할 수 있다.[4]

첫째, 외국인 노동자(Fremdarbeiter : 외국 민간노동자, 전쟁포로[5]도 일반적으로 포함한다) : 외국인 노동자들은 독일 기업들이 전쟁 초에 외국에서 모집하였고 나중에는 외국에서 강제동원하여, 노동국에서 각 기업에 배치해 노동력으로 충당한 민간인을 말한다.

둘째, 강제수용소노동자(KZ-Häftlingsarbeiter) : 강제수용소 수감자를 말한다. 강제수용소를 운영하는 나치 비밀요원들은 이들을 일련번호가 매겨진 생산수단[6]으로서 독일기업에 일정한 액수를 받고(1일 4RM) 빌려주었다.

셋째, 유럽거주 유대인 : 이들은 고향에 사는 유대인, 게토(Ghetto)에 강제 이주하거나 또는 강제수용소 외부에 거주하면서 강제노동에 동원된 유대인을 말한다.

생활조건이나 노동조건은 강제노동자들의 출신지역 및 인종에 따라 구별되었다. 폴란드, 소련 출신의 외국인 노동자들은 최하위 집단으로 간주되어 제일 힘든 육체적인 노동을 강요당하였다.[7] 이들은 엄격한 감시와 처벌과 천대를 받으면서 옷에 식별할 수 있는 표지를 달아야 했다. 노동이 끝난 뒤에도 숙박지 이탈이 불가능하였으며, 대중교통 및 어떠한 문화생활을 할 수 없었음은 물론 독일인과 접촉도 금지되었다. 이에 비해 서유럽 점령지, 프랑스, 벨기에 또는 동맹국인 이탈리아 출신 강제노동자들의 경우에는 손쉽고, 가벼운 일을 하였고, 개인의 자유를 누릴 수 있었다.

강제노동은 나치친위대가 지휘하였다. 강제노동의 목적은 단시간 내 최대한 착취하고, 그래도 살아남은 자들은 사형에 처한다는 것이었다. 강제노동의 대가는 아주 적거나 전혀 없을 수밖에 없었다. 최저임금을 지급한 경우에도 그 액수의 50~80%를 독일인들이 마음대로 공제하였다. 강제노동은 게토 외부에 있는 작업장이나 집단수용소 안에서 진행되었다. 궁극적으로 이들을 파멸시키려고 했기 때문에 생활 및 노동조건은 최악의 상태였다.

강제노동에 관한 소송

소송의 배경   독일에서의 '강제노동 소송'은 근본적으로 두 가지 근거에 기초하고 있다.

첫째, 원고와 피고 회사 사이의 고용관계에 따른 미지급 임금 청구[8]라는 것과 둘째, 강제집단수용소 및 강제작업장에서 상상을 초월한 노동력과 건강을 착취당하였기 때문에 독일 민법 제823조의 강제노동[9]에 해당하는 불법행위라는 것이다.

강제수용소 노동자(KZ-Häftlingsarbeiter)와 민간인 노동자는 그 신분의 차이로 인해 법적으로 상이한 결과를 가져왔다. 강제수용소 노동자의 경우에는 일종의 공법상의 재소자관계로서 노동을 강요당하는 바가 컸다. 오늘날의 시각에서 볼 때 이와 같은 관계는 인권법에 위반되어 무효이다. 그 당시의 법률에 비추어 보아도 명백한 인권침해이며 무효이다. 오늘날의 시각에서 볼 때 수감자(Häftling)와 기업 사이의 직접적인 계약관계를 인정할 수는 없다. 그런데 독일 기업들은 수감자들의 노동력을 착취하였고, 그 기업 내에 감시요원을 배치하여 그들을 통제하였다. 이와 같은 기업의 불법행위는 손해배상청구권이 발생한다. 외국인 노동자의 경우 독일 노동법원에서의 소송상 쟁점은 이런 비자발적인 외국 민간노동자들과 기업 간에 고용관계가 과연 성립할 수 있는가의 문제이다. 고용관계가 성립한다면 이것은 곧 자발적인 계약이 전제되어야 한다. 그러나 강제 징용된 자들은 자신의 의지와 관계없이 국가의 지시에 의해서 기업에 배치되었다. 독일 노동법원은 고용관계의 유무에 대해서 서로 다른 견해를 취하고 있다.[10]

① 1990년 2+4협약
(2+4 Vertrag/평화조약)
체결 이전
제2차 세계대전 종전 이후 이미 독일법원(미국 거주 유대인들은 집단소송을 통해 미국법원에 제기)에 여러 차례 강제노동에 따른 손해배상청구(임금청구 포함)가 제기되었으나 거의 모두 기각되었다.

② 1953년 6월 1일 LG Frankfurt 소송
1953년 6월 1일 프랑크푸르트 지방법원(LG Frankfurt)은 파르벤 회사(I.G. Farbenindustrie A.G.i.L.)에 손해배상 및 위자료로 1만 독일마르크(DM)를 한 명의 강제노동자에게 지급하라고 판결하였다.[11] 그 후 독일연방의회는 파르벤법(I.G. Farben—Gesetz)[12]을 1957년 5월 27일 제정하여, 이 회사의 모든 채권자들은 그들의 청구내용을 일정한 기간동안 신청하도록 하였다. 그러나 이 법률은 신청기간이 지나면 청구할 수 없도록 한시적으로 규정하였다. 이 경우는 특별법을 제정하여 일괄처리한 경우라고 할 것이다.

③ 1953년 런던채무협약(Londoner Schuldenabkommen)
독일의 외국채무에 대해서 1953년에 체결된 런던채무협약[13]에서는 강제노

제2차 세계대전 중 미군의 군사기밀을 독일에 알려준 첩자가 처형되는 모습

동과 관련된 소송을 제기할 수 없도록 하였다. 이 협약에 의하면 독일과 전쟁을 하였던 교전국에 속하는 일반 개인들이 독일에 대해 청구하는 모든 권리는 전쟁복구에 관한 문제들이 완전히 해결된 이후에나 가능하였다(제5조 제2항). 그 결과 강제노동에 따른 임금청구소송 역시 아직은 제기할 수 없다고 봄으로써, 그 당시 원고(강제노동자)들의 주장을 받아들이지 않았다. 독일인이나 외국인 강제노동자들이 독일 정부가 아닌 독일 회사를 상대로 제기한 소송의 경우에는 런던채무협약이 적용되지 않았다. 그러나 피고인들(회사)은 소멸시효를 근거로 이의를 제기하였고 독일법원은 이를 받아들여 소송을 기각하였다.

④ 독일연방배상법(Bundesentschadigungsgesetz : BEG)[14]
1956년에 제정된 독일연방배상법[15]에 의하면, 배상범위는 독일인과 독일

이 점령한 지역의 주민으로 제한함으로써 전쟁 당시 독일과 교전국가의 피해자들은 이 법률에서 제외되었다. 결국 외국인 강제노동자들은 처음부터 이 법률에 의해 배상받을 수 없었다. 그러나 유대인의 경우에는 이 법률을 적용받았다.

종전 후 독일연방공화국에서는 나치정권의 불법에 관한 내용을 연방법으로 규율할 필요성이 대두하였다.[16] 오랜 기간을 통해 마침내 1957년까지 제정된 세 가지의 법률[17]이 배상입법(Wiedergutmachung-sgesetzgebung)의 핵심을 이루었다. 즉, ① 1951년 5월 11일에 제정된 「나치정권하에서 공무상 저질러진 불법에 대한 배상에 관한 법률(BWGöd)」,[18] ② 1953년 9월 18일에 제정된 「박해당한 희생자들에 대한 연방보완법(BErG)」,[19] ③ 1957년 7월 19일에 제정된 「독일제국과 그와 동등한 지위에 있는 법적 기관의 부채상환 규율에 관한 연방법(Bundesrückerstattungsgesetz : BRÜG)」[20]이 배상입법의 중심이다. 1957년까지 위의 세 가지 법률을 제정하였으나, 이 법률들은 제정과 동시에 많은 결함이 드러났다. 이들 법률이 지닌 결함을 보완하고 개정하라는 요구가 잇따르면서 1956년 연방배상법과 1965년 9월 14일 연방배상법-최종규정[21]이 제정되었다. 이 법률은 1953년부터 소급하여 적용하도록 하였다. 연방배상법은 1969년 12월 31일자로 배상청구 신청기간이 만료되어, 현재는 연금지급에 관해서 규율하고 있을 뿐이다.[22]

⑤ 청구권의 소멸시효 논쟁

강제노동소송에서 또 하나의 핵심 쟁점은 청구권의 소멸시효, 즉 소멸시효의 기간과 기산점에 관한 것이다.

1967년 독일연방민사법원[23]에서는 독일인 강제수용소 노동자가 제기한 소송에서, 단기소멸시효기간은 임금청구권에 관해 규정한 독일민법 제196조 제9호(개정전 조항)를 근거로 2년의 기간을 적용하였다. 그러나 이 판례에 대해 독일민법 제195조를 근거로 30년의 소멸시효를 적용해야 된다는 주장이 제기되었다. 독일 민법 제195조에 의한 일반소멸시효 30년이란 기간은 부당이득에 관한 청구권에만 적용되는 것이다. 그런데 이런 경우는 거의 발생하지 않는다. 1991년 뮌헨 고등법원(OLG München)에서는 2년의 소멸시효를 판시하였다. 그리고 몇몇 독일법원은 독일민법 제853조에 의한 3년의 소멸시효기간을 불법행위책임에 적용시켰다.

이와 같은 단기소멸시효기간 때문에 소멸시효가 언제 발생하는지 그 기산점의 산정이 중요하다. 국제법상의 합의, 특히 런던채무협약에 의해서 외국인 강제노동자의 개별 소송을 배제하였기 때문에 소멸시효기간이 시작되었다고 볼 수 없다는 것이 독일에서의 지배적인 견해이다.

그런데 1990년 2+4협약의 체결로 개인이 청구권을 주장할 수 있게 됨에 따라 그동안 중단되었던 소송이 재개되었다. 몇몇 독일법원은 2+4협약이 체결됨으로써 개인청구권은 다시 소멸시효가 진행된다고 판시하였다. 그러나 연방배상법에 의거해서 이미 급부를 받은 경우에는 청구권을 상실한다고 보았다.[24] 슈투트가르트 지방법(LG Stuttgart)[25]도 2+4협약 체결 이후 소멸시효가 진행된다고 판단하였다. 이때의 기산점은 바로 1991년 3월 15일이 된다. 따라서 3년의 불법행위법상의 소멸시효를 바탕으로 한다면 배상청구권은 1994년 3월 15일자로 소멸되는 것이다.[26]

판례의 입장과는 달리 원고들은 2+4협약이 발효되었다 하더라도 바로 이 시점에서 자신의 청구가 승소할 수 있는지 알 수 없기 때문에 소멸시효가 시작된다고 볼 수 없고, 적어도 1996년 5월 26일 독일 연방헌법재판소 결정 때까지 정지된 것이라고 주장하였다. 그 근거로 독일 연방헌법재판소의 결정에 의해서 비로소 원고들이 장래를 예측할 수 있게 되었다는 것이다. 이와 같은 원고들의 주장은 청구권자에게 불이익을 주는 판결일 경우에는 소멸시효의 중단사유가 된다는 것인데, 이런 주장은 독일법에서는 그 근거를 찾을 수 없다. 단지 소멸시효의 중단은 채권자가 청구권을 확인하는 등의 소송을 제기한 경우에 한정하고 있으므로(독일 민법 제209조/개정전 조항) 원고 측의 주장을 받아들이기 어렵다.

문제는 기산점을 1996년 5월의 독일 연방헌법재판소 판결 이후로 잡더라도, 늦어도 1999년 5월 중순에 이미 소멸시효가 지나가 버렸다는 것이다. 독일에서 사회적 여론에 힘입어 강제노동에 대한 소송문제가 공개적으로 논의됨으로써 비로소 자신이 소송을 할 수 있다는 것을 알게 된 강제노동자들은 이미 소멸시효에 의해 손해배상을 청구할 수 없게 되었다. 지난 50여 년간 법률상의 시효논쟁을 벌이는 동안 강제노동자들은 이미 고령이 되었고, 생존자들의 수는 점점 줄어들고 있는 실정이다. 강제노동은 일상생활이 아닌 특수상황이다. 벌써 소송에 의해 그들의 배상문제는 해결되었어야 한다. 그동안 독일 법원에서도 확정하지 못했던 소멸시효를 근거로 손해배상청구소송을 기각하는 독일 법원의 태도는 신의성실의 원칙을 저버린 판단으로서 받아들일 수 없는 것이다.

이제는 소멸시효의 판단을 어떤 근거로 주장하든 독일의 강제노동소송에서는 그 의미를 상실하였다고 할 것이다.[27]

⑥ 2+4협약 체결 이후 새로운 전개

1990년 9월 12일 체결된 2+4협약으로 강제노동자의 손해배상청구소송은 결정적인 전환점을 맞게 되었다. 이 협약에 의해 외국인 강제노동자들이 현 독일 연방정부를 상대로 손해배상을 청구할 수 있는 가능성을 열어놓았다. 전쟁복구에 관한 문제가 해결되지 않았다는 런던채무협약을 이유로 강제노동자들의 배상청구를 기각해 왔으나, 이 협약 체결 이후에는 더 이상 이러한 근거를 내세울 수 없게 된 것이다. 2+4협약 체결 이후 본(Bonn), 브레멘(Bremen) 소송이 진행될 수 있게 되었다.

⑦ 사건 개요
• 1997년 11월 5일 본(LG Bonn) 소송
1992년 본 지방법원(LG Bonn)에서 여성 21명, 남성 1명이 소송을 제기하였다. 이들은 유대인으로서, 나치에 강제동원되어 아우슈비츠·비르케나우 집단수용소에 수용되었던 사람들이다. 이들은 1943년 9월부터 그곳에 수용되어, 소위 1945년 1월 18일 '죽음의 행진'이 시작될 때까지 군수산업체인 바이히셀 금속(Weichsel Metall-Union KG)에서 작업하였다. 그들의 노동강제에 대한 대가는 전혀 받지 못했다. 강제동원 당시 원고들의 국적은 폴란드, 헝가리 등이었고, 나이는 14~25세였다. 그들 가운데 1명은 독일 국적을 가지고 있었다.

종전 후 독일인을 제외한 나머지 사람들은 이스라엘 국적을 취득하였는데, 그 중 1명의 여성을 빼고는 여성 원고 모두가 연방배상법에 의거해서 돈을 받았거나, 또는 아직도 받고 있다. 이 급부는 그 당시의 강제노동에 따른 신체적 건강 및 자유침해에 대한 대가이다. 돈을 받지 못한 1명의 여성 원고는 연방배상법의 법적 요건을 갖추지 못해서 받을 수 없었다. 그녀는 그 대신에 '대對독일 유대인 물질보상 청구 협회(Conference on Jewish

Material Claims against Germany)'로부터 지원을 받고 있다.

원고들은 휴일도 일요일도 없이 1주일에 7일을 매일 오전 7시에서 오후 7시까지 일을 해야 했다. 12시간 중 중간에 단 한 번 15분 휴식을 하는데, 이때 여성 3명을 기준으로 배당되는 국물을 마실 수 있었다. 저녁에는 빵 1조각, 차 한 잔, 그리고 1주일에 두 번씩 1인분이 추가로 지급되었다. 이들은 작업 시작 4시간 전에 일어나서 점호를 취하고, 일렬로 2시간 동안 4km까지 떨어진 공장에 가야 했다. 12시간 노동 후 경비병들은 그들을 다시 수용소로 데려왔다. 거기서 병약한 자들을 추려냈다.

• 1998년 6월 2일 브레멘(LG Bremen) 소송

1990년에 유대인 여성 3명이 브레멘 지방법원(LG Bremen)에 소송을 제기하였다. 이들은 아우슈비츠로 강제동원된 후 1944년 브레멘시 건설부의 요청에 따라 브레멘으로 옮겨져 1945년 4월 종전 때까지 브레멘시의 건축관련 일에 동원되었다. 그 당시 그들은 폴란드·헝가리·루마니아 국적을 갖고 있었고, 소송 당시에는 독일·이스라엘·루마니아 국적을 가지고 있었다. 독일인과 이스라엘인은 연방배상법에 의해 금전을 지급받았으나, 루마니아인은 받지 못했다.

⑧ 소송의 상대방

위 두 소송의 피고는 독일연방공화국이다. 강제노동의 희생자인 원고들은 회사를 소송 상대방으로 하지 않고 독일연방국가를 상대로 제기하였다. 그 논리적 근거는 우선 수용소는 나치친위대의 지배하에 있었고, 친위대는 법적으로 국가권력을 실행한 집단이다. 즉, 친위대는 나치정당(민

족사회주의독일노동당/NSDAP)의 일부로 보지만, 그 당시의 법적인 상식으로는 국가의 권력을 행사하는 기관이었다. 친위대는 강제노동자 1인당 1일 임대료로 4~6라이히스마르크(RM)를 받았다. 그 임대료는 급식에 해당하는 약간의 비용을 제외하고 베를린에 있는 중앙행정부서(Wirtschafts-und Verwaltungshauptamt/WVHA)로 보냈다. 이 금액의 일부는 제국재정부를 통해서 국가예산에 편입되었다. 독일연방공화국은 독일제국의 법적 계승자로서 이 금전으로 이익을 받은 자이므로 이를 상대로 소송을 제기한 것이다.

두 소송의 원고들은 이런 이유에서 현 독일 정부를 소송당사자로 선택하였다. 이 청구의 법적 근거는 독일 민법 제839조[28]에 의한 공무원의 직무상 책임청구(Amtshaftungsanspruch) 및 현행 독일 기본법 제34조의 공무상 의무위반에 따른 배상책임 그리고 바이마르공화국헌법 제131조에 의거하였다. 또한 나치정권하 강제수용소 수용자들을 강제노동에 동원하도록 규정한 법령들을 그 근거로 제시하였다. 그런데 이 법령들은 바이마르 헌법상 위헌이다. 왜냐하면 바이마르 헌법은 한 번도 폐지된 적이 없었고, 국제법상 '최저기준'[29]에도 어긋난 것이었다. 바이마르헌법 제4조 30에 의해서 이러한 국제법의 최저기준이 제3제국에도 적용되었기 때문이다.

⑨ 1996년 독일헌법재판소 결정[31]

위 두 소송은 첫 판결 이후 5~6년의 오랜 기간에 걸쳐 진행되었다. 그 이유는 외국인 강제노동자들이 독일연방정부를 상대로 한 개별 청구권의 행사 여부를 판단할 수 있는 독일연방헌법재판소의 결정을 기다려야 했기 때문이다. 전쟁으로 인한 물질적 손해배상은 국제법상의 합의에 의해서만 가능하다는 원칙과, 그 원칙에 강제노동자가 손해배상을 청구할 수 있는 권리도 포함되는지에 관해서, 1996년 5월 13일 독일연방헌법재판소는 강제노동자들이 개별적으로 소송을 제기하는 것은 아니된다는 규정을 어떠한 국제법에서도 찾아볼 수 없다고 판단하였다.

또한 1957년 11월 5일에 제정된「전쟁과 독일제국의 붕괴로 인하여 발생한 손해에 관한 일반규정에 관한 법률(Allgemeines Kriegsfolgengesetz : AKG)」제1조의 "이 법에서 다른 것을 규정하지 않는 이상 독일제국에 대한 청구는 소멸된다"라는 규정에 대한 위헌성 여부와 관련해서 독일연방재판소는 위헌이 아니라고 판단하였다.

1996년 독일연방재판소의 결정에 의해서 강제노동자들은 개별소송을 할 수 있게 되었다.

⑩ 평가

위 두 법원[각각 1997년 12월 5일 본 지방법원(LG Bonn), 1998년 6월 2일 브레멘 지방법원(LG Bremen)]은 이미 연방배상법에 의해서 급부를 받은 원고들의 주장을 기각하였다. 법원은 연방배상법에 의한 급부로 강제노동에 대한 대가가 지급되었다고 보았다. 따라서 연방배상법에 의해서 배상을 받지 못한 원고들에게는 1943~1945년 사이에 독일 일반노동자의 임금인 주당 60라이히스마르크(RM)를 기준으로 1만 5,000독일마르크(DM)(1991년의 화폐가치로 1 : 1 DM으로 환산)를 지급하도록 하였다. 이에 대해서 원고들은 강제집단수용소 수용자들의 강제노동은 독일의 그 당시 일반노동자와 어떤 면에서도 비교할 수 없다는 점 등을 이유로 독일 지방법원(Landgericht : LG)의 판결에 불복하였다.

독일연방정부를 상대로 한 본과 브레멘의 소송은 아주 복잡한 법적 문제를 내포하고 있다. 두 당사자들은 독일연방이 독일제국의 법적 계승자로서 원고들에게 강제노동에 대한 대가를 지급해야 한다고 주장하였다. 이에 대해 독일연방정부는 대가를 지급할 필요가 없다는 것이다. 왜냐하면 AKG 제1조 제1호[32]에서는 이 내용을 배제하고 있기 때문이다. 즉, 이 법률은 "이 법에서 다른 것을 규정하지 않는 이상 독일제국에 대한 청구는 소멸된다"라고 규정하고 있다.

이에 대해 원고들은 강제노동의 경우에는 이 법이 적용되지 않는다고 주장하였다. 외국인 강제노동자에 관한 것은 AKG 제101조에 의해서 도출되는데 런던채무협약 제1조 규정에 구속받지 않는다고 하였다. 외국인 강제노동자들의 청구권이 이 협약의 제5조 제2항에 의해서 유보됨으로써 진행할 수 없었기 때문에 그동안 강제노동자들의 청구권은 독일법에 의해서 소멸될 수 없다고 보았다.

한편, 독일인 강제노동자의 청구권소송의 경우에는 AKG 제101조가 그들에게 적용되지 않기 때문에 AKG 제1조에 의해서 소멸된다. 즉, AKG 제1조는 강제노동자들을 국적에 따라 차등하여 다루고 있다. 그러므로 이 규정은 독일 기본법 제3조[33]를 위반하고 있어 위헌이라고 주장하였다.

강제노동자의 청구권과 관련해서 또 다른 논쟁은 원고들의 청구권과 「공무원에 대한 제국의 책임에 관한 법률(RBHG : Gesetz uber die Haftung des Reiches fur seine Beamten)」 제7조의 적용 문제이다. 이 조항에 의하면 외국에 대한 공무원의 직무상 책임은 피해자의 국가에서도 독일 국민에 대한 책임을 인정하는 경우에만 적용한다는 상호주의를 채택하고 있기 때문이다. 그 당시 폴란드·헝가리·루마니아 등의 국가에서는 이와 같은 규정이 없었다. 그러나 독일연방정부가 이와 같은 상호주의를 근거로 내세우는 것은 독일 기본법 제25조에 의해서 법의 악용이라고 해석할 수 있다.

독일 기본법 제25조[34]의 규정에 의해서 국제법의 일반규정들은 독일 연방법의 구성부분으로서, 일반법보다 우선하여 적용된다. 국제법의 일반 규정으로는 「지상전 관련법 및 관습에 관한 헤이그협정(Haager Land-kriegsordnung)」[35]이 포함된다.

나치정권은 강제노동자들에 대한 만행으로 국제법의 규범을 근본적으로 파괴하였다. 나치정권의 뒤를 이은 독일연방공화국이 자국의 일정한 법규정을 들어 강제노동자의 청구권을 기각할 수는 없는 것이다.

⑪ 소송의 전개

본(Bonn) 소송에서는 22명 원고 중에서 19명이, 브레멘(Bremen) 소송에서는 2명의 원고들이 이의를 제기하였고, 독일연방정부 역시 패소 부분에 대해서 이의를 제기하였다.

쾰른 고등법원(OLG Köln)에서는 원고들의 이의를 1998년 12월 3일 판결에서 거절하였고, 독일연방의 이의에 대해서는 1명의 여성 원고에게 손해배상청구권을 인정하는 것으로 지방법원의 판결을 수정하였다. 쾰른 고등법원에서는 연방배상법 제8조 제1항의 규정은 강제노동에 대한 배상청구권을 배제한다고 보았다. 따라서 연방배상법에 의해서 배상받지 못한 경우라도 손해배상청구권을 행사할 수 없다고 판단하였다. 이 판결을 통해 독일의 입법자들은 연방배상법에 해당하지 않는 경우에는 어느 경우에도 배상하지 않겠다는 의도를 파악할 수 있다. 연방배상법은 결국 희생자를 위한 입법이 아니라 독일과 독일의 기업보호 차원에서 제정되어 시행한 것이라는 비판이 독일 내에서도 강하게 대두되었다.[36]

⑫ 제3민사법정의 판결[37]

고용계약법을 심의하는 제3민사법정이 강제노동자들이 당해 회사로부터 손해배상을 받을 수 있는지 여부를 판단하기 위해서 개최되었다.

우크라이나에서 태어나서 현재 독일에 거주하고 있는 원고는 1942년 고향과 멀리 떨어진 곳으로 강제동원되어, 그곳에서 1945년 종전까지 피고 회사의 강제노동에 투입되었다. 원고는 피고 회사로부터 36개월 동안 일한 노동의 대가로 4만 마르크(DM)와 열악한 악조건의 노동환경에서 일한 손해배상으로 6,000마르크(DM)를 지급해 달라고 청구하였다. 뮌헨 지방법원은 승소할 확률이 없다는 이유를 들어 원고의 주장을 기각하였고, 원고는 불복하였다. 뮌헨 고등법원(OLG München)은 2000년 8월 2일에 제정되어, 2000년 8월 12일 시행된 재단법 제16조[38]를 근거로 위 사건을 판결하였다.

원고는 자신의 고향에서 독일제국으로 강제동원되어, 그곳의 회사에서 일하도록 강요당한 자에 해당하므로 이 재단의 기금을 신청할 자격을 갖춘 것으로 보았다(재단법 제11조 제1항 제2호). 재단법 제16조 제1항 규정에 속하는 자는 나치정권의 불의와 관련해서 또 다른 청구권을 행사하지 못하도록 규정하고 있다. 따라서 제3민사법정은 원고의 청구를 인정하지 않았다. 원고는 재단법을 통해 급부청구권을 주장할 수 있으므로, 개별적으로 별도의 소송을 제기할 수 없다고 보아 원고의 주장을 기각하였다.

재단법에 의해서 급부를 받는 경우에는 더 이상의 청구권 행사를 주장할 수 없게 되었다. 독일민사연방법원 제3민사법정에서는 위와 같은 이유로 우크라이나 출신 여성 강제노동자의 손해배상청구권을 인정하지 않았다. 강제노동자로 분류되어 배상청구의 자격을 갖춘 경우에는 재단법의 내용, 특히 제16조 규정에 의거해서 모든 배상청구권을 다루어야 한다.

강제노동자의 손해배상청구에 대한 해결방안

독일의 몇몇 기업들은 1999년부터 일시적인 해결을 모색하기 시작하였다. 특히 독일기업들은 정면으로 재판을 통해 해결하지 않고, 재판 외 화해 또는 재단을 설립하여 기금운영 방법으로 청구권 문제를 해결하고 있다.

일시적인 해결방안 독일연방정부는 1965년 연방배상법-최종규정(BEG-Schluβgesetz)이 제정되자 이를 통해서 독일의 모든 의무는 종결되었다고 보았다. "독일의 금고를 더 이상 열지 않겠다"는 헬무트 콜 당시 연방총리의 선언은 이를 잘 설명하고 있다. 그후 1991년 폴란드·러시아·우크라이나·벨로루시 등에 재단을 설립[예를 들면, '독일과 폴란드화해재단'에 50억 마르크(DM) 지급]하여 나치에 희생당한 자를 위한 기금을 전달하였다.

재단설립 해결방안[39] 역사적·도덕적 책임과 지금까지의 관련 법률을 보강하기 위해서 독일 정부와 기업이 공동으로 100억 원의 기금을 출연하여, 강제노동에 따른 손해를 배상하기 위한 재단을 설립하였다.[40] 이 법률에서는 독일연방정부, 회사 및 지방단체가 포괄해서 책임을 질 수 있도록 하였다. 독일 연방의회를 통과한 독일의 「재단법(Stiftu-ngsgesetz)」은 2000년 8월 12일에 제정[41]된 '기억, 책임 그리고 미래(EVZ)'라는 재단 설립에 관한 법률(Gesetz zur Errichtung einer Stiftung

"Erinnerung, Verantwortung und Zukunft")의 내용을 담고 있다.

　나치정권 시기와 특히 제2차 세계대전 중에 독일제국 내에서뿐만 아니라 독일의 점령국에서 비인간적인 조건하에서 강제로 동원된 자들은 수백만 명에 달한다. 이들은 독일회사에서 전쟁기간 중 임금을 거의 받지 못하거나 저임금을 받으며, 비인간적인 조건에서 강제노동에 시달리고, 전쟁 후에는 '친독파로서 배반자'라는 멍에를 또다시 써야만 했다. 이와 같이 역사적 책임 속에서 '기억, 책임 그리고 미래'라는 재단을 설립함으로써 독일과 독일 기업들이 저지른 범죄행위에 책임감을 나타내고, 지금까지의 배상청구를 둘러싼 복잡한 법률관계를 해결하려고 하였다.

　이와 같이 EVZ 재단은 과거 나치정권의 희생자들과 강제동원되었던 자(외국인도 포함)들에게 먼저 법률의 정비를 통해 배상청구절차를 간편하게 하고, 신속하게 처리하여 경제적 도움을 줄 것을 목적으로 설립되었다. 물론 EVZ 재단의 업무는 생체실험의 희생자와 같은 신체장애에 대한 배상까지도 포괄하고 있다. 독일 기업이 근본적으로 직접적인 재산상의 손해를 입혔으나, 이에 대해서 독일 국가로부터 지금까지 배상을 받지 못하였거나 신청을 할 수 없었던 경우에도 배상할 수 있도록 규정하고 있다. 특히 연방배상법에 의해서 이미 급부를 받은 경우에도 재단법의 요건을 갖춘 경우에는 배상청구를 신청할 수 있도록 하였다.

　재단법에서는 폴란드·체코·벨로루시·우크라이나 및 러시아와 연대하고 있는 재단들이 주관하여 배상신청을 검토하고 그에 따라 배상금을 지급하도록 규정하고 있다. 위 나라를 제외한 국가의 희생자들은 유대인배상위원회(Juwish Claims Conference : JCC)와 국제이주민기구(Internationale Organisation fur Migration : IOM)에서 배상절차를 주관하고 있다.

이 법률은 배상신청 기간을 2001년 12월 31일까지 1년간 한시적으로 정하였고(재단법 제14조), 모든 신청자들은 문서로 자신의 주장을 입증하여야 한다. 위의 연대 재단들은 해당 자료를 수집하는 데 적극 협조하도록 규정하고 있다. 독일의 EVZ 재단은 각 연대 재단 업무의 조정·감독 기능을 갖는다.

특히 EVZ 재단의 기능 중에는 홀로코스트와 나치정권하에서 저질러진 불의를 기억하도록 모든 정보를 일반에게 제공하여, 그 결과 전체주의 체제가 다시 반복되지 않도록 사전에 방지하는 것을 포함하고 있다.

독일에서의 강제노동소송은 복잡한 법적 장애물 때문에 원고인 강제노동자들이 승소할 가능성이 매우 희박하다. 강제노동에 따른 배상청구의 문제는 단순히 법률상의 문제가 아니라 1차적으로 정치적이고 그것을 넘어서서 윤리적·도덕적 문제이다. 오늘날의 견해에서 볼 때 강제노동이라는 착취행위는 민법상의 책임에 관한 효력을 유발했다는 것을 숨길 수 없다. 기업들이 제3제국에서 전쟁기간 중 노동자들에게 취한 자신의 행위에 대해 채무를 지고 있다는 것은 의심의 여지가 없다. 그러나 종전 후 국제법상의 합의와 채권의 소멸시효 때문에 생존자들은 법원으로부터 청구권을 비롯한 자신의 권리를 확보하는 데 어려움을 겪고 있다.

결국 강제노동자들의 미지급 임금청구 소송과 그에 따른 손해배상 및 위자료청구 소송은 법적으로 해결하기에 너무나 많은 문제점이 있고, 넘어야 할 장애물이 너무 많다. 그런데 강제노동의 희생자들은 이러한 지지부진한 법적 논쟁을 기다리기에는 너무 연로하고, 소송비용 또한 감당하기 어려운 실정이다.[42] 따라서 법적 논쟁을 계속하는 한편, 독일이 제정한 「재단법」이나, 본고에서 아직 다루지 않았으나 미국의 집단소송방식을 도입하여 우리의 문제도 신속히 해결해야 한다.

우리의 문제는 일제식민지 지배에 대한 일본인들의 인식 전환이 무엇보다 필요하다. 독일의 경우 주지하는 바와 같이 도의적으로 이 문제를 회피하려고 하지 않았고, 그 결과 정면으로 문제해결에 나선 것이다.

희생자들이 사망한 후에는 전후 배상의 문제는 단지 공허한 외침이 될 뿐이다. 그러므로 전후 배상을 조속히 매듭짓는 것은 현재 희생자들이 생존해 있는 동안 우리 세대가 완수해야 할 의무이다. 독일의 경우, 현재 독일에 거주하고 있는 생존 유대인 여성들이 자신의 권리를 한 걸음 한 걸음 나아가 쟁취한 결과이며, 수많은 대책협의회의 결과물이다. 이 점을 눈여겨보아야 할 것이다.

– **남 윤 삼**(국민대학교 법학부 교수)

■ 주

1. 1970년대부터 다수의 소송이 일본에서 제기되었다. 특히, 2000년 5월 1일 미츠비시중공업주식회사를 상대로 강제동원되어 노동을 착취당하였던 6명의 한인 징용자들에 의해서 제기된 미지급 임금 및 손해배상 청구소송이 2003년 5월 현재 부산지방법원에서 진행 중에 있다.
2. 1871년부터 현재까지 독일 형법 제234조에서는 유괴, 노예신분제도, 노예제도를 자유형으로 처벌하였다. 이 형법규정은 제2차 세계대전 중에도 역시 유효하였다.
3. 국제법의 내용으로는 ① Haager Landkriegsordnung(HLKO : Abkommen betreffend die Gesetze und Gebrauche des Landkrieges vom 18. 10. 1907, RGBl. 1910, 107) : 1899년 독일제국이 비준하고, 1907년 보충된 '국가전쟁에 관한 법률과 관습에 대한 조약(Abkommen betreffend die Gesetze und Gebrauche des Landkrieges)' 제52조에서는 전쟁 시 점령국의 국민에게 노동을 시킨 경우에는 임금을 지급해야 한다는 것을 내용으로 하고 있다. 이와 같은 HLKO는 오늘날까지 유효한 국가법(Staatsrecht)과 국제법(Volkerrecht)의 法源을 이루고 있다 ; ② 노예제도 추방에 관한 선언(Deklaration zur Achtung der Sklaverei 1926) : 1926년 총 39개 국가가 참여한 국가연합에서는 노예제도의 추방에 관한 선언에 서명하였다. 1929년 1월 14일 독일제국의회는 이것을 입법화하였다. 이 선언의 제5조에서는 "어떤 일이든 민간인이 국가차원에서든 개인의 지시에 의해서든 일을 한 경우에는 그 노동의 대가는 있어야 한다. 비자발적인 노동이나 거주지를 강제이주시키는 행위는 금지한다"고 규정하고 있다, 등을 들 수 있다.
4. Schröder, Rainer, Zwangsarbeit : Rechtsgeschichte und zivilrechtliche Anspruche (I), Jura 1994, S. 63~64.
5. 경우에 따라 전쟁포로를 별도로 분류하기도 한다.
6. 1963년 OLG Stuttgart 판결.

7. 점령된 폴란드 거주 유대인의 경우, 12세 어린이부터 60세 노인까지 법령(Verordnung)에 의해서 강제노동을 하도록 하였다. 소련 출신 유대인의 경우, 죽이지 않으면 Ghetto로 한데 모아 수용하였다.
8. 미지급 임금 청구 또는 월급이라는 것은 원칙적으로 강제노동자인 원고와 피고인 회사 사이에 고용관계가 성립되었다는 것을 의미한다.
9. 독일에서의 법적 논쟁은 강제노동의 다양한 형태에서 출발한다. 원래 강제노동이라는 것은 역사적으로나 법적으로 불확실한 개념이라고 할 수 있다. 강제노동은 이루 말할 수 없는 상황에서 강제수용소 내에서뿐 아니라, 병원 또는 농촌에서도 이루어졌다. 심지어 개인살림에서 어린이를 돌보는 일, 하녀로서도 일을 시켰다. 강제수용소에서 사람을 착취하고 죽이는 것은 최악의 불법이며 부정의이다. 그러나 독일에서는 오랫동안 조그만 동네에서나, 농촌에서, 또는 가정에서의 노동도 부정의라는 것을 받아들이지 않았다. 즉, 나치의 이념이 특히 인종차별을 실현하려는 것이었다는 것을 인정하지 않았다.
10. 예를 들면, 식당에서 일을 하였던 우크라이나 출신 강제노동자에 대한 소송에서 LG München은 노동법상의 분쟁대상으로 보았다. LG München에서는 전쟁시에는 독일 노동자에게도 자발적인 노동관계가 성립하는 일은 사실상 있을 수 없었다는 것을 그 근거로 들었다. 노동자보호에 관한 측면에서 볼 때, 위와 같은 분쟁은 노동법원이 관할하여야 할 것이다. 그러나 대부분의 독일노동법원들은 강제노동자들의 분쟁사례를 계약상의 노동관계라고는 보지 않았고, 더구나 국가적인 노동을 시켰다는 이유로 대부분 민사법원에서 다루고 있다.
11. Blumenwitz, Dieter, Der Vertrag vom 12. 9. 1990 über die abschließende Regelung in bezug auf Deutschland, NJW 1990, S. 3041~3048.
12. 독일 연방의회는 1957년 소위 I.G. Farben-Gesetz 법률을 제정하였다. 이 법률에 의하면 I.G. Farben 회사의 모든 채권자들(제2차 세계대전 당시의 강제노동자들)은 1957년 12월 21일까지 청구내용을 신청하도록 한시적으로 일정기간을 제시하고, 그 기간 안에 신청한 경우에는 일정한 액수를 배상하도록 하였다. 이 법률로 인해서 소송외 화해가 이루어졌다. 그 결과 회사는 강제노동자 6,500명에게 일시금으로 2,500~5,000DM를 지급하였다. 이와 같은 해결을 검토할 때 이 회사는 법적 책임이 아니라 도의적 책임으로 다루어졌다는 점에서 법적 측면에서는 큰 의미는 없다고 할 것이다. 그러나 이 사례는 다른 회사들의 전례

가 되었다는 점에서 의의를 찾을 수 있을 것이다(http://www.nadir.org/nadir/periodika/jungle_world/_99/41/18a.htm).
13. 1953년 2월에 체결된 런던채무협약에서 독일과 전쟁을 한 교전국의 개인 채권은 독일이 완전히 복구될 때까지 평화협정이라는 형태로 유보시켰다. 이를 근거로 독일법원들은 원고의 주장, 즉 강제노동자들의 임금청구권도 소송중지에 해당하므로, 너무 일찍 소송을 제기하였다는 이유로 기각하였다. 그런데 런던채무협약 체결 당시 독일 측 대표 Hermann Josef Abs는 전쟁기간 중에 독일은행의 이사로서, 아우슈비츠 수용소 내에 있던 IG-Farben 회사의 수용소를 재정지원하고 유지하였던 자였다. 그의 주장에 의해서 복구에 관한 지급은 평화조약이 체결될 때까지 유보한다는 런던채무협약 제5조 제2항의 내용을 확정하였다. 그 후 독일 법원 역시 이 조문을 근거로 외국인 강제노동자들이 청구권을 주장하려고 할 때마다 기각하였다.
14. Lehmann-Richter, Arnold, Die gerichtliche Beurteilung rückwirkender Gesetzesänderungen im Wiedergutmachungsrecht, forum historiae iuris, Erste europäische Internetzeitschrift für Rechtsgeschichte, 12. 2002, Rn. 1,2,3.
15. BGBl. 1956 I, 559.
16. http://www.nachkriegsdeutschland.de/bundesentschaedigungsgesetz_beg.html.
17. 그 이외에 배상규정에 관한 법률들이 있으나, 여기서는 이 세 법률을 언급하는 것으로 한다.
18. BGBl. 1951 I, 291. 이 법률은 나치정권하 박해 또는 직장 내에서 승진에 불이익을 받은 공무원들에 관한 규정이다. 따라서 그 규율범위가 특별히 제한되었다. 이 법률의 소급규정에 대한 위헌여부에 대해서는 문제가 되지 않았으나 독일 기본법 제3조 제1항(Art. 3 I GG)의 검토대상이 되었다. 예를 들면 BVerGE 32, 173 헌법재판소의 결정내용을 살펴보면, 이 법률은 나치정권 당시에 교수 또는 교수자격증을 취득한 자로서 불이익 또는 박해받은 경우의 구제를 의미하는 것이므로, 그 당시 박사 자격시험 준비중이던 자의 청구소송은 이 법률의 범위에 해당하지 않는다고 판단하였다. 이 법률은 1994년 9월 20일 폐지되었다.
19. BGBl. 1953 I, 1387.

20. BGBl. 1957 I, 734. BRuG는 BEG와는 달리 재산을 탈취당한 경우를 규율하는 법률로 BEG처럼 일정한 신청을 하여야 한다. 제30조에 의해서 반환받을 수 있는 권리자가 BEG의 절차를 밟아 청구하여도 가능하도록 하였다.
21. BGBl. 1965 I, 1315.
22. Lehmann-Richter Arnold, Die gerichtliche Beurteilung rückwirkender Gesetzänderungen im Wiedergutmachungsrecht, 11. 02. 2002, 2002 fhi, Rn. 3.
23. BGHZ Bd. 48, S. 125 ff.
24. LG Bonn v. 05.11.1997 ; OLG Koln v. 03.12.1998.
25. Urteil v. 24.11.1999, Az. 24 O 192/99-Porsche.
26. 이런 이유로 1999년 9월 LG Munchen과 1999년 11월 LG Stuttgart, BMW와 Porsche를 상대로 한 두 소송에서 원고의 청구를 기각하였다.
27. http://www.nadir.org/nadir/archiv/Antifaschismus/Themen/Zwangsarbeit/BRD_Justiz.html.
28. 제839조 (공무상 의무위반에 대한 책임), ① 공무원이 고의 또는 과실로 제3자에 대하여 부담하는 직무를 위반한 경우에는, 그는 제3자에게 이로 인해 발생하는 손해를 배상하여야 한다. 공무원이 과실을 범한 것으로 그치는 경우에는 피해자가 다른 방법으로 배상을 받을 수 없는 경우에 한해서 공무원에 대해서 배상을 청구할 수 있다. ② 공무원이 ……. ③ …….
29. Der unabhangige grundrechtliche Mindeststandard in der Europaischen Union-Zur Auslegung des Art. 23 Abs. 1 S. 1 GG. …… www.unimannheim.de/i3v/00068900/17332391.htm.
30. 제4조 (1) 국제법에서 일반적으로 인정한 법률은 독일제국법의 구성부분이다. Artikel 4 (1) Die allgemein anerkannten Regeln des Volkerrechts gelten als bindende Bestandteile des deutschen Reichsrechts.
31. BVerFG Nr. 38/96 vom 02. 07. 1996.
32. Gesetz zur allgemeinen Regelung durch den Krieg und den Zusammenbruch des Deutschen Reiches entstandener Schaden(Allgemeines Kriegsfol- gengesetz : AKG) vom 5. November 1957, zuletzt geandert durch Gesetz zur Bereinigung von Kriegsfolgengesetzen(Kriegsfolgenberei

nigungsgesetz- KfbG)-vom 21. Dezember 1992(BGBl. I S. 1747).
33. 독일기본법 제3조 (법 앞에서의 평등) ① 모든 인간은 법률 앞에서 평등하다. ② 남자와 여자는 동등하다. 국가는 남녀평등의 실질적 실현을 촉진하고 현존하는 불이익의 제거에 노력하여야 한다. ③ 누구든지 성별·가문·종족·언어·출신지와 출신·신앙·종교적 또는 정치적 견해 때문에 불이익을 받거나 특혜를 받지 아니한다. 누구든지 장애를 이유로 불이익을 받지 아니한다.
34. 독일기본법 제25조 (연방법의 구성부분으로서의 국제법) 국제법의 일반원칙은 연방법의 구성부분이다…Artikel 25 (Vokerrecht und Bundesrecht) Die allgemeinen Regeln des Volkerrechtes sind Bestandteil des Bundesrechtes. Sie gehen den Gesetzen vor und erzeugen Rechte und Pflichten unmittelbar fur die Bewohner des Bundesgebietes.
35. 전쟁포로에 관한 대표적인 국제조약으로는 1907년의 "Haager Landkriegsordnung"과 1929년의 "Genfer Konventionen"을 들 수 있다(http://www.zdf.de/ZDFde/druckansicht/0,1986,1021471,00.html). 특히, Haager Land- kriegsordnung(HLKO)은 1899년 독일제국이 비준하고, 1907년 보충된 「국가전쟁에관한법률과 관습에 대한 조약(Abkommen betreffend die Gesetz und Gebrauche des Landskrieges)」으로, 제52조에서는 전쟁시 점령국의 국민에게 노동을 시킨 경우에는 임금을 지급해야 한다는 것을 내용으로 하고 있다. 이런 소위 Haager Landkriegsordnung(HLKO)의 규정은 오늘날까지 유효한 국가법과 국제법의 법원을 이루고 있다.
36. http://www.nadir.org/nadir/archiv/Antifaschismus/Themen/Zwangsarbeit/BRD_Justiz.html.
37. BGH Urteil v. 30. 11. 2000 III ZB46/00 ; http://juris.bundesgerichtshof.de
38. 재단법 제16조(청구권의 배제) ① 제11조에서 규정하고 있는 나치정권의 불의에 의해서 받은 고통에 대한 대가로 공공기관이나, 사회보험금 그리고 독일기업에 대한 급부청구는 이 법의 규정에 의해서만 행사할 수 있다. 나치정권의 불의와 관련된 또 다른 청구는 더 이상 허용되지 않는다. 그 청구권이 법률에 의해서, 양도에 의해서 또는 법률행위에 의해서 제3자에 이전된 경우에도 이 법이 적용된다. ② 급부를 받을 수 있는 자는 신청서를 작성하여 제출한다. 이 법에 의해서 급부를 받은 경우에는 공공기관에 대해서나 독일 회사나 오스트리아 정부나 그

의 기업에 대해서 강제노동과 관련한 또 다른 청구를 포기한다는 취지의 설명서를 작성하여 제출하여야 한다. 이 법에 의해서 급부를 받는 동시에 그 포기서는 효력을 발생한다. …… ③ 공공기관을 대상으로 하여 더 이상의 배상규정과 전쟁 관련규정은 이 법률과 무관하다.

39. http://www.stiftung-evz.de/
40. Geplante Entschadigung von NS-Zwangsarbeitern wirft Fragen auf, Die Woche im Bundestag, Ausgabe 15/2000.
41. 배상의 근거를 규정하고 있는 '기억, 책임 그리고 미래'라는 재단 설립에 관한 법률(Gesetz zur Errichtung einer Stiftung "Erinnerung, Verantwortung und Zukunft")은 2000년 8월 2일 제정된 이후 2000년 8월 12일(BGBl. I 1263), 2001년 8월 11일(BGBl. I 2036), 2002년 8월 28일(BGBl. I 3347)에 일부 개정되었다.
42. 2만 2,000명의 폴란드계 강제수용소 수용자들은 독일연방정부를 상대로 12억 DM의 손해배상을 청구했는데, OLG Köln은 먼저 소송비용으로 1,800만 DM를 지급하도록 요구하였다.

찾아보기

⟨ㄱ⟩
가고시마鹿兒島현 235, 273
가라츠唐津 296
가와사키중공업 210
간궁환間宮丸 84
간도 101
강만길 54
고노 요헤이 392
고베神戶 78, 80, 293
고야기시마香燒島 272, 326
고야기시마香燒島 조선소 324, 331
고타니 마스지로小谷益次郞 352
공무원에 대한 제국의 책임에 관한 법률 425
공산당 25, 26, 35, 59, 346
공산당군 102
곽귀훈 385, 386
관부소송 392
광동廣東 346
광산간담회 201
교육시행령 78
교토京都 84
구호대책위원회 296
구휼동맹 인천지부 367
국·공내전 27
국가기록원 233
국가총동원법 201
국군준비대 297
국민당 25, 27, 35, 59
국민당군 49, 102
국민대 한국학연구소 52
국민징용령 203, 328

국제군사재판소 380
국제노동기구(ILO) 380
군속선원명표 240
군인칙유란 161
군정 364
군정청 351, 370
군함도 324
귀국동포구원회 88
귀환동포회 296
규슈九州 145, 168, 235, 317, 324
극동위원회 71, 88
극동지역분과조정위원회 24
근로정신대 320, 378
기미가요마루 291
기시岸 186
기억, 책임 그리고 미래(EVZ) 429
기타규슈北九州 81, 84
김경석 209
김경식 388
김도인 361
김도형 54
김선재 209
김중섭 300
김태기 54

⟨ㄴ⟩
나가사키長崎 235, 253, 254, 273, 386
나가사키 미츠비시 조선소 212, 324, 326
나고야名古屋 292, 323
나고야 미츠비시 공장 323
나고야 미츠비시 항공기 제작소 235, 274,

312, 317, 321
나고야 미츠비시 항공기제작소 도토쿠공장 320
나고야名古屋고등법원 389
나나오七尾 84
나주 212
나치친위대 414
나카노자와中之澤 256
나홋토카 130
남양군도 243, 283, 348
남양흥발주식회사 243
네덜란드 164
노무라 스스무野村進 174
니가타新潟 84

〈ㄷ〉

다코베야䲧桶部屋·監獄部屋·監獄房 195, 198, 202, 204
당고탕沽 28
당산 346
대동화학주식회사 235
대련大連 346
대련항大連港 292
대만臺灣 346
대우환大隅丸 84
대일민간청구권보상에 관한 법률 378
대중일보 345, 346, 348, 355
대한민국임시정부 28, 131, 294
덕수환德壽丸 80, 255
도세일람道勢一覽 266, 268
도야마공장富山工場 211

도야마지방법원 389
도죠 히데키東條英機 163
도쿄 180
도쿄지방법원 388, 393, 394
도쿄지방재판소 206
독립기념관 312
독일 기본법 426
독일 연방헌법재판소 420
독일 지방법원 424
독일연방민사법원 419
독일연방배상법 418
독일연방헌법재판소 424
동맹국 414
동진회 186
동황東幌탄광 209
두라바야 포로수용소 181

〈ㄹ〉

런던채무협약 416
루마니아 422, 426
리처드 위트맨 346

〈ㅁ〉

마셜군도 242
마이즈루舞鶴 58, 84, 90, 91
마이즈루인양원호국舞鶴引揚援護局 60
만선농사회사滿鮮農事會社 18
만선척식주식회사滿鮮拓植株式會社 19
만주개척정책기본요강 100
말레이시아 162, 163
메단 형무소 180

찾아보기　439

모국방문사업 148
모리타 요시오森田芳夫 53
모지 80, 84
목포시인민위원회 299
무산탄광 252
문부성 76
문태복 171, 172
미 국무부 74
미군정 47, 52, 265, 301, 352, 362, 365
미군정청 후생과 349
미쓰이 광산주식회사 145
미야기 현 348
미얀마 163, 175, 176
미이케三池 84
미츠비시 마테리알 주식회사 145
미츠비시 신유탄광 331
미츠비시 이츠카탄광 253
미츠비시 항공기제작소 248, 273
미츠비시광산 208
미츠비시三菱 중공업주식회사 나고야항공기
 제작소 211
미츠비시三菱중공업 388, 390
미츠비시탄광 235
민족학교 77

〈ㅂ〉
바이마르공화국헌법 제131조 423
바이히셀 금속 421
박의균 369
박한춘 361
반도 기능공의 육성 209
반도인 노무자 송환에 관한 건 79
반완 형무소 172, 173
방콕 172, 173

백범 김구 298
백화마을 299
버마 163
벨기에 414
변종윤 181
보르네오 162, 163
본 지방법원 421
부산 79
북간도 25
북경北京 348, 371, 372
불인佛印 346
브레멘 지방법원 422
브레멘 소송 426
비르케나우 집단수용소 421
비지산非支山 291

〈ㅅ〉
사가현佐賀縣 292, 383
사세보佐世保 84, 87, 90, 91, 250
사이고 다카모리西鄕隆盛 198
사이공 176
사이판섬 245
사카이境 84
사토佐藤 186
사할린 22, 31, 35, 44, 46, 59, 130, 387
사할린 귀환재일한인회 32
사할린 한인 58
사회과 362
상해사변上海事變 157
상해上海 28, 346, 348
상해上海동우회 368
샌프란시스코 강화조약 32, 128, 130,
 132~135, 138, 139, 182, 184, 384
샌프란시스코 조약 발효 183

서병훈 355
석탄광업연합회 201, 237, 250
센자키 79, 84, 87, 88, 91
소라치空知군 256
소련지구 귀환 미·소 잠정협정 127
소련지구 인양에 관한 미·소 협정 89
소련지구 일본인 귀환에 관한 미·소협정 31
손진두 383, 384, 385
손춘일 54
송신도 394
송신도 소송 393
수마트라 163, 180, 187
수마트라 팔렘방 176
수복구 49
슈투트가르트 지방법 419
스가모 형무소 180
스미토모住友탄광 256
시모노세키下關 80, 83, 84, 257, 273, 318, 322, 366
신경新京 19
신일본제철주식회사 390
신천수 389
싱가포르 173

〈ㅇ〉
아오모리靑森현 84, 323
아우슈비츠 421
아이누족 199
아이치愛知현 292
안자코 유카 54
안전농촌 18
암본 176
야마구치山口 77
야마구치山口지법 392

야하다八幡제철소 250
야하타八幡제철소 212
양금덕 212
여성구 272
여운택 389
여자근로정신대 211
연길延吉 18
연방배상법 424, 426
연변 재중한인 101
연변조선족자치주 97, 102
연합군총사령부 23, 28, 29, 49, 59, 69, 127, 128, 255, 265, 276, 284, 285, 331
연합군최고사령관 70, 71, 127
연해주 125
영보환永保丸 291
오다야마小田山 81, 84
오미나토大湊 84
오사카大阪 77, 78, 80, 323, 386
오사카지방법원 386, 389, 390
오카야마岡山 77
오타루小樽 84
와그너Edward W. Wagner 53
와카마츠若松 84
왕청汪清 18
외국인등록령 75, 76, 78
요코하마橫浜해무국 211
우다세나이쵸歌志內町 256
우라가浦賀 84, 91
우스노우라臼の浦 84
우영자禹英子 212
우크라이나 427
우키시마마루浮島丸 30, 58, 84
운선환雲仙丸 84
운수성運輸省 79

원자폭탄피폭자 의료 등에 관한 법률(1957)
　　384
유노츠溫泉津 84
유즈노사할리스크 147, 148
육전법규관례에관한규칙 380
윤동현 172, 180, 185
이바라키茨城현 323
이스라엘 422
이시바시石橋 185
이연식 54
이영환 53
이유녀 212
이중징용 144
이케다池田 186
이해연 54
인도네시아 187
인민원호회 362
인민원호회 인천지부 356, 358, 361, 366
인신매매 및 타인의 매춘에 의한 착취의 금지에 관한 협약 381
인양민사무소 80
인천 고려불교회본부 371
인천시 사회과 349
인천인민원호회 367
인천전재민동맹 361~364, 371
인천항 364
일・소공동선언 32, 129
일본 최고재판소 133, 174, 385, 389, 393
일본강관 388, 391
일본강관회사 206
일본광산협회 208
일본군 '위안부' 17, 36, 55, 230, 241, 312, 379, 392, 412
일본군의 '성노예' 36

일본의 우정성 146
일본인세화회日本人世和會 350
일본제철 390
일오극단一五劇團 368
일제강점하 강제동원 피해진상규명 등에 관한 특별법 229, 312
일제강제동원한국생존자협회 334
임홍재 361

〈ㅈ〉
자바 162~164, 181, 187
자바 억류소 164
자바 포로수용소 163
장말수 300
장백환長白丸 84
장완순 356
장춘長春 19
재산세 등록령 78
재외동포 법적 지위에 관한 특례법 106
재외동포구제회 295, 354, 355
재외동포법 98, 106~108, 112~116, 118
재외동포의 출입국과 법적 지위에 관한 법률 98, 105, 112
재일본조선인연맹 296
재일본조선인연맹 이와테岩手현본부 204
재일조선인연맹 73, 77, 86, 87
전국산업단체연합회 201
전재동포총동맹 295, 360
전재동포후원회 300
전재민동맹 365
전환 탄광갱부轉換炭夫 144
조선건국준비위원회 295, 355
조선건국촉진청년동맹朝鮮建國促進靑年同盟 73

조선경제연감 299
조선구휼총본부 295, 355
조선국민후생대 295, 354
조선인 내지 이입 알선요강 朝鮮人內地移入斡
  旋要綱 397
조선인구원회 88
조선인민공화국 355
조선인민원호회 295, 349, 355
조선인민원호회 인천지부 357, 365
조선인학교 76
조선재외전개동포구제회 295
조선총독부 18, 19, 351
조창기 209
죠반常磐 145
주일 미군정 59
주한 미군정청 88
주한미군사령부 88
중공군 49
중국 공산당 48
중국 국민당 24~26, 28, 346
중국동포국적업무처리지침 117
중화인민공화국 102
진치국 235
집단부락 18
징용자후원회 295, 354, 359

〈ㅊ〉
차태열 355
천진天津 346, 348
청도靑島 28, 292, 348, 371
체신성 211
최경득 355
최영호 53
최철 347, 368

출입국관리법 76, 114
출입국관리사무소장 108

〈ㅋ〉
코-강 주식회사 145
쾰른 고등법원 426
쿠릴·사할린千島·樺太 교환조약 198

〈ㅌ〉
태국 162, 163, 175, 176, 187
태국 포로수용소 171, 176, 178
태면철도泰緬鐵道 165
태평양전쟁희생자유족회 57, 231, 334, 394
토요하라豊原 147
토지조사사업 20

〈ㅍ〉
팔라우섬 241, 245
포츠담선언 43, 136
폴란드 413, 422, 426
프라친스키 중위 352
프란치스키 대령 357
프랑스 414
플로레스 163
필리핀 162, 163, 187, 283
필리핀 신인민종군기 174

〈ㅎ〉
하기萩 84
하나오카 재판 402
하세가와 요시미치長谷川好道 199
하시마 조선소 273, 326
하시마端島 324
하시마端島 탄광 254

찾아보기   443

하와이 288, 366
하와이 수송선 369
하카다博多 79~81, 84, 87, 88, 91
하카다항 255, 257, 318
하코다테函館 84, 87, 91, 257
하토야마 이치로鳩山一郎 185
한국인교과서편찬위원회 77
한국정신대문제대책협의회 312
한국정신대연구소 312
한국출신전범자동진회 185
한만귀 235
한인 노무자 내지도항금지 201
한일기본조약 131
한일청구권 협정 140~143, 401
한일협정 229, 378
함경환咸鏡丸 291
해군진수부사령부 250
해방구 49
해방인민 71
해외 귀환동포 자강회自疆會 371
헌법재판소 98, 111, 112
헝가리 422, 426
현규환 53
협화회 203
협화회회원장 327
홀로코스트 430
홋카이도北海道 22, 168, 197, 209, 235, 237, 257
홋카이도北海道 소라치空知 군 스미토모住友 광산 331
홍종묵 173, 180
홍콩 175
화룡和龍 18
황금환黃金丸 84

회령환會寧丸 84
효고현兵庫縣 77, 210, 293
후생厚生 301
후시키伏木 84
후지월강재공업주식회사不二越鋼材工業株式會社 211
후지코시 근로정신대 소송 389
후지코시不二越 388
후지현富士縣 246
후쿠오카福岡현 235, 250, 253
후쿠오카현 우에다上田탄광 331
후쿠이福井현 235
후쿠이福井현 대동화학주식회사 331
흥남 90
흥안환興安丸 80, 255
히가시쿠 니노미야東久邇宮 73
히로시마고등법원 390, 392
히로이케 도시오廣池俊雄 166
히로히토 170
히쇼우마루日昌丸 242

⟨E⟩

EVZ 재단 430

⟨G⟩

GHQ(연합군최고사령부) 73~75, 80, 82, 85, 87~90, 92, 128, 291

⟨O⟩

OSS 288

한인귀환학술총서 3
해방 후 한인 귀환의 역사적 과제

1판 1쇄 인쇄 2012년 12월 10일
1판 1쇄 발행 2012년 12월 20일

글 쓴 이	장석흥 외
펴 낸 이	주혜숙
편집·교정	이경진·노민정
표지디자인	오신곤
펴 낸 곳	역사공간
	서울시 마포구 서교동 463-31 플러스빌딩 5층
	전화: 02-725-8806~7, 02-325-8802
	팩스: 02-725-8801
	e-mail : jhs8807@hanmail.net
등록	2003년 7월 22일 제6-510호

ISBN 978-89-98205-06-5 93910

＊이 책의 출판권 및 저작권은 역사공간이 가지고 있습니다.
  무단전재와 무단복제를 금합니다.

가격 33,000원